ŒUVRES
DE
CHATEAUBRIAND

Mélanges politiques

TOME QUINZIÈME

PARIS
DUFOUR, MULAT ET BOULANGER, LIBRAIRES-ÉDITEURS
6, RUE DE BEAUNE, PRÈS LE PONT-ROYAL
(Ancien hôtel de Nesle)

M DCCC LVIII

ŒUVRES
DE
CHATEAUBRIAND

TOME XV

LAGNY. — TYPOGRAPHIE DE VIALAT

ŒUVRES
DE
CHATEAUBRIAND

Mélanges politiques

TOME QUINZIÈME

PARIS

DUFOUR, MULAT ET BOULANGER, ÉDITEURS

6, RUE DE BEAUNE, PRÈS LE PONT-ROYAL

(Ancien hôtel de Nesle)

M DCCC LVIII

MÉLANGES POLITIQUES

PRÉFACE

1828.

Quand on aura relu, si on le relit, *Buonaparte et les Bourbons, Compiègne*, l'*État de la France au 4 octobre 1814*, le *Rapport fait au roi dans son conseil à Gand*, etc., il restera prouvé que je suis un ennemi de la légitimité, comme il appert par le *Génie du Christianisme* que je suis un impie, comme il appert par les *Réflexions politiques* que, dès 1814, je ne voulais pas de la Charte.

Mais si je ne suis pas un impie, je suis tout au moins un philosophe; en voici la preuve. J'ai dit dans la nouvelle Préface de l'*Essai historique* : « Je crois très-sincèrement; j'irais demain, pour ma foi, d'un pas ferme à l'échafaud.

« Je ne démens pas une syllabe de ce que j'ai écrit dans le Génie du Christianisme ; jamais un mot n'échappera à ma bouche, une ligne à ma plume, qui soit en opposition avec les opinions religieuses que j'ai professées depuis vingt-cinq ans.

« Voilà ce que je suis.

« Voici ce que je ne suis pas :

« Je ne suis point chrétien par patentes de trafiquant en religion : mon brevet n'est que mon extrait de baptême. J'appartiens à la communion générale, naturelle et publique de tous les hommes qui, depuis la création, se sont entendus d'un bout de la terre à l'autre pour prier Dieu.

« Je ne fais point métier et marchandise de mes opinions. Indépendant de tout, fors de Dieu, je suis chrétien sans ignorer mes faiblesses, sans me donner pour modèle, sans être persécuteur, inquisiteur, délateur; sans espionner mes frères, sans calomnier mes voisins.

« Je ne suis point un incrédule déguisé en chrétien, qui propose la religion comme un frein utile aux peuples. Je n'explique point l'Évangile au profit du despotisme, mais au profit du malheur.

« Si je n'étais pas chrétien, je ne me donnerais pas la peine de le paraître : toute contrainte me pèse, tout masque m'étouffe; à la seconde phrase, mon caractère l'emporterait et je me trahirais. J'attache trop peu d'importance à la vie pour m'amuser à la parer d'un mensonge.

« Se conformer en tout à l'esprit d'élévation et de douceur de l'Évangile, marcher avec le temps, soutenir la liberté par l'autorité de la religion, prêcher l'obéissance à la Charte comme la soumission au roi, faire entendre du haut de la chaire des paroles de compassion pour ceux qui souffrent, quels que soient leur pays et leur culte, réchauffer la foi par l'ardeur de la charité, voilà, selon moi, ce qui pouvait rendre au clergé la puissance légitime qu'il doit obtenir : par le chemin opposé, sa ruine est certaine. La société ne peut se soutenir qu'en s'appuyant sur l'autel ; mais les ornements de l'autel doivent changer selon les siècles, et en raison des progrès de l'esprit humain. Si le sanctuaire de la Divinité est beau à l'ombre, il est encore plus beau à la lumière : la croix est l'étendard de la civilisation.

« Je ne redeviendrai incrédule que quand on m'aura démontré que le christianisme est incompatible avec la liberté ; alors je cesserai de regarder comme véritable une religion opposée à la dignité de l'homme. Comment pourrais-je le croire émané du ciel, un culte qui étoufferait les sentiments nobles et généreux, qui rapetisserait les âmes, qui couperait les ailes du génie, qui maudirait les lumières au lieu d'en faire un moyen de plus pour s'élever à la contemplation des œuvres de Dieu? Quelle que fût ma douleur, il faudrait bien reconnaître malgré moi que je me repaissais de chimères : j'approcherais avec horreur de cette tombe où j'avais espéré trouver le repos et non le néant.

« Mais tel n'est point le caractère de la vraie religion ; le christianisme porte pour moi deux preuves manifestes de sa céleste origine : par sa morale, il tend à nous délivrer des passions ; par sa politique, il abolit l'esclavage. C'est donc une religion de liberté : c'est la mienne. »

Pourrait-on croire que, dans ces pages où je déclare que *j'irais demain, pour ma foi, d'un pas ferme à l'échafaud*, que *je ne démens pas une syllabe de ce que j'ai écrit dans le* Génie du Christianisme ; pourrait-on croire que des hommes charitables aient trouvé contre moi une accusation de *philosophisme?* — Comment cela? — Eh ! n'avez-vous pas remarqué cette abominable manifestation de l'erreur? *J'appartiens à la communion générale, naturelle et publique de tous les hommes qui, depuis la création, se sont entendus d'un bout de la terre à l'autre pour prier Dieu.*

En bonne logique, ne puis-je appartenir à la grande communion des hommes qui ont prié Dieu depuis les patriarches jusqu'aux gentils des temps modernes, ignorants encore de l'Évangile ; ne puis-je, dis-je, appartenir à cette communion, sans cesser de connaître et de prier Dieu à la manière des chrétiens? Mais passons.

Je suis bien plus coupable encore ; je joins l'*hérésie* au *philosophisme*, témoin ces mots : *Je suis chrétien.* C'est du protestantisme tout pur ; je devais dire : Je suis *catholique, apostolique* et *romain.* Bien : je suis hérétique parce que je me suis servi du mot fameux des martyrs allant au supplice : « Je suis chrétien ! »

Mais si j'ai déclaré, dans le même paragraphe, que *j'irais, pour ma foi, d'un pas ferme à l'échafaud*, que *je ne démens pas une syllabe de ce que j'ai écrit dans le* Génie du Christianisme, reste-t-il quelque doute sur mes sentiments? L'ouvrage dont *je ne démens pas une syllabe* n'est-il pas l'apologie la plus complète de la religion catholique, apostolique et romaine? Ah ! mes pieux commentateurs, ce ne sont pas là les phrases qui vous blessent! Vous me trouveriez très-orthodoxe si, avant et après ces mots, *je suis chrétien*, on ne lisait pas ces divers passages : *Je ne suis point chrétien par patentes de trafiquant en religion... Je ne fais point métier et marchandise de mes opinions... Indépendant de tout, fors de Dieu,* JE SUIS CHRÉTIEN *sans ignorer mes faiblesses, sans me donner pour modèle, sans être persécuteur, inquisiteur, délateur ; sans espionner mes frères, sans calomnier mes voisins... Je n'explique point l'Évangile au profit du despotisme, mais au profit du malheur... Marcher avec le temps ; soutenir la liberté par l'autorité de la religion ; prêcher l'obéissance à la* CHARTE *comme la soumission au* ROI... *voilà, selon moi, ce qui pourrait rendre au clergé la puissance légitime qu'il doit obtenir .. Le christianisme porte pour moi deux preuves de sa céleste origine : par sa morale, il tend à nous délivrer des passions ; par sa politique, il abolit l'esclavage. C'est donc une religion de liberté : c'est la mienne.*

Détester la persécution, l'intrigue et le mensonge ; désirer que la religion s'allie avec la liberté et s'étende avec les lumières du siècle, voilà ma véritable hérésie, mon philosophisme réel, mon péché irrémissible. Un homme qui veut la Charte, en la séparant de l'Évangile, prêche une doctrine stérile ; mais un homme qui demande que la Charte soit déposée sur l'autel est assis dans une chaire féconde en séductions diaboliques : la foule trompée finirait par se plaire à l'œuvre réprouvée que l'ancien Dragon inspira à Louis XVIII et fit jurer à Charles X.

Pour tout esprit droit et tout cœur sincère, il ne peut y avoir rien d'équivoque dans les phrases *incriminées,* si on les rattache aux phrases dont elles sont précédées ou suivies ; mais voulant trancher la question et ne laisser aucune occasion d'anathème aux nouveaux docteurs, je déclare donc que je vivrai et mourrai *catholique, apostolique* et *romain.* Voilà qui est clair et positif. Les trafiquants de religion seront-ils satisfaits, me croiront-ils ? Pas du tout ; ils me jugent d'après eux.

Je me serais bien gardé de rappeler de misérables critiques dans une préface, si ces critiques ne tombaient sur un point religieux : le mépris ou l'insouciance en pareille matière serait coupable. Je professe ma croyance religieuse aussi publiquement que ma croyance politique : j'ai toujours été d'avis qu'il n'y a point de liberté durable si elle n'est fondée, comme la société tout entière, sur la religion ; seulement il ne faut pas prendre l'hypocrisie pour la foi, l'ardeur de la calomnie pour le zèle de la charité, et l'abus que l'on fait des choses saintes pour les choses saintes elles-mêmes.

Je parlerai maintenant de l'écrit placé à la tête de ce volume : Louis XVIII voulait bien dire que cet écrit lui avait valu une armée.

Buonaparte est jugé avec rigueur dans cet opuscule approprié aux besoins de l'époque. A cette époque de trouble et de passion les paroles ne pouvaient être rigoureusement pesées ; il s'agissait moins d'écrire que d'agir : c'était une bataille qu'il fallait gagner ou perdre dans l'opinion, et, perdue, elle dispersait pour toujours les débris du trône légitime. La France ne savait que penser ; l'Europe, stupéfaite de sa victoire, hésitait ; Buonaparte était à Fontainebleau, tout-puissant encore, et environné de quarante mille vétérans ; les négociations avec lui n'étaient pas rompues : le moment était décisif ; force était donc de s'occuper seulement de l'homme à craindre, sans rechercher ce qu'il avait d'éminent ; l'admiration mise imprudemment dans la balance l'aurait fait pencher du côté de l'oppresseur de nos libertés. La patrie était écrasée sous le despotisme, et livrée par l'ambition insensée de ce despotisme à l'invasion de l'étranger ; nos blessures récentes saignaient : le donjon de Vincennes, les exils, les fusillades à la plaine de Grenelle, l'anéantissement de notre indépendance, la conscription, les banqueroutes répétées, l'iniquité de la politique napoléonienne, l'ingrate persécution suscitée au souverain pontife, l'enlèvement du roi d'Espagne, les désastres de la campagne de Russie ; enfin tous les abus de l'arbitraire, toutes les vexations du gouvernement de l'empire, ne laissaient à personne le sang-froid nécessaire pour prononcer un jugement impartial. On ne voyait que la moitié du tableau ; les défauts étaient en saillie dans la lumière, les qualités plongées dans l'ombre.

Le temps a marché ; Napoléon a disparu : le soldat devant lequel tant de rois fléchirent le genou, le conquérant qui fit tant de bruit, occupe à peine, dans un silence sans fin, quelques pieds de terre sur un roc au milieu de l'Océan. Usurpateur du trône de saint Louis et des droits de la nation, tel se montrait Buonaparte quand j'esquissais ses traits pour la première fois. Je le jugeai d'abord avec les générations souffrantes, moi-même une de ses victimes ; depuis, j'ai dû parler d'un sceptre perdu, d'une épée brisée, en historien consciencieux, en citoyen qui voit l'indépendance de son pays assurée. La liberté m'a permis d'admirer la gloire : assise désormais sur un tombeau solitaire, cette gloire ne se lèvera point pour enchaîner ma patrie.

En 1814, j'ai peint *Buonaparte et les Bourbons;* en 1827, j'ai tracé le parallèle de *Washington et de Buonaparte ;* mes deux *plâtres* de Napoléon ressemblent ; mais l'un a été coulé sur la vie, l'autre modelé sur la mort, et la mort est plus vraie que la vie.

Cessant lui-même d'avoir un intérêt à garder contre moi sa colère, Buonaparte m'avait aussi pardonné et rendu quelque justice. Un article où je parlais de sa force étant tombé entre ses mains, il dit à M. de Montholon :

« Si, en 1814 et en 1815, la confiance royale n'avait point été placée dans des hommes « dont l'âme était détrempée par des circonstances trop fortes, ou qui, renégats à leur « patrie, ne voient de salut et de gloire pour le trône de leur maître que dans le joug de « la Sainte-Alliance ; si le duc de Richelieu, dont l'ambition fut de délivrer son pays des « baïonnettes étrangères ; si Chateaubriand, qui venait de rendre à Gand d'éminents « services, avaient eu la direction des affaires, la France serait sortie puissante et redoutée « de ces deux grandes crises nationales. Chateaubriand a reçu de la nature le feu sacré : « ses ouvrages l'attestent. Son style n'est pas celui de Racine, c'est celui du prophète. Il « n'y a que lui au monde qui ait pu dire impunément, à la tribune des pairs, que la « *redingote grise et le chapeau de Napoléon, placés au bout d'un bâton sur la côte de* « *Brest, feraient courir l'Europe aux armes*[1]. Si jamais il arrive au timon des affaires, « il est possible que Chateaubriand s'égare : tant d'autres y ont trouvé leur perte ! mais, « ce qui est certain, c'est que tout ce qui est grand et national doit convenir à son « génie, et qu'il eût repoussé avec indignation ces actes infamants de l'administration « d'alors. » (*Mémoires pour servir à l'histoire de France sous Napoléon*, par M. de MONTHOLON, tome IV, p. 248.)

Pourquoi ne conviendrais-je pas que ce jugement *flatte de mon cœur l'orgueilleuse faiblesse?* Bien de petits hommes à qui j'ai rendu de grands services ne m'ont pas jugé si favorablement que le géant dont j'avais osé déserter le crime[2] et attaquer la puissance.

Quoi qu'il en soit, en rapprochant l'écrit *de Buonaparte et des Bourbons* du parallèle *de Buonaparte et de Washington*[3] et de quelques pages de ma *Polémique*[4], on saura à peu près tout ce qu'il y a à dire en bien ou en mal de celui que les peuples appelèrent un *fléau* : les fléaux de Dieu conservent quelque chose de l'éternité et de la grandeur de ce courroux divin dont ils émanent. *Ossa arida... dabo vobis spiritum, et vivetis.* (ÉZECHIEL.)

---

[1] Voici le passage auquel Buonaparte fait allusion, et qu'il avait mal retenu :
« Jeté au milieu des mers où le Camoëns plaça le génie des tempêtes, Buonaparte ne peut se remuer sur son rocher sans que nous ne soyons avertis de son mouvement par une secousse. Un pas de cet homme à l'autre pôle se ferait sentir à celui-ci. Si la Providence déchaînait encore son fléau ; si Buonaparte était libre aux États-Unis, ses regards attachés sur l'Océan suffiraient pour troubler les peuples de l'ancien monde : sa seule présence sur le rivage américain de l'Atlantique forcerait l'Europe à camper sur le rivage opposé. (*Polémique*, tom. XXVIII, art. du 17 novembre 1818.) — [2] L'assassinat du duc d'Enghien. — [3] *Voyage en Amérique*, pag. 22. — [4] *Voyez*, tom. V, *Polémique*, articles du 17 novembre 1818 — 5 juillet 1824 inclusivement.

MÉLANGES POLITIQUES

DE BUONAPARTE ET DES BOURBONS.

30 mars 1814.

Non, je ne croirai jamais que j'écris sur le tombeau de la France ; je ne puis me persuader qu'après le jour de la vengeance nous ne touchions pas au jour de la miséricorde. L'antique patrimoine des rois très-chrétiens ne peut être divisé : il ne périra point, ce royaume que Rome expirante enfanta au milieu de ses ruines, comme un dernier essai de sa grandeur. Ce ne sont point les hommes seuls qui ont conduit les événements dont nous sommes les témoins ; la main de la Providence est visible dans tout ceci : Dieu lui-même marche à découvert à la tête des armées, et s'assied au conseil des rois. Comment, sans l'intervention divine, expliquer et l'élévation prodigieuse et la chute plus prodigieuse encore de celui qui, naguère, foulait le monde à ses pieds ? Il n'y a pas quinze mois qu'il était à Moscou, et les Russes sont à Paris ; tout tremblait sous ses lois, depuis les colonnes d'Hercule jusqu'au Caucase ; et il est fugitif, errant, sans asile ; sa puissance s'est débordée comme le flux de la mer, et s'est retirée comme le reflux.

Comment expliquer les fautes de cet insensé ? Nous ne parlons pas encore de ses crimes.

Une révolution, préparée par la corruption des mœurs et par les égarements de l'esprit, éclate parmi nous. Au nom des lois, on renverse la religion et la morale ; on renonce à l'expérience et aux coutumes de nos pères ; on brise les tombeaux des aïeux, base sacrée de tout gouvernement durable, pour fonder sur une raison incertaine une société sans passé et sans avenir.

Errant dans nos propres folies, ayant perdu toute idée claire du juste et de l'injuste, du bien et du mal, nous parcourûmes les diverses formes des constitutions républicaines. Nous appelâmes la populace à délibérer au milieu des rues de Paris, sur les grands objets que le peuple romain venait discuter au Forum, après avoir déposé ses armes et s'être baigné dans les flots du Tibre. Alors sortirent de leurs repaires tous ces rois demi-nus, salis et abrutis par l'indigence, enlaidis et mutilés par leurs travaux, n'ayant pour toute vertu que l'insolence de la misère et l'orgueil des haillons. La patrie tombée en de pareilles mains fut bientôt couverte de plaies. Que nous resta-t-il de nos fureurs et de nos chimères? des crimes et des chaînes !

Mais du moins le but que l'on semblait se proposer alors était noble. La liberté ne doit point être accusée des forfaits que l'on commit sous son nom ; la vraie philosophie n'est point la mère des doctrines empoisonnées que répandent les faux sages. Éclairés par l'expérience, nous sentîmes enfin que le gouvernement monarchique était le seul qui pût convenir à notre patrie.

Il eût été naturel de rappeler nos princes légitimes ; mais nous crûmes nos fautes trop grandes pour être pardonnées. Nous ne songeâmes pas que le cœur d'un fils de saint Louis est un trésor inépuisable de miséricorde. Les uns craignaient pour leur vie, les autres pour leurs richesses. Surtout il en coûtait trop à l'orgueil humain d'avouer qu'il s'était trompé. Quoi ! tant de massacres, de bouleversements, de malheurs, pour revenir au point d'où l'on était parti ! Les passions encore émues, les prétentions de toutes les espèces ne pouvaient renoncer à cette égalité chimérique, cause principale de nos maux. De grandes raisons nous poussaient ; de petites raisons nous retinrent : la félicité publique fut sacrifiée à l'intérêt personnel, et la justice à la vanité.

Il fallut donc songer à établir un chef suprême qui fût l'enfant de la révolution, un chef en qui la loi, corrompue dans sa source, protégeât la corruption et fît alliance avec elle. Des magistrats intègres, fermes et courageux, des capitaines renommés par leur probité autant que pour leurs talents, s'étaient formés au milieu de nos discordes ; mais on ne leur offrit point un pouvoir que leurs principes leur auraient défendu d'accepter. On désespéra de trouver parmi les Français un front qui osât porter la couronne de Louis XVI. Un étranger se présenta : il fut choisi.

Buonaparte n'annonça pas ouvertement ses projets ; son caractère ne se développa que par degrés. Sous le titre modeste de consul, il accoutuma d'abord les esprits indépendants à ne pas s'effrayer du pouvoir qu'ils avaient donné. Il se concilia les vrais Français, en se proclamant le restaurateur de l'ordre, des lois et de la religion. Les plus sages y furent pris, les plus clairvoyants trompés. Les républicains regardaient Buonaparte comme leur ouvrage et comme le chef populaire d'un État libre. Les royalistes croyaient qu'il jouait le rôle de Monk, et s'empressaient de le servir. Tout le monde espérait en lui. Des victoires éclatantes, dues à la bravoure des Français, l'environnèrent de gloire. Alors il s'enivra de ses succès, et son penchant au mal commença à se déclarer. L'avenir doutera si cet homme a été plus coupable par le mal qu'il a fait que par le bien qu'il eût pu faire et qu'il n'a pas fait. Jamais usurpateur n'eut un rôle plus facile et plus brillant à remplir. Avec un peu de modération, il pouvait établir lui et sa race sur le premier trône de l'univers. Personne ne lui disputait ce trône : les générations nées depuis la révolution ne connaissaient point nos anciens maîtres, et n'avaient vu que des troubles et des malheurs. La France et l'Europe étaient lassées ; on ne soupirait qu'après le repos; on l'eût acheté à tout prix. Mais Dieu ne voulut pas qu'un si dangereux exemple fût donné au monde entier, qu'un aventurier pût troubler l'ordre des successions royales, se faire l'héritier des héros, et profiter dans un seul jour de la dépouille du génie, de la gloire et du temps. Au défaut des droits de la naissance, un usurpateur ne peut légitimer ses prétentions au trône que par des vertus : dans ce cas, Buonaparte n'avait rien pour lui, hors des talents militaires, égalés, sinon même surpassés par ceux de plusieurs de nos généraux. Pour le perdre, il a suffi à la Providence de l'abandonner et de le livrer à sa propre folie.

Un roi de France disait que « si la bonne foi était bannie du milieu des hommes, elle devrait se retrouver dans le cœur des rois : » cette qualité d'une âme royale manqua surtout à Buonaparte. Les premières victimes connues de la perfidie du tyran furent deux chefs des royalistes de la Normandie. MM. de Frotté et le baron de Commarque eurent la noble imprudence de se rendre à une conférence où on les attira sur la foi d'une promesse ; ils furent arrêtés et fusillés. Peu de temps après, Toussaint Louverture fut enlevé par trahison en Amérique, et probablement étranglé dans le château où on l'enferma en Europe.

Bientôt un meurtre plus fameux consterna le monde civilisé. On crut voir renaître ces temps de barbarie du moyen âge, ces scènes que l'on ne trouve plus que dans les romans, ces catastrophes que les guerres de l'Italie et la politique de Machiavel avaient rendues familières au delà des Alpes. L'étranger, qui n'était point encore roi, voulut avoir le corps sanglant d'un Français pour marchepied du trône de France. Et quel Français, grand Dieu ! Tout fut violé pour commettre ce crime : droit des gens, justice, religion, humanité. Le duc d'Enghien est arrêté en pleine paix sur un sol étranger. Lorsqu'il avait quitté la France, il était trop jeune pour la bien connaître : c'est du fond d'une chaise de poste, entre deux gendarmes, qu'il voit, comme pour la première fois, la terre de sa patrie, et qu'il traverse, pour mourir, les champs illustrés par ses aïeux. Il arrive au milieu de la nuit au donjon de Vincennes. A la lueur des flambeaux, sous les voûtes d'une prison, le petit-fils du grand Condé est déclaré coupable d'avoir comparu sur les champs de bataille : convaincu de ce crime héréditaire, il est aussitôt condamné. En vain il demande à parler à Buonaparte (ô simplicité aussi touchante qu'héroïque !) ; le brave jeune homme était un des plus grands admirateurs de son meurtrier : il ne pouvait croire qu'un capitaine voulût assassiner un soldat. Encore tout exténué de faim et de fatigue, on le fait descendre dans les ravins du château ; il y trouve une fosse nouvellement creusée. On le dépouille de son habit ; on lui attache sur la poitrine une lanterne pour l'apercevoir dans les ténèbres, et pour mieux diriger la balle au cœur. Il demande un confesseur ; il prie ses bourreaux de transmettre les dernières marques de son souvenir à ses amis : on l'insulte par des paroles grossières. On commande le feu ; le duc d'Enghien tombe : sans témoins, sans consolation, au milieu de sa patrie, à quelques lieues de Chantilly, à quelques pas de ces vieux arbres sous lesquels le saint roi Louis rendait la justice à ses sujets, dans la prison où M. le prince fut renfermé, le jeune, le beau, le brave, le dernier rejeton du vainqueur de Rocroy, meurt comme serait mort le grand Condé, et comme ne mourra pas son assassin. Son corps est enterré furtivement, et Bossuet ne renaîtra point pour parler sur ses cendres.

Il ne reste à celui qui s'est abaissé au-dessous de l'espèce humaine par un crime, qu'à affecter de se placer au-dessus de l'humanité par ses desseins, qu'à donner pour prétexte à un forfait des raisons inaccessibles au vulgaire, qu'à faire passer un abîme d'iniquités pour la profondeur du génie. Buonaparte eut recours à cette misérable assurance qui ne trompe personne, et qui ne vaut pas un simple repentir : ne pouvant cacher son crime, il le publia.

Quand on entendit crier dans Paris l'arrêt de mort, il y eut un mouvement d'horreur que personne ne dissimula. On se demanda de quel droit un étranger venait de verser le plus beau comme le plus pur sang de la France. Croyait-il pouvoir remplacer par sa famille la famille qu'il venait d'éteindre ? Les militaires surtout frémirent : ce nom de Condé semblait leur appartenir en propre, et représenter pour eux l'honneur de l'armée française. Nos grenadiers avaient plusieurs fois rencontré les trois générations de héros dans la mêlée, le prince de Condé, le duc de Bourbon et le duc d'Enghien ; ils avaient même blessé le duc de Bourbon, mais l'épée d'un Français ne pouvait épuiser ce noble sang : il n'appartenait qu'à un étranger d'en tarir la source.

Chaque nation a ses vices. Ceux des Français ne sont pas la trahison, la noirceur et l'ingratitude. Le meurtre du duc d'Enghien, la torture et l'assassinat de Pichegru, la guerre d'Espagne et la captivité du pape, décèlent dans Buonaparte une nature étrangère à la France. Malgré le poids des chaînes dont nous étions accablés, sensibles aux malheurs autant qu'à la gloire, nous avons pleuré le duc d'Enghien, Pichegru, Georges et Moreau; nous avons admiré Saragosse, et environné d'hommages un pontife chargé de fers. Celui qui priva de ses États le prêtre vénérable dont la main l'avait marqué du sceau des rois; celui qui à Fontainebleau osa, dit-on, frapper le souverain pontife, traîner par ses cheveux blancs le père des fidèles; celui-là crut peut-être remporter une nouvelle victoire : il ne savait pas qu'il restait à l'héritier de Jésus-Christ ce sceptre de roseau et cette couronne d'épines qui triomphent tôt ou tard de la puissance du méchant.

Le temps viendra, je l'espère, où les Français libres déclareront par un acte solennel qu'ils n'ont point pris de part à ces crimes de la tyrannie; que le meurtre du duc d'Enghien, la captivité du pape et la guerre d'Espagne, sont des actes impies, sacriléges, odieux, anti-français surtout, et dont la honte ne doit retomber que sur la tête de l'*étranger*.

Buonaparte profita de l'épouvante que l'assassinat de Vincennes jeta parmi nous pour franchir le dernier pas et s'asseoir sur le trône.

Alors commencèrent les grandes saturnales de la royauté : les crimes, l'oppression, l'esclavage, marchèrent d'un pas égal avec la folie. Toute liberté expire, tout sentiment honorable, toute pensée généreuse, deviennent des conspirations contre l'État. Si on parle de vertu, on est suspect; louer une belle action, c'est une injure faite au prince. Les mots changent d'acception : un peuple qui combat pour ses souverains légitimes est un peuple rebelle; un traître est un sujet fidèle; la France entière devient l'empire du mensonge : journaux, pamphlets, discours, prose et vers, tout déguise la vérité. S'il a fait de la pluie, on assure qu'il a fait du soleil; si le tyran s'est promené au milieu du peuple muet, il s'est avancé, dit-on, au milieu des acclamations de la foule. Le but unique, c'est le prince : la morale consiste à se dévouer à ses caprices, le devoir à le louer. Il faut surtout se récrier d'admiration lorsqu'il a fait une faute ou commis un crime. Les gens de lettres sont forcés par des menaces à célébrer le despote. Ils composaient, ils capitulaient sur le degré de la louange : heureux quand, au prix de quelques lieux communs sur la gloire des armes, ils avaient acheté le droit de pousser quelques soupirs, de dénoncer quelques crimes, de rappeler quelques vérités proscrites! Aucun livre ne pouvait paraître sans être marqué de l'éloge de Buonaparte, comme du timbre de l'esclavage; dans les nouvelles éditions des anciens auteurs, la censure faisait retrancher tous les passages contre les conquérants, la servitude et la tyrannie; comme le Directoire avait eu dessein de faire corriger dans les mêmes auteurs tout ce qui parlait de la monarchie et des rois. Les almanachs étaient examinés avec soin ; et la conscription forma un article de foi dans le catéchisme. Dans les arts, même servitude : Buonaparte empoisonne les pestiférés de Jaffa ; on fait un tableau qui le représente touchant, par excès de courage et d'humanité, ces mêmes pestiférés. Ce n'était pas ainsi que saint Louis guérissait les malades qu'une confiance touchante et religieuse présentait à ses mains royales. Au reste, ne parlez point d'opinion publique : la maxime est que le souverain doit en disposer chaque matin. Il y avait à la police perfectionnée par Buonaparte un comité chargé de donner la direction aux esprits, et à la tête de ce comité un directeur de l'opinion publique. L'imposture et le silence étaient les deux grands moyens employés pour tenir le peuple dans l'erreur. Si vos enfants meurent sur le champ de bataille, croyez-vous qu'on fasse assez de cas de vous pour vous dire ce qu'ils sont devenus ? On vous taira les événements les plus importants à la patrie, à l'Europe, au monde entier. Les ennemis sont à Meaux : vous ne l'apprenez que par la fuite des gens de la campagne ; on vous enveloppe de ténèbres ; on se joue de vos inquiétudes ; on rit de vos douleurs ; on méprise ce que vous pouvez sentir et penser. Vous voulez élever la voix, un espion vous dénonce, un gendarme vous arrête, une commission militaire vous juge : on vous casse la tête, et on vous oublie.

Ce n'était pas tout d'enchaîner les pères, il fallait encore disposer des enfants. On a vu des mères accourir des extrémités de l'empire, et venir réclamer, en fondant en larmes, les fils que le gouvernement leur avait enlevés. Ces enfants étaient placés dans des écoles où, rassemblés au son du tambour, ils devenaient irréligieux, débauchés, contempteurs des vertus domestiques. Si de sages et dignes maîtres osaient rappeler la vieille expérience et les leçons de la morale, ils étaient aussitôt dénoncés comme des traîtres, des fanatiques, des ennemis de la philosophie et du progrès des lumières. L'autorité paternelle, respectée par les plus affreux tyrans de l'antiquité, était traitée par Buonaparte d'abus et de préjugés. Il voulait faire de nos fils des espèces de Mamelouks sans Dieu, sans famille et sans patrie.

Il semble que cet ennemi de tout s'attachât à détruire la France par ses fondements. Il a plus corrompu les hommes, plus fait de mal au genre humain dans le court espace de dix années, que tous les tyrans de Rome ensemble, depuis Néron jusqu'au dernier persécuteur des chrétiens. Les principes qui servaient de base à son administration passaient de son gouvernement dans les différentes classes de la société ; car un gouvernement pervers introduit le vice chez les peuples, comme un gouvernement sage fait fructifier la vertu. L'irréligion, le goût des jouissances et des dépenses au-dessus de la fortune, le mépris des liens moraux, l'esprit d'aventure, de violence et de domination descendaient du trône dans les familles. Encore quelque temps d'un pareil règne, et la France n'eût plus été qu'une caverne de brigands.

Les crimes de notre révolution républicaine étaient l'ouvrage des passions, qui laissent toujours des ressources : il y avait désordre et non pas destruction dans la société. La morale était blessée, mais elle n'était pas anéantie. La conscience avait ses remords ; une indifférence destructive ne confondait point l'innocent et le coupable : aussi les malheurs de ce temps auraient pu être promptement réparés. Mais comment guérir la plaie faite par un gouvernement qui posait en principe le despotisme ; qui, ne parlant que de morale et de religion, détruisait sans cesse la morale et la religion par ses institutions et ses mépris ; qui ne cherchait point à fonder l'ordre sur le devoir et sur la loi, mais sur la force et sur les espions de police ; qui prenait la stupeur de l'esclavage pour la paix d'une société bien organisée, fidèle aux coutumes de ses pères, et marchant en silence dans le sentier des antiques vertus ? Les révolutions les plus terribles sont préférables à un pareil état. Si les guerres civiles produisent les crimes publics, elles enfantent au moins les vertus privées, les talents et les grands hommes. C'est dans le despotisme que disparaissent les empires : en abusant de tous les moyens, en tuant les âmes encore plus que les corps, il amène tôt ou tard la dissolution et la conquête. Il n'y a point d'exemple d'une nation libre qui ait péri par une guerre entre les citoyens ; et toujours un État courbé sous ses propres orages s'est relevé plus florissant.

On a vanté l'administration de Buonaparte : si l'administration consiste dans des chiffres ; si, pour bien gouverner, il suffit de savoir combien une province produit en blé, en vin, en huile ; quel est le dernier écu qu'on peut lever, le dernier homme qu'on peut prendre : certes Buonaparte était un grand administrateur ; il est impossible de mieux organiser le mal, de mettre plus d'ordre dans le désordre. Mais si la meilleure administration est celle qui laisse un peuple en paix ; qui nourrit en lui des sentiments de justice et de pitié ; qui est avare du sang des hommes ; qui respecte les droits des citoyens, les propriétés des familles : certes le gouvernement de Buonaparte était le pire des gouvernements.

Et encore que de fautes et d'erreurs dans son propre système ! L'administration la plus dispendieuse engloutissait une partie des revenus de l'État. Des armées de douaniers et de receveurs dévoraient les impôts qu'ils étaient chargés de lever. Il n'y avait pas de si petit chef de bureau qui n'eût sous lui cinq ou six commis. Buonaparte semblait avoir déclaré la guerre au commerce. S'il naissait en France quelque branche d'industrie, il s'en emparait, et elle séchait entre ses mains. Les tabacs, les sels, les laines, les denrées coloniales, tout était pour lui l'objet d'un monopole ; il s'était fait l'unique marchand de son empire. Il avait, par des combinaisons absurdes, ou plutôt par une ignorance et un dégoût décidé de la marine, achevé de perdre nos colonies et d'anéantir nos flottes. Il bâtissait de grands vaisseaux qui pourrissaient dans les ports, ou qu'il désarmait lui-même pour subvenir aux besoins de son armée de terre. Cent frégates, répandues dans toutes les mers, auraient pu faire un mal considérable aux ennemis, former des matelots à la France, protéger nos bâtiments marchands : ces premières notions du bon sens n'entraient pas même dans la tête de Buonaparte. On ne doit point attribuer à ses lois les progrès de notre agriculture ; ils sont dus au partage des grandes propriétés, à l'abolition de quelques droits féodaux, et à plusieurs autres causes produites par la révolution. Tous les jours cet homme inquiet et bizarre fatiguait un peuple qui n'avait besoin que de repos par des décrets contradictoires, et souvent inexécutables : il violait le soir la loi qu'il avait faite le matin. Il a dévoré en dix ans 15 milliards d'impôts [1], ce qui surpasse la somme des taxes levées pendant les soixante-treize années du règne de Louis XIV. La dépouille du monde, 1,500 millions de revenu ne lui suffisaient pas ; il n'était occupé qu'à grossir son trésor par les mesures les plus iniques. Chaque préfet, chaque sous-préfet, chaque maire avait le droit d'augmenter les entrées des villes, de mettre des centimes additionnels sur les bourgs, les villages et les hameaux ; de demander à tel propriétaire une somme arbitraire pour tel ou tel prétendu besoin. La France entière était au pillage. Les infirmités, l'indigence, la mort, l'éducation, les arts, les sciences, tout payait un tribut au prince. Vous aviez un fils estropié, cul-de-jatte, incapable de servir : une loi de la conscription vous obligeait à donner 1,500 francs pour vous consoler de ce malheur. Quelquefois le conscrit malade mourait avant d'avoir subi l'examen du capitaine de recrutement. Vous supposiez alors le père exempt de payer les 1,500 francs de la réforme ? Point du tout. Si la déclaration de l'infirmité avait été faite avant l'accident de la mort, le conscrit se trouvant vivant au moment de la déclaration, le père était obligé de compter la somme sur le tombeau de son fils. Le pauvre voulait-il donner quelque éducation à l'un de ses enfants, il fallait qu'il comptât d'abord une somme à l'université, plus une redevance sur la pension donnée au maître. Un auteur moderne citait-il un ancien auteur, comme les ouvrages de ce dernier étaient tombés dans ce qu'on appelait le *domaine public*, la censure exigeait un centime par feuille de citation. Si vous traduisiez en citant, vous ne payiez qu'un demi-centime par feuille, parce qu'alors la citation était du *domaine mixte ;* la moitié appartenant au travail du traducteur vivant et l'autre moitié à l'auteur mort. Lorsque Buonaparte fit distribuer des aliments aux

---

[1] Tous ces calculs ne sont qu'*approximatifs :* je ne me pique nullement de donner des comptes rigoureux par francs et par centimes.

pauvres dans l'hiver de 1812, on crut qu'il tirait cette générosité de son épargne ; il leva à cette occasion des centimes additionnels, et gagna 4 millions sur la soupe des pauvres. Enfin, on l'a vu s'emparer de l'administration des funérailles : il était digne du destructeur des Français de lever un impôt sur leurs cadavres. Et comment aurait-on réclamé la protection des lois, puisque c'était lui qui les faisait ? Le Corps législatif a osé parler une fois, et il a été dissous. Un seul article des nouveaux codes détruisait rapidement la propriété. Un administrateur du domaine pouvait vous dire : « Votre propriété est domaniale ou nationale. Je la mets provisoirement sous le séquestre : allez et plaidez. Si le domaine a tort, on vous rendra votre bien. » Et à qui aviez-vous recours en ce cas ? aux tribunaux ordinaires ? non : ces causes étaient réservées à l'examen du conseil d'État, et plaidées devant l'empereur, qui était ainsi juge et partie.

Si la propriété était incertaine, la liberté civile était encore moins assurée. Qu'y avait-il de plus monstrueux que cette commission nommée pour inspecter les prisons, et sur le rapport de laquelle un homme pouvait être détenu toute sa vie dans les cachots, sans instruction, sans procès, sans jugement, mis à la torture, fusillé la nuit, étranglé entre deux guichets ? Au milieu de tout cela, Buonaparte faisait nommer chaque année des commissions de la liberté de la presse et de la liberté individuelle : Tibère ne s'est jamais joué à ce point de l'espèce humaine.

Enfin la conscription faisait comme le couronnement de ses œuvres de despotisme. La Scandinavie, appelée par un historien la *fabrique du genre humain*, n'aurait pu fournir assez d'hommes à cette loi homicide. Le code de la conscription sera un monument éternel du règne de Buonaparte. Là se trouve réuni tout ce que la tyrannie la plus subtile et la plus ingénieuse peut imaginer pour tourmenter et dévorer les peuples : c'est véritablement le code de l'enfer. Les générations de la France étaient mises en coupe réglée comme les arbres d'une forêt : chaque année quatre-vingt mille jeunes gens étaient abattus. Mais ce n'était là que la coupe régulière : souvent la conscription était doublée ou fortifiée par des levées extraordinaires ; souvent elle dévorait d'avance les futures victimes, comme un dissipateur emprunte sur le revenu à venir. On avait fini par prendre sans compter : l'âge légal, les qualités requises pour mourir sur un champ de bataille n'étaient plus considérés ; et l'inexorable loi montrait à cet égard une merveilleuse indulgence. On remontait vers l'enfance ; on descendait vers la vieillesse : le réformé, le remplacé, étaient repris ; tel fils d'un pauvre artisan, racheté trois fois au prix de la petite fortune de son père, était obligé de marcher. Les maladies, les infirmités, les défauts du corps n'étaient plus une raison de salut. Des colonnes mobiles parcouraient nos provinces comme un pays ennemi, pour enlever au peuple ses derniers enfants. Si l'on se plaignait de ces ravages, on répondait que les colonnes mobiles étaient composées de beaux gendarmes qui consoleraient leurs mères et leur rendraient ce qu'elles avaient perdu. Au défaut du frère absent, on prenait le frère présent. Le père répondait pour le fils, la femme pour le mari : la responsabilité s'étendait aux parents les plus éloignés et jusqu'aux voisins. Un village devenait solidaire pour le conscrit qu'il avait vu naître. Des garnisaires s'établissaient chez le paysan, et le forçaient de vendre son lit pour les nourrir : pour s'en délivrer il fallait qu'il trouvât le conscrit caché dans les bois. L'absurde se mêlait à l'atroce : souvent on demandait des enfants à ceux qui étaient assez heureux pour n'avoir point de postérité; on employait la violence pour découvrir le porteur d'un nom qui n'existait que sur le rôle des gendarmes, ou pour avoir un conscrit qui servait déjà depuis cinq ou six ans. Des femmes grosses ont été mises à la torture, afin qu'elles révélassent le lieu où se trouvait caché le premier né de leurs entrailles; des pères ont apporté le cadavre de leur fils, pour prouver qu'ils ne pouvaient fournir ce fils vivant. Il restait encore quelques familles dont les enfants plus riches s'étaient rachetés ; ils se destinaient à former un jour des magistrats, des administrateurs, des savants, des propriétaires, si utiles à l'ordre social dans un grand pays : par le décret des gardes d'honneur, on les a enveloppés dans le massacre universel. On en était venu à ce point de mépris pour la vie des hommes et pour la France, d'appeler les conscrits la *matière première* et la *chair à canon*. On agitait quelquefois cette grande question parmi les pourvoyeurs de chair humaine : savoir combien de temps *durait* un conscrit ; les uns prétendaient qu'il durait trente-trois mois, les autres trente-six. Buonaparte disait lui-même : *J'ai trois cent mille hommes de revenu*. Il a fait périr, dans les onze années de son règne, plus de cinq millions de Français, ce qui surpasse le nombre de ceux que nos guerres civiles ont enlevés pendant trois siècles, sous les règnes de Jean, de Charles V, de Charles VI, de Charles VII, de Henri II, de François II, de Charles IX, de Henri III et de Henri IV. Dans les douze derniers mois qui viennent de s'écouler, Buonaparte a levé (sans compter la garde nationale) treize cent mille hommes, ce qui est plus de cent mille hommes par mois : et on a osé lui dire qu'il n'avait dépensé que le luxe de la population.

Il était aisé de prévoir ce qui est arrivé : tous les hommes sages disaient que la conscription, en épuisant la France, l'exposerait à l'invasion aussitôt qu'elle serait sérieusement attaquée. Saigné à blanc par le bourreau, ce corps, vide de sang, n'a pu faire qu'une faible résistance ; mais la perte des hommes n'était pas le plus grand mal que faisait la conscription : elle tendait à nous replonger nous et l'Europe entière dans la barbarie. Par la conscription, les métiers, les arts et les lettres sont inévitablement détruits. Un jeune homme qui doit mourir à dix-huit ans ne peut se livrer à aucune étude. Les nations voisines, obligées, pour se défendre, de recourir aux mêmes moyens que nous, abandonnaient à leur tour les avantages de la civilisation ; et tous les peuples précipités les uns sur les autres, comme au siècle des Goths et des Vandales, auraient vu renaître les malheurs de ces temps. En brisant les liens de la société générale, la conscription anéantissait aussi ceux de la famille. Accoutumés dès leur berceau à se regarder comme des victimes dévouées à la mort, les enfants n'obéissaient plus à leurs parents ; ils devenaient paresseux, vagabonds et débauchés, en attendant le jour où ils allaient piller et égorger le monde. Quel principe de religion et de morale aurait eu le temps de prendre racine dans leur cœur ? De leur côté, les pères et les mères, dans la classe du peuple, n'attachaient plus leurs affections, ne donnaient plus leurs soins à des enfants qu'ils se préparaient à perdre, qui n'étaient plus leur richesse et leur appui, et qui ne devenaient pour eux qu'un objet de douleur et un fardeau. De là cet endurcissement de l'âme, cet oubli de tous les sentiments naturels qui mènent à l'égoïsme, à l'insouciance du bien et du mal, à l'indifférence pour la patrie ; qui éteignent la conscience et le remords, qui vouent un peuple à la servitude, en lui ôtant l'horreur du vice et l'admiration pour la vertu.

Telle était l'administration de Buonaparte pour l'intérieur de la France.

Examinons au dehors la marche de son gouvernement, cette politique dont il était si fier, et qu'il définissait ainsi : *La politique, c'est jouer aux hommes.* Hé bien ! il a tout perdu à ce jeu abominable, et c'est la France qui a payé sa perte.

Pour commencer par son système continental, ce système, d'un fou ou d'un enfant, n'était point d'abord le but réel de ses guerres ; il n'en était que le prétexte. Il voulait être le maître de la terre en ne parlant que de la liberté des mers. Et ce système insensé, a-t-il fait ce qu'il fallait pour l'établir ? Par les deux grandes fautes qui, comme nous le dirons après, ont fait échouer ses projets sur l'Espagne et sur la Russie, n'a-t-il pas manqué aussi de fermer les ports de la Méditerranée et de la Baltique ? N'a-t-il pas donné toutes les colonies du monde aux Anglais ? Ne leur a-t-il pas ouvert au Pérou, au Mexique, au Brésil, un marché plus considérable que celui qu'il voulait leur fermer en Europe ? chose si vraie, que la guerre a enrichi le peuple qu'il prétendait ruiner. L'Europe n'emploie que quelques superfluités de l'Angleterre ; le fond des nations européennes trouve dans ses propres manufactures de quoi suffire à ses principales nécessités. En Amérique, au contraire, les peuples ont besoin de tout, depuis le premier jusqu'au dernier vêtement ; et dix millions d'Américains consomment plus de marchandises anglaises que trente millions d'Européens. Je ne parle point de l'importation de l'argent du Mexique aux Indes, du monopole du cacao, du quinquina, de la cochenille et de mille autres objets de spéculation, devenus une nouvelle source de richesse pour les Anglais. Et quand Buonaparte aurait réussi à fermer les ports de l'Espagne et de la Baltique, il fallait donc ensuite fermer ceux de la Grèce, de Constantinople, de la Syrie, de la Barbarie : c'était prendre l'engagement de conquérir le monde. Tandis qu'il eût tenté de nouvelles conquêtes, les peuples déjà soumis, ne pouvant échanger le produit de leur sol et de leur industrie, auraient secoué le joug et rouvert leurs ports. Tout cela n'offre que vues fausses, qu'entreprises petites à force d'être gigantesques, défaut de raison et de bon sens, rêves d'un fou et d'un furieux.

Quant à ses guerres, à sa conduite avec les cabinets de l'Europe, le moindre examen en détruit le prestige. Un homme n'est pas grand par ce qu'il entreprend, mais par ce qu'il exécute. Tout homme peut rêver la conquête du monde : Alexandre seul l'accomplit. Buonaparte gouvernait l'Espagne comme une province dont il pompait le sang et l'or. Il ne se contente pas de cela : il veut encore régner personnellement sur le trône de Charles IV. Que fait-il alors? Par la politique la plus noire, il sème d'abord des germes de division dans la famille royale ; ensuite il enlève cette famille, au mépris de toutes les lois divines et humaines ; il envahit subitement le territoire d'un peuple fidèle qui venait de combattre pour lui à Trafalgar. Il insulte au génie de ce peuple, massacre ses prêtres, blesse l'orgueil castillan, soulève contre lui les descendants du Cid et du grand capitaine. Aussitôt Saragosse célèbre la messe de ses propres funérailles, et s'ensevelit sous ses ruines ; les chrétiens de Pélasge descendent des Asturies : le nouveau Maure est chassé. Cette guerre ranime en Europe l'esprit des peuples, donne à la France une frontière de plus à défendre, crée une armée de terre aux Anglais, les ramène après quatre siècles dans les champs de Poitiers, et leur livre les trésors du Mexique.

Si, au lieu d'avoir recours à ces ruses dignes de Borgia, Buonaparte, par une politique toujours criminelle, mais plus habile, eût, sous un prétexte quelconque, déclaré la guerre au roi d'Espagne ; s'il se fût annoncé comme le vengeur des Castillans opprimés par le prince de la Paix ; s'il eût caressé la fierté espagnole, ménagé les ordres religieux, il est probable qu'il eût réussi. « Ce ne sont pas les Espagnols que je veux, disait-il dans sa fureur, c'est l'Espagne. » Eh bien! cette terre l'a rejeté. L'incendie de Burgos a produit l'incendie de Moscou, et la conquête de l'Alhambra a amené les Russes au Louvre. Grande et terrible leçon !

Même faute pour la Russie : au mois d'octobre 1812, il s'était arrêté sur les bords de la Duna ; s'il se fût contenté de prendre Riga, de cantonner pendant l'hiver son armée de cinq cent mille hommes, d'organiser la Pologne derrière lui, au retour du printemps, il eût peut-être mis en péril l'empire des czars. Au lieu de cela, il marche à Moscou par un seul chemin, sans magasins, sans ressources. Il arrive : les vainqueurs de Pultawa embrasent leur ville sainte. Buonaparte s'endort un mois au milieu des ruines et des cendres; il semble oublier le retour des saisons et la rigueur du climat; il se laisse amuser par des propositions de paix; il ignore assez le cœur humain pour croire que des peuples qui ont eux-mêmes brûlé leur capitale, afin d'échapper à l'esclavage, vont capituler sur les ruines fumantes de leurs maisons. Ses généraux lui crient qu'il est temps de se retirer. Il part, jurant comme un enfant furieux qu'il reparaîtra bientôt avec une armée dont l'*avant-garde seule sera composée de trois cent mille soldats*. Dieu envoie un souffle de sa colère : tout périt; il ne nous revient qu'un homme!

Absurde en administration, criminel en politique, qu'avait-il donc pour séduire les Français, cet étranger? Sa gloire militaire? Eh bien! il en est dépouillé. C'est, en effet, un grand gagneur de batailles; mais hors de là, le moindre général est plus habile que lui. Il n'entend rien aux retraites et à la chicane du terrain; il est impatient, incapable d'attendre longtemps un résultat, fruit d'une longue combinaison militaire; il ne sait qu'aller en avant, faire des pointes, courir, remporter des victoires, comme on l'a dit, à *coups d'hommes;* sacrifier tout pour un succès, sans s'embarrasser d'un revers; tuer la moitié de ses soldats par des marches au-dessus des forces humaines. Peu importe : n'a-t-il pas la conscription et la *matière première?* On a cru qu'il avait perfectionné l'art de la guerre, et il est certain qu'il l'a fait rétrograder vers l'enfance de l'art[1]. Le chef-d'œuvre de l'art militaire, chez les peuples civilisés, c'est évidemment de défendre un grand pays avec une petite armée; de laisser reposer plusieurs milliers d'hommes derrière soixante ou quatre-vingt mille soldats; de sorte que le laboureur qui cultive en paix son sillon sait à peine qu'on se bat à quelques lieues de sa chaumière. L'empire romain était gardé par cent cinquante mille hommes, et César n'avait que quelques légions à Pharsale. Qu'il nous défende donc aujourd'hui dans nos foyers, ce vainqueur du monde! Quoi! tout son génie l'a-t-il soudainement abandonné? Par quel enchantement cette France, que Louis XIV avait environnée de forteresses, que Vauban avait fermée comme un beau jardin, est-elle envahie de toutes parts? Où sont les garnisons de ses places frontières? Il n'y en a point. Où sont les canons de ses remparts? Tout est désarmé, même les vaisseaux de Brest, de Toulon et de Rochefort. Si Buonaparte eût voulu nous livrer sans défense aux puissances coalisées, s'il nous eût vendus, s'il eût conspiré secrètement contre les Français, eût-il agi autrement? En moins de seize mois, deux milliards de numéraire, quatorze cent mille hommes, tout le

---

[1] Il est vrai pourtant qu'il a perfectionné ce qu'on appelle l'administration des armées et le matériel de la guerre.

matériel de nos armées et de nos places, sont engloutis dans les bois de l'Allemagne et dans les déserts de la Russie. A Dresde, Buonaparte commet fautes sur fautes, oubliant que si les crimes ne sont quelquefois punis que dans l'autre monde, les fautes le sont toujours dans celui-ci. Il montre l'ignorance la plus incompréhensible de ce qui se passe dans les cabinets, s'obstine à rester sur l'Elbe, est battu à Leipsick, et refuse une paix honorable qu'on lui propose. Plein de désespoir et de rage, il sort pour la dernière fois du palais de nos rois, va brûler, par un esprit d'injustice et d'ingratitude, le village où ces mêmes rois eurent le malheur de le nourrir, n'oppose aux ennemis qu'une activité sans plan, éprouve un dernier revers, fuit encore, et délivre enfin la capitale du monde civilisé de son odieuse présence.

La plume d'un Français se refuserait à peindre l'horreur de ses champs de bataille; un homme blessé devient pour Buonaparte un fardeau : tant mieux s'il meurt, on en est débarrassé. Des monceaux de soldats mutilés, jetés pêle-mêle dans un coin, restent quelquefois des jours et des semaines sans être pansés : il n'y a plus d'hôpitaux assez vastes pour contenir les malades d'une armée de sept ou huit cent mille hommes, plus assez de chirurgiens pour les soigner. Nulle précaution prise pour eux par le bourreau des Français : souvent point de pharmacie, point d'ambulance, quelquefois même pas d'instruments pour couper les membres fracassés. Dans la campagne de Moscou, faute de charpie, on pansait les blessés avec du foin ; le foin manqua, ils moururent. On vit errer cinq cent mille guerriers, vainqueurs de l'Europe, la gloire de la France; on les vit errer parmi les neiges et les déserts, s'appuyant sur des branches de pin, car ils n'avaient plus la force de porter leurs armes, et couverts, pour tout vêtement, de la peau sanglante des chevaux qui avaient servi à leur dernier repas. De vieux capitaines, les cheveux et la barbe hérissés de glaçons, s'abaissaient jusqu'à caresser le soldat à qui il était resté quelque nourriture, pour en obtenir une chétive partie : tant ils éprouvaient les tourments de la faim ! Des escadrons entiers, hommes et chevaux, étaient gelés pendant la nuit ; et le matin on voyait encore ces fantômes debout au milieu des frimas. Les seuls témoins des souffrances de nos soldats, dans ces solitudes, étaient des bandes de corbeaux et des meutes de lévriers blancs demi-sauvages, qui suivaient notre armée pour en dévorer les débris. L'empereur de Russie a fait faire au printemps la recherche des morts : on a compté deux cent quarante-trois mille six cent cadavres d'hommes, et cent vingt-trois mille cent trente-trois de chevaux [1]. La peste militaire, qui avait disparu depuis que la guerre ne

---

[1] Extrait d'un rapport officiel du ministre de la police générale au gouvernement russe, en date du 17 mai 1813.

se faisait plus qu'avec un petit nombre d'hommes, cette peste a reparu avec la conscription, les armées d'un million de soldats et les flots de sang humain : et que faisait le destructeur de nos pères, de nos frères, de nos fils, quand il moissonnait ainsi la fleur de la France? Il fuyait! il venait aux Tuileries dire, en se frottant les mains au coin du feu : *Il fait meilleur ici que sur les bords de la Bérésina.* Pas un mot de consolation aux épouses, aux mères en larmes dont il était entouré; pas un regret, pas un mouvement d'attendrissement, pas un remords, pas un seul aveu de sa folie. Les Tigellins disaient : « Ce qu'il y a d'heureux dans cette retraite, c'est que l'empereur n'a manqué de rien; il a toujours été bien nourri, bien enveloppé dans une bonne voiture; enfin, il n'a pas du tout souffert, c'est une grande consolation; » et lui, au milieu de sa cour, paraissait gai, triomphant, glorieux : paré du manteau royal, la tête couverte du chapeau à la Henri IV, il s'étalait, brillant sur un trône, répétant les attitudes royales qu'on lui avait enseignées; mais cette pompe ne servait qu'à le rendre plus hideux, et tous les diamants de la couronne ne pouvaient cacher le sang dont il était couvert.

Hélas! cette horreur des champs de bataille s'est rapprochée de nous; elle n'est plus cachée dans les déserts : c'est au sein de nos foyers que nous la voyons, dans ce Paris que les Normands assiégèrent en vain il y a près de mille ans, et qui s'enorgueillissait de n'avoir eu pour vainqueur que Clovis, qui devint son roi. Livrer un pays à l'invasion, n'est-ce pas le plus grand et le plus irrémissible des crimes? Nous avons vu périr sous nos propres yeux le reste de nos générations; nous avons vu des troupeaux de conscrits, de vieux soldats pâles et défigurés, s'appuyer sur les bornes des rues, mourant de toutes les sortes de misères, tenant à peine d'une main l'arme avec laquelle ils avaient défendu la patrie, et demandant l'aumône de l'autre main; nous avons vu la Seine chargée de barques, nos chemins encombrés de chariots remplis de blessés, qui n'avaient pas même le premier appareil sur leurs plaies. Un de ces chars, que l'on suivait à la trace du sang, se brisa sur le boulevard : il en tomba des conscrits sans bras, sans jambes, percés de balles, de coups de lance, jetant des cris, et priant les passants de les achever. Ces malheureux, enlevés à leurs chaumières avant d'être parvenus à l'âge d'homme, menés avec leurs bonnets et leurs habits champêtres sur le champ de bataille, placés, comme *chair à canon*, dans les endroits les plus dangereux pour épuiser le feu de l'ennemi; ces infortunés, dis-je, se prenaient à pleurer, et criaient en tombant frappés par le boulet : *Ah! ma mère! ma mère!* cri déchirant qui accusait l'âge tendre de l'enfant arraché la veille au foyer domestique; de l'enfant tombé tout à coup des mains de sa mère dans celles de son barbare souverain! Et pour qui tant de massacres, tant de douleurs? pour un abominable tyran, pour un étranger qui n'est si prodigue du sang français que parce qu'il n'a pas une goutte de ce sang dans les veines.

Ah! quand Louis XVI refusait de punir quelques coupables dont la mort lui eût assuré le trône, en nous épargnant à nous-mêmes tant de malheurs; quand il disait : « Je ne veux pas acheter ma sûreté au prix de la vie d'un seul de mes sujets; » quand il écrivait dans son testament : « Je recommande à mon fils, s'il a le malheur de devenir roi, de songer qu'il se doit tout entier au bonheur de ses concitoyens; qu'il doit oublier toute haine et tout ressentiment, et nommément ce qui a rapport au chagrin que j'éprouve; qu'il ne peut faire le bonheur des peuples qu'en régnant suivant les lois; » quand il prononçait sur l'échafaud ces paroles : « Français, je prie Dieu qu'il ne venge pas sur la nation le sang de vos rois qui va être répandu; » voilà le véritable roi, le roi français, le roi légitime, le père et le chef de la patrie!

Buonaparte s'est montré trop médiocre dans l'infortune pour croire que sa prospérité fût l'ouvrage de son génie; il n'est que le fils de notre puissance, et nous l'avons cru le fils de ses œuvres. Sa grandeur n'est venue que des forces immenses que nous lui remîmes entre les mains lors de son élévation. Il hérita de toutes les armées formées sous nos plus habiles généraux, conduites tant de fois à la victoire par tous ces grands capitaines qui ont péri, et qui périront peut-être jusqu'au dernier, victimes des fureurs et de la jalousie du tyran. Il trouva un peuple nombreux, agrandi par des conquêtes, exalté par des triomphes et par le mouvement que donnent toujours les révolutions; il n'eut qu'à frapper du pied la terre féconde de notre patrie, et elle lui prodigua des trésors et des soldats. Les peuples qu'il attaquait étaient lassés et désunis : il les vainquit tour à tour, en versant sur chacun d'eux séparément les flots de la population de la France.

Lorsque Dieu envoie sur la terre les exécuteurs des châtiments célestes, tout est aplani devant eux : ils ont des succès extraordinaires avec des talents médiocres. Nés au milieu des discordes civiles, ces exterminateurs tirent leurs principales forces des maux qui les ont enfantés, et de la terreur qu'inspire le souvenir de ces maux : ils obtiennent ainsi la soumission du peuple au nom des calamités dont ils sont sortis. Il leur est donné de corrompre et d'avilir, d'anéantir l'honneur, de dégrader les âmes, de souiller tout ce qu'ils touchent, de tout vouloir et de tout oser, de régner par le mensonge, l'impiété et l'épouvante, de parler tous les langages, de fasciner tous les yeux, de tromper jusqu'à la raison, de se faire passer pour de vastes génies, lorsqu'ils ne sont que des scélérats vulgaires, car l'excellence en tout ne peut être séparée de la vertu : traînant après eux les nations séduites, triomphant par la multitude, déshonorés par cent victoires, la torche à la main, les pieds dans le sang, ils vont au bout de la terre comme des hommes ivres, poussés par Dieu qu'ils méconnaissent.

Lorsque la Providence au contraire veut sauver un empire et non le punir ; lorsqu'elle emploie ses serviteurs et non ses fléaux ; qu'elle destine aux hommes dont elle se sert une gloire honorable, et non une abominable renommée ; loin de leur rendre la route facile comme à Buonaparte, elle leur oppose des obstacles dignes de leurs vertus. C'est ainsi que l'on peut toujours distinguer le tyran du libérateur, le ravageur des peuples du grand capitaine, l'homme envoyé pour détruire, et l'homme venu pour réparer. Celui-là est maître de tout, et se sert pour réussir de moyens immenses ; celui-ci n'est maître de rien, et n'a entre les mains que les plus faibles ressources : il est aisé de reconnaître aux premiers traits et le caractère et la mission du dévastateur de la France.

Buonaparte est un faux grand homme : la magnanimité, qui fait les héros et les véritables rois, lui manque. De là vient qu'on ne cite pas de lui un seul de ces mots qui annoncent Alexandre et César, Henri IV et Louis XIV. La nature le forma sans entrailles. Sa tête assez vaste est l'empire des ténèbres et de la confusion. Toutes les idées, même celles du bien, peuvent y entrer, mais elles en sortent aussitôt. Le trait distinctif de son caractère est une obstination invincible, une volonté de fer, mais seulement pour l'injustice, l'oppression, les systèmes extravagants ; car il abandonne facilement les projets qui pourraient être favorables à la morale, à l'ordre et à la vertu. L'imagination le domine, et la raison ne le règle point. Ses desseins ne sont point le fruit de quelque chose de profond et de réfléchi, mais l'effet d'un mouvement subit et d'une résolution soudaine. Il a quelque chose de l'histrion et du comédien ; il joue tout, jusqu'aux passions qu'il n'a pas. Toujours sur un théâtre, au Caire, c'est un renégat qui se vante d'avoir détruit la papauté ; à Paris, c'est le restaurateur de la religion chrétienne : tantôt inspiré, tantôt philosophe, ses scènes sont préparées d'avance ; un souverain qui a pu prendre des leçons afin de paraître dans une attitude royale est jugé pour la postérité. Jaloux de paraître original, il n'est presque jamais qu'imitateur ; mais ses imitations sont si grossières, qu'elles rappellent à l'instant l'objet ou l'action qu'il copie ; il essaye toujours de dire ce qu'il croit un grand mot, ou de faire ce qu'il présume une grande chose. Affectant l'universalité du génie, il parle de finances et de spectacles, de guerre et de modes, règle le sort des rois et celui d'un commis à la barrière, date du Kremlin un règlement sur les théâtres, et le jour d'une bataille fait arrêter quelques femmes à Paris. Enfant de notre révolution, il a des ressemblances frappantes avec sa mère : intempérance de langage, goût de la basse littérature, passion d'écrire dans les journaux. Sous le masque de César et d'Alexandre, on aperçoit l'homme de peu et l'enfant de petite famille. Il méprise souverainement les hommes, parce qu'il les juge d'après lui. Sa maxime est qu'ils ne font rien que par intérêt, que la probité même n'est qu'un calcul. De là le système de *fusion* qui faisait la base de son gouvernement, employant également le méchant et l'honnête homme, mêlant à dessein le vice et la vertu, et prenant toujours soin de vous placer en opposition à vos principes. Son grand plaisir était de déshonorer la vertu, de souiller les réputations : il ne vous touchait que pour vous flétrir. Quand il vous avait fait tomber, vous deveniez *son homme,* selon son expression ; vous lui apparteniez par droit de honte ; il vous en aimait un peu moins, et vous en méprisait un peu plus. Dans son administration, il voulait qu'on ne connût que les résultats, et qu'on ne s'embarrassât jamais des moyens, les *masses* devant être tout, les *individualités* rien. « On corrompra cette jeunesse, mais elle m'obéira mieux ; on fera périr cette branche d'industrie, mais j'obtiendrai pour le moment plusieurs millions ; il périra soixante mille hommes dans cette affaire, mais je gagnerai la bataille. » Voilà tout son raisonnement, et voilà comme les royaumes sont anéantis !

Né surtout pour détruire, Buonaparte porte le mal dans son sein, tout naturellement, comme une mère porte son fruit, avec joie et une sorte d'orgueil. Il a l'horreur du bonheur des hommes ; il disait un jour : « Il y a encore quelques personnes heureuses en France ; ce sont des familles qui ne me connaissent pas, qui vivent à la campagne, dans un château, avec 30 ou 40,000 liv. de rente ; mais je saurai bien les atteindre. » Il a tenu parole. Il voyait un jour jouer son fils ; il dit à un évêque présent : « Monsieur l'évêque, croyez-vous que cela ait une âme ? » Tout ce qui se distingue par quelque supériorité épouvante ce tyran ; toute réputation l'importune. Envieux des talents, de l'esprit, de la vertu, il n'aimerait pas même le bruit d'un crime, si ce n'était pas son ouvrage. Le plus disgracieux des hommes, son grand plaisir est de blesser ce qui l'approche, sans penser que nos rois n'insultaient jamais personne, parce qu'on ne pouvait se venger d'eux ; sans se souvenir qu'il parle à la nation la plus délicate sur l'honneur, à un peuple que la cour de Louis XIV a formé, et qui est justement renommé pour l'élégance de ses mœurs et la fleur de sa politesse. Enfin Buonaparte n'était que l'homme de la prospérité ; aussitôt que l'adversité, qui fait éclater les vertus, a touché le faux grand homme, le prodige s'est évanoui : dans le monarque on n'a plus aperçu qu'un aventurier, et dans le héros qu'un parvenu à la gloire.

Lorsque Buonaparte chassa le Directoire, il lui adressa ce discours :

« Qu'avez-vous fait de cette France que je vous ai laissée si brillante ? Je vous ai laissé la paix, j'ai retrouvé la guerre ; je vous ai laissé des victoires, j'ai retrouvé des revers ; je vous ai laissé les millions de l'Italie, et j'ai trouvé partout des lois spoliatrices et de la misère. Qu'avez-vous fait de cent mille Français que je connaissais tous, mes compagnons de gloire? Ils sont morts. Cet état de choses ne peut durer ; avant trois ans il nous mènerait au despotisme : mais nous voulons la république, la république assise sur les bases de l'égalité, de la morale, de la liberté civile et de la tolérance politique, etc. »

Aujourd'hui, homme de malheur, nous te prendrons par tes discours et nous t'interrogerons par tes paroles. Dis, qu'as-tu fait de cette France si brillante? où sont nos trésors, les millions de l'Italie, de l'Europe entière? Qu'as-tu fait, non pas de cent mille, mais de cinq millions de Français que nous connaissions tous, nos parents, nos amis, nos frères? Cet état de choses ne peut durer ; il nous a plongés dans un affreux despotisme. Tu voulais la république, et tu nous as apporté l'esclavage. Nous, nous voulons la monarchie assise sur les bases de l'égalité des droits, de la morale, de la liberté civile, de la tolérance politique et religieuse. Nous l'as-tu donnée cette monarchie? Qu'as-tu fait pour nous? que devons-nous à ton règne? qui est-ce qui a assassiné le duc d'Enghien, torturé Pichegru, banni Moreau, chargé de chaînes le souverain pontife, enlevé les princes d'Espagne, commencé une guerre impie? C'est toi. Qui est-ce qui a perdu nos colonies, anéanti notre commerce, ouvert l'Amérique aux Anglais, corrompu nos mœurs, enlevé les enfants aux pères, désolé les familles, ravagé le monde, brûlé plus de mille lieues de pays, inspiré l'horreur du nom français à toute la terre? C'est toi. Qui est-ce qui a exposé la France à la peste, à l'invasion, au démembrement, à la conquête? C'est encore toi. Voilà ce que tu n'as pu demander au Directoire, et ce que nous te demandons aujourd'hui. Combien es-tu plus coupable que ces hommes que tu ne trouvais pas dignes de régner! Un roi légitime et héréditaire qui aurait accablé son peuple de la moindre partie des maux que tu nous as faits eût mis son trône en péril; et toi, usurpateur et étranger, tu nous deviendrais sacré en raison des calamités que tu as répandues sur nous! tu règnerais encore au milieu de nos tombeaux! Nous rentrons enfin dans nos droits par le malheur; nous ne voulons plus adorer Moloch; tu ne dévoreras plus nos enfants : nous ne voulons plus de ta conscription, de ta police, de ta censure, de tes fusillades nocturnes, de ta tyrannie. Ce n'est pas seulement nous; c'est le genre humain qui t'accuse. Il nous demande vengeance au nom de la religion, de la morale et de la liberté. Où n'as-tu pas répandu la désolation? dans quel coin du monde une famille obscure a-t-elle échappé à tes ravages? L'Espagnol dans ses montagnes, l'Illyrien dans ses vallées, l'Italien sous son beau soleil, l'Allemand, le Russe, le Prussien dans ses villes en cendre, te redemandent leurs fils que tu as égorgés, la tente, la cabane, le château, le temple où tu as porté la flamme. Tu les as forcés de venir chercher parmi nous ce que tu leur as ravi, et reconnaître dans tes palais leur dépouille ensanglantée. La voix du monde te déclare le plus grand coupable qui ait jamais paru sur la terre ; car ce n'est pas sur des peuples barbares et sur des nations dégénérées que tu as versé tant de maux ; c'est au milieu de la civilisation, dans un siècle de lumières, que tu as voulu régner par le glaive d'Attila et les maximes de Néron. Quitte enfin ton sceptre de fer ; descends de ce monceau de ruines dont tu avais fait un trône ! Nous te chassons comme tu as chassé le Directoire. Va ! puisses-tu, pour seul châtiment, être témoin de la joie que ta chute cause à la France, et contempler, en versant des larmes de rage, le spectacle de la félicité publique !

Telles sont les paroles que nous adressons à l'étranger. Mais si nous rejetons Buonaparte, qui le remplacera ? — Le roi.

DES BOURBONS.

Les fonctions attachées à ce titre de roi sont si connues des Français, qu'ils n'ont pas besoin de se le faire expliquer : le roi leur représente aussitôt l'idée de l'autorité légitime, de l'ordre, de la paix, de la liberté légale et monarchique. Les souvenirs de la vieille France, la religion, les antiques usages, les mœurs de la famille, les habitudes de notre enfance, le berceau, le tombeau, tout se rattache à ce nom sacré de roi : il n'effraye personne ; au contraire, il rassure. Le roi, le magistrat, un père, le Français confond ces idées. Il ne sait ce que c'est qu'un empereur ; il ne connaît pas la nature, la forme, la limite du pouvoir attaché à ce titre étranger. Mais il sait ce que c'est qu'un monarque descendant de saint Louis et de Henri IV : c'est un chef dont la puissance paternelle est réglée par des institutions, tempérée par les mœurs, adoucie et rendue excellente par le temps, comme un vin généreux né de la terre de la patrie et mûri par le soleil de la France. Cessons de vouloir nous le cacher : il n'y aura ni repos, ni bonheur, ni félicité, ni stabilité dans nos lois, nos opinions, nos fortunes, que quand la maison de Bourbon sera rétablie sur le trône. Certes l'antiquité, plus reconnaissante que nous, n'aurait pas manqué d'appeler *divine* une race qui, commençant par un roi brave et prudent, et finissant par un martyr, a compté dans l'espace de neuf siècles trente-trois monarques, parmi lesquels on ne trouve qu'un seul tyran : exemple unique dans l'histoire du monde, et éternel sujet d'orgueil pour notre patrie. La probité et l'honneur étaient assis sur le trône de France, comme sur les autres trônes la force et la politique. Le sang noble et doux des Capets ne se reposait de produire des héros que pour faire des rois honnêtes hommes. Les uns furent appelés

Sages, Bons, Justes, Bien-Aimés; les autres surnommés Grands, Augustes, Pères des lettres et de la patrie. Quelques-uns eurent des passions qu'ils expièrent par des malheurs; mais aucun n'épouvanta le monde par ces vices qui pèsent sur la mémoire des Césars, et que Buonaparte a reproduits.

Les Bourbons, dernière branche de cet arbre sacré, ont vu, par une destinée extraordinaire, leur premier roi tomber sous le poignard du fanatique, et leur dernier sous la hache de l'athée. Depuis Robert, sixième fils de saint Louis, dont ils descendent, il ne leur a manqué, pendant tant de siècles, que cette gloire de l'adversité, qu'ils ont enfin magnifiquement obtenue. Qu'avons-nous à leur reprocher? Le nom de Henri IV fait encore tressaillir les cœurs français, et remplit nos yeux de larmes. Nous devons à Louis XIV la meilleure partie de notre gloire. N'avons-nous pas surnommé Louis XVI le plus honnête homme de son royaume? Est-ce parce que nous avons tué ce bon roi que nous rejetons ce sang? Est-ce parce que nous avons fait mourir sa sœur, sa femme et son fils, que nous repoussons sa famille? Cette famille pleure dans l'exil, non ses malheurs, mais les nôtres. Cette jeune princesse que nous avons persécutée, que nous avons rendue orpheline, regrette tous les jours, dans les palais étrangers, les prisons de la France. Elle pouvait recevoir la main d'un prince puissant et glorieux, mais elle préféra unir sa destinée à celle de son cousin, pauvre, exilé, proscrit, parce qu'il était Français, et qu'elle ne voulait point se séparer des malheurs de sa famille. Le monde entier admire ses vertus, les peuples de l'Europe la suivent quand elle paraît dans les promenades publiques, en la comblant de bénédictions : et nous, nous pouvons l'oublier! Quand elle quitta sa patrie, où elle avait été si malheureuse, elle jeta les yeux en arrière, et elle pleura. Objets constants de ses prières et de son amour, nous savons à peine qu'elle existe. Ah! qu'elle retrouve du moins quelques consolations en faisant le bonheur de sa coupable patrie! Cette terre porte naturellement des lis : ils renaîtront plus beaux, arrosés du sang du roi-martyr.

Louis XVIII, qui doit le premier régner sur nous, est un prince connu par ses lumières, inaccessible aux préjugés, étranger à la vengeance. De tous les souverains qui peuvent gouverner à présent la France, c'est peut-être celui qui convient le mieux à notre position et à l'esprit du siècle ; comme de tous les hommes que nous pouvions choisir, Buonaparte était peut-être le moins propre à être roi. Les institutions des peuples sont l'ouvrage du temps et de l'expérience : pour régner, il faut surtout de la raison et de l'uniformité. Un prince qui n'aurait dans la tête que deux ou trois idées communes, mais utiles, serait un souverain plus convenable à une nation qu'un aventurier extraordinaire, enfantant sans cesse de nouveaux plans, imaginant de nouvelles lois, ne croyant régner que quand il travaille à troubler les peuples, à changer, à détruire le soir ce qu'il a créé le matin.

Non-seulement Louis XVIII a ces idées fixes, cette modération, ce bon sens si nécessaire à un monarque, mais c'est encore un prince ami des lettres, instruit et éloquent comme plusieurs de nos rois, d'un esprit vaste et éclairé, d'un caractère ferme et philosophique.

Choisissons entre Buonaparte, qui revient à nous portant le code sanglant de la conscription, et Louis XVIII, qui s'avance pour fermer nos plaies, le testament de Louis XVI à la main. Il répètera à son sacre ces paroles écrites par son vertueux frère :

« Je pardonne de tout mon cœur à ceux qui se sont faits mes ennemis sans que je leur en eusse donné aucun sujet, et je prie Dieu de leur pardonner. »

Monsieur, comte d'Artois, d'un caractère si franc, si loyal, si français, se distingue aujourd'hui par sa piété, sa douceur et sa bonté, comme il se faisait remarquer dans sa première jeunesse par son grand air et ses grâces royales. Buonaparte fut abattu par la main de Dieu, mais non corrigé par l'adversité : à mesure qu'il recule dans le pays qui échappe à sa tyrannie, il traîne après lui de malheureuses victimes chargées de fers ; c'est dans les dernières prisons de France qu'il exerce les derniers actes de son pouvoir. Monsieur arrive seul, sans soldats, sans appui, inconnu aux Français auxquels il se montre. A peine a-t-il prononcé son nom, que le peuple tombe à ses genoux : on baise respectueusement son habit, on embrasse ses genoux ; on lui crie, en répandant des torrents de larmes : « Nous ne vous apportons que nos cœurs ; Buonaparte ne nous a laissé que cela ! » A cette manière de quitter la France, à cette façon d'y rentrer, connaissez d'un côté l'usurpateur, de l'autre le prince légitime.

M. le duc d'Angoulême a paru dans une autre de nos provinces ; Bordeaux s'est jeté dans ses bras ; et le pays de Henri IV a reconnu avec des transports de joie l'héritier des vertus du Béarnais. Nos armées n'ont point vu de chevalier plus brave que M. le duc de Berry. M. le duc d'Orléans prouve, par sa noble fidélité au sang de son roi, que son nom est toujours un des plus beaux de la France. J'ai déjà parlé des trois générations de héros, M. le prince de Condé, M. le duc de Bourbon : je laisse à Buonaparte à nommer le troisième.

Je ne sais si la postérité pourra croire que tant de princes de la maison de Bourbon ont été proscrits par ce peuple qui leur devait toute sa gloire, sans avoir été coupables d'aucun crime, sans que leur malheur leur soit venu de la tyrannie du dernier roi de leur race ; non, l'avenir ne pourra comprendre que nous ayons banni des princes aussi bons, des princes nos compatriotes, pour mettre à notre tête un étranger, le plus méchant de tous les hommes. On conçoit jusqu'à un certain point la république en France : un peuple, dans un moment de folie, peut vouloir changer la forme de son gouvernement, et ne plus reconnaître le chef suprême ; mais si nous revenons à la monarchie, c'est le comble de la honte et de l'absurdité de la vouloir sans le souverain légitime, et de croire qu'elle puisse exister sans lui. Qu'on modifie, si l'on veut, la constitution de cette monarchie, mais nul n'a le droit de changer le monarque. Il peut arriver qu'un roi cruel, tyrannique, qui viole toutes les lois, qui prive tout un peuple de ses libertés, soit déposé par l'effet d'une révolution violente ; mais, dans ce cas extraordinaire, la couronne passe à ses fils, ou à son plus proche héritier. Or, Louis XVI a-t-il été un tyran ? Pouvons-nous faire le procès à sa mémoire ? En vertu de quelle autorité privons-nous sa race d'un trône qui lui appartient à tant de titres ? Par quel honteux caprice avons-nous donné à Buonaparte l'héritage de Robert le Fort ? Ce Robert le Fort descendait vraisemblablement de la seconde race, et celle-ci se rattachait à la première. Il était comte de Paris. Hugues Capet apporta aux Français, comme Français lui-même, Paris, héritage paternel, des biens et des domaines immenses. La France, si petite sous les premiers Capets, s'enrichit et s'accrut sous leurs descendants. Et c'est en faveur d'un insulaire obscur, dont il a fallu faire la fortune en dépouillant tous les Français, que nous avons renversé la loi salique, *palladium* de notre empire. Combien nos pères différaient de nous de sentiments et de maximes ! A la mort de Philippe le Bel ils adjugèrent la couronne à Philippe de Valois, au préjudice d'Édouard III, roi d'Angleterre ; ils aimèrent mieux se condamner à deux siècles de guerre que de se laisser gouverner par un étranger. Cette noble résolution fut la cause de la gloire et de la grandeur de la France : l'oriflamme fut déchirée aux champs de Crécy, de Poitiers et d'Azincourt, mais ses lambeaux triomphèrent enfin de la bannière d'Édouard III et de Henri V, et le cri de *Montjoie Saint-Denis* étouffa celui de toutes les factions. La même question de l'hérédité se représenta à la mort de Henri III : le parlement rendit alors le fameux édit qui donna Henri IV et Louis XIV à la France. Ce n'étaient pourtant pas des têtes ignobles que celles d'Édouard III, de Henri V, du duc de Guise et de l'infante d'Espagne. Grand Dieu ! qu'est donc devenu l'orgueil de la France ! Elle a refusé d'aussi grands souverains pour conserver sa race française et royale, et elle a fait choix de Buonaparte !

En vain prétendrait-on que Buonaparte n'est pas étranger : il l'est aux yeux de toute l'Europe, de tous les Français non prévenus ; il le sera au jugement de la postérité : elle lui attribuera peut-être la meilleure partie de nos victoires, et nous chargera d'une partie de ses crimes. Buonaparte n'a rien de français, ni dans les mœurs, ni dans le caractère. Les traits même de son visage montrent son origine. La langue qu'il apprit dans son berceau n'était pas la nôtre, et son accent comme son nom révèlent sa patrie. Son père et sa mère ont vécu plus de la moitié de leur vie sujets de la république de Gênes. Lui-même est plus sincère que ses flatteurs : il ne se reconnaît pas Français; il nous hait et nous méprise. Il lui est plusieurs fois échappé de dire : *Voilà comme vous êtes, vous autres Français.* Dans un discours, il a parlé de l'Italie comme de sa patrie, et de la France comme de sa conquête. Si Buonaparte est Français, il faut dire nécessairement que Toussaint Louverture l'était autant et plus que lui; car enfin il était né dans une vieille colonie française, et sous les lois françaises; la liberté qu'il avait reçue lui avait rendu les droits du sujet et du citoyen. Et un étranger, élevé par la charité de nos rois, occupe le trône de nos rois, et brûle de répandre leur sang ! Nous prîmes soin de sa jeunesse, et, par reconnaissance, il nous plonge dans un abîme de douleur ! Juste dispensation de la Providence ! les Gaulois saccagèrent Rome, et les Romains opprimèrent les Gaules; les Français ont souvent ravagé l'Italie, et les Médicis, les Galigaï, les Buonaparte, nous ont désolés. La France et l'Italie devraient enfin se connaître, et renoncer pour toujours l'une à l'autre.

Qu'il sera doux de se reposer enfin de tant d'agitations et de malheurs sous l'autorité paternelle de notre souverain légitime ! Nous avons pu un moment être sujets de la gloire que nos armes avaient répandue sur Buonaparte; aujourd'hui qu'il s'est dépouillé lui-même de cette gloire, ce serait trop que de rester l'esclave de ses crimes. Rejetons cet oppresseur comme tous les autres peuples l'ont déjà rejeté. Qu'on ne dise pas de nous : Ils ont tué le meilleur et le plus vertueux des rois; ils n'ont rien fait pour lui sauver la vie, et ils versent aujourd'hui la dernière goutte de leur sang, ils sacrifient les restes de la France pour soutenir un étranger qu'eux-mêmes détestent. Par quelle raison cette France infidèle justifierait-elle son abominable fidélité? Il faut donc avouer que ce sont les forfaits qui nous plaisent, les crimes qui nous charment, la tyrannie qui nous convient. Ah ! si les nations étrangères, enfin lasses de notre obstination, allaient consentir à nous laisser cet insensé; si nous étions assez lâches pour acheter, par une partie de notre territoire, la honte de conserver au milieu de nous le germe de la peste et le fléau de l'humanité, il faudrait fuir au fond des déserts, changer de nom et de langage, tâcher d'oublier et de faire oublier que nous avons été Français.

Pensons au bonheur de notre commune patrie; songeons bien que notre sort est entre nos mains : un mot peut nous rendre à la gloire, à la paix, à l'estime du monde, ou nous plonger dans le plus affreux, comme dans le plus ignoble esclavage. Relevons la monarchie de Clovis, l'héritage de saint Louis, le patrimoine de Henri IV. Les Bourbons seuls conviennent aujourd'hui à notre situation malheureuse, sont les seuls médecins qui puissent fermer nos blessures. La modération, la paternité de leurs sentiments, leurs propres adversités, conviennent à un royaume épuisé, fatigué de convulsions et de malheurs. Tout deviendra légitime avec eux, tout est illégitime sans eux. Leur seule présence fera renaître l'ordre dont ils sont pour nous le principe. Ce sont de braves et illustres gentilshommes, autant et plus Français que nous. Ces seigneurs des fleurs de lis furent dans tous les temps célèbres par leur loyauté; ils tiennent si fort à la racine de nos mœurs, qu'ils semblent faire partie même de la France, et lui manquer aujourd'hui comme l'air et le soleil.

Si tout doit devenir paisible avec eux, s'ils peuvent seuls mettre un terme à cette trop longue révolution, le retour de Buonaparte nous plongerait dans des maux affreux et dans des troubles interminables. L'imagination la plus féconde peut-elle se représenter ce que serait ce monstrueux géant resserré dans d'étroites limites, n'ayant plus les trésors du monde à dévorer, et le sang de l'Europe à répandre? Peut-on se le figurer renfermé dans une cour ruinée et flétrie, exerçant sur les seuls Français sa rage, ses vengeances et son génie turbulent? Buonaparte n'est point changé; il ne changera jamais. Toujours il inventera des projets, des lois, des décrets absurdes, contradictoires ou criminels; toujours ils nous tourmentera : il rendra toujours incertaines notre vie, notre liberté, nos propriétés. En attendant qu'il puisse troubler le monde nouveau, il s'occupera du soin de bouleverser nos familles. Seuls esclaves au milieu du monde libre, objets du mépris des peuples, le dernier degré du malheur sera de ne plus sentir notre abjection, et de nous endormir, comme l'esclave de l'Orient, indifférents au cordon que le sultan nous enverra à notre réveil.

Non, il n'en sera pas ainsi. Nous avons un prince légitime, né de notre sang, élevé parmi nous, que nous connaissons, qui nous connaît, qui a nos mœurs, nos goûts, nos habitudes, pour lequel nous avons prié Dieu dans notre jeunesse, dont nos enfants savent le nom comme celui d'un de leurs voisins, et dont les pères vécurent et moururent avec les nôtres. Parce que nous avons réduit nos anciens princes à être voyageurs, la France sera-t-elle une propriété forfaite? Doit-elle demeurer à Buonaparte par droit d'aubaine? Ah! pour Dieu, ne soyons pas trouvés en telle déloyauté, que de déshériter notre naturel seigneur, pour donner son lit au premier compagnon qui le demande. Si nos maîtres légitimes nous manquaient, le dernier des Français serait encore préférable à Buonaparte pour régner sur nous : du moins nous n'aurions pas la honte d'obéir à un étranger.

Il ne me reste plus qu'à prouver que si le rétablissement de la maison de Bourbon est nécessaire à la France, il ne l'est pas moins à l'Europe entière.

DES ALLIÉS.

A ne considérer d'abord que les raisons particulières, est-il un homme au monde qui voulût jamais s'en reposer sur la parole de Buonaparte? N'est-ce pas un point de sa politique commun, un des penchants de son cœur, que de faire consister l'habileté à tromper, à regarder la bonne foi comme une duperie et comme la marque d'un esprit borné, à se jouer de la sainteté des serments? A-t-il tenu un seul des traités qu'il ait faits avec les diverses puissances de l'Europe? C'est toujours en violant quelque article de ces traités, et en pleine paix, qu'il a fait ses conquêtes les plus solides; rarement il a évacué une place qu'il devait rendre; et aujourd'hui même qu'il est abattu, il possède encore dans quelques forteresses de l'Allemagne le fruit de ses rapines et les témoins de ses mensonges.

On le liera de sorte qu'il ne puisse recommencer ses ravages. — Vous aurez beau l'affaiblir en démembrant la France, en mettant garnison dans les places frontières pendant un certain nombre d'années, en l'obligeant à payer des sommes considérables, en le forçant à n'avoir qu'une petite armée, et à abolir la conscription; tout cela sera vain. Buonaparte, encore une fois, n'est point changé. L'adversité ne peut rien sur lui, parce qu'il n'était pas au-dessus de la fortune. Il méditera en silence sa vengeance : tout à coup, après un ou deux ans de repos, lorsque la coalition sera dissoute, que chaque puissance sera rentrée dans ses États, il nous appellera aux armes, profitera des générations qui se seront formées, enlèvera, franchira les places de sûreté, et se débordera de nouveau sur l'Allemagne. Aujourd'hui même il ne parle que d'aller brûler Vienne, Berlin et Munich ; il ne peut consentir à lâcher sa proie. Les Russes reviendront-ils assez vite des rives du Borysthène pour sauver une seconde fois l'Europe? Cette miraculeuse coalition, fruit de vingt-cinq années de souffrances, pourra-t-elle se renouer quand tous les fils en auront été brisés? Buonaparte n'aura-t-il pas trouvé le moyen de corrompre quelques ministres, de séduire quelques princes, de réveiller d'anciennes jalousies, de mettre peut-être dans ses intérêts quelques peuples assez aveugles pour combattre sous ses drapeaux? Enfin, les princes qui règnent aujourd'hui seront-ils tous sur le trône, et ce changement dans les règnes ne pourrait-il pas amener un changement dans la politique? Des puissances si souvent trompées pourraient-elles reprendre tout à coup une sécurité qui les perdrait? Quoi! elles auraient oublié l'orgueil de cet aventurier qui les a traitées avec tant d'insolence, qui se vantait d'avoir des rois dans son antichambre, qui envoyait signifier ses ordres aux souverains, établissait des espions jusque dans leur cour, et disait tout haut qu'avant dix ans sa *dynastie* serait la plus ancienne de l'Europe! Des rois traiteraient avec un homme qui leur a prodigué des outrages que ne supporterait pas un simple particulier! Une reine charmante faisait l'admiration de l'Europe par sa beauté, son courage et ses vertus, et il a avancé sa mort par les plus lâches comme par les plus ignobles outrages. La sainteté des rois comme la décence m'empêchent de répéter les calomnies, les grossièretés, les ignobles plaisanteries qu'il a prodiguées tour à tour à ces rois et à ces ministres qui lui dictent aujourd'hui des lois dans son palais. Si les puissances méprisent personnellement ces outrages, elles ne peuvent ni ne doivent les mépriser pour l'intérêt et la majesté des trônes : elles doivent se faire respecter des peuples, briser enfin le glaive de l'usurpateur, et déshonorer pour toujours cet abominable droit de la force, sur qui Buonaparte fondait son orgueil et son empire.

Après ces considérations particulières, il s'en présente d'autres d'une nature plus élevée, et qui seules peuvent déterminer les puissances coalisées à ne plus reconnaître Buonaparte pour souverain.

Il importe au repos des peuples, il importe à la sûreté des couronnes, à la vie comme à la famille des souverains, qu'un homme sorti des rangs inférieurs de la société ne puisse impunément s'asseoir sur le trône de son maître, prendre place parmi les souverains légitimes, les traiter de *frères*, et trouver dans les révolutions qui l'ont élevé assez de force pour balancer les droits de la légitimité de la race. Si cet exemple est une fois donné au monde, aucun monarque ne peut compter sur sa couronne. Si le trône de Clovis peut être, en pleine civilisation, laissé à un Corse, tandis que les fils de saint Louis sont errants sur la terre, nul roi ne peut s'assurer aujourd'hui qu'il régnera demain. Qu'on y prenne bien garde : toutes les monarchies de l'Europe sont à peu près filles des mêmes mœurs et des mêmes temps ; tous les rois sont réellement des espèces de frères unis par la religion chrétienne et par l'antiquité des souvenirs. Ce beau et grand système une fois rompu, des races nouvelles assises sur les trônes où elles feront régner d'autres mœurs, d'autres principes, d'autres idées, c'en est fait de l'ancienne Europe ; et dans le cours de quelques années, une révolution générale aura changé la succession de tous les souverains. Les rois doivent donc prendre la défense de la maison de Bourbon, comme ils la prendraient de leur propre famille.

Ce qui est vrai, considéré sous les rapports de la royauté, est encore vrai sous les rapports naturels. Il n'y a pas un roi en Europe qui n'ait du sang des Bourbons dans les veines, et qui ne doive voir en eux d'illustres et infortunés parents. On n'a déjà que trop appris aux peuples qu'on peut remuer les trônes. C'est aux rois à leur montrer que si les trônes peuvent être ébranlés, ils ne peuvent jamais être détruits, et que, pour le bonheur du monde, les couronnes ne dépendent pas des succès du crime et des jeux de la fortune.

Il importe encore à l'Europe civilisée que la France, qui en est comme l'âme et le cœur par son génie et par sa position, soit heureuse, florissante, paisible ; elle ne peut l'être que sous ses anciens rois. Tout autre gouvernement prolongerait parmi nous ces convulsions qui se font sentir au bout de la terre. Les Bourbons seuls, par la majesté de leur race, par la légitimité de leurs droits, par la modération de leur caractère, offriront une garantie suffisante aux traités, et fermeront les plaies du monde.

Sous le règne des tyrans toutes les lois morales sont comme suspendues ; de même qu'en Angleterre, dans les temps de trouble, on suspend l'acte sur lequel repose la liberté des citoyens. Chacun sait qu'il n'agit pas bien, qu'il marche dans une fausse voie ; mais chacun se soumet et se prête à l'oppression : on se fait même une espèce de fausse conscience ; on remplit scrupuleusement les ordres les plus opposés à la justice. L'excuse est qu'il viendra de meilleurs jours, que l'on rentrera dans ses droits ; que c'est un temps d'iniquités qu'il faut passer, comme on passe un temps de malheurs. Mais en attendant ce retour, le tyran fait tout ce qui lui plaît ; il est obéi : il peut traîner tout un peuple à la guerre, l'opprimer, lui demander tout sans être refusé. Avec un prince légitime cela est impossible : tout le monde, sous un sceptre légal, est en jouissance de ses droits naturels et en exercice de ses vertus. Si le roi voulait passer les bornes de son pouvoir, il trouverait des obstacles invincibles ; tous les corps feraient des remontrances, tous les individus parleraient ; on lui opposerait la raison, la conscience, la liberté. Voilà pourquoi Buonaparte, resté maître d'un seul village de la France, est plus à craindre pour l'Europe que les Bourbons avec la France jusqu'au Rhin.

Au reste, les rois peuvent-ils douter de l'opinion de la France ? croient-ils qu'ils seraient parvenus aussi facilement jusqu'au Louvre, si les Français n'avaient espéré en eux des libérateurs ? N'ont-ils pas vu dans toutes les villes où ils sont entrés des signes manifestes de cette espérance ? Qu'entend-on en France depuis six mois, sinon ces paroles : *Les Bourbons y sont-ils ? Où sont les princes : viennent-ils ? Ah! si l'on voyait un drapeau blanc !* D'une autre part, l'horreur de l'usurpateur est dans tous les cœurs. Il inspire tant de haine, qu'il a balancé chez un peuple guerrier ce qu'il y a de dur dans la présence d'un ennemi ; on a mieux aimé souffrir une invasion d'un moment que de s'exposer à garder Buonaparte toute la vie. Si les armées se sont battues, admirons leur courage et déplorons leurs malheurs ; elles détestent le tyran autant et plus que le reste des Français ; mais elles ont fait un serment, et des grenadiers français meurent victimes de leur parole. La vue de l'étendard militaire inspire la fidélité : depuis nos pères les Francs jusqu'à nous nos soldats ont fait un pacte saint, et se sont pour ainsi dire mariés à leur épée. Ne prenons donc pas le sacrifice de l'honneur pour l'amour de l'esclavage. Nos braves guerriers n'attendent qu'à être dégagés de leur parole. Que les Français et les alliés reconnaissent les princes légitimes, et à l'instant l'armée, déliée de son serment, se rangera sous le drapeau sans tache, souvent témoin de nos triomphes, quelquefois de nos revers, toujours de notre courage, jamais de notre honte.

Les rois alliés ne trouveront aucun obstacle à leur dessein, s'ils veulent suivre le seul parti qui peut assurer le repos de la France et celui de l'Europe. Ils doivent être satisfaits du triomphe de leurs armes. Nous Français, nous ne devons considérer ces triomphes que comme une leçon de la Providence, qui nous châtie sans nous humilier. Nous pouvons nous dire avec assurance, que ce qui eût été impossible sous nos princes légitimes, ne pouvait s'accomplir que sous ce règne d'un aventurier. Les rois alliés doivent désormais aspirer à une gloire plus solide et plus durable. Qu'ils se rendent avec leur garde sur la *place* de notre *Révolution;* qu'ils fassent célébrer une pompe funèbre à la place même où sont tombées les têtes de Louis et d'Antoinette ; que ce conseil de rois, la main sur l'autel, au milieu du peuple français à genoux et en larmes, reconnaisse Louis XVIII pour roi de France : ils offriront au monde le plus grand spectacle qu'il ait jamais vu, et répandront sur eux une gloire que les siècles ne pourront effacer.

Mais déjà une partie de ces événements est accomplie. Les miracles ont enfanté les miracles. Paris, comme Athènes, a vu rentrer dans ses murs des étrangers qui l'ont respecté, en souvenir de sa gloire et de ses grands hommes. Quatre-vingt mille soldats vainqueurs ont dormi auprès de nos citoyens, sans troubler leur sommeil, sans se porter à la moindre violence, sans faire même entendre un chant de triomphe. Ce sont des libérateurs et non pas des conquérants. Honneur immortel aux souverains qui ont pu donner au monde un pareil exemple de modération dans la victoire! Que d'injures ils avaient à venger! Mais ils n'ont point confondu les Français avec le tyran qui les opprime. Aussi ont-ils déjà recueilli le fruit de leur magnanimité. Ils ont été reçus des habitants de Paris comme s'ils avaient été nos véritables monarques, comme des princes français, comme des Bourbons. Nous les verrons bientôt les descendants de Henri IV ; Alexandre nous les a promis : il se souvient que le contrat de mariage du duc et de la duchesse d'Angoulême est déposé dans les archives de la Russie. Il nous a fidèlement gardé le dernier acte public de notre gouvernement légitime ; il l'a rapporté au trésor de nos chartes, où nous garderons à notre tour le récit de son entrée dans Paris, comme un des plus grands et des plus glorieux monuments de l'histoire.

Toutefois, ne séparons point des deux souverains qui sont aujourd'hui parmi nous, cet autre souverain qui fait à la cause des rois et au repos des peuples le plus grand des sacrifices : qu'il trouve comme monarque et comme père la récompense de ses vertus dans l'attendrissement, la reconnaissance et l'admiration des Français.

Et quel Français aussi pourrait oublier ce qu'il doit au prince régent d'Angleterre, au noble peuple qui a tant contribué à nous affranchir? Les drapeaux d'Élisabeth flottaient dans les armées de Henri IV; ils reparaissent dans les bataillons qui nous rendent Louis XVIII. Nous sommes trop sensibles à la gloire pour ne pas admirer ce lord Wellington qui retrace d'une manière si frappante les vertus et les talents de notre Turenne. Ne se sent-on pas touché jusqu'aux larmes quand on le voit promettre, lors de notre retraite du Portugal, deux guinées pour chaque prisonnier français qu'on lui amènerait vivant? Par la seule force morale de son caractère, plus encore que par la vigueur de la discipline militaire, il a miraculeusement suspendu, en entrant dans nos provinces, le ressentiment des Portugais et la vengeance des Espagnols : enfin, c'est sous son étendard que le premier cri de *vive le roi!* a réveillé notre malheureuse patrie : au lieu d'un roi de France captif, le nouveau Prince-Noir ramène à Bordeaux un roi de France délivré. Lorsque le roi Jean fut conduit à Londres, touché de la générosité d'Édouard, il s'attacha à ses vainqueurs, et revint mourir dans la terre de captivité : comme s'il eût prévu que cette terre serait dans la suite le dernier asile du dernier rejeton de sa race, et qu'un jour les descendants des Talbot et des Chandos recueilleraient la postérité proscrite des La Hire et des Duguesclin.

Français, amis, compagnons d'infortune, oublions nos querelles, nos haines, nos erreurs, pour sauver la patrie; embrassons-nous sur les ruines de notre cher pays; et qu'appelant à notre secours l'héritier de Henri IV et de Louis XIV, il vienne essuyer les pleurs de ses enfants, rendre le bonheur à sa famille, et jeter charitablement sur nos plaies le manteau de saint Louis, à moitié déchiré de nos propres mains. Songeons que tous les maux que nous éprouvons, la perte de nos biens, de nos armées, les malheurs de l'invasion, le massacre de nos enfants, le trouble et la décomposition de toute la France, la perte de nos libertés, sont l'ouvrage d'un seul homme, et que nous devrons tous les biens contraires à un seul homme. Faisons donc entendre de toutes parts le cri qui peut nous sauver, le cri que nos pères faisaient retentir dans le malheur comme dans la victoire, et qui sera pour nous le signal de la paix et du bonheur : *Vive le roi!*

COMPIÈGNE.

Avril 1814.

Le roi était annoncé au château de Compiègne pour le 29 avril ; une foule de personnes arrivaient continuellement de Paris ; toutes étaient, comme du temps de Henri IV, *affamées de voir un roi*. Les troupes en garnison ici[1] étaient composées d'un régiment suisse et de divers détachements de la garde à pied et à cheval. On voyait sur les visages, dans l'attente du souverain, un certain mélange d'étonnement, de crainte, d'amour et de respect. Des courriers se succédaient d'heure en heure, annonçant l'approche du roi. Tout à coup on bat aux champs ; une voiture attelée de six chevaux entre dans la cour où se trouvaient rangés, sur deux lignes, des soldats suisses et les gardes nationaux de Compiègne ; ceux-ci portaient, en guise de ceinture, une large écharpe blanche ; des lanciers de la garde se tenaient à cheval à l'entrée de la cour, et les grenadiers à pied étaient placés au vestibule. La voiture s'arrête devant le perron ; on l'entoure de toutes parts ; on en voit descendre non le roi, mais un vénérable vieillard soutenu par son fils : c'était M. le prince de Condé et M. le duc de Bourbon. De vieux serviteurs de la maison de Condé, qui étaient accourus à Compiègne, poussent des cris en reconnaissant leur maître, se jettent sur ses mains et sur son habit, qu'ils baisent avec des sanglots. Ces princes n'étaient que deux, et tous les yeux cherchaient en vain le troisième ! Le comte de Lostanges s'étant nommé au prince de Condé, le prince lui a répondu : *Ah ! oui, le comte de Lostanges ! vous étiez colonel de mon régiment d'Enghien ?* et il lui jette les bras autour du cou. Le prince a monté l'escalier du vestibule, appuyé sur le bras de son fils, entre les grenadiers de la garde ; j'ai vu, et tout le monde a vu comme moi, ces braves soldats couverts de blessures, portant la décoration de la Légion d'honneur, une large cocarde blanche dans leurs bonnets de peaux d'ours, pleurer en rendant le salut des armes aux deux Condé, à ces représentants de l'ancienne gloire de la France, comme ces grenadiers eux-mêmes sont les dignes témoins de notre nouvelle gloire. Il est impossible de décrire la joie et la douleur que l'on ressentait à la vue des deux derniers rejetons du vainqueur de Rocroi, de ces princes si braves, si illustres, si malheureux : ils étaient tout près de

---

[1] Compiègne.

ce Chantilly qui n'existe plus ; mais quand l'héritier manque, qu'importe l'héritage ?

Enfin, le roi lui-même est arrivé. Son carrosse était précédé des généraux et des maréchaux de France, qui étaient allés au-devant de Sa Majesté. Ce n'a plus été des cris de *vive le roi!* mais des clameurs confuses dans lesquelles on ne distinguait rien que les accents de l'attendrissement et de la joie. Quand le roi est descendu de sa voiture, soutenu par Madame, duchesse d'Angoulême, la France a cru revoir son père. Ni le roi, ni Madame, ni les maréchaux, ni les soldats ne pouvaient parler. On ne s'exprimait que par des larmes. Les moins attendris criaient encore : *Vive le roi! vive notre père!* et c'est tout ce qu'ils pouvaient dire. Le roi portait un habit bleu, distingué seulement par une plaque et des épaulettes ; ses jambes étaient enveloppées de larges guêtres de velours rouge, bordées d'un petit cordon d'or. Il marche difficilement, mais d'une manière noble et touchante ; sa taille n'a rien d'extraordinaire : sa tête est superbe, son regard est à la fois celui d'un roi et d'un homme de génie. Quand il est assis dans son fauteuil, avec ses guêtres à l'antique, tenant sa canne entre ses genoux, on croirait voir Louis XIV à cinquante ans.

Madame était vêtue d'une simple robe blanche ; sa tête était couverte d'un petit chapeau blanc à l'anglaise. Si quelque chose sur la terre peut donner l'idée d'un ange par la beauté, la modestie, la candeur, c'est certainement la fille de Louis et d'Antoinette : ses traits sont un mélange heureux de ceux de son père et de sa mère ; une expression de douceur et de tristesse annonce dans ses regards ce qu'elle a souffert ; on remarque jusque dans ses vêtements, un peu étrangers, des traces de son long exil. Elle ne cessait de répéter en pleurant et en riant à la fois : *Que je suis heureuse d'être au milieu des bons Français !* paroles bien dignes d'une princesse qui regrettait, dans le palais de l'étranger, les prisons de la France.

Parvenu dans l'appartement qui lui était préparé, le roi s'est assis au milieu de la foule. On lui a présenté les dames qui se trouvaient à Compiègne : il a adressé à chacune d'elles les paroles les plus obligeantes. La même présentation a eu lieu pour Madame. Le roi, un peu fatigué et prêt à se retirer, a dit à MM. les maréchaux et généraux : *Messieurs, je suis heureux de me trouver au milieu de vous ;* et il a ajouté avec un accent qu'il aurait fallu entendre : *Heureux et* fier ! Il a repris ensuite : *J'espère que la France sera désormais assez heureuse pour n'avoir plus besoin de vos talents ; mais dans tous les cas,* a-t-il ajouté en se levant avec une gaieté noble qui rappelait le descendant de Henri IV, *tout goutteux que je suis, je viendrai me mettre au milieu de vous ;* et il a traversé le groupe aux cris répétés de *vive le roi !*

Le dîner a été servi à huit heures. Le roi, Madame, M. le prince de Condé et

M. le duc de Bourbon, MM. les maréchaux et généraux, les gentilshommes de service auprès du roi, les dames de Madame, duchesse d'Angoulême ; madame de Montboissier, fille de M. de Malesherbes ; mesdames les duchesses de Duras, madame la comtesse de Simiane et quelques autres personnes de distinction, invitées par ordre de Sa Majesté, étaient à table. La foule était si grande dans le salon, que l'on pouvait à peine servir. Au milieu du dîner, le roi a pris un verre de vin et a dit à MM. les maréchaux et généraux : *Messieurs, buvons à l'armée.* Après le dîner, Sa Majesté est retournée dans le salon. Tout le monde voulait se tenir debout. Le roi a fait asseoir MM. les maréchaux et généraux à sa droite. Ces braves capitaines ont paru singulièrement touchés de cette bonté du souverain : ils se rappelaient que l'étranger, sans égard pour leur âge, leurs travaux et leurs blessures, les forçait à se tenir debout devant lui des heures entières, comme s'il eût cherché le respect dans les maux qu'il faisait souffrir à ses serviteurs. On sait que le roi joint à l'esprit le plus remarquable la mémoire la plus étonnante ; il a donné des preuves de ces rares qualités en causant avec les personnes qui l'environnaient. En voyant marcher avec difficulté le maréchal Lefebvre, un peu tourmenté par la goutte, il lui dit : *Hé bien, maréchal, est-ce que vous êtes des nôtres ?* Il a dit au maréchal Mortier : *Monsieur le maréchal, lorsque nous n'étions pas amis, vous avez eu pour la reine, ma femme, des égards qu'elle ne m'a pas laissé ignorer, et je m'en souviens aujourd'hui.* S'adressant au maréchal Marmont : *Vous avez été blessé en Espagne, et vous avez pensé perdre un bras ?* « Oui, sire, a répondu le maréchal, mais je l'ai retrouvé pour le service de Votre Majesté. » Les maréchaux Macdonald, Ney, Moncey, Serrurier, Brune, le prince de Neuchâtel, tous les généraux, toutes les personnes présentes, ont obtenu pareillement du roi les paroles les plus affectueuses ; et il n'y avait point de cœur qui ne fût subjugué. Le roi sans armes pouvait dire, comme on l'a dit de Henri IV, qu'*il régnait sur la France,*

Et par droit de conquête et par droit de naissance.

On entendait de tous côtés : *Il verra comme nous le servirons ! Nous sommes à lui pour la vie.* Tous les intéressants exilés revenus avec leur maître de la terre étrangère, tous les officiers de l'armée, se serraient la main comme des frères, se disant : *Plus de factions, plus de partis ! tous pour Louis XVIII !* Telle est en France la force du souverain légitime, cette magie attachée au nom du roi. Un homme arrive seul de l'exil, dépouillé de tout, sans suite, sans gardes, sans richesses : il n'a rien à donner, presque rien à promettre. Il descend de sa voiture, appuyé sur le bras d'une jeune femme ; il se montre à des capitaines qui ne l'ont jamais vu, à des grenadiers qui savent à peine son nom. Quel est cet homme ? C'est le fils de saint Louis ! c'est le roi ! Tout tombe à ses pieds, l'armée, les grands, le peuple ; un million de soldats brûlent de mourir pour lui ; on sent qu'il peut tout nous demander, nos enfants, notre vie, notre fortune ; qu'il ne nous reste plus en propre que l'honneur, seul bien dont nous ne pouvons pas disposer et dont un roi de France n'exigera jamais de nous le sacrifice.

DE L'ÉTAT DE LA FRANCE

Au 4 octobre 1814.

Accoutumés depuis longtemps aux prodiges, à peine remarquons-nous ceux qui passent aujourd'hui sous nos yeux : il est vrai de dire cependant que de tous les miracles qui se sont opérés depuis quelques années, aucun n'est plus frappant que le bonheur actuel de la France. Pouvions-nous raisonnablement nous attendre à un calme aussi profond après une si longue tempête ? Pour mieux juger de notre position au mois d'octobre de cette année, rappelons-nous l'état où nous nous trouvions au mois de mars de cette même année.

La France était envahie depuis le Rhin jusqu'à la Loire, depuis les Alpes jusqu'aux montagnes de l'Auvergne, depuis les Pyrénées jusqu'à la Garonne. Paris était occupé par l'ennemi. Cinq cent mille Russes, Allemands, Prussiens, restés de l'autre côté du Rhin, étaient prêts à seconder les efforts de leurs compatriotes par une seconde invasion, qui aurait achevé la désolation de la France ; toute l'Espagne se préparait à franchir les Pyrénées sur les traces de l'armée anglaise, espagnole et portugaise. Plus d'un million de Français avaient, en moins de treize mois, été appelés sur le champ de bataille. Un insensé, à qui l'on ne cessait d'offrir la paix, s'obstinait à arracher le dernier homme et le dernier écu à notre malheureuse patrie, pour soutenir au dehors un monstrueux système de guerre, au dedans une tyrannie plus monstrueuse encore. S'il parvenait à prolonger la guerre, la France courait le risque de ne plus offrir, en quelques mois, qu'un monceau de cendres ; s'il acceptait enfin la paix, cette paix ne pouvait plus être faite qu'à des conditions aussi déshonorantes pour lui que pour notre patrie : il aurait fallu payer des contributions énormes, céder nos places frontières en garantie des traités [1]. Buonaparte, humilié dans son orgueil, trompé dans

---

[1] Les suites nécessaires du retour de Buonaparte n'ont que trop prouvé que ce n'était point là une simple conjecture.

son ambition, eût couvert le royaume de deuil et de proscriptions. Déjà les listes étaient dressées, les victimes désignées, les villes entières condamnées : les confiscations, les expropriations auraient suivi les supplices ; la guerre civile aurait peut-être couronné toutes les dévastations de la guerre étrangère, et un despotisme sanglant se serait assis pour jamais sur les ruines de la France.

Quel était dans ce moment notre unique espoir? Une famille que nous avions accablée de tous les maux en reconnaissance de tous les biens qu'elle avait versés sur nous depuis tant de siècles! Cette famille exilée, presque oubliée de ses enfants ingrats, ne trouvait pas chez les étrangers plus de souvenirs et plus d'appuis. Ce n'était point pour elle qu'on se battait; aucun des malheurs qui accablaient alors la France par suite d'une guerre désastreuse ne pouvait être imputé à cette famille : à Châtillon, on traitait de bonne foi avec Buonaparte. A peine permettait-on à MONSIEUR de suivre presque seul, et de très-loin, les armées envahissantes ; il venait coucher dans les ruines que Buonaparte avait faites, essuyer les pleurs des paysans qui s'attroupaient autour de lui, secourir nos conscrits blessés, ne pouvant exercer de la prérogative royale que ces bienfaisantes vertus, qu'il avait héritées du sang de saint Louis. Monseigneur le duc d'Angoulême n'était reconnu que comme simple volontaire à l'armée de lord Wellington ; à Jersey, monseigneur le duc de Berry sollicitait en vain la faveur d'être jeté, avec ses deux aides de camp, sur les côtes de France ; et il comptait si peu sur le succès de ces courageuses entreprises, qu'il avait fait renouveler le bail de sa maison à Londres.

C'est dans ce moment désespéré que la Providence acheva l'ouvrage dont elle avait voulu se charger seule, afin de rendre sa main visible à tous. Les étrangers entrent dans Paris : Dieu change le cœur des princes, ouvre les yeux des Français ; un cri de *vive le roi!* sauve le monde. Buonaparte s'écrie qu'on l'a trahi. Trahi, grand Dieu ! et par qui, si ce n'est par lui-même? Vit-on jamais une fidélité plus extraordinaire, plus touchante que celle de son armée? Jamais les soldats français ne se sont montrés plus héroïques que dans l'instant même où, détestant l'auteur de nos infortunes, ils respectaient encore en lui leur général, et seraient morts avec lui si lui-même avait su mourir.

Mais lorsqu'il eut emporté sa vie avec les millions qu'il avait eu le courage de demander, la France se tourna vers notre véritable père, qui arrivait de l'exil sans stipulations, sans traités, sans trésors, rentrant les mains vides, comme il était sorti, mais le cœur plein de cette tendresse et de cette miséricorde naturelle à la race de nos rois.

Qu'est-ce que le roi trouva en arrivant? Quatre cent mille étrangers dans le cœur de la France, 1,700 millions de dettes; des armées désorganisées et sans solde depuis plusieurs mois, plus de trente mille officiers qui avaient droit à un sort et à des récompenses, quatre cent mille prisonniers prêts à rentrer dans leur patrie et à augmenter l'embarras du moment, une constitution à faire, des craintes à calmer, des espérances à remplir, des partis en présence, et tous les éléments d'une guerre civile. Il paraissait sage à quelques personnes que le roi, au milieu de tant d'embarras, ne connaissant ni le terrain sur lequel il marchait, ni l'état des opinions, ni le caractère des hommes en France, inconnu lui-même à son peuple ; il paraissait sage, disons-nous, que le roi conservât auprès de lui une force étrangère. Le roi rejeta noblement cette idée : une paix honorable fit sortir les alliés du royaume ; il ne nous en coûta ni contributions ni places fortes ; nous conservâmes nos anciennes frontières, et même nous nous agrandîmes du côté de la Savoie. Les monuments des arts nous restèrent : tout cela fut le fruit de l'estime des alliés pour le roi. Une charte assura nos droits politiques. Bientôt cette armée, si embarrassante par le nombre de ses soldats, a vu, comme par miracle, presque tout son arriéré acquitté, et le reste de cet arriéré au moment de l'être. Les officiers qui n'ont pu trouver place dans la nouvelle organisation militaire reçoivent, au sein de leur famille, une pension qui leur assure cet honorable repos, récompense naturelle de la gloire. Les propriétés ont été garanties ; la confiance renaît ; les manufactures reprennent leurs travaux : tout marche vers la prospérité. La modération, le génie et les vertus d'un seul homme ont opéré ces prodiges : et il n'en a pas coûté une goutte de sang à la France ; et personne n'a été ni inquiété, ni persécuté pour son opinion ; ni aucune prison ne s'est ouverte, sinon pour rendre la liberté à quelques victimes ; et aucun acte arbitraire du pouvoir ne s'est mêlé à tant d'actes de clémence et de bonté ! Nous sommes trop près de ces merveilles pour les apprécier comme elles le méritent ; mais l'histoire les présentera à l'admiration des hommes : elle ajoutera au nom de Louis le *Désiré* le surnom de *Sage,* que la France a déjà eu la gloire de donner à l'un de ses rois.

Si on en avait cru quelques personnes qui avaient leurs raisons pour semer de pareilles alarmes, la France, à l'arrivée des Bourbons, allait devenir le théâtre des réactions et des vengeances. Que pourraient-elles dire aujourd'hui ? Quoi ! pas une exécution, pas un emprisonnement, pas un exil pour consoler leurs prophéties ! Au retour de Charles II en Angleterre, le parlement fit mettre en jugement plusieurs coupables. Au retour de Louis XVIII en France, tout le monde conserve la vie, la fortune, la liberté ; rien pour de certains hommes n'est perdu, *fors l'honneur !* Quelque opinion que l'on ait ou que l'on ait eue, on convient généralement que jamais la France n'a été aussi heureuse à aucune époque que dans les quatre mois qui se sont écoulés depuis le rétablissement de la monarchie. Il n'y a aucun

Français qui ne porte en lui-même le sentiment de son affranchissement et de sa pleine liberté. Chacun s'endort, sûr de n'être pas réveillé au milieu de la nuit pour être traîné par des espions à la police, ou par des gendarmes à un tribunal militaire. Le propriétaire sait qu'il conservera son bien; la mère, son enfant : elle ne tremble plus dans la crainte de voir chaque matin, au coin de la rue, afficher quelque nouvelle conscription. Le fermier, l'artisan, ne se mettent plus d'avance à la torture pour savoir comment ils rachèteront le seul fils qui leur reste; le conscrit, qui ne le sera plus, ne songe plus à se mutiler pour se dérober à la mort. Les taxes seules pèsent encore sur la France; mais du moins on est certain qu'elles seront réduites dans un temps donné, qu'elles ne seront point imposées arbitrairement par la première autorité de l'État, et jusque par des préfets, des sous-préfets, des maires et des adjoints. L'État a des dettes, il faut bien les payer. Et qui les a contractées ces dettes? Est-ce le roi ou l'homme de l'île d'Elbe? Si le roi avait voulu dire : « Je ne suis pas obligé de reconnaître les dettes de Buonaparte; la fortune que la plupart des fournisseurs ont faite les dédommagera assez de la perte qu'ils éprouveront, » qu'aurait-on eu à répondre? Mais le roi a cru qu'il y allait de son honneur, comme de celui de la France, d'acquitter scrupuleusement toute dette qui pouvait être regardée comme dette de l'État; et, par cette bonne foi digne d'un descendant de Henri IV, il donne à la France un crédit qui doublera la fortune publique.

Ainsi, les grands malheurs dont nous menaçait le retour des Bourbons se réduisent à quelques murmures; et ces murmures, quand on veut aller au fond de la chose, naissent tous de quelque espérance trompée, de quelque place qu'on demandait et qu'on n'a pas obtenue. La moitié de la France, sous le despotisme qui vient de finir, était payée par l'autre. Le moyen de soutenir un pareil abus! Buonaparte lui-même, s'il fût resté sur le trône sans être le maître de l'Europe, aurait-il pu maintenir toutes les places qu'il avait créées? Il ne les payait déjà plus. Pour faire taire les mécontents, il les aurait fusillés. D'ailleurs toutes les traces d'une révolution de vingt-cinq années peuvent-elles être effacées dans l'espace de six mois? A la mort de Henri IV, il se trouva encore de vieux ligueurs qui applaudirent au parricide de Ravaillac. Il faut donc nous attendre à voir encore longtemps, et peut-être toute notre vie, les opinions des Français partagées sur une foule d'objets : les uns détester ce que les autres aimeront; ceux-ci vanter, ceux-là dénigrer le gouvernement.

Selon les constitutionnels, la constitution n'est pas assez *libérale*. Selon les anciens royalistes, on se serait bien passé d'une constitution. Ne peut-on pas dire aux premiers : « S'il y a quelque chose de défectueux dans la constitution actuelle, le temps y apportera remède. La constitution anglaise, objet de votre admiration, n'a pas été l'ouvrage d'un jour. Il suffit que les fondements de la liberté publique soient établis parmi nous, que le peuple soit représenté, qu'il ne puisse être imposé que du consentement de ses représentants, qu'aucun homme ne puisse être ni dépouillé, ni exilé, ni emprisonné, ni mis à mort arbitrairement. Asseyons-nous un moment sur ces grandes bases, et respirons du moins après une course si violente et si rapide. »

Ne peut-on pas dire aux derniers : « L'ancienne constitution du royaume était sans doute excellente ; mais pouvez-vous en réunir les éléments ? Où prendrez-vous un clergé indépendant, représentant, par ses immenses domaines, une partie considérable des propriétés de l'État ? Où trouverez-vous un corps de gentilshommes assez nombreux, assez riches, assez puissants pour former, par leurs anciens droits féodaux, par leurs terres seigneuriales, par leurs vassaux et leur patronage, par leur influence dans l'armée, un contre-poids à la couronne ? Comment rétablirez-vous ces privilèges des provinces et des villes, les pays d'états, les grands corps de magistrature qui mettaient de toutes parts des entraves à l'exercice du pouvoir absolu ? L'esprit même de ces corps dont nous parlons n'est-il pas changé ? L'égalité de l'éducation et des fortunes, l'opinion publique, l'accroissement des lumières, permettraient-ils aujourd'hui des distinctions qui choqueraient toutes les vanités ? Les institutions de nos aïeux, où l'on reconnaissait les traces de la sainteté de notre religion, de l'honneur de notre chevalerie, de la gravité de notre magistrature, sont sans doute à jamais regrettables ; mais peut-on les faire revivre entièrement ? Permettez donc, puisqu'il faut enfin quelque chose, qu'on essaye de remplacer l'honneur du chevalier par la dignité de l'homme, et la noblesse de l'individu par la noblesse de l'espèce. En vain voudriez-vous revenir aux anciens jours : les nations, comme les fleuves, ne remontent point vers leurs sources : on ne rendit point à la république romaine le gouvernement de ses rois, ni à l'empire d'Auguste le sénat de Brutus. Le temps change tout, et l'on ne peut pas plus se soustraire à ses lois qu'à ses ravages. »

Qu'il reste donc encore un peu de chaleur dans nos opinions, cela ne peut être autrement. Le despotisme qui vient de finir nous avait fait sortir de l'ordre naturel. Toutes nos passions étaient exaltées : le soldat ne songeait qu'à devenir maréchal de France, au prix de la vie d'un million de Français ; le plus mince commis aux douanes voyait en perspective un ministère ; l'ouvrier sorti de sa boutique ne voulait plus y rentrer ; la jeunesse, débarrassée du joug domestique, se plongeait dans toutes les jouissances et dans toutes les chimères de son âge. Un devoir qui se réduisait à une bassesse, *obéir aveuglément à la volonté d'un maître*, remplaçait toute la morale de la vie. Buonaparte était le chef visible du mal, comme le démon en est le chef invisible. Toutes les ambitions désordonnées se rassemblaient autour de lui, à peu près comme les songes qui viennent se suspendre à l'arbre funeste que Virgile place à la porte des enfers.

Aujourd'hui, il nous en coûte de rentrer dans le devoir ; le repos nous paraît insipide. Mais, comme l'ordre est l'état naturel des choses, nous reprendrons malgré nous le goût des choses honnêtes et des jouissances légitimes. Il est curieux de voir la surprise des hommes accoutumés à gouverner par les moyens violents du depotisme. Ils prédisent des révolutions, des soulèvements qui n'arrivent pas ; ils prennent leurs opinions particulières, leur humeur, leurs intérêts secrets, pour l'opinion, l'humeur et l'intérêt de la France. *On n'administre pas*, disent-ils. *Cela n'ira pas ; cela ne peut pas aller.* Hé ! pourquoi ? parce qu'on n'a pas fusillé ce matin à la plaine de Grenelle ; parce que la police n'a pas mis à Vincennes cette nuit une douzaine de personnes ; parce que l'on n'a pas amené du bout de la France des prisonniers dans des *cages* de poste ; parce qu'on n'a pas payé assez d'espions ; parce qu'on n'empêche personne de parler, d'écrire, d'imprimer même ce qu'il veut ; parce qu'on ne s'est mêlé ni des opérations du commerce, ni de celles de l'agriculture ; parce que le conseil d'État n'a pas pris dans un seul jour cent arrêtés contradictoires ; parce que, ayant à choisir sur vingt-cinq millions de Français, on n'a pas cru que tous les talents fussent exclusivement renfermés dans les têtes de quelques hommes que l'opinion publique repousse, et qu'on n'a pas appelé ces hommes au gouvernement ! Ces personnes (distinguées d'ailleurs par l'expérience des affaires) sont cependant de mauvais juges de la marche d'un gouvernement légal : elles n'ont connu que la révolution et ses violences ; uniquement occupées de la force physique, elles n'ont aucune idée de la force morale. Elles sont étonnées que tout aille sans efforts, et presque sans qu'on s'en mêle : elles ne savent pas qu'un roi légitime est une plante qui étend naturellement ses branches et ses racines, s'affermit, donne de la protection et de l'ombre, par la seule raison que la terre et le ciel lui sont favorables, et qu'elle croît dans son sol natal. Il est impossible que ce sentiment de sécurité qu'on éprouve ne pénètre pas à la longue toutes les âmes, n'entre pas dans les chaumières et dans les palais, et qu'à la fin on ne se dise pas : « Mais nous sommes cependant heureux ! »

Que ceux qui croient le gouvernement si faible l'examinent d'après les faits et les résultats, et ils verront qu'il est déjà beaucoup plus fort que ce gouvernement de fer auquel il a succédé. Aurait-on pu, par exemple, laisser imprimer contre le dernier despotisme les livres que l'on imprime aujourd'hui contre l'autorité existante, sans que le despotisme en eût été ébranlé ? Les plus infâmes libelles, les ouvrages les plus audacieux se colportent, se vendent publiquement : cela fait-il rien à personne ? Qui est-ce qui lit ces ouvrages? Et si on les lit, quels sont les lecteurs qui se laissent persuader? On dira que les auteurs, en signant les libelles, en détruisent eux-mêmes l'effet, comme les poisons se neutralisent mutuellement ; que l'infamie de l'écrivain corrige le venin de l'ouvrage. Par une raison ou par une autre, il est cependant certain qu'un gouvernement qui compte à peine quatre ou cinq mois d'existence, qui s'est établi, comme nous l'avons vu, au milieu de tant de factions et de tant de malheurs, résiste à une épreuve qui eût renversé Buonaparte au plus haut point de sa puissance. Dans les cafés, dans les salons, on juge hautement les actes du ministère, les lois discutées dans les deux chambres ; on critique, on crie, on blâme, on loue : la marche du gouvernement en paraît-elle dérangée?

La France est ouverte de toutes parts : on y voyage comme on veut. S'il y a des ennemis secrets, ils peuvent y entrer, en sortir quand bon leur semble. Ils peuvent correspondre, se donner des rendez-vous, en un mot, *conspirer* ouvertement sur les places publiques et au coin des rues. Les craint-on? Pas du tout. Buonaparte aurait-il pu leur laisser cette liberté? On ne daignerait pas même se mettre en défense, ils viendraient échouer devant la douceur et l'indulgence d'un gouvernement paternel qui arrêterait le bras prêt à les punir : le roi les accablerait du poids de son pardon et de sa bonté. On ne peut rien de redoutable contre une autorité fondée sur la légitimité et la justice. La France est remplie des parents et des créatures de Buonaparte, et ils sont protégés comme les autres citoyens, sans que l'on songe à se prémunir contre eux. Une grande princesse est venue, sous la généreuse protection du roi, prendre les eaux dans nos provinces, et pourtant la plaie était bien vive et bien récente ! Cette princesse pouvait réveiller de puissants souvenirs ! Hé bien ! qu'est-ce que sa présence a produit? Se représente-t-on madame la duchesse d'Angoulême aux eaux d'Aix sous le gouvernement si robuste de la tyrannie, lorsque le seul nom de Bourbon faisait trembler le roi des rois? Enfin, un frère de l'étranger est établi sur notre frontière, où il se montre avec une richesse qu'il serait plus décent de cacher. En a-t-on témoigné la moindre inquiétude ? A-t-on demandé son éloignement? Qu'on apprenne donc à juger de la force d'un gouvernement, non par ses actes administratifs, mais par son plus ou moins de morale, de modération et de justice. La force des rois est inébranlable quand elle vient des lumières de leur esprit et de la droiture de leur cœur.

Les Bourbons ont erré, presque sans asile, sur la surface de la terre ; exposés aux craintes de l'usurpateur, ils ne pouvaient surtout approcher des frontières de France sans courir les risques de la vie, témoin l'infortuné duc d'Enghien. Aujourd'hui ils ne poursuivent point ceux qui les ont si cruellement poursuivis ; ils les laissent paraître autour d'eux, sans leur montrer la moindre crainte, sans même prendre les précautions qui paraîtraient si naturelles. Qui n'admirerait une confiance aussi magnanime, une absence aussi absolue de tout ressentiment? Louis XVIII a raison. C'est en s'abandonnant ainsi à la loyauté des Français qu'il prouve invinciblement la légitimité de ses droits et la solidité de son trône. Il semble qu'il nous ait crié, en arrivant à Calais, comme Philippe de Valois aux portes du château de Broye : « Ouvrez, c'est la fortune de la France ! » Nous lui avons ouvert ; et nous lui prouverons que nous sommes dignes de l'estime qu'il nous a témoignée, lorsqu'il a si noblement confié à notre foi ses vertus et ses malheurs.

RÉFLEXIONS POLITIQUES.

DÉCEMBRE 1814.

CHAPITRE PREMIER.

Cas extraordinaire.

Un juge établi sur un tribunal d'après les anciennes constitutions du pays, et non par le fait d'une révolution violente, a condamné un homme à mort. Cet homme a été justement condamné : il était coupable des plus grands crimes. Mais cet homme avait un frère ; ce frère n'a pas pu et n'a pas dû se dépouiller des sentiments de la nature : ainsi, entre le juge du coupable et le frère de ce coupable, il ne pourra jamais s'établir aucune relation. Le cri du sang a pour toujours séparé ces deux hommes.

Un juge établi sur un tribunal d'après les anciennes constitutions du pays, et non par le fait d'une révolution violente, a condamné un homme à mort. Cet homme n'était pas coupable du crime dont on l'accusait ; mais, soit prévarication, soit erreur, le juge a condamné l'innocence. Si cet homme a un frère, ce frère, bien moins encore que dans le premier cas, ne peut jamais communiquer avec le juge.

Enfin, un homme a condamné un homme à mort : l'homme condamné était innocent ; l'homme qui l'a condamné n'était point son juge naturel ; l'innocent condamné était un roi ; le prétendu juge était son sujet. Toutes les lois des nations, toutes les règles de la justice ont été violées pour commettre le meurtre. Le tribunal, au lieu d'exiger les deux tiers des voix pour prononcer la sentence, a rendu son arrêt à la majorité de quelques voix. Afin d'obtenir cette majorité, on a même été obligé de compter le vote des juges qui avaient prononcé la mort conditionnellement. Le monarque, conduit à l'échafaud, avait un frère. Le juge qui a condamné l'innocent, le sujet qui a immolé son roi, pourra-t-il se présenter aux yeux du frère de ce roi? S'il ne peut se présenter devant lui, osera-t-il pourtant lui écrire ? S'il lui écrit, sera-ce pour se déclarer criminel, pour lui offrir sa vie en expiation? Si ce n'est pour dévouer sa tête, c'est du moins pour révéler quelque secret important à la sûreté de l'État! Non : il écrit à ce frère du roi pour se plaindre d'être injustement traité ; il pousse la plainte jusqu'à la menace; il écrit à ce frère devenu roi, et dont, par conséquent, il est devenu le sujet, pour lui faire l'apologie du régicide, pour lui prouver, par la parole de Dieu et par l'autorité des hommes, qu'il est permis de tuer son roi. Joignant ainsi la théorie à la pratique, il se présente à Louis XVIII comme un homme qui a bien mérité de lui ; il vient lui montrer le corps sanglant de Louis XVI,

Et sa tête à la main demander son salaire.

Est-ce au fond d'un cachot, dans l'exaspération du malheur, que cette apologie du régicide est écrite? L'auteur est en pleine liberté ; il jouit des droits des autres citoyens; on voit à la tête de son ouvrage l'énumération de ses places et les titres de ses honneurs : places et honneurs dont quelques-uns lui ont été conférés depuis la restauration [1]. Le roi, sans doute transporté de douleur et d'indignation, a prononcé quelque arrêt terrible?... Le roi a donné sa parole de tout oublier.

CHAPITRE II.

Paroles d'un des juges d'Harrison.

Mais le monde, comme le roi, n'a pas donné sa parole; il pourra rompre le silence. Par quelle imprudence des hommes qui devraient surtout se faire oublier sont-ils les premiers à se mettre en avant, à écrire, à dresser des actes d'accusation, à semer la discorde, à attirer sur eux l'attention publique? Qui pensait à eux? Qui les accusait? Qui leur parlait de la mort du roi? Qui les priait de se justifier? Que ne jouissaient-ils en paix de leurs honneurs? Ils s'étaient vantés, dans d'autres écrits, d'avoir condamné Louis XVI à mort : eh bien! personne ne voulait leur ravir cette gloire ! Ils disent qu'ils sont *proscrits :* est-il tombé un cheveu de leur tête? Ont-ils perdu quelque chose de leurs biens, de leur liberté? Pourquoi, fidèles au souvenir de nos temps de malheurs, continuent-ils à accuser leurs victimes? Y a-t-il beaucoup de courage et de danger à braver aujourd'hui un Bour-

[1] *Mémoire au roi*, par M. CARNOT.

bon? Faut-il porter dans son sein un cœur de bronze, pour affronter leur bonté paternelle? Est-il bien glorieux de rompre le silence que l'on gardait sous Buonaparte, pour venir dire de fières vérités à un monarque qui, assis, après vingt-cinq ans de douleurs, sur le trône sanglant de son frère, ne répand autour de lui qu'une miséricorde presque céleste? Qu'arrive-t-il? c'est que le public est enfin obligé d'entrer dans les questions qu'il eût mieux valu ne pas agiter.

Le colonel Harrison, un des juges de Charles Ier, fut, après la restauration de Charles II, traduit devant un tribunal pour être jugé à son tour. Parmi les diverses raisons qu'il apporta pour sa défense, il fit valoir le silence que le peuple anglais avait gardé jusqu'alors sur la mort de Charles Ier. Un des juges lui répondit : « J'ai ouï conter l'histoire d'un enfant devenu muet de terreur en voyant assassiner son père. L'enfant, qui avait perdu l'usage de la voix, garda profondément gravés dans sa mémoire les traits du meurtrier : quinze ans après, le reconnaissant au milieu d'une foule, il retrouva tout à coup la parole et s'écria : *Voilà celui qui a tué mon père!* Harrison, le peuple anglais a cessé d'être muet; il nous crie, en te regardant : *Voilà celui qui a tué notre père* [1] »

CHAPITRE III.

<small>Que la doctrine du régicide a paru en Europe vers le milieu du seizième siècle. — Buchanan. — Mariana. — Saumaise et Milton.</small>

La doctrine du régicide n'est pas nouvelle : un peu après la mort de Henri III, il parut des écrits où l'on avançait qu'il est permis à un peuple de se défaire d'un tyran : les justifications suivent les crimes. On examina à cette époque les opinions que nous avons cru appartenir à notre siècle. Ce ne furent pas seulement les protestants qui rêvèrent des républiques ; les catholiques se livrèrent aussi aux mêmes songes. Il est remarquable que les pamphlets de ces temps-là sont écrits avec une vigueur, une science, une logique, qu'on retrouve rarement aujourd'hui.

Buchanan, dans le dialogue *de Jure regni apud Scotos*, et Mariana surtout, dans le traité *de Rege et regis Institutione*, réunirent en un corps de doctrine ces idées éparses dans divers écrits.

On prétendit que Ravaillac avait puisé dans Mariana les sentiments qui coûtèrent la vie à Henri IV. Ravaillac ne savait pas le latin, et il n'avait pu lire le traité *de Rege;* mais il avait pu entendre parler des opinions qui y sont déduites. Ainsi la doctrine du régicide parut d'abord dans le monde pour préconiser le crime de Jacques Clément, et pour inspirer celui de Ravaillac.

---

[1] *The Judict. Arraign. Trial of twenty nine Regicides*, p. 56.

La mort de Charles Ier donna une nouvelle célébrité aux principes de Buchanan et de Mariana. Un champion de l'autorité royale, Saumaise, descendit dans l'arène, armé de toute l'érudition de son siècle ; il publia son fameux traité *Defensio regia pro Carolo I°.*

Il prouva d'abord l'inviolabilité et la puissance légale des rois, d'après des préceptes et des exemples puisés dans l'Ancien Testament ; il trouva ensuite dans le Nouveau Testament et dans la doctrine des Pères d'autres autorités pour foudroyer encore les principes des régicides. De là, passant aux auteurs profanes, il invoqua en faveur de l'autorité royale les plus grands philosophes et les plus grands historiens de l'antiquité. Saumaise ne resta pas sans réponse ; il eut la gloire d'avoir pour adversaire un des plus beaux génies de l'Angleterre. Milton s'était déjà signalé dans son ouvrage sur le *Droit des rois et des magistrats,* qui n'est qu'un commentaire du traité de Mariana. Il releva le gant jeté aux régicides. « Il réfuta Saumaise, dit Voltaire, comme une bête féroce combat un sauvage. » Il eût été plus juste de dire comme un fanatique combat un pédant. Le style latin de Milton[1] est serré, énergique ; souvent, à la vigueur de l'expression, on reconnaît l'auteur du *Paradis perdu ;* mais le raisonnement est digne de la cause que Milton avait embrassée. Les plaisanteries ne sont pas toujours de bon goût ; l'érudition, quoique moins prodiguée que dans le traité de Saumaise, vient souvent hors de propos, et l'auteur ne répond solidement à rien.

Écoutons encore Voltaire : « Milton, dit-il, avait été quelque temps secrétaire, pour la langue latine, du parlement appelé le *Rump* ou le *Croupion.* Cette place fut le prix d'un livre latin en faveur des meurtriers du roi Charles Ier ; livre (il faut l'avouer) aussi ridicule par le style que détestable par la matière.

« On peut juger si un tel pédant atrabilaire, défenseur du plus énorme crime, put plaire à la cour polie et délicate de Charles II. »

Le grand argument de Milton était aussi celui des juges de Charles Ier. Il le trouvait, comme Ludlow, dans ce texte de l'Écriture : « La terre ne peut être purifiée du sang qui a été répandu que par le sang de celui qui l'a répandu. »

Cet argument n'eût rien valu contre Louis XVI.

CHAPITRE IV.

Parallèle.

Telle fut cette fameuse controverse. Ceux qui la rappellent aujourd'hui paraissent ignorer ce qu'on a dit et écrit avant eux sur ce sujet : tant ils

---

[1] *Joannis Miltonis pro populo anglicano Defensio.*

sont faibles en preuves, en citations et en raisonnements! De même que les régicides anglais, ils citent l'Écriture sainte à l'appui de leur doctrine; mais ils la citent vaguement, ou parce qu'ils la connaissent peu, ou parce qu'ils sentent qu'elle ne leur est pas favorable. Les auteurs de la mort de Charles étaient pour la plupart des fanatiques de bonne foi, des chrétiens zélés, qui, abusant du texte sacré, tuèrent leur souverain *en conscience;* mais parmi nous, ceux qui font valoir l'autorité de l'Écriture dans une pareille cause, ne pourraient-ils pas être soupçonnés de joindre la dérision au parricide; de vouloir, par des citations tronquées mal expliquées, troubler le simple croyant, tandis que pour eux-mêmes ces citations ne seraient que ridicules? Employer ainsi l'incrédulité à immoler la foi; justifier le meurtre de Louis XVI par la parole de Dieu, sans croire soi-même à cette parole; égorger le roi au nom de la religion pour le peuple, au nom des lumières pour les esprits éclairés; allumer l'autel du sacrifice au double flambeau du fanatisme et de la philosophie, ce serait, il faut en convenir, une combinaison nouvelle.

Si les régicides anglais étaient, comme nous venons de le dire, des fanatiques de bonne foi, ils avaient encore un autre avantage. Ces hommes, couverts du sang de leur roi, étaient purs du sang de leurs concitoyens. Ils n'avaient pas signé la proscription d'une multitude d'hommes, de femmes, d'enfants et de vieillards; ils n'avaient pas apposé leurs noms, *de confiance,* au bas des listes de condamnés, après des noms très-peu faits pour inspirer cette confiance. Pourtant ces hommes, qui n'avaient pas fait tout cela, étaient en horreur: on les fuyait comme s'ils avaient eu la peste, on les tuait comme des bêtes fauves. Qu'il était à craindre que cet effrayant exemple n'entraînât les Français! Et cependant que disons-nous à certains hommes? Rien. Ils jouissent de leur fortune, de leur rang, de leurs honneurs. Comme le roi, nous ne leur eussions jamais parlé de ce qu'ils ont fait, s'ils n'avaient été les premiers à nous le rappeler, à se transformer en accusateurs; et ils osent crier à l'esprit de vengeance! Craignons plutôt que la postérité ne porte de nous un tout autre jugement, qu'elle ne prenne cette admirable facilité de tout pardonner pour une indifférence coupable, pour une légèreté criminelle; qu'elle ne regarde comme une misérable insouciance du vice et de la vertu ce qui n'est qu'une impossibilité absolue de récriminer et de haïr.

Les Anglais qui firent leur révolution étaient des républicains sincères: conséquents à leurs principes, les premiers d'entre eux ne voulurent point servir Cromwell; Harrison, Ludlow, Vane, Lambert, s'opposèrent ouvertement à sa tyrannie, et furent persécutés par lui. Ils avaient pour la plupart toutes les vertus morales et religieuses; par leur conviction, ils honorèrent presque leur crime. Ils ne s'enrichirent point de la dépouille des proscrits. Dans les actes de leur jugement, lorsque le président du tribunal fait aux témoins cette question d'usage : « L'accusé a-t-il des biens et des châteaux ? » La réponse est toujours : « Nous ne lui en connaissons point. » Harrison écrit en mourant à sa femme qu'il ne laisse que sa Bible [1].

Tout homme qui suit sans varier une opinion est du moins excusable à ses propres yeux ; un républicain de bonne foi, qui ne cède ni au temps ni à la fortune, peut mériter d'être estimé, quand d'ailleurs on n'a à lui reprocher aucun crime.

Mais si des fortunes immenses ont été faites ; si, après avoir égorgé l'agneau, on a caressé le tigre ; si Brutus a reçu des pensions de César, il fera mieux de garder le silence ; l'accent de la fierté et de la menace ne lui convient plus.

« On ne pouvait rien contre la force. »

— Vous avez pu quelque chose contre la vertu !

On donne une singulière raison de la mort de Louis XVI : on assure qu'il n'était déjà plus roi lorsqu'il fut jugé ; que sa perte était inévitable ; que sa mort fut prononcée comme on prononce celle d'un malade dont on désespère.

Avons-nous bien lu, et en croirons-nous nos yeux ? Depuis quand le médecin empoisonne-t-il le malade lorsque celui-ci n'a plus d'espérance de vivre ? Et la maladie de Louis XVI était-elle donc si mortelle ? Plût à Dieu que ce roi, que l'on a tué parce qu'il n'y *avait plus moyen de contenir les factions,* eût été la victime de ces factions mêmes ! Plût à Dieu qu'il eût péri dans une insurrection populaire ! La France pleurerait un malheur ; elle n'aurait pas à rougir d'un crime.

Vous assurez « que si les juges qui ont condamné le roi à mort se sont trompés, ils se sont trompés avec la nation entière, qui, par de nombreuses adresses, a donné son adhésion au jugement. Les gouvernements étrangers, en traitant avec ces juges, ont aussi prouvé qu'ils ne blâmaient pas le meurtre de Louis. »

Ne flétrissez point tous les Français pour excuser quelques hommes. Peut-on sans rougir alléguer les adresses de ces communes gouvernées par un club de jacobins, et conduites par les menaces et la terreur ? D'ailleurs, un seul fait détruit ce que l'on avance ici. Si, en conduisant le roi à l'échafaud, on n'a fait que suivre l'opinion du peuple, pourquoi les juges ont-ils rejeté l'appel au peuple ? Si Louis était coupable, si les vœux étaient unanimes, pourquoi, dans la Convention même, les suffrages ont-ils été si balancés ? La haute cour qui condamna Charles le condamna à l'unanimité. La France vous rend le fardeau dont vous voulez vous décharger sur elle ; il est pesant ! mais il est à vous, gardez-le.

[1] *Trial of the Reg.*

« Les nations étrangères ont traité avec vous ! » Ce ne fut point au moment de la mort du roi. L'assassinat de Louis, du plus doux, du plus innocent des hommes, acheva d'armer contre vous l'Europe entière. Un cri d'indignation s'éleva dans toutes les parties du monde : un Français était insulté pour votre crime jusque chez ces peuples accoutumés à massacrer leurs chefs, à Constantinople, à Alger, à Tunis. Parce que les étrangers ont traité avec vous, ils ont approuvé la mort du roi ! Dites plutôt que le courage de nos soldats a sauvé la France du péril où vous l'aviez exposée en appelant sur un forfait inouï la vengeance de tous les peuples. Ce n'est point avec vous qu'on a traité, mais avec la gloire de nos armes, avec ce drapeau autour duquel l'honneur français s'était réfugié, et qui vous couvrait de son ombre.

CHAPITRE V.

Illusions des apologistes de la mort de Louis XVI.

Que veulent donc au fond les auteurs de ces déplorables apologies ? la république ? Ils sont guéris de cette chimère. Une monarchie limitée ? Ils l'ont ; et ils conviennent eux-mêmes que toutes les garanties de la liberté sont dans la Charte. Si nous sondons la blessure, nous trouverons une conscience malade qui ne peut se tranquilliser, une vanité en souffrance qui s'irrite de n'être pas seule appelée aux conseils du roi, et qui voudrait jouir auprès de lui, non-seulement de l'égalité, mais encore de la préférence ; enfin un désespoir secret né de l'obstacle insurmontable qui s'élève entre Louis XVIII et les juges de Louis XVI. Ne serait-il pas bien plus favorable pour ces hommes de se rendre justice, d'avouer ingénument leurs torts, de convenir qu'ils ne peuvent pas être une société pour le roi, de reconnaître ses bontés au lieu de se sentir humiliés de son silence, de la paix qu'il leur accorde, et du bonheur qu'il répand sur eux pour toute vengeance ?

Il est assez probable toutefois qu'ils ne se mettent si fort en avant que parce qu'ils se font illusion sur leur position : il faut les détromper.

Ce n'est pas sans raison qu'ils nous répètent que la France entière est coupable avec eux de la mort du roi : « Si on nous frappe, disent-ils, on frappera bientôt ceux qui nous suivent : nous sommes la première phalange ; une fois rompue, le reste sera enfoncé de toutes parts. » Ils espèrent ainsi enrôler beaucoup de monde sous leur drapeau, et se rendre redoutables par cette espèce de coalition.

D'abord on ne veut point les atteindre ; on ne les menace point. Pourquoi sont-ils si susceptibles ? pourquoi prendre les pleurs que l'on répand sur la mémoire de Louis XVI pour des actes d'accusation ? Faut-il, pour ménager leur délicatesse, s'interdire tous regrets ? La douleur est-elle une vengeance, le repentir une réaction? En admettant même que ces personnes eussent de justes sujets de crainte, elles sont complétement dans l'erreur lorsqu'elles s'imaginent que tous les Français font cause commune avec elles. La mort du roi et de la famille royale est le véritable crime de la révolution. Beaucoup d'autres actes de cette révolution sont des erreurs collectives, souvent expiées par des vertus et rachetées par des services, des torts communs qui ne peuvent être imputés à des particuliers, des malheurs qui sont le résultat des passions, le produit du temps, et l'inévitable effet de la nécessité.

Mais les auteurs de la mort du roi ont une cause parfaitement isolée : sous ce rapport, ils n'inspirent aucun intérêt.

Ce n'est point ici une vaine supposition : la formation de la Chambre des pairs a amené nécessairement quelques exclusions : le peuple s'en est-il affligé? La Chambre des députés comptait, parmi ses officiers inférieurs, quelques personnes assez malheureuses pour avoir participé à la mort de Louis XVI : elle les a invitées à se retirer. La nation n'a vu dans cette conduite que l'interprétation de ses propres sentiments. Tous les exemples nobles et utiles doivent être donnés par les dignes représentants du peuple français : un d'entre eux a fait lui-même le courageux aveu de sa faute, en s'exilant du milieu de ses collègues. Se juger ainsi, c'est ôter à jamais aux autres le droit de juger ; c'est sortir de la classe des coupables pour entrer dans celle des infortunés.

Ceux qui ont prononcé l'arrêt de Louis XVI doivent donc perdre la pensée de rattacher tous les Français à leur cause. Il faut encore qu'ils ne mettent pas trop leur confiance en leur propre nombre. En effet, ne conviendrait-il pas de retrancher de ce nombre ceux qui ont voté la mort avec l'appel au peuple, ou avec une condition tendant à éloigner l'exécution? Ceux-là avaient peut-être la pensée de sauver leur maître. Dans un pareil temps, vingt-quatre heures étaient tout ; on pouvait croire que des votes qui présentaient un espoir de salut, sans heurter de front la fureur révolutionnaire, étaient plus propres à sauver le roi qu'un *non* absolu. C'est une erreur, une faiblesse; mais qui n'a point d'erreurs, de faiblesses? Transportons-nous à ces moments affreux ; voyons les bourreaux, les assassins remplir les tribunes, entourer la Convention, montrer du doigt, désigner au poignard quiconque refusait de concourir à l'assassinat de Louis XVI. Les lieux publics, les places, les carrefours retentissaient de hurlements et de menaces. On avait déjà sous les yeux l'exemple des massacres de septembre, et l'on savait à quels excès pouvait se porter une populace effrénée.

Il est certain encore qu'on avait fait des préparatifs pour égorger la famille royale, une partie des députés, plusieurs milliers de proscrits, dans le cas où le roi n'eût pas été condamné. Troublé par tant de périls, un homme croit trouver un moyen de concilier tous les intérêts; il s'imagine que par un vote évasif il sauvera la famille royale, suspendra la mort du roi, et préviendra un massacre général : il saisit avidement cette fatale idée ; il prononce un vote conditionnel. Mais ses collègues ne s'y trompent pas; ils devinent son intention, rejettent avec fureur l'appel au peuple, les conditions dilatoires, et comptent le vote pour la mort. Cet homme est-il coupable? Oui, selon le droit; non, peut-être, d'après l'intention. Il ne s'agit pas ici de principes rigoureux; car, dans ce cas, ceux même qui auraient voté pour la vie du roi n'en seraient pas moins criminels de lèse-majesté, comme le remarquèrent les juges anglais dans le procès des régicides. Mais nos malheurs ont été si grands, qu'ils sont sortis de toute comparaison et de toute règle. Il est aisé de dire aux jours du bonheur et de la sécurité : « J'aurais agi ainsi ; je me serais conduit comme cela. » C'est au jour du combat que l'on connaît ses forces. Nous ne devons point juger à la rigueur ce qui a été dit ou fait sous la pointe du poignard; dans ce cas, une bonne intention présumée fait l'innocence ; le reste est du temps et de l'infirmité humaine.

Il faut encore faire une classe à part de ceux qui, appelés, depuis la mort du roi, aux grandes places de l'État, ont tâché d'expier leurs premières erreurs en sauvant des victimes, en résistant avec courage aux ordres sanglants de la tyrannie, et qui, depuis la restauration, ont montré, par leur obéissance et leur désir d'être utiles à la monarchie, combien ils étaient sensibles à la miséricorde du roi.

Voilà donc le faible bataillon de ceux qui se croient si forts, diminué de tout ce qui ne doit pas entrer dans leurs rangs. Ils se trompent encore davantage lorsqu'ils s'écrient qu'ils sont la sauvegarde de quiconque a participé à nos troubles. Il serait, au contraire, bien plus vrai de dire que, si quelque chose a pu alarmer les esprits, c'est le pardon accordé aux juges du roi.

Ce pardon a quelque chose de *surhumain*, et les hommes seraient presque tentés de n'y pas croire : l'excès de la vertu fait soupçonner la vertu. On serait disposé à dire : « Le roi ne peut traiter ainsi les meurtriers de son frère, et puisqu'il pardonne à tous, c'est que, dans le fond de sa pensée, il ne pardonne à personne. » Ainsi le respect pour la vie, la liberté, la fortune, les honneurs de ceux qui ont voté la mort du roi, au lieu de tranquilliser la foule, eût pu servir à l'inquiéter.

Mais le roi ne veut proscrire personne : il est fort, très-fort; aucune puissance ne pourrait aujourd'hui ébranler son trône. S'il voulait frapper, il n'aurait besoin d'attendre ni d'autres temps ni d'autres circonstances; il n'a aucune raison de dissimuler. Il ne punit pas, parce que, comme son frère, de douloureuse et sainte mémoire, la miséricorde est son partage, et que, comme Louis XVI encore, il ne voudrait pas, pour sauver sa vie, répandre une seule goutte de sang français. Il a, de plus, donné sa parole. Aucun Français, à son exemple, ne désire ni vengeances ni réactions. Que demande-t-on à ceux qui ont été assez malheureux pour condamner à mort le fils de saint Louis et de Henri IV ? Qu'ils jouissent en paix de ce qu'ils ont acquis ; qu'ils élèvent tranquillement leurs familles. Il n'est pas cependant si dur, lorsqu'on approche de la vieillesse, qu'on a passé l'âge de l'ambition, qu'on a connu les choses et les hommes, qu'on a vécu au milieu du sang, des troubles et des tempêtes ; il n'est pas si dur d'avoir un moment pour se reconnaître, avant d'aller où Louis XVI est allé. Louis XVI a fait le voyage, non pas dans la plénitude de ses jours, non pas lentement, non pas environné de ses amis, non pas avec tous les secours et toutes les consolations, mais jeune encore, mais pressé, mais seul, mais nu ; et cependant il l'a fait en paix.

Ceux qui l'ont contraint de partir si vite veulent-ils prouver au monde qu'ils sont dignes de la clémence dont ils sont l'objet ? Qu'ils n'essayent plus d'agiter les esprits, de semer de vaines craintes. Tout bon Français doit aujourd'hui renfermer dans son cœur ses propres mécontentements, en eût-il de raisonnables. Quiconque publie un ouvrage dans le but d'aigrir les esprits, de fomenter des divisions, est coupable. La France a besoin de repos : il faut verser de l'huile dans nos plaies, et non les ranimer et les élargir. On n'est point injuste envers les hommes dont nous parlons : plusieurs ont des talents, des qualités morales, un caractère ferme, une grande capacité dans les affaires, et l'expérience des hommes. Enfin, si quelque chose les blesse dans la restauration de la monarchie, qu'ils songent à ce qu'ils ont fait, et qu'ils soient assez sincères pour avouer que les misères dont ils se choquent sont bien peu de chose au prix des erreurs où ils sont eux-mêmes tombés.

CHAPITRE VI.

Des émigrés en général.

Nous trouvons dans les pamphlets du jour beaucoup d'aigreur contre cette classe de Français malheureux, et toujours le triste sujet de la mort du roi revient au milieu de ces plaintes : « *Ce sont les émigrés qui ont tué le roi ; ce sont les émigrés qui nous rapportent des fers ; ce sont eux qui accusent de tous les crimes les hommes amis de la liberté : il faut avoir été Vendéen, chouan, Cosaque, Anglais, pour être bien accueilli à la cour ; et pourtant qu'a fait la noblesse, qu'a fait le clergé pour le roi ?* » etc.

On dit qu'un homme est la cause de la mort de son ami, lorsque cet homme, jugeant mal d'un événement, a choisi, pour sauver son ami, un moyen qui ne l'a pas sauvé; mais s'est-on jamais imaginé de prendre à la lettre cette expression hyperbolique? A-t-on jamais comparé sérieusement le meurtrier réel d'un homme avec l'ami de cet homme? Pour soutenir une cause, qu'il eût mieux valu ne pas rappeler, comment un esprit éclairé n'a-t-il pu trouver que ce misérable sophisme?

L'émigration était-elle une mesure salutaire ou funeste? On peut avoir sur ce point différentes opinions. Il faudrait d'abord savoir si cette mesure n'était point forcée; si des hommes insultés, brûlés dans leurs châteaux, poursuivis par les piques, traînés à l'échafaud, ne se sont point vus contraints d'abandonner leur patrie; si, trouvant dans les champs de leur exil des princes proscrits comme eux, ils n'ont pas dû leur offrir leurs bras. Ceux qui leur font un crime aujourd'hui d'être sortis de France ne savent-ils pas, par leur propre expérience, qu'il y a des cas où l'on est obligé de *fuir, de s'échapper la nuit pas-dessus des murs, et d'aller confier sa vie à une terre étrangère?* Peuvent-ils *nier* la persécution? Les listes n'existent-elles pas? ne sont-elles pas signées? Une *seule* de ces listes ne se monte-t-elle pas à quinze ou dix-huit mille personnes, hommes, femmes, enfants et vieillards?

Ferons-nous valoir une autre raison de la nécessité de l'émigration? Ce n'est pas une loi écrite, mais c'est le droit coutumier des Français : l'honneur. Partout où on le place, cet honneur, à tort ou à raison, *il oblige*. Quand on veut raisonner juste, il faut se mettre à la place de celui pour qui on raisonne. Une fois reconnu qu'un gentilhomme devait aller se battre sur le Rhin, pouvait-il n'y pas aller? Mais par qui reconnu? par le corps, par l'ordre de ce gentilhomme. L'ordre se trompait. Soit : il se trompait comme ce vieux roi de Bohême qui, tout aveugle qu'il était, voulut faire le coup de lance à Crécy et y trouva la mort. Qui l'obligeait à se battre, ce vieux roi aveugle? L'honneur : toute l'armée entendra ceci.

Qu'a fait la noblesse pour le roi? Elle a versé son sang pour lui à Haguenau, à Weissembourg, à Quiberon; elle supporte aujourd'hui pour lui la perte de ses biens. L'armée de Condé, qui, sous trois héros, combattait à Berstheim en criant *vive le roi!* ne le tuait pas à Paris [1].

Mais, en restant en France, les émigrés auraient sauvé le roi. Les royalistes anglais, qui ne sortirent point de leur pays, arrachèrent-ils à la mort leur malheureux maître? Est-ce aussi Clarendon et Falkland qui ont immolé Charles, comme Lally-Tollendal et Sombreuil ont égorgé Louis?

Qu'a fait le clergé pour le roi? Interrogez l'église des Carmes, les pontons de Rochefort, les déserts de Sinnamary, les forêts de la Bretagne et de

---

[1] M. le duc de Bourbon fut blessé d'un coup de sabre dans cette brillante affaire, et un boulet de canon pensa emporter à la fois les trois héros.

la Vendée, toutes ces grottes, tous ces rochers où l'on célébrait les saints mystères en mémoire du roi-martyr ; demandez-le à tous ces apôtres qui, déguisés sous l'habit du laïque, attendaient dans la foule le char des proscriptions pour bénir en passant vos victimes ; demandez-le à toute l'Europe, qui a vu le clergé français suivre dans ses tribulations le fils aîné de l'Église, dernière pompe attachée à ce trône errant que la religion accompagnait encore lorsque le monde l'avait abandonné. Que font-ils aujourd'hui ces prêtres qui vous importunent ? Ils ne donnent plus le pain de la charité, ils le reçoivent. Les successeurs de ceux qui ont défriché les Gaules, qui nous ont enseigné les lettres et les arts, ne font point valoir les services passés ; ceux qui formaient le premier ordre de l'État sont peut-être les seuls qui ne réclament point quelque droit politique ; sublime exemple donné par les disciples de celui dont le *royaume n'était pas de ce monde* ! Tant d'illustres évêques, doctes confesseurs de la foi, ont quitté la crosse d'or pour reprendre le bâton des apôtres. Ils ne réclament de leur riche patrimoine que les trésors de l'Évangile, les pauvres, les infirmes, les orphelins et tous ces malheureux que vous avez faits.

Ah ! qu'il faudrait mieux éviter ces récriminations, effacer ces souvenirs, détruire jusqu'à ces noms d'émigrés, de royalistes, de fanatiques, de révolutionnaires, de républicains, de philosophes, qui doivent aujourd'hui se perdre dans le sein de la grande famille ! Les émigrés ont eu peut-être leurs torts, leurs faiblesses, leurs erreurs ; mais, dire à des infortunés qui ont tout sacrifié pour le roi, que ce sont eux qui ont tué le roi, cela est aussi trop insensé et trop cruel ! Et qui est-ce qui leur dit cela, grand Dieu !

Les émigrés nous apportent des fers. On regarde, et l'on voit d'un côté un roi qui nous apporte une Charte, telle que nous l'avions en vain cherchée, et où se trouvent les bases de cette liberté qui servit de prétexte à nos fureurs ; un roi qui pardonne tout, et dont le retour n'a coûté à la France ni une goutte de sang ni une larme ; on voit quelques Français qui rentrent à moitié nus dans leur patrie, sans secours, sans protections, sans amis, qui ne retrouvent ni leurs toits ni leurs familles, qui passent sans se plaindre devant leur champ paternel labouré par une charrue étrangère, et qui mangent à la porte de leurs anciennes demeures le pain de la charité. On est obligé de faire pour eux des quêtes publiques : l'homme de Dieu [1], qui les suit comme par l'instinct du malheur, est revenu avec eux des terres lointaines ; il est revenu établir parmi nous, pour leurs enfants, les écoles qu'alimentait la piété des Anglais. Il ne manquerait plus, pour couronner l'œuvre, que d'établir ces écoles dans un coin de l'antique manoir de l'émigré, de lui préparer à lui-même une retraite dans ces hôpitaux

---

[1] M. l'abbé Carron.

fondés par ses ancêtres, et où son bien sert aujourd'hui à donner aux pauvres un lit qu'il n'a plus. Ce n'est pas nous qui faisons cette peinture, ce sont des membres de la Chambre des députés, qui n'ont point vu dans ces infortunés des triomphateurs, mais des victimes.

Et ces Vendéens, et ces chouans, *à qui tout est réservé,* vous importunent de leur faveur, de leur éclat ? Leur pauvreté honorable, leur habit aussi ancien que leur fidélité, leur air étranger dans les palais, ont été pourtant l'objet de vos railleries, lorsque ces loyaux serviteurs sont accourus du fond de la France à la grande, à la merveilleuse nouvelle du retour inespéré de leur roi. Jetons les yeux autour de nous et tâchons, si nous le pouvons, d'être justes. Par qui la presque totalité des grandes et des petites places est-elle occupée ? Est-ce par des chouans, des Vendéens, des *Cosaques,* des émigrés, ou par des hommes qui servaient l'autre ordre de choses ? On n'envie point, on ne reproche point les places à ces derniers : mais pourquoi dire précisément le contraire de ce qui est ? Il n'était pas si frappé de la prospérité des émigrés, ce maréchal de France qui a sollicité quelques secours pour de pauvres chevaliers de Saint-Louis : « Car, disait-il noblement, ou il faut leur ôter leur décoration, ou leur donner le moyen de la porter. » Sous l'uniforme français, il ne peut y avoir que des sentiments généreux.

Le véritable langage à tenir sur les émigrés, pour être équitable, c'est de dire que la vente de leurs biens est une des plus grandes injustices que la révolution ait produite ; que l'exemple d'un tel déplacement de propriétés au milieu de la civilisation de l'Europe est le plus dangereux qui ait jamais été donné aux hommes ; qu'il n'y aura peut-être point de parfaite réconciliation entre les Français, jusqu'à ce qu'on ait trouvé le moyen, par de sages tempéraments, des indemnités, des transactions volontaires, de diminuer ce que la première injustice a de criant et d'odieux. On ne s'habituera jamais à voir l'enfant mendier à la porte de l'héritage de ses pères. Voilà ce qu'il y a de vrai d'un côté. Il est vrai, de l'autre, que le roi ni les Chambres n'ont pu violemment réparer une injustice par des actes qui auraient compromis la tranquillité de l'État ; car enfin on a acheté sous la garantie des lois : les propriétés vendues ont déjà changé de main ; il est survenu des enfants, des partages. En touchant à ces ventes, on troublerait de nouvelles familles, on causerait de nouveaux bouleversements. Il faut donc employer, pour guérir cette plaie, les remèdes doux qui viennent du temps ; il faut qu'un esprit de paix préside aux mesures que l'on pourra prendre. Le désintéressement et l'honneur sont les deux vertus des Français : avec un tel fonds on peut tout espérer. On dit que le projet du roi est de donner chaque année une somme sur la liste civile pour secourir les propriétaires et favoriser les arrangements mutuels. Le roi est la gloire et le salut de la France.

CHAPITRE VII.

Singulière méprise sur l'émigration.

En examinant de plus près l'opinion des écrivains opposants, on s'aperçoit qu'ils sont tombés dans une singulière méprise, soit qu'ils l'aient fait à dessein, soit qu'ils aient erré de bonne foi. Ne semblerait-il pas, à les entendre, que l'émigration entière vient de rentrer avec le roi? Ignore-t-on que presque tous les émigrés sont revenus en France, il y a déjà quatorze ou quinze ans ; que les enfants de ces émigrés, soit volontairement, soit de force, les uns atteints par la conscription, les autres enlevés pour les écoles militaires ; ceux-ci pressés par le défaut absolu de fortune, ceux-là obligés de servir pour soustraire leur famille à la persécution ; que les enfants de ces émigrés, disons-nous, ont pris des places sous Buonaparte? Il a loué lui-même leur courage, leur désintéressement, et leur fidélité à leur parole quand une fois ils l'ont donnée ; beaucoup d'entre eux ont reçu des blessures sous ses drapeaux : des chefs de chouans, des Vendéens, ont défendu leur patrie contre les ennemis. On comptait dans nos armées les premiers gentilshommes de nos provinces, et les descendants de nos familles les plus illustres. Représentants de l'ancienne gloire de la France, ils assistaient, pour ainsi dire, à sa gloire nouvelle. Dans cette noble fraternité d'armes, ils oubliaient nos discordes civiles, et en servant leur patrie, ils apprenaient à servir un jour leur roi. Ces hommes qui auraient pu regretter le rang et la fortune de leurs aïeux, ces rejetons des connétables et des maréchaux de France qui portaient le sac du soldat, nous menaceraient-ils de la *résurrection de tous les préjugés?* Ils ont du moins appris que, dans le métier des armes, tout soldat est noble, et que le grenadier a ses titres de gentilhomme écrits sur le papier de sa cartouche.

C'est donc en vain que la malveillance cherche à créer des distinctions et des partis : il n'y en a point ; il n'y en peut pas avoir. Si Louis XVIII ne voulait remplir les places que d'*hommes tout à fait étrangers à la révolution,* qui serait pur à ses yeux? Mais le roi, et ses preuves sont faites, est aussi impartial qu'il est éclairé ; il ne sépare point *ceux qui ont servi le roi de ceux qui ont servi la patrie.* Ne dénaturons point les faits pour soulager notre humeur ; ne prêtons point au prince des sentiments qui ne sont pas les siens, et ne cherchons point à créer des partis, en prétendant en trouver là où il n'en existe pas.

CHAPITRE VIII.

Des derniers émigrés.

Ainsi, tout le raisonnement des pamphlets contre les émigrés, sophistique par la forme, n'est point solide par le fond : il porte sur une base fausse : car la grande, la véritable émigration est depuis longtemps rentrée en France. Elle a pris des intérêts communs avec le reste des Français par des alliances, des places, des liens de reconnaissance et des habitudes de société. Tout se réduit donc à cette petite troupe de proscrits que Louis XVIII ramena à sa suite. Voudriez-vous que, dans son exil, le roi n'eût pas conservé un ami? C'est ce qui arrive assez souvent aux princes malheureux. Vous êtes donc effrayés de quelques vieillards qui viennent, tout chargés d'ans et dépouillés par tant de sacrifices, se réchauffer un moment au soleil de la patrie? Nous avons déjà parlé de leur détresse; faudrait-il, pour mieux vous tranquilliser, qu'ils fussent encore durement rejetés par leur roi? « Compagnons vieillis avec moi dans la terre étrangère, leur dirait le monarque, me voilà revenu dans mon palais ; j'ai retrouvé mon peuple, mon bonheur, la gloire de mes aïeux : vous, vous avez tout perdu pour moi; vos biens sont vendus, les cendres de vos pères dispersées : adieu, je ne vous connais plus. » Et où iront-ils, ces compagnons du malheur du roi, ceux qui ont dormi dans l'exil la tête appuyée sur les fleurs de lis presque effacées par le sang et les larmes; ceux qui se consolaient, en entourant de leurs respects et de leurs communes misères le roi de l'adversité? Ne permettez-vous point que Louis XVIII leur prête un coin de son manteau? Voulez-vous qu'il prenne un air sévère quand il les voit, qu'il ne leur adresse jamais une de ces paroles qui payent en France tous les services? Vous le voulez indulgent, miséricordieux, et vous exigez qu'il soit ingrat? Admirons nos rois d'avoir été aimés dans le malheur, et d'aimer dans la prospérité.

CHAPITRE IX.

S'il est vrai qu'on soit plus inquiet aujourd'hui qu'on ne l'était au moment de la restauration.

« Au retour des Bourbons, dit-on encore, la joie fut universelle ; il n'y eut qu'une opinion, qu'un sentiment : les anciens républicains, *particulièrement opprimés,* applaudirent franchement à la restauration. Aujourd'hui les partis renaissent, cette heureuse confiance est ébranlée, etc. » Nous avons été aussi témoin des premiers moments de la restauration, et nous avons observé précisément le contraire de ce que l'on avance ici. Sans doute il y eut du bonheur, de la joie à l'arrivée des Bourbons, mais il s'y mêlait beaucoup d'inquiétude. Les anciens républicains étaient bien loin surtout d'être si satisfaits, d'applaudir avec tant de cordialité. Plusieurs d'entre eux songeaient à se retirer, et avaient tout préparé pour la fuite. Et en quoi avaient-ils été PARTICULIÈREMENT *opprimés sous* Buonaparte ? ils occupaient les premières places de l'État. Quoi ! c'étaient les *Bourboniens*, les royalistes, qui jouissaient de la faveur sous la tyrannie ? On croit rêver.

La vérité est que la confiance ne fut point entière au premier moment du retour du roi : beaucoup de gens étaient alarmés, les provinces mêmes agitées, incertaines, divisées ; l'armée ne savait si on lui comptait ses souffrances et ses victoires ; on craignait les fers, on redoutait les vengeances.

Mais peu à peu le caractère du roi étant mieux connu, les frayeurs se calmèrent ; on vit luire l'aurore d'une paix et l'espérance d'un bonheur sur lesquels on ne comptait presque plus. Rassurés sur les opinions qu'on avait eues, sur les votes que l'on avait émis, tous les partis placèrent dans le monarque une juste confiance.

Depuis ce temps le roi n'a cessé de prendre de nouvelles forces, et la France de marcher vers la prospérité. Chaque jour le très-petit nombre d'opposants diminue ; les contes absurdes, les terreurs populaires s'évanouissent ; le commerce renaît, les manufactures refleurissent, les impôts se payent ; une immense dette est comblée ; l'armée n'a plus qu'un seul et même esprit ; les prisonniers et les soldats licenciés sont retournés au sein de leurs familles ; les officiers, avec une retraite honorable, jouissent dans leurs foyers de l'admiration due à leur courage ; la conscription abolie ne fait plus trembler les mères ; la plus entière liberté d'opinions dans les deux Chambres, dans les livres, dans les journaux, dans les discours, annonce que nous sommes enfin rendus à notre dignité naturelle : on se sent en pleine jouissance de ses droits. La main sur le cœur, de quoi se plaindrait-on ? De qui et de quoi a-t-on peur ? Jamais calme fut-il plus profond après la tempête ? Les libelles que nous combattons ne sont-ils pas même la preuve de la plus entière liberté, comme de la force du gouvernement ? Tout marche sans effort, sans oppression : les étrangers sont confondus et presque jaloux de notre paix et de notre prospérité. On n'entend parler ni de police, ni de dénonciation, ni d'un acte arbitraire du pouvoir, ni d'exécution, ni de réaction publique, ni de vengeance particulière.

Les magistrats ont seuls agi quand ils ont cru voir des coupables, et cela s'est borné à l'arrestation de quelques individus remis en liberté aussitôt que l'on a reconnu qu'ils n'avaient pas outrepassé la loi. On va, on vient, on fait ce qu'on veut. N'est-on pas content ? les chemins sont ouverts ; qu'on demande des passe-ports, qu'on emporte sa fortune, chacun est le

LYCURGUE.

maître : à peine rencontre-t-on un gendarme. Dans un pays où plus de quatre cent mille soldats ont été licenciés, il n'y a pour ainsi dire pas une porte fermée, et pas un voleur de grand chemin. Les créatures, les parents de Buonaparte sont partout; ils jouissent de la protection des lois. S'ils ont des pensions sur l'État, le roi les paye scrupuleusement. S'ils veulent sortir du royaume, rentrer, porter des lettres, en rapporter, envoyer des courriers, faire des propositions, semer des bruits et même de l'argent, s'assembler en secret, en public, menacer, répandre des libelles, en un mot *conspirer*, comme nous l'avons dit ailleurs, ils le peuvent; cela ne fait de mal à personne. Ce gouvernement de huit mois est si solide, que, fît-il aujourd'hui fautes sur fautes, il tiendrait encore, en dépit de ses erreurs. Le frère de Louis XVI, la famille de Louis XVI, la Charte qui garantit nos libertés, ce sont là des puissances que rien ne peut ébranler. Immobile sur son trône, le roi a calmé les flots autour de lui : il n'a cédé à aucune influence, à aucune impulsion, à aucun parti. Sa patience confond, sa bonté subjugue et enchaîne, sa paix se communique à tous. Il a connu les propos que l'on a pu tenir, les petites humeurs que l'on a témoignées, les folles démarches que l'on a pu faire : tout cela s'est évanoui devant son inaltérable sérénité. Lorsque autrefois, en Allemagne, il fut frappé d'une balle à la tête, il se contenta de dire : « Une ligne plus bas, et le roi de France s'appelait Charles X ; » et il n'en parla plus. Lorsqu'il reçut l'ordre de quitter Mittau, au milieu de l'hiver, il ne fit pas entendre une plainte. Cette magnanimité sans ostentation qui lui est particulière, ce sang-froid que rien ne peut troubler, le suivent aujourd'hui au milieu de ses prospérités. On lui adresse une apologie de la mort de son frère, il la lit, fait quelques observations, et la renvoie à son auteur. Et pourtant il est roi ! et pourtant il pleure tous les jours en secret la mort de ce frère ! En entrant pour la première fois aux Tuileries, le jour de son arrivée à Paris, il se jeta à genoux : « O mon frère, s'écria-t-il, que n'avez-vous vu cette journée! Vous en étiez plus digne que moi. » Quand on s'approche de lui, il a toujours l'air de vous dire : « Où pourriez-vous trouver un meilleur père ? Laissez-moi panser vos blessures ; j'oublie les miennes pour ne songer qu'aux vôtres. Est-ce à mon âge, après mes malheurs, que je puis aimer le trône pour moi-même? Je suis là pour vous; et je veux vous rendre aussi heureux que vous avez été infortunés. »

Quiconque jette les yeux autour de soi, au dedans et au dehors, et ne comble pas de bénédictions le prince que le ciel nous a rendu, n'est pas digne d'être gouverné par un tel prince.

CHAPITRE X.

Si le roi devait reprendre les anciennes formules dans les actes émanés du trône.

Vient ensuite un autre genre de plainte : comme des enfants gâtés à qui l'on ne refuse rien, nous ne savons à qui nous en prendre de notre bonheur. « Le roi a voulu recevoir la couronne comme un héritage, et non comme un don du peuple ; il s'est donné le titre de roi de France, et non de roi des Français ; il a repris l'ancienne formule : Par la grâce de Dieu, etc. »

Nous voulons une monarchie, ou nous n'en voulons point. Si nous la voulons, désirons-nous qu'elle soit élective ? Dans ce cas, nous avons raison de trouver mauvais que le roi ait daté sa Charte de l'an *dix-neuvième* de son règne, et de s'appeler *Louis XVIII*. Mais si, connaissant les inconvénients de la monarchie élective, nous revenons à la monarchie héréditaire, incontestablement la meilleure de toutes, le roi a dû dire : « Je règne, parce que mes ancêtres ont régné ; je règne par les droits de ma naissance ; sauf à moi à convenir avec mes peuples d'une forme d'institution qui régularise mon pouvoir, assure la liberté civile et politique, et soit agréable à tous. » Rien alors n'est plus conséquent que la conduite du roi : nous ne sommes point une république, et il n'a pas dû reconnaître la souveraineté du peuple : nous ne sommes point une monarchie élective, et il n'a pu revenir par voie d'élection. Si vous sortez de là, tout est confondu. Il semble toujours, à certains esprits exaltés, qu'un roi anéantit la loi, ou que la loi va faire disparaître le roi : loi et roi sont fort compatibles, ou plutôt c'est une et même chose, selon Cicéron et le bon sens.

C'est une chicane bien misérable encore que celle qui regarde le titre de *roi de France*. Les Anglais ne sont-ils pas libres ? Cependant Charles II a daté la déclaration donnée à Breda de *l'an douzième de son règne*, et l'on dit roi d'Angleterre *(king of England)*, et non pas roi des Anglais *(king of the English)*. Est-il plus noble d'ailleurs que le roi soit, par son titre, *propriétaire* des Français (roi des Français), que *propriétaire* de la France (roi de France) ? Ne vaudrait-il pas mieux qu'il possédât la terre que l'homme ? Car roi des Français ne voudrait pas dire qu'il a été choisi, élu par eux, puisque la monarchie est héréditaire, mais qu'il en est le maître, le possesseur. Tous ces raisonnements sont, de part et d'autre, de méchantes subtilités : au fond il ne s'agit pas de tout cela. Sous la première race de nos rois, on disait roi des Francs, *rex Francorum*. Pourquoi? parce que les Francs étaient, non une nation, mais un petit peuple barbare et conquérant, presque sans lois, et surtout sans propriétés fixes : ils n'avaient donc alors qu'un général, qu'un capitaine, qu'un chef, qu'un roi, *dux, rex*

Francorum. Sous la seconde race, le titre d'empereur se mêla à celui de roi, et n'emporta encore que l'idée d'un chef de guerre, *imperator*. Sous la troisième race, on commença à dire roi de France, *rex Franciæ*, parce qu'alors le peuple franc, par son mélange avec les Gaulois et les Romains, était devenu une *nation* attachée au sol de la France, remplaçant les lois salique, gombette et ripuaire de la première race, les Capitulaires de la seconde, par l'usage du droit romain, par des coutumes écrites, recueillies vers le temps de Charles VIII [1], substituant des tribunaux sédentaires à des tribunaux errants, et marchant à grands pas vers la civilisation. Tout n'est pas dans le *Contrat social;* étudions un peu l'histoire de France : nous ne serons ni si prompts à condamner, ni si superbes dans nos assertions.

La formule, *par la grâce de Dieu,* se défend d'elle-même : tout est par la grâce de Dieu. Franchement, tâchons, si nous pouvons, d'être libres et heureux, et même, s'il le faut absolument, par la grâce de Dieu ! Cela est un peu dur, il est vrai ; mais enfin on n'a pas toujours ce que l'on veut. Pour nous consoler, nous penserons que les plus grands philosophes ont cru qu'une formule religieuse était aussi favorable à la politique qu'à la morale. Cicéron remarque que la république romaine ne dut sa grandeur qu'à sa piété envers les dieux. Nos petites impiétés politiques auraient fait grand'-pitié aux anciens. « Soit qu'on bâtisse une cité nouvelle, dit Platon, soit qu'on en rebâtisse une ancienne tombée en décadence, il ne faut point, si on a du bon sens, qu'en ce qui appartient aux dieux, aux temples, on fasse aucune innovation contraire à ce qui aura été réglé par l'oracle. »

Enfin, dans toute constitution nouvelle, il est bon, il est utile qu'on aperçoive les traces des anciennes mœurs. Pourquoi la république française n'a-t-elle pu vivre que quelques moments ? C'est (indépendamment des autres causes qui l'ont fait périr) qu'elle avait voulu séparer le présent du passé, bâtir un édifice sans base, déraciner notre religion, renouveler entièrement nos lois, et changer jusqu'à notre langage. Ce monument flottant en l'air, qui n'avait d'appui ni dans le ciel ni sur la terre, s'est évanoui au souffle de la première tempête.

Au contraire, dans le pays où il s'est opéré des changements durables, on voit toujours une partie des anciennes mœurs se mêler aux mœurs nouvelles, comme des fleuves qui viennent à se réunir, et qui s'agrandissent en confondant leurs eaux. Dans la république romaine, on conserva la plus grande partie des institutions monarchiques : « Le nom seul de roi fut changé, dit Cicéron, la chose resta [2]. »

Ce nom même de roi fut jugé si sacré, qu'on le garda parmi les choses

---

[1] La plus ancienne des coutumes recueillies est celle du Ponthieu, par ordre de Charles VIII, 1495. — [2] *De Leg.*, III, 7.

saintes, en l'attribuant au chef des sacrifices : *rex sacrificulus* ou *rex sacrorum*. A Athènes, la dignité de roi des sacrifices était le partage du second archonte, ἄρχων βασιλεύς, et elle passait pour une des premières de l'État. La constitution des Anglais porte de profondes marques de son origine gothique. « Le roi, dit Montesquieu, y conserve, avec une autorité limitée, toutes les apparences de la puissance absolue. » Dans certains cas, on le sert à genoux, on lui parle dans le langage le plus soumis et le plus respectueux ; en un mot, on lui parle comme à la loi, dont il est la principale source.

Il y a plus : presque toutes les coutumes normandes et les lois saxonnes subsistent encore en Angleterre, même celles qui paraissent aujourd'hui les plus éloignées de nos mœurs. Ainsi, dans quelques comtés, un mari peut exposer sa femme au marché public, ce qui remonte à l'ancien droit d'esclavage. Qui croirait que dans un pays si libre on retrouve tout ce qui rappelle les siècles que nous appelons de servitude, et contre lesquels nous avons tant déclamé ? C'est que nos voisins ont été plus raisonnables que nous ; c'est que, pour fonder quelque chose, ils se sont servis de la base qu'ils ont trouvée ; c'est qu'ils ont le bon esprit de laisser les lois caduques mourir de *mort*, sans hâter leur destruction par une violence dangereuse. Quelques politiques pourront prendre tout cela pour de l'esclavage ; et c'est avec cette exagération qu'on passe des excès de la démagogie à la soumission la plus lâche sous un tyran : rien de bon sans la raison.

Enfin, ce Guillaume III, ce monarque qu'on n'appela au trône d'Angleterre que sous la condition d'accepter la constitution de 1688, fut aussi roi, lui et ses successeurs, de droit divin et par la grâce de Dieu : *It was observed that*, dit Smollet, *the king who was made by the people, had it in his power to rule without them ; to govern* jure divino, *though he was created* jure humano.

« On remarqua que le roi choisi par le peuple pouvait, s'il le voulait, gouverner sans le peuple et régner de *droit divin*, quoiqu'il eût été établi de *droit humain*. »

Les Anglais en sont-ils moins libres aujourd'hui ? N'est-ce pas, au contraire, ce qui a affermi chez eux la liberté, en lui donnant un caractère sacré ? Ainsi les mœurs de nos pères, conservées dans de vieilles formules, dans le souvenir de notre ancien droit politique, porteront quelque chose de religieux dans les institutions nouvelles. La monarchie française est un arbre antique dont il faut respecter le tronc, si nous voulons greffer sur ses branches de nouveaux fruits. Cet arbre de la patrie, qui nous a donné ses fruits pendant quatorze cents ans, peut encore en nourrir d'aussi beaux, quoique d'une autre espèce, si l'on sait bien profiter de sa séve. Fût-il d'ailleurs aussi desséché qu'il est vigoureux, à l'ombre de la religion, et *par la grâce de Dieu*, il aurait bientôt repris sa verdure : le bâton d'Aaron refleurit dans l'arche.

Il est fâcheux qu'une révolution si longue et si terrible ne nous ait pas mieux instruits, que nous en soyons encore à ces éléments de la politique, à nous disputer sur des mots : ayons la chose, sans nous embarrasser comment nous l'avons ; ayons une liberté monarchique et sage : peu importe que nous la tenions des mains d'un chancelier en simarre, et qu'elle parle le langage gothique des Harlay et des L'Hospital, où plutôt il importe beaucoup qu'elle soit fille de nos mœurs, et qu'à ses traits nous reconnaissions notre sang.

CHAPITRE XI.

Passage d'une proclamation du roi.

Voici un autre grief : « Le roi a dit, dans une de ses proclamations, que tout le monde conserverait ses places, et cependant quelques personnes les ont perdues. »

Le reproche est étrange ! Le roi a-t-il pu prendre l'engagement de ne déplacer *absolument* qui que ce fût ? Quoi ! par le seul fait de la présence du roi, toutes les places de l'État seraient devenues *places à vie* ! le moindre commis à la barrière se serait trouvé dans le cas du chancelier ! Le moyen alors de gouverner ? Louis XVIII, comme Hugues Capet, aurait confirmé ou établi, en arrivant, le système des fiefs ! Il y aurait eu autant de petits et de grands souverains qu'il y a de grandes et de petites places en France ! Il ne restait plus qu'à les rendre héréditaires. Le roi n'aurait pu renvoyer un juge prévaricateur, un receveur infidèle, un homme repoussé par l'opinion publique : il aurait fallu nommer, dans tous ces cas, un administrateur en attendant la démission ou la mort du titulaire.

Que veut donc dire cette phrase : « Tout le monde conservera ses places ? » Elle veut dire, selon le sens commun, que tout homme contre lequel il n'y aura pas de raisons invincibles, soit du côté de la capacité, soit sous le rapport moral, restera dans le poste où le roi l'aura trouvé, ou bien qu'il sera appelé à d'autres fonctions ; elle veut dire qu'on ne sacrifiera pas un parti à un autre ; que le nom de royaliste et de républicain ne sera ni un droit d'admission, ni une cause d'exclusion ; et qu'enfin les seuls et véritables titres aux places seront la probité et l'intelligence. Dans ce cas, le roi n'a-t-il pas suivi exactement ce qu'il avait promis ? Nous avons déjà fait remarquer que la presque totalité des emplois était entre les mains des personnes qui ont servi l'ordre de choses détruit par la restauration.

De la plainte générale passant à la plainte particulière, on cite les membres du sénat qui n'ont pas été admis dans la Chambre des pairs. Il ne fallait pas toucher une pareille question : il ne fallait pas rappeler au public que tel homme qui a fait tomber la tête de Louis XVI reçoit une pension de 36,000 francs de la main de Louis XVIII. Loin de se plaindre il fallait se taire ; il fallait sentir que de pareils exemples produisent un tout autre effet que d'attirer l'intérêt sur ceux dont on se fait les défenseurs. Tant de malheureux proscrits pour la cause royale, tant d'honnêtes républicains qui n'ont par devers eux aucun crime, pourraient tomber dans le découragement. Les uns sont réduits, par leur loyauté, à la plus profonde misère ; les autres sont restés dans leur première indigence, pour n'avoir pas voulu profiter de nos malheurs : ils se livreraient à des réflexions étranges à la vue de ces juges du roi qui possèdent des châteaux, des traitements, des cordons, des places même, et des honneurs. N'insistons pas sur cette idée : nous trouverions peut-être que les honnêtes gens n'ont jamais été mis à une plus rude épreuve ; et nous jetterions sur le bien et sur le mal, sur les bonnes et sur les mauvaises actions, des doutes capables d'ébranler la vertu même.

Dans la vérité, on ne fait pas sérieusement aux ministres du roi le reproche que nous examinons ; car on insinue qu'ils ont conservé dans la Chambre des pairs certains membres du sénat que (selon les auteurs des pamphlets) on aurait dû renvoyer ; d'où il résulte qu'on est conduit dans ces plaintes plus par un esprit de parti que par un sentiment de justice ; et qu'on est bien moins fâché que tel homme soit exclu de la Chambre des pairs, que fâché que tel autre homme y soit admis.

CHAPITRE XII.

Des alliés et des armées françaises.

A travers les déclamations, on voit percer une inimitié secrète contre les puissances alliées qui nous ont aidé à rompre nos chaînes.

Si les alliés sont entrés en France, à qui la faute en est-elle ? Est-ce au roi, ou à l'homme de l'île d'Elbe ? Y sont-ils entrés pour Louis XVIII ? Ils désiraient sans doute que les Français, revenus de leurs erreurs, rappelassent leur souverain légitime ; ils le désiraient comme le moyen le plus prompt et le plus sûr de faire cesser les maux de l'Europe ; ils le désiraient pour la cause de la justice, de l'humanité et des rois ; ils le désiraient encore à raison de l'amitié particulière qu'ils portaient à Louis XVIII, de l'estime qu'ils faisaient de ses vertus : mais ce vœu secret de leur cœur était à peine pour eux une faible espérance. Ayant, après tout, d'autres intérêts que les nôtres, ils se devaient à leurs peuples de préférence à nos malheurs ; ils ne pouvaient songer à prolonger sans fin les calamités de la guerre ; ils auraient, quoique à regret, traité avec Buonaparte, s'il avait voulu mettre la moindre justice dans ses prétentions. Combien de fois ne s'est-il pas vanté, pendant le congrès de Châtillon, d'avoir la paix dans sa poche? Une fois même on l'a crue signée, et en effet elle était près de l'être. Les Bourbons n'étaient pour rien dans ces mouvements, ou du moins ils n'y étaient que pour des vœux subordonnés aux chances de la guerre, aux événements et aux combinaisons politiques. Ils n'avaient ni soldats, ni argent, ni crédit. On n'avouait pas même leur présence sur le continent; et à Paris c'était un problème de savoir si quelques-uns d'entre eux étaient ou n'étaient pas sortis d'Angleterre.

Les malheurs de la guerre ne peuvent donc être imputés à nos princes : la chose est si évidente qu'on n'a pas encore osé les leur reprocher. Très-certainement (et nous le sentons peut-être plus vivement qu'un autre) c'est une chose peu agréable pour un peuple de voir les étrangers dans le cœur de son pays; mais l'événement arrivé par la faute d'un homme qui lui-même était étranger à la France, pourrait-on ne pas reconnaître ce que la conduite des ennemis a eu de noble et de généreux? Ils ont donné à Paris un exemple unique dans l'histoire, et qui peut-être ne se renouvellera plus. Y avait-il rien de plus insensé, de plus absurde, de plus déloyal que cette dernière guerre déclarée par Buonaparte à Alexandre? Il sera éternellement beau, éternellement grand, d'être sorti des cendres de Moscou pour venir conserver les monuments de Paris. Et l'Autriche qui avait fait tant de sacrifices, et la Prusse si cruellement ravagée, n'avaient-elles point de vengeances à exercer? Et pourtant les souverains alliés, admirant notre courage, oubliant leurs injures, poussant la délicatesse jusqu'à ne pas vouloir entrer dans le palais de nos rois, n'ont paru attentifs qu'à notre bonheur. Refuserions-nous à l'un des premiers hommes de ce siècle, à lord Wellington, les éloges moins dus encore à ses talents qu'à son caractère? Mais la part une fois faite, ces justes louanges une fois données à des monarques, à des hommes, à des peuples qui les méritent, nous rentrons dans nos droits. Ces louanges ne sont point prises sur celles qui appartiennent à nos armes. En quoi sommes-nous humiliés? On est venu à Paris? Hé bien! ne sommes-nous pas entrés dans presque toutes les capitales de l'Europe? Si on cessait d'être juste envers notre gloire, ce serait à nous de nous en souvenir. Les Romains disaient : *L'amour* de la patrie; nous, nous disons : *L'honneur* de la patrie. L'honneur est tout pour nous. Malheur à qui oserait nous frapper dans cet honneur où un Français place toute sa vie!

Mais, grâce à Dieu, personne ne nous dispute ce qui nous appartient légitimement. Qui donc méconnaît l'héroïsme de notre armée? Sont-ce ces émigrés, qui ont été accusés chez l'étranger de s'enorgueillir des victoires mêmes qui leur fermaient le chemin de leur patrie? Qui ne connaît l'admiration du roi et de nos princes pour nos soldats? L'armée française est tout l'honneur de la France : si ses succès n'avaient pas fait oublier nos crimes, dans quelle dégradation ne serions-nous pas tombés aujourd'hui ! Elle nous dérobait au mépris des nations, en nous couvrant de ses lauriers ; à chaque cri d'indignation échappé à l'Europe elle répondait par un cri de triomphe. Nos camps étaient un temple pour la gloire, un asile contre la persécution : là se réfugiaient tous les Français qui cherchaient à se soustraire aux violences des proconsuls. Nos soldats n'ont partagé aucune de nos fureurs. En Angleterre, le parlement voulait sauver Charles Ier, et l'armée le fit mourir ; en France, la Convention conduisit Louis XVI à l'échafaud, et l'armée ne prit aucune part à ce crime : elle l'aurait sans doute prévenu [1], si elle n'eût été alors occupée à repousser les ennemis. Lorsqu'on lui ordonna de ne faire aucun quartier aux Anglais et aux émigrés, elle refusa d'obéir. Persécutée comme le reste de la France par des ingrats qui lui devaient tout, elle était souvent sans solde, sans vivres et sans vêtements ; elle se vit suivre par des commissaires qui traînaient avec eux des instruments de mort, comme si le boulet ennemi n'emportait pas encore assez de nos intrépides soldats ! On envoyait nos généraux au supplice ; on faisait tomber la tête du père de Moreau, tandis que ce grand capitaine reculait les frontières de la France. C'est Pichegru, ce sont d'autres chefs fameux, qui conçurent les premiers l'idée de rendre le bonheur à notre pays, en rappelant notre roi. Honneur donc à cette armée si brave, si sensible, si touchée de la gloire, qui, toujours fidèle à ses drapeaux, oubliant les folies d'un barbare, retrouva assez de force, après la retraite de Moscou, pour gagner la bataille de Lutzen ; qui, poussée et non accablée par le poids de l'Europe, se retira en rugissant dans le cœur de la France, défendit pied à pied le sol de la patrie, se préparait encore à de nouveaux combats, lorsque, placée entre un chef qui ne savait pas mourir et un roi qui venait fermer ses blessures, elle s'élança toute sanglante dans les bras du fils de Henri IV !

Non, les événements glorieux ne sont ni oubliés, ni défigurés, comme on voudrait le faire croire ; on n'a point perdu, quoi qu'on en dise, la partie *d'honneur :* cette partie-là ne sera jamais perdue par les Français. Eh ! n'est-elle pas mille fois gagnée, puisqu'elle nous a valu notre roi, et qu'elle nous a fait sortir d'esclavage ? C'est un si grand bien d'être délivré du despotisme, qu'on ne saurait trop l'acheter. Si jamais, ce qu'à Dieu ne plaise, notre repos doit être encore troublé, les Français peuvent retrouver des victoires ; mais où retrouve-t-on un peuple lorsqu'une longue servitude l'a flétri ? Pour nous, nous le dirons avec franchise, nous aimerions mieux la

---

[1] *Voyez* le Discours de M. de Lafayette dans l'ouvrage de M. Hue.

France resserrée dans les murs de Bourges, mais libre sous un roi légitime, qu'étendue jusqu'à Moscou, mais esclave sous un usurpateur ; du moins on ne nous verrait pas adorer les fureurs et bénir les mépris d'un indigne maître ; baiser ses mains dégouttantes du sang de nos fils ; offrir des sacrifices à sa statue, et porter son buste orné de pourpre sur la tribune aux harangues. Les Romains étaient un grand peuple quand ils ne passaient pas la frontière des Samnites : qu'étaient-ils lorsque, gouvernés par Néron, ils commandaient sur les rives du Rhin et de l'Euphrate ?

CHAPITRE XIII.

De la Charte. — Qu'elle convient aux deux opinions qui partagent la France.

Ici finit ce que notre tâche avait de pénible : nous n'avons plus de sujets douloureux à rappeler. Le principal écrivain que nous avons combattu a raison dans les dernières pages de son ouvrage ; il nous dit « que la Charte offre assez de garanties pour nous sauver tous ; qu'il faut nous créer une opinion publique, nous attacher à notre patrie. » Belles paroles auxquelles nous souscrivons de grand cœur. Et qui pourrait se plaindre de cette Charte ? Elle réunit toutes les opinions, réalise toutes les espérances, satisfait tous les besoins. Examinons-en l'esprit : nous trouverons, dans cet examen, un nouveau sujet de reconnaissance pour le roi.

Les Français, indépendamment des divisions politiques, naturelles et nécessaires à une monarchie, se partagent aujourd'hui en deux grandes classes : ceux qui ne sont pas obligés de travailler pour vivre, et ceux que la fortune met dans un état de dépendance : occupés de leur existence physique, les seconds n'ont besoin que de bonnes lois ; mais les premiers, avec le besoin de bonnes lois, ont encore celui de la considération. Ce besoin est dans tous les cœurs ; il n'y a point de puissance humaine qui parvînt aujourd'hui à le détruire, ou qui le choquât impunément. C'est une conséquence nécessaire de l'égalité qui s'est établie dans l'éducation et dans les fortunes. Tout homme qui lit passe (trop souvent pour son malheur) de l'empire des coutumes à l'empire de sa raison ; mais enfin ce sentiment est noble en lui-même : le heurter serait dangereux.

De plus, il faut se souvenir que depuis soixante ans les Français se sont accoutumés à penser librement sur tous les sujets : depuis vingt ans, ils ont mis en pratique toutes les théories qu'ils s'étaient plu à former. Des essais sanglants sont venus les détromper ; cependant les idées d'une indépendance légale et légitime ont survécu : elles existent partout, dans le soldat sous la tente, chez l'ouvrier dans sa boutique. Si vous voulez contrarier ces idées, les resserrer dans un cadre où elles ne peuvent plus entrer, elles feront explosion, et, en éclatant, causeront des bouleversements nouveaux. Il est donc nécessaire de chercher à les employer dans un ordre de choses où elles aient assez de place pour se placer et pour agir, et où cependant elles rencontreront une digue assez forte pour résister à leurs débordements.

C'est ce que le roi a merveilleusement senti, et c'est à quoi il a pourvu par la Charte ; toutes les bases d'une liberté raisonnable y sont posées ; et les principes républicains s'y trouveront si bien combinés, qu'ils y servent à la force et à la grandeur de la monarchie.

D'une autre part, vous ne pouvez pas arracher les souvenirs, ôter aux hommes les regrets de ce passé que l'on aime et que l'on admire d'autant plus qu'il est loin de nous. Si vous prétendez forcer les sentiments des vieux royalistes à se soumettre aux raisonnements du jour, vous produirez une autre espèce de réaction. Il faut donc trouver un mode de gouvernement où la politique de nos pères puisse conserver ce qu'elle a de vénérable, sans contrarier le mouvement des siècles. Hé bien! la Charte présente encore cette heureuse institution : là se trouvent consacrés tous les principes de la monarchie. Elle convient donc également, cette Charte, à tous les Français : les partisans du gouvernement moderne parlent au nom des lumières qui leur semblent éclairer aujourd'hui l'esprit humain ; les défenseurs des institutions antiques invoquent l'autorité de l'expérience : ceux-ci plaident la cause du passé, ceux-là l'intérêt de l'avenir. Les républicains disent : « Nous ne voulons pas, de constitution en constitution, nous égarer dans de vains systèmes, abandonner ces idées morales et religieuses qui ont fait la gloire et le bonheur de nos aïeux. » Aucun de ces excès n'est à craindre dans l'espèce de monarchie rétablie par le roi : dans cette monarchie viennent se confondre les deux opinions ; l'une ou l'autre comprimée produirait de nouveaux désastres. Les idées nouvelles donneront aux anciennes cette dignité qui naît de la raison, et les idées anciennes prêteront aux nouvelles cette majesté qui vient du temps.

La Charte n'est donc point une plante exotique, un accident fortuit du moment : c'est le résultat de nos mœurs présentes ; c'est un traité de paix signé entre les deux partis qui ont divisé les Français : traité où chacun des deux abandonne quelque chose de ses prétentions pour concourir à la gloire de la patrie.

CHAPITRE XIV.

Objections des constitutionnels contre la Charte. — De l'influence ministérielle et de l'opposition.

« Mais, disent les constitutionnels, la Charte est incomplète : il faudrait que la Chambre des pairs fût héréditaire ; que l'on pût entrer plus jeune à la Chambre des députés; qu'il y eût un ministère et non pas des ministres[1]; que les ministres fussent membres des deux Chambres; que ces ministres fussent de bonne foi; que l'opposition ne fût pas une opposition sans richesses, sans pouvoir, sans influence, sans moyen de contre-balancer l'influence ministérielle. Qu'est-ce qu'une ancienne et une nouvelle noblesse *conservée ?* Qu'est-ce que des lettres d'anoblissement, lorsque, par le fait, il n'y a qu'une noblesse politique?.»

Les Français auront-ils toujours cette impatience déplorable qui ne leur permet de rien attendre de l'expérience et du temps? Quoi! depuis le printemps dernier il n'y a pas eu assez de miracles! Tout doit être aujourd'hui complet, parfait, achevé. La constitution anglaise est le fruit de plusieurs siècles d'essais et de malheurs, et nous en voulons une sans défaut dans six mois ! On ne se contente pas de toutes les garanties qu'offre la Charte, de ces grandes et premières bases de nos libertés; il faut sur-le-champ arriver à la perfection : tout est perdu, parce qu'on n'a pas tout. Au milieu d'une invasion, dans les dangers et dans les mouvements d'une restauration subite, on voudrait que le roi eût eu le temps de porter ses regards autour de lui, pour découvrir les éléments de ces choses que l'on réclame ! Devait-il tout précipiter? Ce qu'il a osé faire même n'est-il pas prodigieux? Nous qui commençons ce gouvernement, ne nous manque-t-il rien pour le bien conduire? Ne vaut-il pas mieux qu'il se corrige progressivement avec nous que de devancer notre éducation et notre expérience? Un seul article de la Charte place notre constitution au-dessus de toutes celles qui ont été jusqu'ici le plus admirées : nous sommes le premier peuple du monde dont l'acte constitutionnel ait aboli le droit de confiscation; par là est à jamais tarie une source effroyable de corruption, de délation, d'injustices, de crimes. Et voilà le seul jugement que le roi ait porté sur la révolution, la seule condamnation dont il l'ait frappée !

On parle des ministres : on se fait une idée ridicule et exagérée de leur influence. D'abord ils sont responsables[2]; et c'est déjà une chose assez menaçante pour eux que ce glaive suspendu sur leur tête. Ensuite nous avons contre leur incapacité une garantie qui tient à la nature même de nos institutions. Nous sommes à peu près sûrs que les hommes les plus distingués par leurs talents seront appelés au timon de l'État; car un homme absolument nul ne peut occuper longtemps une première place sous un gouvernement représentatif. Attaqué par la voix publique et dans les deux Chambres, il serait bientôt obligé de descendre du poste où la seule faveur

---

[1] J'ai proposé toutes ces améliorations à Gand, dans mon *Rapport sur l'état de la France* : on a fait droit depuis à ce que je demandais alors. On voit du moins ma fidélité à mes idées. *Voyez* ci-après le *Rapport au roi.* — [2] Je conviens qu'ils ne le sont pas assez : il faut absolument une loi.

l'aurait fait monter. La nation est donc pour toujours à l'abri de ces ministres qui n'ont pour eux que l'intrigue, et dont l'impéritie a perdu plus d'États que les fautes mêmes des rois.

Soupçonner la bonne foi des ministres est absurde. Est-ce avec une nation aussi éclairée, aussi spirituelle, qu'on pourrait employer de petites ruses? Tous les yeux seraient à l'instant ouverts. Aujourd'hui il est dans l'intérêt du gouvernement de marcher à la tête des choses, et non d'être forcé de les suivre : il n'y a donc rien à craindre de ce côté.

Quant à l'opposition, nous convenons qu'elle ne peut jamais être en France de la même nature qu'en Angleterre. Parmi nous, les fortunes ne sont pas assez grandes, le patronage des familles n'est pas assez étendu pour que l'opposition trouve en elle-même de quoi résister à l'influence ministérielle. Mais si elle n'a pas cette force d'intérêts que lui donnent ses richesses chez nos voisins, elle exerce en revanche une force d'opinion bien plus vive. Qu'un homme de talent et de probité se trouve, non par contradiction, mais par conviction, opposé aux ministres, il obtiendra dans les deux Chambres, et dans la France entière, une prépondérance que tout le poids de la couronne pourrait seul balancer. Un discours éloquent et juste remuera bien autrement notre Chambre des députés, qu'un discours semblable prononcé dans la Chambre des communes en Angleterre. Sous ce rapport, notre nation est si sensible qu'il est à craindre qu'elle ne soit, comme Athènes, trop soumise aux inspirations de ses orateurs.

Les mystères de l'opinion et du caractère des peuples échappent à toutes les théories, et ne peuvent être soumis à aucun calcul. Observez ce qui se passe aujourd'hui dans la Chambre des députés : elle est laissée entièrement à elle-même; l'influence que les ministres y exercent se réduit à quelques politesses qui ne changent pas le sort d'un seul député. Hé bien! qu'arrive-t-il? La majorité suit tranquillement sa conscience, louant, blâmant ce qu'elle trouve de bon ou de mauvais. Une chose se fait particulièrement remarquer : toutes les fois qu'il s'est agi d'affaires d'argent, les Chambres n'ont pas hésité ; le noble désintéressement de la nation s'est montré dans toute sa franchise : ainsi la liste civile, les dettes du roi, n'ont pas rencontré d'opposition. On aurait pu croire que la loi sur les émigrés allait échauffer les partis : au grand étonnement de tous, la Chambre a été plus favorable que la loi. Les Français se croient déshonorés quand on les force à s'occuper de leurs intérêts. Admirable générosité qui tient au génie d'une nation particulièrement monarchique et guerrière! Admirable nation, si facile à conduire au bien! Oh! que ceux qui l'ont égarée ont été coupables!

Mais a-t-on traité d'autres sujets, les Chambres se sont divisées selon les principes et les idées de chacun : l'opposition ne s'est plus formée de tels et tels individus ; elle a grossi, diminué, grossi encore, sans égard à aucun parti : on aurait cru qu'il n'y avait pas de ministres, tant on avait oublié que c'étaient eux qui avaient proposé la loi, pour ne s'occuper que de la loi même. Nous ne connaissons rien de plus propre à honorer le caractère national que la conduite actuelle de nos deux Chambres; on voit qu'elles ne cherchent que le bien de l'État : généreuses sur tout ce qui touche à l'honneur, attentives à nos droits politiques, elles ont voté l'argent sans opposition, et défendu la liberté de la presse avec chaleur. C'est qu'en effet cette dernière question pouvait diviser et embarrasser les meilleurs esprits. Quand on voit d'un côté Genève mettre des entraves à la liberté de la presse, et de l'autre une partie de l'Allemagne et la Belgique proclamer cette liberté, on peut croire qu'il n'était pas si aisé de décider péremptoirement.

Nous avons montré par les faits mêmes combien il est difficile, chez une nation brillante et animée, de maîtriser les esprits. Les Français ont toujours été libres au pied du trône : nous avions placé dans nos opinions l'indépendance que d'autres peuples ont mise dans leurs lois. Cette habitude de liberté dans la pensée fait que nous nous soumettons rarement sans condition aux idées d'autrui : le député qui aurait le plus promis à un ministre de voter dans le sens de ce ministre, au moment de la délibération pourrait bien lui échapper. Avec le caractère français, l'opposition est plus à craindre que l'influence ministérielle.

CHAPITRE XV.

Suite des objections des constitutionnels. — Ordre de la noblesse.

« Qu'est-ce, dit-on, qu'une noblesse qui n'est pas celle de la Chambre des pairs? Qu'est-ce que des anoblissements, etc.? »

Ceci tient à la racine des choses : il faut s'expliquer.

Montesquieu a donné l'honneur pour âme à la monarchie, et la vertu pour principe à la république. L'honneur, selon lui, réside surtout dans le corps de la noblesse, partie intégrante et nécessaire de toute monarchie qui n'est pas le despotisme.

Mais dans une monarchie mixte, les corps constitués tenant à la partie républicaine du gouvernement, l'un (la Chambre des pairs) à l'aristocratie, l'autre (la Chambre des députés) à la démocratie, il s'ensuit que les deux corps ont pour base, pour esprit et pour but, la vertu, c'est-à-dire la liberté, sans laquelle il n'y a point de vertu politique.

Où donc résidera essentiellement le principe de la monarchie? dans la couronne? Sans doute. Mais la couronne ne peut seule le défendre : elle serait bientôt envahie par le principe républicain, et la constitution serait détruite. Ainsi il faut en dehors de cette constitution un corps de noblesse qui soit comme la sauvegarde de la couronne, et l'auxiliaire du principe monarchique.

Maintenant observons que la noblesse n'est pas composée d'un seul et unique principe : elle en renferme évidemment deux, l'honneur et la vertu, ou la liberté. Quand elle agit en corps et par rapport à la monarchie en général, elle est conduite par l'honneur, elle est monarchique; quand elle agit pour elle-même et d'après la nature de sa propre constitution, elle est mue par la liberté; elle est républicaine, aristocratique.

D'après ces vérités incontestables, voyons ce qui arrivait à la noblesse dans l'ancienne monarchie, et de quelle manière elle se combinait avec le corps politique.

La noblesse, sous la première et la seconde race de nos rois, se présentait tout entière aux assemblées de la nation; alors les gentilshommes jouissaient *en corps*, et dans leur intégrité, de tous leurs droits : droits qui tenaient au principe de la liberté par leur principe aristocratique, et au principe de l'honneur par leur côté monarchique.

Sous la troisième race, quand les états généraux succédèrent aux assemblées de mars et de mai, la noblesse se contenta d'envoyer des députés à ces états : alors elle ne jouit plus *en corps* de la plénitude de ses droits. La moitié de ces droits, ceux qui tenaient au principe de liberté, les droits républicains ou aristocratiques, furent transmis par elle à ses représentants, tandis qu'elle continuait de garder *en corps* ses droits monarchiques, c'est-à-dire ceux qui découlaient du principe d'honneur. Cela durait jusqu'à la fin des états généraux, où la mission des représentants de la noblesse venant à finir, cette noblesse réunissait de nouveau ses deux principes, et les droits dérivés de ces deux sources.

Hé bien! la seule chose qui, sous le rapport de la noblesse, distingue aujourd'hui notre dernière constitution, c'est que ce qui n'arrivait que par intervalles sous la vieille monarchie est devenu permanent dans la nouvelle.

La noblesse, représentée dans la Chambre des pairs, a transmis pour toujours à cette Chambre son principe de liberté, ses droits républicains et aristocratiques, tandis qu'elle reste au dehors conservatrice du principe d'honneur, fondement réel de la monarchie.

On voit par là que cette noblesse n'est point du tout incompatible avec nos nouvelles institutions; qu'elle n'est point en contradiction avec la nature du gouvernement; que ce gouvernement n'a pu ni dû la détruire; qu'il a seulement divisé les éléments qui la composaient, séparé son double principe; et que la noblesse subsiste à la fois dans la Chambre des pairs comme pouvoir aristocratique, et hors de la Chambre des pairs comme force monarchique.

Elle n'exerce plus ses droits politiques, parce qu'elle en a remis l'usage à la Chambre des pairs, qui la représente sous les rapports républicains; mais elle exerce tous ses droits d'honneur; elle appuie de cette force, si grande en France, l'autorité monarchique, qui pourrait être envahie sans ce rempart.

Telle est l'action de ce corps qui vous paraît inutile, et qui n'est autre, par le fond, que celui de la Chambre des pairs. Il n'y a point deux noblesses dans l'État : il n'y en a qu'une, qui se divise en deux branches, et chacune de ces branches a des fonctions distinctes et séparées.

Loin donc de nuire à l'État, cette noblesse, toute d'honneur, réduite à son principe le plus pur, est un contre-poids placé hors du centre du mouvement pour régulariser ce mouvement et maintenir l'équilibre de l'État. C'est ensuite un refuge pour tous les souvenirs, pour toutes les idées qui, ne trouvant pas leur place dans les nouvelles institutions, ne manqueraient pas de les troubler. Les gentilshommes, en maintenant le principe même de la monarchie, seront encore les conservateurs des traditions de l'honneur, les témoins de l'histoire, les hérauts d'armes des temps passés, les gardiens des vieilles chartes et les monuments de la chevalerie. Considérés seulement comme propriétaires, ces hommes distingués par leur éducation deviendront, comme nous le dirons bientôt, une excellente pépinière d'officiers, d'orateurs et d'hommes d'État.

Tout ceci n'est point une théorie plus ou moins ingénieuse, imaginée pour expliquer une constitution qui n'a point eu d'exemple chez les autres peuples. Il y a aussi, en Angleterre, une ancienne noblesse, plus fière de descendre des Bretons, des Saxons, des Danois, des Normands, des Aquitains, que d'occuper un siège dans la Chambre des pairs. Cette noblesse était autrefois si hautaine, que nul ne pouvait s'asseoir à la table d'un baron s'il n'était chevalier. Aujourd'hui elle est aussi entêtée de son blason, de ses quartiers, que les patriciens, à Rome, étaient orgueilleux de leur naissance et de leur droit d'images, *jus imaginum*. Le fief appartient entièrement à l'aîné, selon la coutume de Normandie. Il y a des hérauts d'armes et des rois d'armes qui tiennent registre de tous les nobles des provinces [1]. Cette noblesse détruit-elle la noblesse politique fondée dans cette même Chambre des pairs ? Non, mais elle sert à augmenter le poids et la dignité de la couronne. A Athènes même, ne considérait-on pas ces familles de nobles qui remontaient au temps des rois ?

Une fois prouvé qu'un corps de noblesse intermédiaire peut et doit exis-

---

[1] SMITH, *de Reg. Angl.*; LA ROQUE, *Traité de la Noblesse*.

ter dans une monarchie mixte, qu'il n'y dérange aucun des ressorts politiques, on n'a pas besoin de défendre les anoblissements. Le roi d'Angleterre fait aussi des chevaliers et des baronnets. Il y a une autre sorte d'anoblissement qui s'acquiert par la profession des arts libéraux, ou en vivant d'un revenu libre ; dans ce cas, l'anobli reçoit les armoiries qu'il choisit des mains du héraut d'armes. Ces récompenses du souverain ne détruisent point l'égalité devant la loi, et sont un moyen d'encourager le mérite et la vertu.

CHAPITRE XVI.

Objections des royalistes contre la Charte.

Les royalistes disent : « C'est en invoquant les progrès des lumières avec les mots de liberté et d'égalité que l'on a précipité la France dans tous les malheurs ; le nom même de constitution est odieux et presque ridicule. On ne transporte point ainsi chez un peuple le gouvernement d'un autre peuple : les gouvernements naissent des mœurs et sont fils du temps ; restons Français et ne soyons pas Anglais ; ce qui est bon pour eux est mauvais pour nous. Nous sommes trop légers pour nous occuper sérieusement des soins publics, trop faciles à nous enflammer, trop enclins aux discours inutiles, trop peu épris du bien général, pour avoir des assemblées délibérantes. Nous aurons toujours l'honneur, fondement de notre monarchie, mais nous n'aurons point cet esprit public qui tient à un autre principe de gouvernement. Notre position continentale même ne nous permet pas de pareilles formes politiques. Tandis que, dans les deux Chambres, nous délibérerons sur la levée d'une armée, les ennemis arriveront à Paris. Si le roi, au contraire, dispose à son gré des soldats, il détruira quand il voudra notre prétendue constitution. »

On voit que des deux côtés nous ne dissimulons point les objections et que nous les présentons dans toute leur force.

Nous avouerons d'abord que l'on a si étrangement abusé de ces mots, *progrès des lumières, constitution, liberté, égalité,* qu'il faut du courage aujourd'hui pour s'en servir dans un sens raisonnable. Les plus énormes crimes ont été commis, les doctrines les plus funestes se sont répandues au nom des lumières. Le ridicule et l'horreur sont venus s'attacher à ces phrases philosophiques, prodiguées sans mesure par des libellistes et des assassins. On a égorgé les blancs pour prouver la nécessité d'affranchir les noirs ; la raison a servi à détrôner Dieu, et le perfectionnement de l'espèce humaine nous a fait descendre au-dessous de la brute.

Mais, d'un autre côté, n'avons-nous pas reçu une autre leçon ? Pour nous sauver des systèmes d'une philosophie mal entendue, nous nous sommes précipités dans les idées opposées. Qu'en est-il advenu ? Qui voudrait, qui oserait aujourd'hui vanter le pouvoir arbitraire ? Les excès d'un peuple soulevé au nom de la liberté sont épouvantables, mais ils durent peu, et il en reste quelque chose d'énergique et de généreux. Que reste-t-il des fureurs de la tyrannie, de cet ordre dans le mal, de cette sécurité dans la honte, de cet air de contentement dans la douleur et de prospérité dans la misère ? La double leçon de l'anarchie et du despotisme nous enseigne donc que c'est dans un sage milieu que nous devons chercher la gloire et le bonheur de la France. Prenons-y garde, d'ailleurs : si, exaspérés par le souvenir de nos maux, nous les attribuons tous aux lumières, on nous dira que la dévastation du Nouveau-Monde, les massacres de l'Irlande et ceux de la Saint-Barthélemy ont été causés par la religion ; que si Louis XVI a été traîné à l'échafaud par des philosophes, Charles Ier y a été conduit par des fanatiques. Cette manière de raisonner de part et d'autre ne vaut donc rien : ce qui est bon reste bon, indépendamment du mauvais usage que les hommes en ont pu faire.

Cette difficulté sur les mots une fois écartée, venons au fond des objections.

On dit : « Les gouvernements sont fils des mœurs et du temps. Restons Français ; ne transportons point chez nous les institutions d'un autre peuple, bonnes pour eux, mauvaises pour nous. »

Il y a ici grande erreur. Il ne faut pas s'imaginer du tout que la forme actuelle de notre gouvernement soit une chose absolument nouvelle pour nous ; que, de plus, elle ait été inventée par les Anglais, et qu'avant eux personne n'avait songé qu'il pût exister un gouvernement participant des trois pouvoirs, monarchique, aristocratique et démocratique.

D'abord, tous les anciens ont pensé que le meilleur gouvernement possible serait celui qui réunirait ces trois pouvoirs. C'était l'opinion de Pythagore et d'Aristote. « Je conclus avec Platon, dit Cicéron, que la meilleure forme de gouvernement est celle qui offre l'heureux mélange de la royauté, de l'aristocratie et de la démocratie [1] » C'était ce qu'avait fait Lycurgue [2] à Sparte. Écoutons Polybe : « Le plus parfait de tous les gouvernements ne serait-il pas celui dont les pouvoirs se serviraient de contre-poids, où l'autorité du peuple réprimerait la trop grande puissance des rois, et où un sénat choisi mettrait un frein à la licence du peuple [3] ? »

Tacite partageait cette opinion : il pensait, à la vérité, qu'un tel gouvernement était si parfait, qu'il ne pouvait exister chez les hommes [4]. Mais nous avons fait remarquer ailleurs qu'il avait été réservé au christianisme

---

[1] *Fragm. Republ.*, lib. II. — [2] ARCHITAS, *in Stob.* — [3] POLYB., *Excerpt.*, lib. VI, cap. VIII et IX. — [4] TAC., *Ann.*, IV, 33.

de réaliser ce beau songe des plus grands génies de l'antiquité [1]. En effet, le gouvernement représentatif est né des institutions chrétiennes.

Des autorités imposantes ne prouveraient pas que des peuples doivent renverser leur gouvernement, lorsqu'il est établi, pour en prendre un plus parfait ; mais quand ces peuples ont changé de constitution au milieu d'une révolution violente, si la nouvelle constitution se trouve être dans les formes regardées comme les plus belles par un Lycurgue, un Aristote, un Platon, un Polybe, un Tacite, cela doit donner de la confiance : on peut croire qu'on ne s'est pas tout à fait trompé.

Montesquieu, après avoir fait un éloge pompeux du gouvernement anglais, prétend qu'on en découvre l'origine chez les Germains peints par Tacite [2], et que ce beau système a été trouvé dans les bois.

S'il en est ainsi, en l'adoptant aujourd'hui, nous ne ferions nous-mêmes, comme les Anglais, que reprendre le gouvernement de nos pères ; mais soit qu'il vienne des Francs, nos aïeux, soit qu'il ait été produit par la religion chrétienne, soit qu'il découle de ces deux sources, il est certain qu'il est conforme à nos mœurs actuelles, qu'il ne les contrarie point, et qu'il n'est point parmi nous une production étrangère.

Dans le moyen âge, toute l'Europe, excepté peut-être l'Italie et une partie de l'Allemagne, eut à peu près la même constitution : les cortès en Espagne, les états-généraux en France, les parlements en Angleterre, étaient fondés sur le système représentatif. L'Europe, marchant d'un pas égal vers la civilisation, serait arrivée pour tous les peuples à un résultat semblable, si des causes locales et des événements particuliers n'avaient dérangé l'uniformité du mouvement.

La France eut à repousser des invasions, sa noblesse périt presque tout entière aux champs de Crécy, de Poitiers et d'Azincourt. Des armées régulières, établies de bonne heure par nos rois, achevèrent de rendre les gentilshommes inutiles, sinon comme chefs, du moins comme soldats. Les fiefs, par suite du renversement des fortunes, commencèrent dans les mains des roturiers. La partie aristocratique de la constitution perdant ses forces, la partie monarchique accrut les siennes. Les communes, vexées par les bizarreries de la féodalité, cherchèrent à se mettre à l'abri sous l'autorité royale. L'invariable succession de nos monarques affermissait chaque jour les racines du trône. Une fois l'équilibre rompu, le gouvernement représentatif cessa de suivre sa direction naturelle. Au lieu de se fixer et de se régulariser, comme en Angleterre, il se désunit, et laissa prédominer la couronne. Les états généraux, rarement convoqués, et toujours dans des moments de troubles, voulurent profiter de ces moments pour ressaisir

---

[1] *Génie du Christianisme.* — [2] *Esprit des Lois,* liv. IX, chap. VI.

leurs droits, et commencèrent à ne paraître plus que des corps turbulents et dangereux : sachant qu'ils seraient bientôt dissous, ils se hâtaient de tout envahir, dans l'espoir de conserver quelque chose. Cette conduite acheva de les discréditer. S'ils avaient été appelés à des époques fixes, ils n'auraient pas montré cette jalousie; et, au lieu de ne songer qu'à eux-mêmes, ils se seraient occupés de l'État. Tout se resserra donc autour d'un trône éclatant qu'occupaient tour à tour les meilleurs et les plus grands princes, tandis qu'une autre partie du pouvoir des états généraux tombait entre les mains du parlement de Paris.

Ce corps puissant s'était élevé lentement et en silence : d'abord ambulant, ensuite sédentaire à Paris, il avait acquis, par son intégrité et ses lumières, une considération méritée. Dès son origine il avait sapé les fondements de la féodalité et circonscrit les juridictions seigneuriales. La cour des pairs, laïques et ecclésiastiques, qui formaient la haute cour où le grand conseil du roi, se réunissait au parlement dans les causes importantes, avec les princes du sang, et quelquefois avec le roi même. Cette réunion donna au parlement quelque chose de la composition des états généraux. Ceux-ci n'étant convoqués que de loin en loin, le peuple s'habitua à regarder le parlement comme le corps qui les remplaçait dans l'intervalle des sessions. Le droit de remontrance fit entrer dans ce corps une partie du droit public, relatif à la levée des impôts. Ainsi croissant en renommée par la vertu, la science et la gravité de ses magistrats, par la sagacité de ses décisions, le parlement se trouva peu à peu investi d'une puissance politique d'autant plus respectable, qu'elle était jointe à la puissance judiciaire. A l'époque des troubles de la Ligue, placé à la tête d'une faction, il exerça presque toutes les fonctions des états généraux, et décida des droits de Henri IV à la couronne. Les états généraux convoqués sous Louis XIII n'ayant rien produit, et Richelieu ayant achevé la ruine du pouvoir aristocratique, le parlement resta seul chargé de défendre le peuple contre la couronne, et une véritable révolution fut accomplie dans l'État. On a pu reprocher aux parlements quelques erreurs; mais ces erreurs ne peuvent balancer les services qu'ils ont rendus à la France : ils l'ont éclairée dans les temps de ténèbres, défendue contre la barbarie féodale, et, après l'érection de la monarchie absolue sous Louis XIV, ils ont été, de fait, les seuls représentants, et souvent les représentants courageux de nos libertés.

L'Angleterre, partie du même but, arriva à un autre terme. Ses guerres d'Écosse n'étaient rien pour elle, et ne menaçaient point son existence; ses guerres de France, soutenues par des Français, furent heureuses. Rassurée contre les dangers du dehors, elle put s'occuper au dedans de son administration politique. Les querelles de ses rois affaiblirent la puissance monarchique, et fortifièrent la partie aristocratique du gouvernement. La noblesse demeura longtemps souveraine : ce ne fut que sous le règne de Henri VII que les comtés, jusqu'alors héréditaires, se changèrent en titres de dignité. L'autorité militaire des gentilshommes ne diminua presque point, parce qu'on ne fut point obligé d'avoir de bonne heure, comme en France, des troupes disciplinées. Le génie d'Alfred, perpétué dans l'institution des jurés, avait fait entrer par l'ordre judiciaire les idées démocratiques dans le principe de l'État. Le gouvernement féodal, inconnu des Saxons, introduit en Angleterre par la conquête des Normands, n'y jeta jamais de profondes racines. Plus tard, Édouard III renonça à la langue française, ordonna que les actes publics fussent écrits en anglais, et fit revivre ainsi une partie de l'ancien esprit des Germains.

Le parlement (autrement les états généraux) conserva pour toutes ces causes son autorité primitive : souvent assemblé, bientôt il ne fut plus possible aux monarques de marcher sans lui. L'orgueil des grands barons anglais fit que le conseil du roi, ou la Chambre des pairs, des barons, des lords (ce qui est la même chose sous différents noms), ne se mêla point aux chevaliers ou simples gentilshommes dans les assemblées de la nation. Les communes, appelées par Leicester, sous Henri VIII, à ces assemblées, se réunirent aux chevaliers, après en avoir été séparées quelque temps. Ainsi se formèrent dans le parlement d'Angleterre deux chambres distinctes, tandis qu'en France l'égalité des gentilshommes, pauvres ou riches, ne permit point à la noblesse de se diviser en deux corps, et nos états généraux, délibérant en commun, bien qu'ils votassent par ordre, se trouvèrent avoir manqué l'établissement de la balance de leurs pouvoirs.

Enfin la révolution religieuse produite par la violence de Henri VIII diminua l'influence de l'ordre du clergé dans la Chambre des lords. Le pouvoir aristocratique, affaibli à son tour par cet événement, vit par ce même événement s'augmenter le pouvoir démocratique dans la Chambre des communes. A peu près égales en force, les trois puissances de la monarchie primitive s'attaquèrent et en vinrent à une lutte sanglante, sous les règnes malheureux des Stuarts : aucune des trois n'étant parvenue à opprimer les deux autres, la constitution des Anglais sortit de ce terrible et dernier combat.

Ainsi, nous avons eu autrefois le même gouvernement que l'Angleterre ; et nous conservons en nous, comme elle les avait en elle-même, tous les principes de son gouvernement actuel. Voltaire observe très-bien quelque part que le parlement d'Angleterre n'est autre chose qu'une imitation perfectionnée de nos états généraux ; et d'Aguesseau dit, avec autant de fondement, que l'on retrouve toutes nos lois dans les vieilles lois de la Grande-Bretagne.

Dans des questions de cette importance et de cette nature, il faut marcher le flambeau de l'histoire à la main : c'est le moyen de se guérir de beaucoup de préventions et de préjugés. Il n'est donc pas question dans tout ceci de se faire Anglais; et l'Europe, qui penche avec nous vers un système de monarchie modérée, ne se fera pas anglaise : ce que l'on a, ce que l'on va avoir est le résultat naturel des anciennes monarchies. L'Angleterre a devancé la marche générale d'un peu plus d'un siècle, voilà tout.

CHAPITRE XVII.

Suite des objections. — Que nous avons essayé inutilement de diverses constitutions. — Que nous ne sommes pas faits pour des assemblées délibérantes.

On se récrie avec une sorte de justice sur la multitude de nos constitutions : mais est-ce une raison pour ne pas en trouver une qui nous convienne? Combien de fois les Anglais en changèrent-ils avant d'arriver à celle qu'ils ont aujourd'hui? Le rump, le conseil des officiers de Cromwell, les différentes sectes religieuses, enfantaient chaque jour des institutions politiques, que l'on se hâtait de proclamer comme des chefs-d'œuvre : cela a-t-il rendu ridicule leur dernière constitution, et nui à son excellence et à son autorité?

Nous ne sommes pas faits, ajoute-t-on, pour des assemblées délibérantes. Mais n'en avons-nous jamais eu de ces assemblées? Autre erreur historique, plus frappante encore que la première. Nos pères étaient-ils moins ardents que nous? Ces Franks, qu'Anne Comnène vit passer à Constantinople, qui étaient si impétueux, si vaillants, qui ne pouvaient consentir à se tenir découverts devant Alexis; ces Franks irascibles, impatients, volontaires, n'avaient-ils pas des conseils de baronnie, des assemblées de province, des états généraux de la langue d'oil et de la langue d'oc? Lorsque, sous Philippe de Valois, s'éleva la querelle entre les juridictions seigneuriales et ecclésiastiques, vit-on jamais rien de plus grave que ce qui se passa alors? C'étaient pourtant les deux premiers ordres de la monarchie, qui, dans toute leur puissance, luttaient pour leurs priviléges. La cause fut plaidée devant Philippe : Pierre de Cugnières, chevalier, personnage vénérable, tenant à la fois à la robe et à l'épée, pour mieux convenir aux deux hautes parties contendantes, portait la parole en qualité d'avocat général et de conseiller du roi. Cette première réclamation du droit civil contre le droit canonique produisit dans la suite l'*appel comme d'abus*, sauvegarde de la justice : dans le temps des bonnes mœurs, tout fait naître les bonnes lois. On admira dans cette grande affaire la piété et la justice du roi, la respectueuse hardiesse de l'orateur de la partie civile, et la dignité du clergé. Ce fut un beau spectacle que celui de ces prélats et de ces chevaliers jurant sur leurs croix et sur leurs épées de s'en rapporter à l'intégrité du roi, plaidant la cause de la religion et de la noblesse devant un monarque fils aîné de l'Église, et le premier comme le plus ancien gentilhomme de son royaume.

Quatre ou cinq siècles plus haut, nous trouvons ces mêmes Français délibérant aux assemblées de mars et de mai ; et, pour que nous n'en puissions douter, le temps nous a transmis leurs décisions dans le recueil des Capitulaires. Plus haut encore, nous les verrons fixant par les lois gombette, allemande, ripuaire et salique, le tarif des blessures. Leur terrible justice consistait alors à imposer leur épée : ils parlaient éloquemment sur ce droit public de leur façon. Ils discutaient sur la longueur, la largeur et la profondeur de la plaie : s'ils avaient fait tomber une partie du crâne d'un homme, ils consentaient à payer quelques sous d'or ; plus si cet homme était Frank, moins s'il était Romain ou Gaulois. Mais il fallait que l'os abattu en valût la peine, et que, lancé à travers un espace de douze pas, il fît résonner un bouclier. Enfin, dans les forêts de la Germanie, nous apercevons nos pères délibérant autour d'une épée nue, plantée au milieu du mallus, ou décidant de la paix ou de la guerre, la coupe à la main : « Alors que le cœur, dit Tacite, ne peut feindre, et qu'il est disposé aux entreprises généreuses. »

Pourquoi donc le peuple, qui a toujours parlé et délibéré en public dans les temps de sa barbarie, comme à l'époque de sa civilisation ; qui a produit des ministres et des magistrats comme Suger, Nogaret, Pierre de Cugnières, Sully, L'Hospital, de Thou, Matthieu Molé, Lamoignon, d'Aguesseau ; des publicistes comme Bodin et Montesquieu ; des orateurs comme Massillon et Bossuet, n'entendrait-il rien aux lois et à l'éloquence ? Enfin, n'avons-nous pas déjà vingt-cinq années d'expérience ? Et n'est-ce rien, pour un peuple comme celui-ci, qu'un quart de siècle ? Quelques-uns de nos ministres actuels ont paru à la tribune avec éclat, et connaissent tous les fils qui font mouvoir le corps politique. Nos erreurs passées nous serviront de leçons ; nous en avons déjà la preuve dans la modération et le bon esprit des deux Chambres.

CHAPITRE XVIII.

Suite des objections. — Notre position continentale.

« Notre position continentale nous oblige à avoir une nombreuse armée : si cette armée dépend des Chambres, nous serons envahis avant que les Chambres aient délibéré ; si la couronne dispose des soldats, la couronne peut opprimer les deux Chambres. »

Cette objection, la plus spécieuse de toutes, se résout comme celle de l'opposition, par la puissance de l'opinion. Croit-on de bonne foi que, si l'ennemi était sur la frontière, les Chambres pussent refuser une armée au roi ; que des propriétaires voulussent se laisser envahir ? Loin de se rendre populaires par ce refus, elles soulèveraient contre elles la nation. Chez un peuple si sensible à l'honneur, si épris de la gloire des armes, la foule passerait à l'instant dans le parti de la couronne, et la constitution serait anéantie. D'ailleurs une invasion est-elle si subite, si imprévue, que l'on n'en ait pas reçu des avis longtemps d'avance ? Est-ce avec une poignée de soldats qu'une nation voisine entrerait en France ? N'aurait-elle pas été obligée de rassembler des troupes, de les faire marcher ; n'aurions-nous rien su de ses mouvements et de ses préparatifs ?

Toutefois, comme il ne s'agit point d'imiter les Anglais, de se laisser dominer par des systèmes, d'adopter entièrement une constitution, sans égard aux habitudes, aux mœurs, à la position d'un peuple, comme si le même vêtement convenait à tous les hommes, il est évident qu'il faut laisser au pouvoir exécutif en France une bien plus grande force qu'en Angleterre. Le roi doit être plus libre dans ses mouvements, parce que la France est plus grande, plus exposée aux combinaisons de la politique extérieure. L'Angleterre n'a rien à craindre pour son existence d'un ennemi étranger ; mais en France, il peut survenir une guerre qui mette l'État en péril. Beaucoup d'intérêts que l'on soumet à la discussion publique chez nos voisins demandent parmi nous du secret, et ne pourraient être débattus sans danger dans nos deux Chambres. En France, il est essentiel de regarder toujours à deux choses : au gouvernement du dedans, et aux affaires du dehors. Tandis qu'on se livrerait à des abstractions politiques, et qu'on aurait l'œil fixé sur les astres, on pourrait tomber dans un abîme. Pour prévenir ce malheur, il faut que le trône, placé comme un bouclier devant nous, nous garantisse de tous les coups qu'on voudrait nous porter : il faut qu'il soit en avant-garde de la nation ; qu'environné d'éclat et de dignité, il en impose par sa puissance et par sa splendeur. L'autorité du roi doit être dégagée de beaucoup d'entraves pour agir avec vigueur et rapidité ; elle doit avoir, dans certains cas, quelque chose de la dictature à Rome ; et c'est surtout dans ce moment que nous devons tendre à augmenter le pouvoir monarchique, à l'investir de toute la force nécessaire au salut de l'État. Notre monarchie, toute libre au dedans, doit rester toute militaire au dehors. En Angleterre, l'armée est presque une affaire de luxe ; en France, c'est une chose de première nécessité. C'est par cette raison que le militaire et la noblesse auront toujours dans notre France une tout autre considération que celle dont ils jouissent en Angleterre. Chez nos voisins, un riche brasseur de bière, un manufacturier opulent, peuvent paraître à la patrie aussi dignes des places et des honneurs qu'un capitaine, parce qu'en effet ils sont autant, et plus que lui, nécessaires à la prospérité commune ; mais en France, le soldat qui nous met à l'abri de la conquête, qui nous garantit du joug étranger, est un homme qui non-seulement exerce la profession la plus noble, mais qui suit encore la carrière la plus utile à l'État. De là doivent naître des différences essentielles dans l'opinion des deux pays, et conséquemment des différences considérables dans les institutions politiques. L'air bourgeois ne convient point à notre liberté ; et les Français ne la suivront qu'autant qu'elle saura cacher son bonnet sous un casque.

Mais ceci nous ramène à la seconde partie de l'objection. Si vous donnez, dit-on, au roi une pareille force, il détruira la liberté et opprimera les deux Chambres.

Ce serait sans doute un grand malheur, si notre nouveau gouvernement plaçait continuellement la France entre la servitude et la conquête ; mais il n'en est pas ainsi. Le roi peut être absolu pour les affaires du dehors, sans être oppresseur au dedans. L'opinion publique vient encore ici à notre secours. Dans l'état actuel des choses, on pourrait faire impunément violence aux députés : à l'instant l'impôt serait suspendu ; il faudrait, pour le lever, autant de régiments que de villages, autant d'armées que de provinces. Nous n'attribuons rien de trop ici à l'opinion. Elle est si puissante que Montesquieu n'a pas craint d'en faire le seul principe de la monarchie : la liberté est un principe, un fait ; mais l'honneur n'est que la plus belle des opinions. Il a eu raison, Montesquieu ; et l'opinion a toujours tout fait en France. Nous en avons une preuve aussi noble qu'éclatante : tout esclave, en mettant le pied sur le sol français, est libre. Est-ce en vertu d'une loi positive ? Non, c'est en vertu de l'opinion ; et cette opinion transformée en coutume a force de loi devant les tribunaux.

Sous l'ancienne monarchie, l'opinion tenait pour ainsi dire lieu de charte. Un couplet, une plaisanterie, une remontrance, arrêtaient, comme par enchantement, les entreprises du pouvoir. Tout devenait un frein contre l'autorité absolue, jusqu'à la politesse de nos mœurs. Pourquoi donc cette opinion, si puissante autrefois, aurait-elle perdu sa force? Pourquoi ne serait-elle plus rien, précisément parce qu'elle peut s'exprimer avec plus de liberté ? Mais il n'en est pas ainsi : nous voyons tous les jours qu'un article de gazette fait nos craintes et nos espérances.

Il est aisé, dira-t-on, de se tirer d'affaire en répondant par des dénégations, en disant : « Cela n'arrivera pas ; » en se jetant dans de grands raisonnements sur l'opinion. Comme l'avenir n'est pas là pour vous démentir, on peut sortir ainsi d'embarras, mais on ne fait pas naître la conviction.

Nous comprendrions cette réplique, si elle nous était faite par d'autres que par ceux qui pourraient nous l'adresser ; car, que disent ces personnes quand on attaque l'ancien ordre de choses ; quand on leur soutient, par exemple, qu'aucun homme n'était à l'abri d'un coup d'État, de la violence d'un ministre ? Elles répondent que cela n'arrivait pas, et que l'opinion s'opposait à ces actes arbitraires du pouvoir. Elles ont raison de répondre ainsi, et leur réponse est fort bonne ; mais alors elles doivent trouver juste qu'on oppose à leur attaque les mêmes armes et qu'on se couvre du même bouclier. Remarquez qu'il ne serait pas question, dans le cas qu'on nous propose, d'un fait obscur, d'une persécution individuelle et presque ignorée : il ne s'agirait rien moins que des deux Chambres refusant une armée au roi, ou du roi faisant marcher des soldats contre les deux Chambres. Certes, si l'opinion peut avoir une influence prononcée, c'est dans un moment pareil.

Au reste, il y a des choses qui ne peuvent être appuyées de démonstrations mathématiques, et qui n'en restent pas moins prouvées. Tout n'est pas positif dans la science du gouvernement : le système des finances en Angleterre ne repose-t-il pas sur une fiction ? Il y a des mystères de politique, comme il y a des mystères de religion : le jeu des constitutions, leur marche, leur influence, sont d'une nature inexplicable. Combinés avec les mœurs, les passions et les événements, les corps politiques, attirés, repoussés, balancés, combattus, produisent des effets que toute la sagacité humaine ne peut calculer. Ce vague, cette incertitude, ces grandes choses qui ne produisent rien, ces petites causes d'où sortent tant de grands résultats, ces illusions, cette puissance de l'opinion si souvent trompeuse, se retrouvent dans tout ce qui touche aux gouvernements, dans tout ce qui prend place dans l'histoire. Par exemple, n'est-on pas toujours tenté de supposer des talents supérieurs à l'homme qui joue un rôle extraordinaire ? Souvent cet homme est moins que rien. La gloire a ses méprises comme la vertu : il y a des temps surtout où la fortune célèbre ses fêtes ; espèces de saturnales où l'esclave s'assied sur le trône du roi. Quand on vient à regarder de près les hommes qui conduisent le monde dans ces temps de délire, on demeure plus étonné de leur néant qu'on n'était surpris de leur existence ; on est frappé du peu de talent qu'il faut pour décider du sort des empires, et l'on reconnaît qu'il y a dans les affaires humaines quelque chose de fatal et de secret qu'on ne saurait expliquer.

CHAPITRE XIX.

S'il serait possible de rétablir l'ancienne forme de gouvernement.

Enfin, quand les objections contre le nouvel ordre de choses seraient aussi fortes qu'elles nous semblent peu solides, voici qui répond à tout : on ne peut pas faire que ce qui est ne soit pas, et que ce qui n'est pas existe. Le roi nous a donné une charte : notre devoir est donc de la soutenir et de la respecter. Il y a d'ailleurs aujourd'hui une opinion générale qui domine toutes les opinions particulières : c'est l'opinion *européenne*, opinion qui oblige un peuple à suivre les autres peuples. Quand de toutes parts tout s'avance vers un but commun, il faut, bon gré mal gré, se laisser aller au cours du temps.

Avant la découverte de l'imprimerie, lorsque l'Europe était sans chemins, sans postes, presque sans communications; lorsqu'il était difficile et dangereux d'aller de Paris à Orléans, parce que le seigneur de Montlhéry, un Montmorency, faisait la guerre au roi de France; ce qui se passait dans un pays pouvait rester longtemps ignoré dans un autre. Mais aujourd'hui qu'une nouvelle arrive en quinze jours de Pétersbourg à Paris; que l'on reçoit en quelques minutes une dépêche de Strasbourg et même de Milan; que toutes les nations se connaissent, se sont mêlées, savent mutuellement leur langue, leur histoire; que l'imprimerie est devenue une tribune toujours ouverte, où chacun peut monter et faire entendre sa voix; il n'est aucun moyen de s'isoler, et d'échapper à la marche européenne.

Les hommes ont mis en commun un certain nombre de connaissances que vous ne pouvez plus leur retirer. Le roi l'a jugé ainsi, parce qu'il est profondément éclairé, et il nous a donné la Charte. Est-ce donc parce que nous manquions autrefois d'une constitution? Non, sans doute. Eh! pourquoi n'aurions-nous pas eu de constitution? Parce qu'elle n'était pas écrite! La constitution de Rome et celle d'Athènes l'étaient-elles? Serait-il même exactement vrai de dire que celle dont l'Angleterre jouit actuellement est une constitution écrite? Certes, il serait fort extraordinaire que la France eût existé comme nation pendant douze cents ans sans gouvernement et sans lois. L'ancienne constitution de la monarchie était excellente pour le temps : Machiavel, qui s'y connaissait, en fait l'éloge. Rien n'était plus parfait que la balance des trois ordres de l'État tant que cette balance ne fut point rompue. Rien de plus admirable et de plus complet que les ordonnances des rois de France : là se trouvent consacrés tous les principes de nos libertés. Il n'y a peut-être pas un seul cas d'oppression qui n'y soit prévu, et auquel nos monarques n'aient essayé d'apporter remède. Il est bien remarquable que les anciens troubles de la France aient eu pour cause des guerres étrangères et des opinions religieuses, et que jamais ces troubles n'aient été produits par l'ordre politique.

Les hommes, dans l'ancienne France, étaient classés moins par les divisions politiques que par la nature de leurs devoirs : ainsi, le premier ordre de l'État était celui qui priait Dieu pour le salut de la patrie, et qui soulageait les malheureux. Cette fonction était regardée comme la plus sublime, et elle l'était en effet. Le guerrier suivait le prêtre, parce que l'homme qui verse son sang pour la défense de la patrie, et dont le métier est de mourir, est un homme plus noble que celui qui s'est consacré à des travaux mécaniques. Remarquez qu'au temps de la féodalité, les vassaux allant à la guerre, il en résultait que le laboureur était soldat : aussi, dans nos opinions, l'épée et le soc de la charrue étaient nobles, et le gentilhomme ne dérogeait point en labourant le champ de son père. Les communes venaient ensuite, et s'occupaient des arts utiles à la société. On ne saurait croire à combien de vertus cette division, dans l'ordre des devoirs, était favorable ; à quels sacrifices elle condamnait le prêtre ; à quelle générosité, à quelle délicatesse dans les sentiments elle forçait le gentilhomme ; tandis qu'elle entretenait dans la classe la plus nombreuse la fidélité, la probité, le respect des lois et des mœurs. C'est ce qui a fait, n'en doutons point, la longue existence de l'ancienne monarchie.

Malheureusement ce bel édifice est écroulé. Il ne s'agit pas de savoir s'il était plus solide et plus parfait que celui qu'on vient d'élever ; si l'ancien gouvernement, fondé sur la religion comme les gouvernements antiques, produit lentement par nos mœurs, notre caractère, notre sol, notre climat, éprouvé par les siècles, n'était pas plus en harmonie avec le génie de la nation, plus propre à faire naître de grands hommes et des vertus, que le gouvernement qui le remplace aujourd'hui. Il n'est pas question d'examiner encore si ce qu'on appelle le progrès des lumières est un progrès réel ou une marche rétrograde de l'esprit humain, un retour vers la barbarie, une véritable corruption de la religion, de la politique et du goût. Tout cela peut se soutenir : ceux qui prendraient en main cette cause ne manqueraient pas de raisons puissantes, et surtout de sentiments pathétiques, pour justifier leur opinion. Mais il faut dans la vie partir du point où l'on est arrivé. Un fait est un fait. Que le gouvernement détruit fût excellent ou mauvais, il est détruit ; que l'on ait avancé, que l'on ait reculé, il est certain que les hommes ne sont plus dans la place où ils se trouvaient il y a cent ans, bien moins encore où ils étaient il y a trois siècles. Il faut les prendre tels qu'ils sont, et ne pas toujours les voir tels qu'ils ne sont pas et tels qu'ils ne peuvent plus être : un enfant n'est pas un homme fait ; un homme fait n'est pas un vieillard.

Quand nous voudrions tous que les choses fussent arrangées autrement qu'elles le sont, elles ne pourraient l'être. Déplorons à jamais la chute de l'ancien gouvernement, de cet admirable système dont la durée seule fait l'éloge ; mais enfin notre admiration, nos pleurs, nos regrets, ne nous rendront pas Duguesclin, La Hire et Dunois. La vieille monarchie ne vit plus pour nous que dans l'histoire, comme l'oriflamme que l'on voyait encore toute poudreuse dans le trésor de Saint-Denis, sous Henri IV : le brave Crillon pouvait toucher avec attendrissement et respect ce témoin de notre ancienne valeur ; mais il servait sous la cornette blanche triomphante aux plaines d'Ivry, et il ne demandait point qu'on allât prendre au milieu des tombeaux l'étendard des champs de Bouvines.

Nous avons montré ailleurs [1] que les éléments de l'ancienne monarchie ont été dispersés par le temps et par nos malheurs : l'esprit du siècle a pénétré de toutes parts ; il est entré dans les têtes et jusque dans les cœurs de ceux qui s'en croient le moins entachés.

Il y a plus : si ceux qui pensent, sans y avoir bien réfléchi, qu'il est possible de rétablir l'ancien gouvernement, obtenaient la permission de tenter cet ouvrage, nous les verrions bientôt, perdus dans un chaos inextricable, renoncer à leur entreprise. D'abord, pas un d'entre eux ne désirerait remettre les choses absolument telles qu'elles étaient : autant de provinces, autant d'avis, de prétentions, de systèmes ; on voudrait détruire ceci, conserver cela : chacun irait, à main armée, demander à son voisin compte de sa propriété.

Se représente-t-on ce que deviendrait la France le jour où l'on remettrait en vigueur les ordonnances relatives aux preuves de noblesse exigées des officiers de l'armée ? Supposons encore que le roi régnant seul, et ayant toujours à payer 1,700 millions de dettes, sans compter les dépenses courantes, eût dit à son ministre des finances de lui présenter un plan ; que le ministre eût formé son plan tel que nous l'avons vu ; que, sans pouvoir expliquer ses raisons, sans pouvoir entrer dans la discussion publique de ses moyens, le ministre, muni d'un arrêt du conseil, eût voulu mettre ce plan à exécution : nous demandons encore ce que serait devenue la France ? Le parlement de Paris, forcé à l'enregistrement, n'aurait-il fait aucune remontrance ? Les parlements de provinces n'auraient-ils point élevé la voix ? Les pays d'états n'auraient-ils point réclamé ? La noblesse et le clergé n'auraient-ils point fait valoir leurs priviléges ? Les peuples, toujours disposés à refuser l'impôt, ému par toutes ces oppositions, ne se seraient-ils point révoltés ? Une pareille résistance, au moment où un levain de discorde fermentait encore parmi nous, nous aurait, n'en doutons point, précipités dans une nouvelle révolution. Eh bien ! grâce à la Charte, le budget discuté dans les deux Chambres a semblé nécessaire par le fait, ingénieux dans ses ressources : il a passé paisiblement ; et le peuple, satisfait d'avoir été consulté dans ses représentants, s'est soumis à des impôts qui jadis l'auraient soulevé d'un bout à l'autre de la France.

Mais il y a dans le nouvel ordre de choses des personnes qui vous déplaisent, qui vous semblent odieuses. Eh bien ! elles passeront, la France restera. Les esprits, après une révolution, sont lents à se calmer. On se

---

[1] *De l'État de la France au mois de mars et au mois d'octobre de la même année.* (*Voyez* pag. 38.)

rappelle d'avoir vu tel homme dans telle circonstance : on ne peut se persuader que cet homme soit devenu un bon citoyen, qu'il puisse être employé utilement. C'est un mal inévitable ; mais ce mal ne doit pas faire renoncer au bien de la patrie. En 1605, Henri IV partait pour le Limousin ; il y avait déjà seize années qu'il était monté sur le trône, et pourtant Malherbe lui disait :

> Un malheur inconnu glisse parmi les hommes,
> Qui les rend ennemis du repos où nous sommes :
> La plupart de leurs vœux tendent au changement ;
> Et, comme s'ils vivaient des misères publiques,
> Pour les renouveler ils font tant de pratiques,
> Que qui n'a point de peur n'a point de jugement.
>
> Nous voyons les esprits nés à la tyrannie,
> Ennuyés de couvrir leur cruelle manie,
> Tourner tous leurs conseils à notre affliction ;
> Et lisons clairement dedans leur conscience
> Que, s'ils tiennent la bride à leur impatience,
> Nous n'en sommes tenus qu'à sa protection (*de Henri IV*).
>
> Qu'il vive donc, Seigneur, et qu'il nous fasse vivre !

Après la restauration de Charles II en Angleterre, les esprits restèrent agités. Le premier moment de joie une fois passé, les hommes qui avaient suivi des principes opposés dans le cours de la révolution continuèrent à se haïr. Les whigs et les torys descendirent de ces factions. Il y avait même quelques furieux qui regardaient les régicides condamnés comme des martyrs de la *bonne vieille cause,* « of the old good cause. » Ils prétendaient qu'à leur mort Harrison, Cook et Peter avaient été très-certainement *revêtus du Seigneur,* « cloathed with the Lord. » Ils n'étaient couverts que du sang de leur roi.

Concluons de tout ceci que ceux qui regrettent l'ancien gouvernement doivent s'attacher au nouveau, parce qu'il est très-bon en soi, parce qu'il est le résultat obligé des mœurs du siècle, parce qu'enfin la fatale nécessité a détruit l'autre, et qu'on ne se soustrait point à la nécessité.

CHAPITRE XX.

<small>Que le nouveau gouvernement est dans l'intérêt de tous. — Ses avantages pour les hommes d'autrefois.</small>

Il nous en a coûté beaucoup pour démontrer à des hommes dignes de tous les respects qu'ils ne peuvent pas obtenir ce qu'ils désirent. Nous regrettons peut-être autant et plus qu'eux ce qui a cessé d'exister ; mais enfin nous ne pouvons pas faire que le dix-neuvième siècle soit le seizième, le quinzième, le quatorzième. Tout change, tout se détruit, tout passe. On doit, pour bien servir sa patrie, se soumettre aux révolutions que les siècles amènent; et, pour être l'homme de son pays, il faut être l'homme de son temps. Hé! qu'est-ce qu'un homme de son temps? C'est un homme qui, mettant à l'écart ses propres opinions, préfère à tout le bonheur de sa patrie; un homme qui n'adopte aucun système, n'écoute aucun préjugé, ne cherche point l'impossible, et tâche de tirer le meilleur parti des éléments qu'il trouve sous sa main; un homme qui, sans s'irriter contre l'espèce humaine, pense qu'il faut beaucoup donner aux circonstances, et que dans la société il y a encore plus de faiblesses que de crimes : enfin, c'est un homme éminemment raisonnable, éclairé par l'esprit, modéré par le caractère, qui croit, comme Solon, que, dans les temps de corruption et de lumière, il ne faut pas vouloir plier les mœurs au gouvernement, mais former le gouvernement pour les mœurs.

Notre Charte constitutionnelle a précisément ce dernier caractère; il nous reste à montrer qu'elle est également favorable aux intérêts des sujets et du monarque.

Nous dirons à la noblesse [1] : De quoi pouvez-vous vous plaindre? La Charte vous garantit tout ce qu'il y avait d'essentiel dans votre ancienne existence. Si elle n'a pu faire que vous jouissiez de quelques droits depuis longtemps détruits dans l'opinion avant de l'être par les événements, elle vous assure d'autres avantages. Vous occupiez les places d'officiers dans l'armée : eh bien! vous pouvez encore les remplir; seulement vous les partagerez avec les Français qui ont reçu une éducation honorable. On ne vous fait en cela aucune injustice : il en était ainsi autrefois dans la monarchie. Aux yeux de nos rois, le premier titre d'un guerrier était la valeur, « Pour estre faits chevaliers, dit du Tillet, ils ont toujours choisi le chevalier le plus renommé en prouesse et chevalerie, et non celui qui est du plus haut lignage, n'ayant égard qu'à la seule vaillance [2]. »

Autrefois, quels étaient l'espoir et l'ambition d'un gentilhomme? De devenir capitaine après quarante années de service, de se retirer sur ses vieux jours avec la croix de Saint-Louis et une pension de 600 francs [3]. Aujourd'hui, s'il suit la carrière militaire, un avancement rapide le portera aux premiers rangs. A moins d'une étrange faveur ou d'une action extraordinaire, un cadet de Gascogne ou de Bretagne serait-il jamais devenu, sous

[1] Tout ce qui suit et tout ce qui précède mécontenta d'abord les hommes que je voulais consoler : aujourd'hui ces mêmes hommes me rendent justice; ils ont pris part au gouvernement représentatif, et ils en ont connu les ressources. — [2] *Recueil des rois de France*. — [3] On a dit que c'était là précisément ce qu'il y avait de beau dans l'ancien ordre de choses : c'est confondre les choses, et mieux sentir que bien raisonner. Ne s'aperçoit-on pas que plus le *gentilhomme* se montre ici admirable, moins le *gouvernement* paraît généreux, et que l'éloge de l'un est la critique de l'autre?

l'ancien régime, colonel, général, maréchal de France? Si, réunissant toute sa petite fortune, il faisait un effort pour venir solliciter quelque emploi à Paris, pouvait-il aller à la cour? Pour jouir de la vue de ce roi qu'il défendait avec son épée, ne lui fallait-il pas être présenté, avoir monté dans les carrosses? Quel rôle jouait-il dans les antichambres des ministres? Qu'était-ce, en un mot, aux yeux d'un monde ingrat et frivole, qu'un pauvre gentilhomme de province? Souvent d'une noblesse plus ancienne que celle des courtisans qui occupaient sa place au Louvre, il ne recevait de ces enfants de la faveur que des refus et des mépris. Ce brave représentant de l'honneur et de la force de la monarchie n'était qu'un objet de ridicule par sa simplicité, son habit et son langage : on oubliait que Henri IV parlait gascon, et que son pourpoint était percé au coude.

Le temps de ces dédains est passé : dans les provinces, vous, gentilshommes, vous jouirez de la considération attachée à votre famille ; à Paris, vous entrerez partout, en entrant dans le palais de vos rois. Une carrière immense et nouvelle s'ouvre pour vous auprès de cette ancienne carrière militaire qui ne vous est point fermée. Vous pouvez être élus membres de la Chambre des députés : redoutables [1] à ces ministres qui vous repoussaient autrefois, vous serez courtisés par eux ; devenus pairs du royaume, appelés peut-être au timon de l'État, nouveaux chefs de votre antique famille, et patrons de votre province, ce sort éclatant sera l'ouvrage de vos propres mains. Qu'est-ce que l'ancien gouvernement pouvait vous offrir de comparable? Nous ne vous entretenons ici que de vos intérêts matériels ; nous ne vous parlons pas de cette gloire, partage certain de celui qui consacre ses jours à défendre le roi, à protéger le peuple, à éclairer la patrie ; de celui qui soutient, avec les autels de la religion, les droits de la raison universelle, et qui combat pour les principes de cette liberté sage sans laquelle, après tout, il n'y a rien de digne et de noble dans la vie humaine.

Burnet, réfléchissant sur la révolution qui a donné à l'Angleterre cette constitution tant admirée, observe que de son temps les gentilshommes anglais avaient de la peine à s'y soumettre, *trouvant mauvais que le roi ne fût pas assez roi* [2]. Eh bien! ces gentilshommes qui se plaignaient alors sont les ancêtres des Pitt, des Burke, des Nelson, des Wellington ; leur roi est devenu un des plus puissants rois de la terre ; leur pays s'est élevé au plus haut degré de prospérité, sous une constitution qui répugnait d'abord à leur raison, à leurs mœurs, à leurs souvenirs.

Qui pourrait donc s'opposer, parmi nous, à la généreuse alliance de la liberté et de l'honneur? Ces deux principes ne sont-ils pas, comme nous

---

[1] J'aurais l'air de prophétiser après l'événement, si heureusement les *Réflexions politiques* n'avaient été publiées au mois de décembre 1814. — [2] *Réflex. sur les Mém. historiq. de la Grande-Bretagne*, pag. 54.

l'avons prouvé, ceux qui constituent essentiellement la noblesse? Pourquoi un gentilhomme n'obtiendrait-il pas, dans l'ordre nouveau de la monarchie, toute la considération dont il jouissait dans l'ordre ancien? La constitution, loin de lui rien ravir, lui rend cette importance aristocratique qu'il avait perdue, et dont les ministres du pouvoir, tantôt par ruse, tantôt par force, avaient mis tous leurs soins à le dépouiller. Excepté dans les cas si rares de l'assemblée des états généraux, quelle part la noblesse avait-elle aux opérations du gouvernement? N'était-ce pas le parlement de Paris qui exerçait les droits politiques? Il était pourtant assez dur, pour l'antique corps de la noblesse, de n'influer en rien dans la chose publique, de voir l'État marcher à sa ruine, sans être même appelé à donner son opinion [1]. Quelques droits féodaux, tombés en désuétude, valent-ils les droits politiques qui sont rendus aux gentilshommes? Ces droits conservés par la Chambre des pairs, tandis qu'ils peuvent (eux gentilshommes) entrer dans la Chambre des députés, sont des biens qui compensent pour la noblesse les petits avantages de l'ancien régime, nous voulons dire de l'ancien régime tel qu'il était, tout affaibli et tout dénaturé à l'époque de la révolution. Rien n'empêche, après tout, un gentilhomme d'être citoyen comme Scipion, et chevalier comme Bayard : l'esclavage n'est point le caractère de la noblesse. Dans tous les temps, en mourant avec joie pour ses princes, elle a défendu respectueusement, mais avec fermeté, ses droits contre les prérogatives de la couronne. Elle redevient aujourd'hui une barrière entre le peuple et le trône, comme elle l'était autrefois. Lorsque Charles Ier leva l'étendard de la guerre civile, la noblesse anglaise courut se ranger autour de son roi; mais avant de combattre pour lui, elle lui déclara qu'en le défendant contre les rebelles, elle ne prétendait point servir à opprimer la liberté des peuples; et que si l'on voulait employer ses armes à un pareil usage, elle serait obligée de se retirer. Ce généreux esprit anime également la noblesse française : nos chevaliers sont les défenseurs du pauvre et de l'orphelin. « Eh, Dieu! disait Bertrand Duguesclin à Charles V, faites venir avant les chaperons fourrés, c'est à savoir, prélats et avocats qui mangent les gens. A tels gens doit-on faire ouvrir les coffres, et non pas à pauvres gens qui ne font que languir. Je vois aujourd'hui advenir le contraire : car celui qui n'a qu'un peu, on lui veut tollir; et celui qui a du pain, on lui en offre. »

Peut-être direz-vous que, dépouillés de certains hommages qu'on vous rendait, et qui vous distinguaient, vous avez perdu le caractère extérieur de la noblesse. Mais à différentes époques, et dans diverses assemblées des états généraux, les gentilshommes avaient renoncé à d'importantes prérogatives. Ils avaient consenti à la répartition égale des impôts. Si donc les

---

[1] La noblesse n'exerçait de droits politiques que dans les pays d'états.

derniers états généraux se fussent séparés sans que la révolution eût eu lieu, la noblesse, privée de ses priviléges par l'abandon volontaire qu'elle en avait fait, se fût-elle pour cela regardée comme anéantie ? Non sans doute : appliquez ce raisonnement à l'état actuel. Toutefois, il nous paraîtrait nécessaire qu'à l'avenir on accordât à la noblesse, comme aux chevaliers romains, quelques-uns de ces honneurs qui annoncent son rang aux yeux du peuple ; sans quoi les degrés constitutionnels de la monarchie ne seraient point marqués, et nous aurions l'air d'être soumis au niveau du despotisme oriental. Il faut surtout que les pairs jouissent des plus grands priviléges, qu'ils aient des places désignées dans les fêtes publiques, qu'on leur rende des honneurs dans les provinces ; qu'en un mot, on reconnaisse tout de suite en eux les premiers hommes de l'État.

Au reste, comme nous ne voulons rien dire qui ne soit fondé en raison et de la plus stricte vérité, nous ne prétendons pas que tous les avantages dont nous avons parlé dans ce chapitre puissent être recueillis immédiatement.

La carrière militaire, par exemple, sera quelque temps fermée à cause du grand nombre d'officiers demeurés sans emploi et qui doivent être préférés. Mais quel qu'eût été le gouvernement établi par la restauration, cet inconvénient aurait toujours existé. La renaissance de l'ancienne monarchie n'aurait pu ni diminuer le nombre, ni effacer les droits de tant de Français qui ont versé leur sang pour la patrie. Ainsi la Charte n'entre pour rien dans cet embarras du moment. D'ailleurs, comme nous l'avons fait observer en parlant de l'émigration, un très-grand nombre de gentilshommes sont déjà placés dans l'armée. Enfin, ce n'est pas toujours pour soi qu'on bâtit dans cette vie. C'est aux peuples que sont permis *le long espoir et les vastes pensées.*

Quant à la haute noblesse, dont nous n'avons point parlé à propos de la Charte, elle y trouve si évidemment son avantage, qu'il serait superflu de s'attacher à le montrer. Comme c'était elle surtout qui avait le plus perdu dans la destruction du pouvoir aristocratique de la France, c'est elle aussi qui gagne le plus à l'ordre de choses qui rétablit ce pouvoir. Les hommes qui portent ces noms historiques auxquels la gloire a depuis longtemps accoutumé notre oreille, rentrent dans la possession de leurs droits : c'est un sort assez remarquable de servir à fonder la nouvelle monarchie dans la Chambre des pairs de Louis XVIII, après avoir formé la base de l'ancienne monarchie dans la Cour des pairs de Hugues Capet.

Ainsi la Charte, qui rend aux gentilshommes leur ancienne part au gouvernement et qui les rapproche en même temps du peuple pour le protéger et le défendre, ne fait que les rappeler au premier esprit de leur ordre. Les plus hautes et les plus brillantes destinées s'ouvrent devant eux : il leur suffit, pour y atteindre, de bien se pénétrer de leur position, sans regarder en arrière et sans lutter vainement contre le torrent du siècle.

CHAPITRE XXI.

Que la classe la plus nombreuse des Français doit être satisfaite de la Charte.

Ceci n'a plus besoin d'être prouvé. Tout ce que nous avons dit le démontre suffisamment : la Charte nous fait jouir enfin de cette liberté que nous avons achetée au prix du plus pur sang de la France. Elle donne un but à nos efforts, elle ne rend pas vains tant de malheurs et tant de gloire ; en investissant l'homme de sa dignité, elle ennoblit nos erreurs. Chacun peut se justifier à ses propres yeux, chacun peut se dire : « Voilà ce que j'avais désiré. Les droits naturels sont reconnus ; tous les Français appelés aux emplois civils, aux grades militaires, à la tribune des deux Chambres, peuvent également s'illustrer au service de la patrie. » Ce n'est point une espérance, c'est un fait. Et tel homme qui peut se dire aujourd'hui : « Je suis pair de France sous le roi légitime, » doit trouver que la Charte est déjà une assez belle chose, et qu'il est un peu différent d'être pair sous Louis XVIII, ou d'être sénateur sous Buonaparte.

Qu'auraient pu attendre les vrais républicains dans l'ordre politique que la restauration a détruit ? L'égale admission aux places ? aux honneurs ? Ils en jouissent sous le roi légitime : ils n'en auraient jamais joui sous l'étranger. Déjà les distinctions les plus outrageantes étaient établies. Il était plus difficile d'approcher du dernier subalterne du palais que de pénétrer aujourd'hui jusqu'à la personne du monarque. Ceux qui ont voulu sincèrement la liberté doivent bénir la Charte. Pouvaient-ils raisonnablement espérer un résultat aussi heureux de leurs efforts et de nos discordes ? Quel serait l'homme assez insensé pour rêver la république après l'expérience ? L'étendue de la France, le génie de la nation, mille souvenirs odieux ne s'opposent-ils pas d'une manière invincible à cette forme de gouvernement ? Quiconque trouverait qu'il est esclave avec la représentation des deux Chambres, qu'il est esclave avec le droit de pétition, avec l'abolition de la confiscation, avec la sûreté des propriétés, l'indépendance personnelle, la garantie contre les coups d'État, prouverait qu'il n'a jamais été de bonne foi dans ses opinions et qu'il ne sera jamais digne d'être libre.

CHAPITRE XXII.

Que le trône trouve dans la Charte sa sûreté et sa splendeur.

Quant au roi, serait-il plus le maître en vertu des anciens règlements que par la Charte qu'il nous a donnée? D'un bout de la France à l'autre, une loi passée dans les deux Chambres met à sa disposition notre vie, nos enfants, notre fortune. Qu'il parle au nom de la loi, et nous allons tous nous immoler pour lui. A-t-il à essuyer ces remontrances sans fin, souvent justes, mais quelquefois inconsidérées, quand il a besoin du plus faible impôt? Rencontre-t-il dans toutes les provinces, dans toutes les villes, dans tous les villages, des priviléges, des coutumes, des corps qui lui disputent les droits les plus légitimes, ôtent au gouvernement l'unité d'action et la rapidité de la marche? Derrière les deux chambres, rien ne peut l'atteindre; uni aux deux Chambres, sa force est inébranlable. Les orages sont pour ses ministres; la paix, le respect et l'amour sont pour lui. S'il est entraîné vers la gloire militaire, qu'il demande, il aura des soldats. S'il chérit les arts et les talents, un gouvernement représentatif est surtout propre à les faire éclore. S'il se plaît aux idées politiques, s'il cherche à perfectionner les institutions de la patrie, oh! tout va seconder ce penchant vraiment royal! Et pourquoi les Bourbons seraient-ils ennemis de tout changement dans le système politique? Celui qui vient de finir avait-il toujours existé? La monarchie a changé de forme de siècle en siècle.

La race auguste et immortelle des rois capétiens a vu, immobile sur ce trône, passer à ses pieds nos générations, nos révolutions et nos mœurs; elle a survécu aux coups que nos bras parricides lui ont quelquefois portés, et elle n'en recueille pas moins dans son sein ses enfants ingrats. Nous devons tout à cette famille sacrée, elle nous a faits ce que nous sommes; elle existait pour ainsi dire avant nous; elle est presque plus française que la nation elle-même. Sous les deux premières races, tout était romain et tudesque, gouvernement, mœurs, coutumes et langage. La troisième race a affranchi les serfs, institué la représentation nationale par les trois ordres, les parlements ou cours de justice, composé le code de nos lois, établi nos armées régulières, fondé nos colonies, bâti nos forteresses, creusé nos canaux, agrandi et embelli nos cités, élevé nos monuments et créé jusqu'à la langue qu'ont parlé Duguesclin et Turenne, Villehardouin et Bossuet, Alain Chartier et Racine. Louis XVIII nous rendra florissants et heureux avec deux Chambres, de même que ses pères nous ont rendus puissants avec les états généraux. Il trouvera lui-même sa grandeur dans nos nouvelles destinées. La monarchie renaît dans ses antiques racines, comme un lis qui a perdu sa tige pendant la saison des tempêtes, mais qui sort au printemps du sein de la terre : *ex omnibus floribus orbis elegisti tibi lilium unum* [1].

CHAPITRE XXIII.

Conclusion.

Toute l'Europe paraît disposée à adopter le système des monarchies modérées : la France, qui a donné cette impulsion générale, est maintenant forcée de la suivre. Rallions-nous donc autour de notre gouvernement. Que l'amour pour le roi et pour le pays natal, que l'attachement à la Charte composent désormais notre esprit !

Grâce au roi, au roi seul, nous conservons tout entière la France de Louis XIV. Vauban en a posé les limites mieux qu'elles ne seraient marquées par les fleuves et les montagnes. L'étendue naturelle d'un empire n'est point fixée par des bornes géographiques, quoi qu'on en puisse dire, mais par la conformité des mœurs et des langages : la France finit là où on ne parle plus français. Ces citoyens de Hambourg et de Rome, qui corrompaient notre langue dans le sénat, qui n'avaient et ne devaient avoir pour nous qu'une juste haine, auraient amené notre ruine comme peuple, de même que les Gaulois et les autres nations subjuguées détruisirent la patrie de Cicéron en entrant dans le sénat romain. Nous sommes encore ce que nous étions. Un million de soldats sont encore prêts, s'il le faut, à défendre des millions de laboureurs. Notre terre, comme une mère prévoyante, multiplie ses trésors et ses secours, bien au delà du besoin de ses enfants. Quatre cent mille étrangers et nos propres soldats ont ravagé nos provinces, et deux mois après on a été obligé de faire une loi pour la libre exportation des grains. Que manque-t-il à cet antique royaume de Clovis, dont saint Grégoire le Grand louait déjà la force et la puissance ? Nous avons du fer, des forêts et des moissons ; notre soleil mûrit les vins de tous les climats ; les bords de la Méditerranée nous fournissent l'huile et la soie, et les côtes de l'Océan nourrissent nos troupeaux. Marseille, qui n'est plus, comme du temps de Cicéron, *battue des flots de la Barbarie,* appelle le commerce du monde ancien, tandis que nos ports, sur l'autre mer, reçoivent les richesses du Nouveau-Monde. A chaque pas se retrouvent dans la France les monuments de trois grands peuples, des Gaulois, des Romains et des Français. Cette France fut surnommée la mère des rois : elle envoya ses enfants régner sur presque tous les trônes de l'Europe et jusqu'au fond

[1] Esd.

de l'Asie. Sa gloire, qui ne passera point, croîtra encore dans l'avenir. Transformés par de nouvelles lois, les Français recommencent des destinées nouvelles. Nous aurons même un avantage sur les peuples qui nous ont précédés dans la carrière où nous entrons; car ils y ont déjà vieilli, et nous, nous y descendons avec la vigueur de la jeunesse.

Accoutumés aux grands mouvements depuis tant d'années, remplaçons la chaleur des discordes et l'ardeur des conquêtes par le goût des arts et les glorieux travaux du génie. Ne portons plus nos regards au dehors ; écrions-nous, comme Virgile, à l'aspect de notre belle patrie :

> Salve, magna parens frugum. . . . .
> Magna virum !

Et pourquoi ne le pas dire avec franchise ! Certes nous avons beaucoup perdu par la révolution; mais aussi n'avons-nous rien gagné? N'est-ce rien que vingt années de victoires? N'est-ce rien que tant d'actions héroïques, tant de dévouements généreux ? Il y a encore parmi nous des yeux qui pleurent au récit d'une noble action, des cœurs qui palpitent au nom de patrie.

Si la foule s'est corrompue, comme il arrive toujours dans les discordes civiles, il est vrai de dire aussi que dans la haute société les mœurs sont plus pures, les vertus domestiques plus communes; que le caractère français a gagné en force et en gravité. Il est certain que nous sommes moins frivoles, plus naturels, plus simples ; que chacun est plus soi ; moins ressemblant à son voisin. Nos jeunes gens, nourris dans les camps ou dans la solitude, ont quelque chose de mâle ou d'original qu'ils n'avaient point autrefois. La religion, dans ceux qui la pratiquent, n'est plus une affaire d'habitude, mais le résultat d'une conviction forte; la morale, quand elle a survécu dans les cœurs, n'est plus le fruit d'une instruction domestique, mais l'enseignement d'une raison éclairée. Les plus grands intérêts ont occupé les esprits, le monde entier a passé devant nous. Autre chose est de défendre sa vie, de voir tomber et s'élever les trônes, ou d'avoir pour unique entretien une intrigue de cour, une promenade au bois de Boulogne, une nouvelle littéraire. Nous ne voulons peut-être pas nous l'avouer ; mais au fond ne sentons-nous pas que les Français sont plus hommes qu'ils ne l'étaient il y a trente ou quarante ans? Sous d'autres rapports, pourquoi se dissimuler que les sciences exactes, que l'agriculture et les manufactures ont fait d'immenses progrès? Ne méconnaissons pas les changements qui peuvent être à notre avantage ; nous les avons payés assez cher.

Cessons donc de nous calomnier, de dire que nous n'entendons rien à la liberté : nous entendons tout, nous sommes propres à tout, nous comprenons tout. En lui témoignant de la considération et de la confiance, cette nation s'élèvera à tous les genres de mérite. N'a-t-elle pas montré ce qu'elle peut être dans les moments d'épreuve? Soyons fiers d'être Français, d'être Français libres sous un monarque sorti de notre sang. Donnons maintenant l'exemple de l'ordre et de la justice, comme nous avons donné celui de la gloire ; estimons les autres nations sans cesser de nous estimer. Les révolutions et les malheurs ont des résultats heureux, lorsqu'on sait profiter des leçons de l'infortune : les fureurs de la Ligue ont sauvé la religion ; nos dernières fureurs nous laisseront un état politique digne des sacrifices que nous avons faits.

Que tous les bons esprits se réunissent pour prêcher une doctrine salutaire, pour créer un centre d'opinion d'où partiront tous les mouvements. Les Chambres doivent s'attacher étroitement au roi, afin que le roi soit plus libre d'exécuter les projets qu'il médite pour le bonheur de son peuple. Loyauté dans les ministres, bonne foi de tous les côtés : voilà notre salut. Respect et vénération pour notre souverain, liberté de nos institutions, honneur de notre armée, amour de notre patrie : voilà les sentiments que nous devons professer. Hors de là nous nous perdrons dans des chimères, dans de vains regrets, dans des humeurs chagrines, des récriminations pénibles ; et, après bien des contestations, le siècle nous emmènera de force à ces principes dont nous aurons voulu nous écarter. Nous le voyons, par exemple : il y a vingt-six ans que la révolution est commencée. Une seule idée a survécu ; l'idée qui a été la cause et le principe de cette révolution, l'idée d'un ordre politique qui protége les droits du peuple sans blesser les souverains. Croit-on qu'il soit possible d'anéantir aujourd'hui ce que les fureurs révolutionnaires et les violences du despotisme n'ont pu détruire? La Convention nous a guéris pour jamais du penchant à la république ; Buonaparte nous a corrigés de l'amour pour le pouvoir absolu. Ces deux expériences nous apprennent qu'une monarchie limitée, telle que nous la devons au roi, est le gouvernement qui convient le mieux à notre dignité comme à notre bonheur.

RAPPORT SUR L'ÉTAT DE LA FRANCE

Au 12 mai 1815,

FAIT AU ROI DANS SON CONSEIL, A GAND [1].

Sire,

Le seul malheur qui menaçât encore l'Europe, après tant de malheurs, est arrivé. Les souverains, vos augustes alliés, ont cru qu'ils pouvaient être impunément magnanimes envers un homme qui ne connaît ni le prix d'une conduite généreuse, ni la religion des traités. Ce sont là de ces erreurs qui tiennent à la noblesse du caractère : une âme droite et élevée juge mal de la bassesse et de l'artifice, et le sauveur de Paris ne pouvait pas bien comprendre le destructeur de Moscou.

Buonaparte, placé par une fatalité étrange entre les côtes de la France et de l'Italie, est descendu, comme Genséric, *là où l'appelait la colère de Dieu*. Espoir de tout ce qui avait commis et de tout ce qui méditait un crime, il est venu; il a réussi. Des hommes accablés de vos dons, le sein décoré de vos ordres, ont baisé le matin la main royale que le soir ils ont trahie. Sujets rebelles, mauvais Français, faux chevaliers, les serments qu'ils venaient de vous faire à peine expirés sur leurs lèvres, ils sont allés,

---

[1] Lorsque nous arrivâmes de Gand, de très-bons royalistes d'ailleurs, mais qui s'étaient laissé surprendre, cherchèrent à justifier leur enthousiasme pour un personnage trop fameux; ils disaient : « Vous ne savez pas quels services il nous a rendus; vous n'étiez pas ici pendant les Cent-Jours; vous n'avez pas connu l'esprit de la France, etc. »

Il est assez bizarre de supposer que des personnes qui avaient passé de longues années en France sous le règne de Buonaparte; qui n'en avaient été absentes que trois mois; qui, pendant ces trois mois, étaient restées à quelques lieues de la frontière; qui, pendant ces trois mois, recevaient tous les jours des nouvelles de Paris, publiques ou secrètes, à vingt heures et quelquefois à seize heures de date; qui étaient au centre des armées et de la diplomatie européenne, et conséquemment au centre de toutes les intelligences et de tous les rapports; qui voyaient à chaque moment arriver auprès du roi des Français de la capitale et des provinces : il est assez bizarre, dis-je, de supposer que la France était devenue pour ces personnes un pays totalement inconnu. Aussi, si l'on veut bien lire ce rapport avec quelque attention, on verra que nous n'étions pas trop mal instruits à Gand de ce qui se passait à Paris; que nous avions bien prévu le prompt dénoûment de cette courte tragédie, et que nous avions peut-être mieux jugé le jeu des factions et l'état des partis que ceux qui étaient placés plus près du théâtre.

le lis sur la poitrine, jurer pour ainsi dire le parjure à celui qui se déclara si souvent lui-même traître, félon et déloyal.

Au reste, sire, le dernier triomphe qui couronne et qui va terminer la carrière de Buonaparte n'a rien de merveilleux. Ce n'est point une révolution véritable ; c'est une invasion passagère. Il n'y a point de changement réel en France ; les opinions n'y sont point altérées. Ce n'est point le résultat inévitable d'un long enchaînement de causes et d'effets. Le roi s'est retiré un moment ; la monarchie est restée tout entière. La nation, par ses larmes et par le témoignage de ses regrets, a montré qu'elle se séparait de la puissance armée qui lui imposait des lois.

Ces bouleversements subits sont fréquents chez tous les peuples qui ont eu l'affreux malheur de tomber sous le despotisme militaire. L'histoire du Bas-Empire, celle de l'empire ottoman, celle de l'Égypte moderne et des régences barbaresques en sont remplies. Tous les jours au Caire, à Alger, à Tunis, un bey proscrit reparaît sur la frontière du désert ; quelques mamelouks se joignent à lui, le proclament leur chef et leur maître. Pour réussir dans son entreprise, il n'a besoin ni d'un courage extraordinaire, ni de combinaisons savantes, ni de talents supérieurs : il peut être le plus commun des hommes, pourvu qu'il en soit le plus méchant. Animées par l'espoir du pillage, quelques autres bandes de la milice se déclarent : le peuple consterné tremble, regarde, pleure et se tait : une poignée de soldats armés en impose à la foule sans armes. Le despote s'avance au bruit des chaînes, entre dans la capitale de son empire, triomphe et meurt.

Sire, il y a longtemps que le ciel vous éprouve ; il veut faire de vous un monarque accompli. Vos royales vertus, s'il y manquait encore quelque chose, reçoivent aujourd'hui, sous la main de Dieu, leur dernière perfection. Dans tous les pays où vous avez porté la double majesté du trône et du malheur, oubliant vos propres infortunes, vous n'avez songé qu'à celles de votre peuple. Les yeux attachés sur cette France, dont vous apercevez en quelque sorte la frontière, et dont vous voulez connaître les maux pour y apporter le remède, vous m'ordonnez de vous présenter le tableau de l'état politique et des dispositions morales de la nation. Je vais, sire, soumettre à vos lumières une suite de faits et de réflexions. Je parlerai sans détours : Votre Majesté, qui sait tout voir, saura tout entendre.

§ I*er*. — *Actes et décrets pour l'intérieur.*

Buonaparte arrive à Paris le 20 mars au soir ; le ravisseur de nos libertés se glisse dans le palais de nos rois à l'heure des ténèbres ; le triomphateur, porté *sur les bras de ses peuples*, envahit le château des Tuileries par une issue secrète, tant il compte sur l'amour de ses sujets ! La frayeur et la superstition accompagnent ses pas dans ces salles une seconde fois abandonnées qui avaient revu la fille de Louis XVI.

L'histoire remarquera peut-être que Buonaparte est rentré cette année dans Paris, à peu près à la même époque où les alliés y pénétrèrent l'année dernière. Son orgueil humilié le ramène dans cette ville, qui ne fut jamais prise sous nos rois, et que son ambition punie a livrée à la conquête ; il vient rétablir sa police là où un général russe exerça la sienne il n'y a pas encore un an, grâce au vaste génie, aux merveilleuses combinaisons de ce vrai conservateur de l'honneur français! Vous parûtes, sire, et les étrangers se retirèrent : Buonaparte revient, et les étrangers vont rentrer dans notre malheureuse patrie. Sous votre règne, les morts retrouvèrent leurs tombeaux, les enfants furent rendus à leurs familles ; sous le sien, on va voir de nouveau les fils arrachés à leurs mères, les os des Français dispersés dans les champs : vous emportez toutes les joies, il rapporte toutes les douleurs.

A peine Buonaparte a-t-il repris le pouvoir, que le règne du mensonge commence. En lisant les journaux du 20 et ceux du 21 du mois de mars, on croit lire l'histoire de deux peuples. Dans les premiers, trente mille gardes nationales, trois mille volontaires, dix mille étudiants de toute espèce poussaient des cris de rage contre le tyran : dans les seconds, ils bénissent sa présence! L'enthousiasme éclatait, dit-on, sur son passage, lorsqu'on sait qu'il n'a été reçu que par le silence de la consternation et de la terreur. Sire, votre triomphe était alors plus réel et plus touchant : c'était celui d'un père ! Les bénédictions suivaient vos pas, et votre cœur est encore ému de ces derniers cris de *vive le roi!* que vous avez entendus retentir à travers les gémissements et les sanglots dans les dernières chaumières de la France !

Chaque jour a vu depuis éclore une imposture. Il a fallu d'abord avancer quelques mensonges hardis pour décourager les bons et encourager les méchants. Ainsi on a publié qu'il n'y aurait point de guerre, que Buonaparte s'entendait avec les alliés, que l'archiduchesse Marie-Louise arrivait avec son fils. La fausseté de ces faits devait bientôt se découvrir : mais on gagnait toujours du temps. Dans ce gouvernement, le mensonge est organisé, et entre comme moyen d'administration dans les affaires. Il y a des mensonges pour un quart d'heure, pour une demi-journée, pour un jour, pour une semaine. Un mensonge sert pour arriver à un autre mensonge, et, dans cette série d'impostures, l'esprit le plus juste a souvent de la peine à saisir le point de vérité.

Des proclamations ont annoncé d'abord l'oubli de tout ce qui a été fait, dit et écrit sous le gouvernement royal. Les individus ont été déclarés libres, la nation libre, la presse libre ; on ne veut que la paix, l'indépendance et le bonheur du peuple. Tout le système impérial est changé. L'âge d'or va renaître : Buonaparte sera le Saturne de ce nouveau siècle d'innocence et de prospérité, et il ne dévorera plus ses enfants. Voyons si la pratique a déjà répondu à la théorie.

C'est au *Champ de Mai* que la nation doit être régénérée ; on y donnera des aigles aux légions; on y couronnera (vraisemblablement par contumace) l'héritier de l'empire ; on y fera le dépouillement des votes pour ou contre l'Acte additionnel aux constitutions. J'aurai soin d'indiquer, vers la fin de ce rapport, quel est vraisemblablement le but réel de cette grande assemblée.

En attendant l'acceptation de l'Acte additionnel qui va rendre le peuple français à l'indépendance, on commence à faire jouir la France du gouvernement le plus libéral : Buonaparte l'a partagée en sept grandes divisions de police ! Les sept lieutenants sont investis des mêmes pouvoirs qu'avaient autrefois ce qu'on appelait les directeurs généraux. On sait encore aujourd'hui à Lyon, à Bordeaux, à Milan, à Florence, à Lisbonne, à Hambourg, à Amsterdam, ce que c'était que ces protecteurs de la liberté individuelle. Dans le nombre des sept personnes qui doivent rassurer les citoyens, et les défendre du despotisme, quatre au moins ont eu ou auraient pu avoir la gloire, en 1793, d'être nommées à de semblables emplois.

Au-dessus de ces lieutenants se trouvent placés, dans une hiérarchie de plus en plus favorable à la liberté, des commissaires extraordinaires, à la manière des représentants du peuple sous le règne de la Convention.

La police nous apprend qu'elle ne va plus servir qu'à répandre la philosophie ; qu'elle n'agira plus que d'après des principes de vertu ; qu'elle est la source des lumières et la base de tous les gouvernements libres.

Elle enseigne à ses respectables agents qu'il faut, selon les circonstances, creuser à de *grandes profondeurs,* ou savoir seulement écouter et entendre: c'est-à-dire qu'il faudra, selon le besoin, corrompre le serviteur, inviter le fils à trahir son père, ou seulement répéter ce qu'on a reçu sous le sceau du secret.

La chose religieuse est aussi soumise à la police ; et la conscience, qui jadis relevait immédiatement de Dieu, obéira maintenant à un espion.

Par le pouvoir constitutionnel de Votre Majesté, il était loisible à vos ministres, pendant l'année 1815, d'éloigner des tribunaux de justice les magistrats qui ne paraîtraient plus avoir la confiance publique. Huit ou dix seulement ont été écartés, et l'on en connaît trop la raison.

Quelle mesure arbitraire! s'écrie le gouvernement actuel de la France ; et à l'instant même il déplace une foule de magistrats irréprochables dans leur conduite, éminents par leurs lumières, et étrangers à tous mouvements politiques.

Il s'était même permis une chose plus violente, sur laquelle l'opinion l'a forcé de revenir. L'acte qui institue les notaires étant de pure forme, n'a jamais été annulé par les gouvernements révolutionnaires qui se sont succédé en France, et toutefois Buonaparte a voulu révoquer celui qui instituait trois avoués et huit notaires, uniquement parce qu'ils avaient été installés sous le gouvernement royal.

Il n'a pas plus respecté les places administratives et militaires. Sur quatre-vingt-trois préfets, vingt-deux seulement ont été conservés, et ces vingt-deux restants ont presque tous été changés de préfecture ; quarante-trois colonels ont reçu leur destitution.

Cette liberté entière, qui sort de la police comme de sa source ; ce respect pour les lois, les places et les hommes, viennent évidemment de la liberté de la presse ; car la censure est abolie, et la direction de la librairie supprimée. Il est vrai que si la presse est libre, Vincennes est ouvert ; et, par mesure de sûreté, les journaux et la librairie sont restés provisoirement sous la main de M. le duc d'Otrante.

La censure généreuse que les ministres de Buonaparte osent reprocher à votre ministère était bien plus établie pour eux que pour nous : elle forçait le public à se taire sur le passé. Sous le roi, du moins, on ne parlait de certains hommes qu'avec le ton de l'impartialité, et encore uniquement pour repousser les imprudentes attaques.

Buonaparte a cherché un autre succès dans l'abolition de l'*exercice*, cette grande difficulté de l'impôt sur les boissons. D'abord, si les droits réunis étaient odieux, qui les avait établis ? N'était-ce pas Buonaparte ? Il ne fait donc que changer son propre ouvrage ; ensuite cette abolition décrétée n'aura son effet qu'au premier du mois de juin de cette année. Buonaparte, qui compte sur sa fortune, espère bien qu'avant cette époque quelque événement viendra à son secours. Il ne faut pas lui demander de quel droit le chef d'un peuple libre se permet de toucher à l'impôt, et d'indiquer un mode de perception autre que celui prescrit par la loi ; ce n'est pas une question pour lui : il sait, et cela lui suffit, que selon le besoin de sa politique il peut retrancher ou feindre de retrancher un impôt trop désagréable au peuple. S'il se trouve pressé par les événements, n'a-t-il pas la grande ressource de ne pas payer ses dettes ? Le trésor est toujours assez plein quand la violence y pourvoit, et que l'on paye non ce que l'on doit, mais ce que l'on veut. Pour sortir d'embarras, il a encore les séquestres, les confiscations, les exactions, les dons *volontaires* forcés.

Vous, sire, qui régniez par les lois, l'ordre et la justice ; qui ne pouviez ni ne vouliez chercher des trésors dans les mesures arbitraires et les larmes de vos sujets ; vous qui mettiez votre bonheur à acquitter des dettes que vous n'aviez pas contractées, dettes d'autant moins obligatoires, qu'elles n'avaient été faites que pour vous fermer le chemin du trône ; vous, sire, vous n'avez employé, en montant sur ce trône, d'autres moyens de plaire à vos peuples que ceux qui naissaient naturellement de vos vertus. La banqueroute faite ou projetée ne vous a pas paru un système de finance digne de la France et de vous. Supprimer dans le moment un impôt, même odieux, vous aurait paru une libéralité criminelle ; mais je conviens que, pour le maintenir, il fallait tout le courage d'un roi légitime, dont les intentions paternelles sont connues et vénérées. Un usurpateur ne pouvait prendre une résolution aussi noble, et préférer au présent cet avenir qu'il ne verra point.

Ce que je dis sur la ressource des futures spoliations n'est point, sire, une conjecture plus ou moins probable. Je ne me permets de parler à Votre Majesté que d'après des documents officiels. Les spoliations sont visiblement annoncées, la dépouille du citoyen est promise au soldat dans le rapport sur la Légion d'honneur : il y est dit qu'on remplacera, par des biens situés en France, une partie des dotations de l'armée. Et de quels biens s'agit-il ? Indubitablement des vignes de Bordeaux, des oliviers de Marseille, en un mot, de tous les biens des particuliers et des villes qui auront manifesté leur attachement à la cause des Bourbons.

Sire, le soixante-sixième article de la Charte porte : « La peine de la confiscation des biens est abolie, et ne pourra être rétablie. » Ainsi Votre Majesté, dépouillée si longtemps de ses domaines par ses ennemis, n'a trouvé d'autres moyens de se venger d'eux qu'en abolissant l'odieux principe de la confiscation des biens. De quel côté est le gouvernement équitable ? De quel côté est le véritable roi ?

Vous aviez encore aboli la conscription ; vous croyiez, sire, avoir pour jamais délivré de ce fléau votre peuple et le monde. Buonaparte vient de le rappeler ; seulement il l'a produit sous une autre forme, en évitant une dénomination odieuse. Le décret sur la garde nationale est ce que la révolution a enfanté jusqu'à ce jour de plus effrayant et de plus monstrueux : trois mille cent trente bataillons se trouvent désignés, à raison de sept cent vingt hommes ; ils formeront un total de deux millions deux cent cinquante-trois mille six cents hommes. A la vérité, il n'y a de rendus mobiles à présent que deux cent quarante bataillons, choisis parmi les chasseurs et les grenadiers, représentant cent soixante-douze mille huit cents hommes. On n'est pas encore assez fort pour faire marcher le reste ; mais cela viendra à l'aide de la grande machine du Champ de Mai.

Cet immense coup de filet embrasse la population entière de la France, et comprend ce que les masses et les conscriptions n'ont jamais compris. En 1793, la Convention n'osa prendre que sept années, les hommes de dix-huit à vingt-cinq ans. Ils marcheront aujourd'hui de vingt à soixante.

Réformés, non réformés ; mariés, non mariés ; remplacés, non remplacés ; gardes d'honneur, volontaires, tout enfin se trouve enveloppé dans cette proscription générale. Buonaparte, fatigué de décimer le peuple français, veut l'exterminer d'un seul coup. On espère, par la terreur des polices, obliger les citoyens à s'inscrire. Des comités de réforme ne sont établis que par une nouvelle dérision, comme les anciennes commissions de la liberté de la presse et de la liberté individuelle auprès du sénat. Heureusement, sire, des faits matériels et des influences morales contribueront à diminuer le danger de cette désastreuse conscription. Il ne reste que très-peu de fusils dans les arsenaux de la France : par suite de l'invasion de l'année dernière, plusieurs manufactures d'armes ont été démontées ou détruites. Des piques seraient susceptibles d'être forgées assez vite pour être mises aux mains de la multitude ; mais cette arme offre peu de ressource, et l'on ne veut pas sans doute renouveler le décret pour la formation des compagnies en blouse bleue, en *braccha,* en bonnet gaulois. Quant à cette valeur, qui supplée chez les Français à toutes les armes, il est certain que les gardes nationales ne l'emploieront point contre Votre Majesté. Toute la force morale de la France et le torrent de l'opinion sont absolument pour le roi. Dans beaucoup de départements la garde nationale ne se lèvera point, on ne se formera qu'avec une difficulté extraordinaire ; enfin, le citoyen opprimé par le militaire se laissera moins subjuguer si on lui donne des armes ; et Buonaparte, au lieu de fondre un peuple qui le hait dans une armée qu'il séduit, perdra peut-être une soldatesque dévouée dans une population ennemie.

Pour contre-balancer ce grand arrêt de mort, on devait s'attendre à quelque mesure philanthropique. Aussi Buonaparte, qui demande la vie de deux millions de Français, s'attendrit sur le sort des habitants de la Bourgogne et de la Champagne. Il ne saurait trop, il est vrai, dédommager les victimes de son ambition, puisque c'est lui qui attira les étrangers dans le cœur de la France, qui les ramena, pour ainsi dire par la main, des plaines du Borysthène aux rives de la Loire : il est juste de secourir les malheureux qu'on a faits. Votre Majesté avait mis à soulager les tristes victimes de l'usurpateur, non la stérile ostentation d'un charlatan d'humanité, mais la bonté féconde d'un père. Votre auguste frère allait, sire, dans les ruines des chaumières embrasées, essuyer les larmes qu'il n'avait pas fait répandre. La religion venait au secours de ses œuvres charitables, et rouvrait dans tous les cœurs les sources de la pitié. Ce n'était point par des impôts pesants pour une partie du peuple qu'on secourait le peuple ; le malheureux n'était point mis à contribution pour le malheureux ; l'humanité n'excluait point la justice.

Sire, vous aviez tout édifié, et Buonaparte a tout détruit. Vos lois abolissaient la conscription et la confiscation ; elles ne permettaient ni l'exil, ni l'emprisonnement arbitraire ; elles laissaient aux représentants du peuple le soin d'asseoir les contributions; elles assuraient, avec un droit égal aux honneurs, la liberté civile et politique. Buonaparte paraît, et la conscription recommence, et les fortunes sont violées. La Chambre des pairs et celle des députés sont dissoutes. L'impôt est changé, modifié, dénaturé par la volonté d'un seul homme; les grâces accordées aux défenseurs de la patrie sont rappelées ou du moins contestées. Votre maison civile et militaire est condamnée; un décret oblige quiconque a rempli des fonctions ministérielles à s'éloigner de Paris, à prêter un serment, sous peine de prendre contre les contrevenants telle mesure qu'il appartiendra : mots vagues qui laissent le plus libre champ à l'arbitraire. Le tyran reprend ainsi une à une les victimes auxquelles il promettait oubli et repos dans ses premières proclamations. On compte déjà de nombreux séquestres, des arrestations, des exils, des lois de bannissement ; treize victimes sont portées sur une liste de mort. Sire... vous-même, vous être proscrit, vous et les descendants de Henri IV, et la fille de Louis XVI ! Vous ne pourriez, dans ce moment, sans courir le risque de la vie, mettre le pied sur cette terre où vous fîtes tant de bien, où vous essuyâtes tant de larmes, où vous rendîtes tant d'enfants à leurs pères, où vous ne répandîtes pas une goutte de sang, où vous apportâtes la paix et la liberté ! Quand Votre Majesté, après vingt-trois ans de malheurs, remonta sur le trône de ses aïeux, elle trouva devant elle les juges de son frère. Et ces juges vivent ! Et vous leur avez conservé avec la vie tous les droits du citoyen ! Et ce sont eux qui rendent aujourd'hui contre votre personne sacrée, contre votre auguste famille, contre vos serviteurs fidèles, des arrêts de mort et de proscription ! Et tous ces actes, où la violence, l'injustice, l'hypocrisie le disputent à l'ingratitude, sont rendus au nom de la liberté !

§ II. — *Extérieur.*

La politique extérieure de Buonaparte offre les mêmes contradictions de conduite et de langage : tout étant faux dans sa puissance, tout étant en opposition avec son caractère, tout doit être faux dans ce qu'il dit et dans ce qu'il fait. Maintenant il veut tromper le monde entier, et il tombera dans ses propres piéges. Votre Majesté pénètrera, dans sa haute sagesse, les motifs qui le font agir, lorsque j'essayerai de développer l'esprit du gouvernement actuel de l'usurpateur, et de montrer l'homme derrière le masque : à présent je ne m'occupe que des faits.

Le but de Buonaparte est d'endormir les puissances au dehors par des protestations de paix, comme il cherche à tromper les Français au dedans par le mot de liberté. Cette paix est la guerre, cette liberté est l'esclavage. D'un côté il offre d'exécuter le traité de Paris ; de l'autre, il ne soutient l'esprit de son armée qu'en lui promettant la Belgique, les limites *naturelles* du Rhin, et cette belle Italie, objet de ses prédilections filiales. Le ministre des affaires étrangères de Buonaparte fait dans *le Moniteur* de singuliers raisonnements : « Son maître, dit-il, propose de tenir le traité de Paris. Les puissances alliées, pour toute réponse, font marcher leurs armées. Or, si les puissances n'en voulaient qu'à un seul homme, comme elles le prétendent, elles n'auraient pas besoin de six cent mille soldats pour l'attaquer. Donc, conclut M. le duc de Vicence, c'est au peuple français qu'elles font la guerre. » Mais si ces puissances acceptent le traité de Paris avec Louis XVIII, et si elles le rejettent avec Buonaparte, n'est-il pas clair qu'un seul homme fait ici toute la différence, et qu'elles n'en veulent réellement qu'à un seul homme ?

Les puissances alliées n'ont pas le droit de s'immiscer dans les affaires de France. Non, et elles déclarent elles-mêmes qu'elles ne prétendent point régler nos institutions politiques. Mais quand les Français, opprimés par une faction, voient reparaître à leur tête l'ennemi du genre humain, l'homme qui a porté le fer et la flamme chez toutes les nations de l'Europe, n'est-ce pas le devoir des souverains d'écarter le nouveau péril qui les menace ? Qui peut se fier à la parole de Buonaparte ? Qui croira à ses serments ? Par ses protestations pacifiques, il ne veut que gagner du temps et rassembler ses légions.

Convient-il à la France elle-même, convient-il aux États voisins de laisser subsister au centre du monde civilisé une poignée de militaires parjures, qui, maîtrisant jusqu'à l'armée, disposent à leur gré du sceptre de saint Louis, le donnent et le reprennent au gré de leur caprice ? Quoi ! un souverain légitime pourra être arraché des bras de son peuple par une horde de janissaires ? Quoi ! tous les gouvernements pourront être mis en péril, sans qu'on ait le droit de chercher à arrêter ces violences ! Ce qui se fait sans inconvénient pour l'Europe chez les corsaires de l'Afrique peut-il s'accomplir également chez les Français sans danger pour l'ordre social ? Ne doit-on pas prendre contre les mœurs et les mamelouks de la moderne Égypte, autant de précautions que contre la peste qui nous vient de ce pays ? Les souverains de la Russie, de l'Allemagne, de l'Angleterre, de l'Espagne, du Portugal, de la Sicile, de la Suède, du Danemark, consentiront-ils à recevoir, par droit d'exemple, la couronne de la main de leurs soldats ? Enfin, les nations qui chérissent les lois, la paix, la liberté, sont-elles décidées à mettre tous ces biens sous la protection du despotisme militaire ?

Si Buonaparte était aussi pacifique que ses ministres nous l'annoncent, ferait-il tous les jours des actes d'agression contre les cours étrangères ? Il s'efforce, mais en vain, de rendre infidèles à leur patrie les régiments suisses; il promet la demi-solde aux officiers belges qui ont cessé d'être sujets de la France ; il insulte le noble souverain qui, lui-même éprouvé par le malheur, a reçu si généreusement son illustre compagnon d'infortune. Buonaparte se flatte d'être aimé dans la Belgique; il se trompe, il y est détesté. Ses conscriptions, ses gardes d'honneur, ses persécutions religieuses, l'ont rendu un objet d'horreur pour les habitants de ces belles provinces.

Sire, je sens trop combien tout ce que je viens de dire est déchirant pour votre cœur. Nous partageons dans ce moment votre royale tristesse. Il n'y a pas un de vos conseillers et de vos ministres qui ne donnât sa vie pour prévenir l'invasion de la France. Sire, vous êtes Français, nous sommes Français! Sensibles à l'honneur de notre patrie, fiers de la gloire de nos armes, admirateurs du courage de nos soldats, nous voudrions, au milieu de leurs bataillons, verser jusqu'à la dernière goutte de notre sang pour les ramener à leur devoir, ou pour partager avec eux des triomphes légitimes. Nous ne voyons qu'avec la plus profonde douleur les maux prêts à fondre sur notre pays; nous ne pouvons nous dissimuler que la France ne soit dans le plus imminent danger : Dieu ressaisit le fléau qu'avaient laissé tomber vos mains paternelles; et il est à craindre que la rigueur de sa justice ne passe la grandeur de votre miséricorde! Ah! sire, à la voix de Votre Majesté, les étrangers, respectant le descendant des rois, l'héritier de la bonne foi de saint Louis et de Louis XII, sortirent de la France! Mais si les factieux qui oppriment vos sujets prolongeaient leur règne, si vos sujets trop abattus ne faisaient rien pour s'en délivrer, vous ne pourriez pas toujours suspendre les calamités qu'entraîne la présence des armées. Du moins votre royale sollicitude s'est déjà assurée par des traités qu'on respectera l'intégrité du territoire français, qu'on ne fera la guerre qu'à un seul homme. Vous êtes encore accouru au secours de votre peuple, et vous avez transformé en amis généreux ceux qui auraient pu se montrer ennemis implacables.

§ III. — *Reproches faits au gouvernement royal.*

Tromper la France et l'Europe est donc le premier moyen employé par Buonaparte pour fonder sa nouvelle puissance ; le second est de calomnier le gouvernement royal. Parmi les reproches adressés au ministère de Votre Majesté, plusieurs sont appuyés sur des faits évidemment faux ; un grand nombre sont absurdes. Quelques-uns ont un côté vrai, à les considérer isolément, et non dans l'ensemble des choses.

Buonaparte assure que le domaine extraordinaire ayant été dissipé par le gouvernement royal, il compte le remplacer *par des biens* en France, qui serviront à la donation de qui il appartiendra.

Le domaine extraordinaire et le domaine privé représenteraient à peu près la somme de 480 millions. Sur cette somme totale, 150 ou 157 millions du domaine extraordinaire, et 100 millions du domaine privé, ont servi dans le dernier budget à payer les dettes de l'État, ou plutôt ont été portés en déduction de ces dettes. Était-ce le roi qui les avait contractées, ces dettes? Était-il le dévastateur ou le réparateur de l'État?

Cent cinquante millions dus par les puissances étrangères entraient dans le calcul des 480 millions du domaine extraordinaire. Les alliés sont venus chercher en France la quittance de ces 150 millions; et ce n'est pas encore le roi qui l'a donnée, puisque c'est Buonaparte qui a conduit les étrangers à Paris. Voilà donc plus de 400 millions du domaine extraordinaire qui ont nécessairement disparu, et dont votre ministère ne peut être responsable.

Les 100 millions restants du domaine extraordinaire se composaient de l'emprunt de Saxe, montant de 13 à 17 millions; de 15 ou 20 millions sur le Mont-Napoléon de Milan; de quelques millions sur le Mont-Napoléon de Naples; de cent dix actions sur les canaux; de quelques millions sur les salines du Peccais; de plusieurs maisons; des sommes dues par la famille de Buonaparte et par différents particuliers; les billets des débiteurs, entre autre un billet de Jérôme Buonaparte pour la somme d'un million, sont demeurés avec les valeurs ci-dessus énoncées dans la caisse du domaine extraordinaire. La seule somme prélevée par le ministère de Votre Majesté sur le domaine extraordinaire, est une somme de 8 millions en effets sur la place, appliquée aux réparations du Louvre, à celles de Versailles, et à l'achat de plusieurs maisons sur le Carrousel. De ces 8 millions 4 seulement avaient été dépensés à l'époque du 20 mars.

Dénué des documents qui pourraient donner à ces calculs une précision rigoureuse, il se peut faire que des erreurs se soient glissées dans le résultat que j'offre ici à Votre Majesté; mais ces erreurs ne sont ni graves ni nombreuses, et cet aperçu général suffit pour prouver la mauvaise foi et détruire les calomnies de Buonaparte.

Quant au séquestre mis sur les biens de la famille Buonaparte, entre les raisons d'État, trop évidentes aujourd'hui, qui obligeaient le ministère de faire apposer promptement ce séquestre, on vient de voir que la famille de Buonaparte devait plusieurs millions à la France : les billets de ces dettes se trouvaient à la caisse du domaine extraordinaire, et représentaient une valeur empruntée à ce domaine. La saisie des biens des débiteurs absents était une conséquence nécessaire des sommes qu'ils devaient à l'État.

Pour parler sans doute aux passions de la dernière classe du peuple, on a prétendu que les diamants de la couronne étaient une propriété de l'État. Si quelque chose appartient aux Bourbons, héritiers des Capets et des Valois, ce sont les diamants achetés de leurs propres deniers, et par cette raison même appelés *joyaux de la couronne*. Le plus beau de ces joyaux, le Régent, offre dans son nom seul la preuve incontestable qu'il était une propriété particulière. Je ne parle pas, sire, du droit que vous avez, et que consacre la Charte, de prendre toute mesure nécessaire au salut de l'État dans les temps de crise : mettre à couvert les richesses qui peuvent tomber entre les mains de l'ennemi est pour le roi un de ses devoirs les plus impérieux. Loin donc de faire un crime aux ministres de Votre Majesté d'avoir soustrait à Buonaparte les propriétés de l'État, on pourrait plutôt leur reprocher de lui avoir laissé 30 millions en espèces et 42 millions en effets. Dans une pareille circonstance, Buonaparte aurait-il manqué de vider le trésor public et même de spolier la Banque? Bien plus, son gouvernement n'essaya-t-il pas l'année dernière d'emporter aussi les diamants de la couronne? Tous ces reproches sont donc un mélange de dérision et d'absurdité. Votre ministère, en laissant à Buonaparte 72 millions, pourrait être accusé d'un excès de bonne foi ; mais ce sont là de ces fautes que commet la probité et que la conscience absout.

On a voulu dire que le gouvernement royal, infidèle à la Charte et à ses promesses, avait tourmenté les acquéreurs de domaines nationaux. Pour prendre connaissance de ces prétendus délits, une commission a été nommée par Buonaparte. Quel a été le résultat de ses recherches?

Le gouvernement royal méconnaissait, disait-on, la gloire de l'armée! Qui a plus admiré nos guerriers que les Bourbons? qui les a plus noblement récompensés? Qu'il me soit permis de rappeler que, dans un écrit publié sous les yeux de Votre Majesté, écrit qu'elle a daigné honorer de sa sanction royale, j'ai parlé des sentiments et des triomphes de notre armée avec une justice qui a paru exciter la reconnaissance du soldat [1]. Faut-il se repentir de ces éloges? Non, sire, l'infidélité de quelques chefs et la faiblesse d'un moment ne peuvent effacer tant de gloire : les droits de l'honneur sont imprescriptibles, malgré les fautes passagères qui peuvent en ternir l'éclat.

Enfin, sire, vient la grande accusation de despotisme. Le despotisme des Bourbons! Ces deux mots semblent s'exclure. Et c'est Buonaparte qui accuse Louis XVIII de despotisme! Il faut bien compter sur la stupidité ou sur la perversité des hommes pour avancer des calomnies aussi grossières. Les plus audacieux mensonges ne coûtent rien à l'usurpateur ; il ne rougit point de tomber dans les contradictions les plus manifestes ; car en même temps qu'il représente le gouvernement royal comme violent et tyrannique, il lui reproche l'incapacité et la faiblesse.

Était-il tyrannique le gouvernement qui craignait si fort de blesser les

---

[1] *Voyez*, ci-dessous, les *Réflexions politiques*.

lois, qu'il a mieux aimé s'exposer aux plus grands périls que d'employer l'autorité arbitraire pour arrêter des conspirateurs? Était-il tyrannique le gouvernement qui, armé de la loi de la censure, laissait publier contre lui les écrits les plus séditieux?

A-t-on vu sous le règne de Louis XVIII, comme sous celui de Buonaparte, plus de sept cents personnes retenues dans les prisons après avoir été acquittées par les tribunaux?

Le roi a-t-il cassé les décisions des jurés? Le général Excelmans a-t-il été arrêté depuis le jugement qui déclarait son innocence?

Si les généraux d'Erlon et Lallemant avaient tenté sous Buonaparte ce qu'ils ont fait sous le roi, vivraient-ils encore?

Quoi! sire, vous avez pardonné non-seulement toutes les fautes, mais encore tous les crimes! Après tant de malheurs, tant de souvenirs amers, tant de sujets de vengeance, un généreux oubli a tout effacé! Vous avez reçu dans votre palais, et ceux qui vous avaient servi, et ceux qui vous avaient offensé; vous n'avez fait aucune distinction entre le fils innocent et le fils repentant; vous avez réalisé dans toute son étendue, dans toute sa simplicité, la touchante parabole de l'enfant prodigue; et on ose parler de la tyrannie des Bourbons!

Ah! sire, quand tout le peuple rassemblé sous vos fenêtres, la veille de votre départ, témoignait, tantôt par sa morne tristesse, tantôt par ses cris d'amour, combien il chérissait son père; quand les paysans de l'Artois et de la Flandre vous suivaient en vous comblant de bénédictions, ce n'était pas un tyran qu'ils pleuraient! Que le fils que vous avez privé de son père, que le citoyen que vous avez dépouillé se lève et vous accuse. Buonaparte osera-t-il porter le même défi à la France?

Mais, sire, vos ministres n'étaient pas de bonne foi : ils voulaient détruire la Charte. Le nouveau gouvernement de la France, employant les moyens les plus odieux pour attaquer le gouvernement royal, a fait rechercher soigneusement tous les papiers qui pouvaient accuser celui-ci. On a trouvé, dans une armoire secrète de l'appartement d'un de vos ministres, des lettres qui devaient révéler d'importants mystères. Hé bien! qu'ont-elles appris au public ces lettres confidentielles, inconnues, cachées, qu'on a eu la maladresse de publier (car la passion fait aussi des fautes, et les méchants ne sont pas toujours habiles)? Elles ont appris que vos ministres, différant entre eux sur quelques détails, étaient tous d'accord sur le fond; qu'ils pensaient qu'on ne pouvait régner en France que par la Charte et avec la Charte; et que les Français aimant et voulant la liberté, il fallait suivre les mœurs et les opinions du siècle.

Si nous possédions les papiers secrets de Buonaparte, il est probable que nous y trouverions des révélations d'une tout autre nature.

Oui, sire, et c'est ici l'occasion d'en faire la protestation solennelle : tous vos ministres, tous les membres de votre conseil sont inviolablement attachés aux principes d'une sage liberté ; ils puisent auprès de vous cet amour des lois, de l'ordre et de la justice, sans lesquels il n'est point de bonheur pour un peuple. Sire, qu'il nous soit permis de vous le dire avec le respect profond et sans bornes que nous portons à votre couronne et à vos vertus : nous sommes prêts à verser pour vous la dernière goutte de notre sang, à vous suivre au bout de la terre, à partager avec vous les tribulations qu'il plaira au Tout-Puissant de vous envoyer, parce que nous croyons devant Dieu que vous maintiendrez la constitution que vous avez donnée à votre peuple ; que le vœu le plus sincère de votre âme royale est la liberté des Français. S'il en avait été autrement, sire, nous serions toujours morts à vos pieds pour la défense de votre personne sacrée, parce que vous êtes notre seigneur et maître, le roi de nos aïeux, notre souverain légitime ; mais, sire, nous n'aurions plus été que vos soldats ; nous aurions cessé d'être vos conseillers et vos ministres.

Sire, un roi qui peut écouter un pareil langage n'est pas un tyran ; ceux à qui votre magnanimité permet de tenir ce langage ne sont pas des esclaves. Avec la même sincérité, sire, nous avouerons que votre ministère a pu tomber dans quelques méprises. Quel est le gouvernement établi au milieu d'une invasion étrangère, du choc de tous les intérêts, des cris de toutes les passions, qui n'eût pas commis de plus graves erreurs ? Le gouvernement usurpateur vient de nous donner une leçon utile : il n'a pas perdu un moment pour éloigner des préfectures et des tribunaux les hommes qu'il a présumés ennemis de son autorité, ou indifférents à sa cause ; il a pensé qu'un magistrat qui le matin avait administré dans un sens ne pouvait pas le soir administrer dans un autre : il ne faut jamais placer un homme entre la honte et le devoir, et le forcer, pour éviter l'une, à trahir l'autre.

Si le ministère de Votre Majesté n'a pas suivi rigoureusement ce principe, c'était pour s'attacher plus scrupuleusement à la lettre de vos proclamations royales, qui, par une bonté infinie, promettaient à tous les Français la conservation de leurs places et de leurs honneurs. Ainsi ce n'est pas le défaut de sincérité, c'est toujours le trop de bonne foi qu'il faudrait reprocher à vos ministres.

Éviter les excès de Buonaparte, ne pas trop multiplier, à son exemple, les actes administratifs, était une pensée sage et utile. Cependant, depuis vingt-cinq ans, les Français s'étaient accoutumés au gouvernement le plus actif que l'on ait jamais vu chez un peuple : les ministres écrivaient sans cesse ; les ordres partaient de toutes parts : chacun attendait toujours quelque chose ; le spectacle, l'acteur, le spectateur, changeaient à tous les moments. Quelques personnes semblent donc croire qu'après un pareil mouvement, détendre trop subitement les ressorts serait dangereux. C'est, disent-elles, laisser des loisirs à la malveillance, nourrir les dégoûts, exciter des comparaisons inutiles. L'administrateur secondaire, accoutumé à être conduit dans les choses mêmes les plus communes, ne sait plus ce qu'il doit faire, quel parti prendre. Peut-être serait-il bon, dans un pays comme la France, si longtemps enchanté par les triomphes militaires, d'administrer vivement dans le sens des institutions civiles et politiques, de s'occuper ostensiblement des manufactures, du commerce, de l'agriculture, des lettres et des arts. De grands travaux commandés, de grandes récompenses promises, des distinctions éclatantes accordées aux talents, des prix, des concours publics, donneraient une autre tendance aux mœurs, une autre direction aux esprits : le génie du prince, particulièrement formé pour le règne des arts, répandrait sur eux un éclat immortel. Certains de trouver dans leur roi le meilleur juge, le politique le plus habile, l'homme d'État le plus instruit, les Français ne craindraient plus d'embrasser une nouvelle carrière ; les triomphes de la paix leur feraient oublier les succès de la guerre ; ils croiraient n'avoir rien perdu en changeant laurier pour laurier, gloire pour gloire.

Votre ministère, malgré sa vigilance, ses soins, son attention de tous les moments, n'a pu prévenir ce qui était hors de sa puissance : quelques vanités ont choqué quelques vanités. Il est bien essentiel de soigner, en France, cet amour-propre si dangereux et si susceptible ; si on le satisfait à peu de frais, il s'aigrit pour peu de chose, et de cette source misérable peuvent encore renaître d'épouvantables révolutions. Mais les ministres, établis pour diriger les affaires humaines, ne peuvent pas toujours régler les passions des hommes.

Enfin, sire, vous vous apprêtiez à couronner les institutions dont vous aviez posé la base, en attendant dans votre sagesse l'instant propre à l'accomplissement de vos projets. Vous saviez qu'en politique il ne faut rien précipiter ; vous vous étiez donné quelque temps pour essayer nos mœurs, connaître l'esprit public, étudier les changements que la révolution et vingt-cinq années d'orages avaient apportés dans le caractère national. Suffisamment instruit de toutes ces choses, vous aviez déterminé une époque pour le commencement de la pairie héréditaire ; le ministère eût acquis plus d'unité ; les ministres seraient devenus membres des deux Chambres, selon l'esprit même de la Charte ; une loi eût été proposée afin qu'on pût être élu membre de la Chambre des députés avant quarante ans, et que les citoyens eussent une véritable carrière politique. On allait s'occuper d'un code pénal pour les délits de la presse, après l'adoption de laquelle loi la presse eût été entièrement libre ; car cette liberté est inséparable de tout gouvernement représentatif. On avait d'ailleurs reconnu l'inutilité, ou plutôt le danger d'une censure, qui, n'empêchant pas le délit, rendait les ministres responsables des imprudences des journaux.

Dieu a ses voies impénétrables et ses jugements imprévus ; il a voulu suspendre un moment le cours des bénédictions que Votre Majesté répandait sur ses sujets. De ces Bourbons qui avaient ramené le bonheur dans notre patrie désolée, il ne reste plus en France que les cendres de Louis XVI ! Elles règnent, sire, dans votre absence ; elles vous rendront votre trône comme vous leur avez rendu un tombeau.

Mais, au milieu de tant d'afflictions, combien aussi de consolations pour le cœur de Votre Majesté ! L'amour et les regrets de tout un peuple vous suivent et vous accompagnent ; des prières s'élèvent de toutes parts pour vous vers le ciel ; votre retraite d'un moment est une calamité publique. Je vois autour de leur roi les vieux compagnons de son infortune, ces vétérans de l'exil et du malheur, qui sont revenus à leur poste ; j'aperçois ces grands capitaines, si chers à l'armée, qu'ils n'ont jamais conduite que dans les sentiers de l'honneur, vrais représentants de la valeur française et de la foi militaire. D'autres maréchaux, qui n'ont pu suivre vos pas, ont refusé de violer les serments qu'ils vous avaient faits, plus glorieux dans leur repos que lorsqu'ils triomphaient sur les champs de bataille. Une foule de généraux, de colonels, d'officiers et de soldats, déposent aussi des armes qu'ils ne peuvent plus porter pour leur roi. Les gardes nationales du royaume, celle de Paris à leur tête, expriment leur douleur par le silence de leurs rangs incomplets et déserts, et rappellent de tous leurs vœux le père qu'ils gardaient, le noble chef que vous leur aviez donné. Dans les emplois civils, dans la magistrature, Votre Majesté a pareillement trouvé une multitude de sujets fidèles : les uns ont quitté leurs places, les autres ont refusé d'humiliantes faveurs. Il s'est rencontré des hommes qui, se croyant négligés, auraient pu être tentés de suivre une autre fortune, et pourtant ils n'ont point trahi le devoir : ainsi, dans ces jours d'épreuve, l'honneur, comme la honte, a eu ses triomphes et ses surprises.

Parmi vos ministres, sire, les uns ont été assez heureux pour s'attacher à vos pas, les autres pour souffrir sous la main de Buonaparte. Les chefs les plus habiles de leurs administrations ont imité leur exemple : plus leurs talents sont éminents, plus ils sont heureux de les consacrer à Votre Majesté et de les refuser à l'usurpateur.

Le clergé n'a point perdu l'habitude des persécutions : reprenant avec joie sa croix nouvelle, il refuse à l'impie cette touchante prière qui demande au ciel le salut du roi. Les deux Chambres, qui conservaient avec Votre Majesté le dépôt sacré de la liberté publique, l'ont courageusement défendue. Rome, dans le siècle des Fabricius, eût nommé avec orgueil un citoyen tel que le président de la Chambre des députés. Sa proclamation, sa protestation, au sujet des avis de M. le duc d'Otrante, resteront, sire, comme un monument de votre règne et des nobles sentiments que vous savez inspirer.

Ajoutons, sire, que votre famille vient d'attacher à votre couronne une nouvelle gloire. Si Monsieur, votre digne frère ; si monseigneur le duc de Berry ; si monseigneur le duc d'Orléans, placés dans des circonstances pénibles, n'ont pu rallier une foule désarmée, ils ont montré, au milieu des trahisons et des perfidies, l'élévation, le courage, la loyauté, naturels au sang des Bourbons. Ne croit-on pas voir et entendre le Béarnais, lorsque monseigneur le duc de Berry, sortant des portes de Béthune, se précipitant au-devant d'une troupe de rebelles, les appelant à la fidélité ou au combat, les trouvant sourds à sa voix, répond à ceux qui l'invitaient à faire un exemple : « *Comment voulez-vous frapper des gens qui ne se défendent pas?* »

L'entreprise héroïque de monseigneur le duc d'Angoulême prendra son rang parmi les hauts faits d'armes de notre histoire. Sagesse et audace du plan, hardiesse d'exécution, tout s'y trouve. Le prince, jusqu'alors éloigné des champs de bataille par la fortune, se précipite sur la gloire aussitôt qu'il l'aperçoit, et la ressaisit comme une portion du patrimoine de ses pères : mais la trahison arrête un fils de France aux mêmes lieux où elle avait laissé passer Buonaparte. Que de malheurs monseigneur le duc d'Angoulême eût évités à notre patrie s'il avait pu arriver jusqu'à Lyon ! Un soldat rebelle, qui avait vu ce prince au milieu du feu, disait, en admirant sa valeur : « *Encore une demi-heure, et nous allions crier vive le roi !* »

Mais, que dire de la défense de Bordeaux par Madame ? Non, ce n'étaient pas des Français que les hommes qui ont pu tourner leurs armes contre la fille de Louis XVI ! Quoi ! c'est l'orpheline du Temple, celle qui a tant souffert par nous et pour nous, celle à qui nous ne pouvons jamais offrir trop d'expiations, d'amour et de respects, que l'on vient de chasser à coups de canon de sa terre natale ! Grand Dieu ! et pour mettre à sa place l'assassin du duc d'Enghien, le tyran de la France et le dévastateur de l'Europe ! Les balles ont sifflé autour d'une femme, autour de la fille de Louis XVI ! Si elle rentre en France, on lui appliquera les décrets contre les Bourbons, c'est-à-dire qu'on la traînera à l'échafaud de son père et de sa mère ! Elle a paru, au milieu de ces nouveaux périls, telle qu'elle se montra, dans sa première jeunesse, au milieu des assassins et des bourreaux. Fille de France, héritière de Henri IV et de Marie-Thérèse, nourrie de tribulations et de larmes, éprouvée par la prison, les persécutions et les dangers, que de raisons pour savoir mépriser la vie ! Je ne voudrais en preuve de la réprobation du gouvernement de Buonaparte que d'avoir laissé insulter madame la duchesse d'Angoulême ; la représenter baisant les mains des soldats pour les engager à rester fidèles, l'appeler une *femme furieuse* à l'instant où ses vertus, ses malheurs et son courage excitaient l'admiration de toute la terre, c'est se condamner au mépris comme à l'exécration du genre humain.

§ IV. — *Esprit du gouvernement.*

Sire, les empires se rétablissent autant par la mémoire des choses passées que par le concours des faits présents. Les souvenirs que Votre Majesté et son auguste famille ont laissés en France vous y préparent un prompt retour. Mais il est encore d'autres causes qui rendent la chute de Buonaparte infaillible. Je ne parle pas de la guerre étrangère, elle suffirait seule pour le renverser ; je parle des principes de mort qui existent dans son gouvernement même : c'est par l'examen de la nature et de l'esprit de son gouvernement que je terminerai ce rapport.

A peine, sire, votre retraite momentanée eut-elle suspendu le règne des lois, que votre royaume se vit menacé d'une alliance hideuse entre le despotisme et la démagogie : on promit à vos peuples une liberté d'une espèce nouvelle. Cette liberté devait naître au Champ de Mai, le bonnet rouge et le turban sur la tête, le sabre du mamelouk et la hache révolutionnaire à la main, entourée des ombres de ces milliers de victimes sacrifiées sur les échafauds, dans les campagnes brûlantes de l'Espagne, dans les déserts glacés de la Russie : le marchepied de son trône eût été le corps sanglant du duc d'Enghien, et son étendard la tête de Louis XVI.

Buonaparte, rentré en France, a senti qu'il ne pouvait régner, dans le premier moment, par les principes qui avaient contribué à précipiter sa chute. Le gouvernement du roi avait répandu une si grande liberté, qu'on ne pouvait se jeter tout à coup dans l'arbitraire sans révolter les esprits. Le roi, tout absent qu'il était, forçait le tyran à ménager les droits du peuple ; bel hommage rendu à la légitimité ! D'une autre part, l'homme que l'on avait vu tremblant sous les pieds des commissaires étrangers qui le conduisaient comme un malfaiteur à l'île d'Elbe n'était plus, aux yeux de la nation, le vainqueur d'Austerlitz et de Marengo ; il ne pouvait plus commander de par la Victoire. Déjà contenu dans ses excès par la nouvelle direction de l'opinion publique, il trouvait encore devant lui des hommes disposés à lui disputer le pouvoir.

Ces hommes étaient d'abord ceux qu'on peut appeler les républicains de bonne foi : délivrés des chaînes du despotisme et des lois de la monarchie, ils désiraient garder cette indépendance républicaine impossible en France, mais qui du moins est une noble erreur. Venaient ensuite ces furieux qui composaient l'ancienne faction des jacobins. Humiliés de n'avoir été sous l'empire que des espions de police d'un despote, ils étaient résolus à reprendre pour leur propre compte cette liberté de crimes dont ils avaient cédé pendant quinze années le privilége à un tyran.

Mais, ni les républicains, ni les révolutionnaires, ni les satellites de Buonaparte, n'étaient assez forts pour établir leur puissance séparée, ou pour se subjuguer les uns les autres. Menacés au dehors d'une invasion formidable, poursuivis au dedans par l'opinion publique, ils comprirent que, s'ils se divisaient, ils étaient perdus. Afin d'échapper au danger, ils ajournèrent leurs querelles : les uns apportaient à la défense commune leurs systèmes et leurs chimères ; les autres, leur contingent de terreur, de tyrannie et de perversité. Il est probable qu'ils n'étaient pas de bonne foi dans ce pacte effrayant ; chacun se promit en secret de le tourner à son avantage aussitôt que le péril serait passé, et chacun chercha d'avance à s'assurer de la victoire.

Dans les premiers jours, les indépendants semblèrent être les plus forts, et Buonaparte paraissait subjugué. Il s'était vu forcé d'appeler aux premières places de l'État des hommes qu'intérieurement il déteste : il en coûte à son orgueil d'obéir à ceux qu'il avait condamnés à le servir ou à se taire. Au commencement du consulat, il fut même obligé de feindre des sentiments qui n'étaient pas dans son cœur ; mais il sapa peu à peu les fondements de l'édifice qu'il avait élevé ; à mesure que ses forces croissaient, il se débarrassait de quelques principes et de quelques hommes. Le tribunat fut d'abord épuré, ensuite détruit ; il ne conserva que deux corps politiques subjugués par la terreur, l'un pour lui livrer l'or, l'autre pour lui prodiguer le sang de la France.

Il suit aujourd'hui la même route : il n'embrasse la liberté que pour l'étouffer. L'assemblée du Champ de Mai est sa grande machine. A la faveur d'un spectacle nouveau, de ces scènes préparées d'avance qu'il joue d'une manière si habile, au milieu des cris des soldats, il espère obtenir une levée en masse, ou, ce qui revient au même, faire décréter la marche de toutes les gardes nationales du royaume : ce qu'il veut avant tout, ce sont les moyens de la victoire ; quand il l'aura obtenue, il jettera le masque, se rira de la constitution qu'il aura jurée, et reprendra à la fois son caractère et son empire. Aujourd'hui, avant le succès, les mamelouks sont jacobins ; demain, après le succès, les jacobins deviendront mamelouks : Sparte est pour l'instant du danger, Constantinople pour celui du triomphe.

Il était impossible que les gens habiles dont Buonaparte est environné ne devinassent pas sa pensée : mais comment le prévenir ? D'un côté, ils ne veulent plus le tyran pour maître ; de l'autre, ils en ont encore besoin pour général ; ils redoutent ses triomphes, et ses triomphes leur sont nécessaires;

il faut qu'ils se défendent contre l'Europe, et Buonaparte seul peut les défendre. Dans cette position désespérée, liés, associés avec lui par la force des événements, ils avaient conçu l'espoir de l'enchaîner si fortement qu'il serait hors d'état de leur nuire quand la guerre lui aurait rendu des forces. Ils retombaient ainsi dans l'erreur où ils étaient déjà tombés au commencement du consulat ; ils croyaient de nouveau dominer Buonaparte par l'ascendant d'une république, quoiqu'ils dussent être détrompés par l'expérience. Pleins de cette pensée, ils laissaient quelques enfants perdus presser les mesures révolutionnaires : les bonnets rouges avaient reparu ; on entendait chanter *la Marseillaise;* un club établi à Paris correspondait et correspond encore avec d'autres clubs dans les provinces ; on annonçait la résurrection du *Journal des Patriotes ;* on oubliait que le peuple est las, que tout tend aujourd'hui au repos, comme en 1793 tout tendait au mouvement : les déclamations, les formes, les enseignes révolutionnaires, que l'on essayait de reproduire, ayant cessé d'être l'expression d'une opinion réelle, ne sont plus que la révoltante parodie d'une tragédie épouvantable. Et quelle confiance pourraient inspirer aujourd'hui les hommes de 1793 ? Ne sait-on pas ce qu'ils entendent par la liberté, l'égalité, les droits de l'homme? Sont-ils plus moraux, plus sincères, plus sages après leurs crimes qu'avant leurs crimes ? Est-ce parce qu'ils se sont souillés de tous les excès qu'ils sont devenus capables de toutes les vertus ? On n'abdique pas le crime aussi facilement qu'on abdique une couronne ; et le front que ceignit l'affreux diadème en conserve des marques ineffaçables.

Toutefois, sire, ces graves considérations n'arrêtaient pas les partis en France. Il ne s'agissait pas pour eux de savoir ce qui était possible dans l'avenir, mais d'obéir à ce que le présent commandait : ainsi quelques hommes se berçaient toujours du projet d'une constitution républicaine. Il paraît qu'on avait conçu la pensée de faire descendre Buonaparte du haut rang d'empereur à la condition modeste de généralissime ou de président de la république. Juste punition de son orgueil ! il ne serait sorti de l'île d'Elbe avec tous ses projets d'ambition, de grandeur, de dynastie, que pour humilier sa pourpre, ses faisceaux, ses aigles, ses victoires devant d'insolents citoyens. Le bonnet rouge apprit à Buonaparte à porter des couronnes ; le bonnet rouge dont on charge aujourd'hui la tête de ses bustes lui annonce-t-il de nouveaux diadèmes ? Non : c'est une vie qui s'accomplit ; c'est le cercle qui se ferme : on ne recommence pas sa fortune.

Les républicains se promettaient la victoire ; tout semblait favoriser leurs projets. On parlait de placer le prince de Canino au ministère de l'intérieur, le lieutenant général comte Carnot au ministère de la guerre, le comte Merlin à celui de la justice. Buonaparte, en apparence abattu, ne s'opposait point à des mouvements révolutionnaires, qui, en dernier résultat, fournissaient des hommes à son armée. Il se laissait même attaquer dans des pamphlets : on lui prêchait, en le tutoyant, la liberté et l'égalité ; il écoutait ces remontrances d'un air contrit et docile. Tout à coup, échappant aux liens dont on avait cru l'envelopper, il renverse les barrières républicaines, et proclame de sa propre autorité, non une constitution, mais un *Acte additionnel* aux constitutions de l'empire. Les citoyens seront appelés à consigner leurs votes touchant cet Acte sur des registres ouverts aux secrétariats des diverses administrations ; et tout le travail de l'assemblée du Champ de Mai se réduira au dépouillement d'un scrutin.

Buonaparte gagne, par cette publication, deux points essentiels : supposant d'abord que rien n'est détruit dans ce qu'il appelle *ses constitutions*, il regarde l'empire comme existant ; il évite les contestations sur son titre et sur sa réélection. Ensuite il se place hors de l'atteinte du Champ de Mai, puisqu'il soustrait l'Acte additionnel à l'acceptation des électeurs, et leur interdit, par le fait, toute discussion politique. Ainsi cette assemblée, à qui l'on attribuera peut-être le droit de voter la mort de deux millions de Français, n'aura pas celui de décréter leur liberté.

Au reste, sire, la nouvelle constitution de Buonaparte est encore un hommage à votre sagesse : c'est, à quelques différences près, la Charte constitutionnelle. Buonaparte a seulement devancé, avec sa pétulance accoutumée, les améliorations et les compléments que votre prudence méditait. Quelle simplicité de croire que s'il n'avait rien à craindre de l'Europe, il respecterait tout ce qu'il promet dans son Acte additionnel ; qu'il laisserait écrire tout ce qu'on voudra ; qu'il n'exilerait, ne fusillerait personne ! Il en serait de la Chambre des pairs et de celle des députés comme il en a été du Tribunat, du Sénat et du Corps législatif.

Nous voyons, sire, dans le considérant de l'Acte additionnel, que Buonaparte, s'occupant d'une grande *confédération* européenne (c'est-à-dire la conquête des États voisins), avait ajourné la liberté de la France.

Il en est arrivé ce léger malheur, que quatre ou cinq millions de Français morts pour le *système fédératif* n'ont pu jouir de la liberté que Buonaparte réservait aux générations présentes. Que diront aujourd'hui ceux qui trouvaient mauvais que Votre Majesté s'intitulât *roi par la grâce de Dieu*, qu'elle eût gardé l'initiative des lois, qu'elle se fût réservé l'espace d'une année pour l'épuration des tribunaux et la nomination des juges à vie ? L'Acte additionnel conserve ces dispositions. Que diront ceux qui oseraient blâmer le roi d'avoir donné la Charte de sa pleine autorité, au lieu de l'avoir reçue du peuple ? Buonaparte imite cet exemple. — Mais il soumet sa constitution à l'acceptation de la nation ! A qui la soumet-il ? à des citoyens qui iront s'inscrire sur un registre dans une municipalité. Si les votes sont peu nombreux, s'ils sont contre l'Acte additionnel, aura-t-on égard à ces oppositions? Qui vérifiera les signatures? N'en introduira-t-on pas sur les rôles autant que bon semblera? Qui osera réclamer? Comment l'assemblée du Champ de Mai s'assure-t-elle de la fidélité des maires, des sous-préfets, chargés de recueillir les votes, surtout lorsque les *commissaires extraordinaires* auront renouvelé les administrations d'un bout de la France à l'autre? Si quelque chose pouvait ressembler à l'assentiment d'un peuple, ne serait-ce pas celui des colléges électoraux au Champ de Mai? Et pourquoi interdit-on tout examen aux électeurs? Mais pourquoi me perdre moi-même dans cet examen inutile? Je raisonne comme s'il était encore question de régularité, de pudeur, de bonne foi : et l'acceptation de l'Acte est préjugée par un décret, et sa promulgation ordonnée d'avance!

Dans l'Acte additionnel, je n'aperçois rien sur l'abolition de la confiscation des biens : je vois que la propriété n'est plus une condition nécessaire pour être élu membre de la Chambre des représentants ; que l'armée est appelée à donner son suffrage ; que les anciennes constitutions, les sénatus-consultes ne sont point rapportés, et deviennent comme des armes secrètes dans les arsenaux de la tyrannie.

Voilà Buonaparte tout entier : il se réserve la confiscation des biens, remet aux non-propriétaires la défense de la propriété, pose les principes du gouvernement militaire, et cache ses desseins dans le chaos de ses lois. Ceux qui chérissent sincèrement les idées libérales peuvent-ils supporter des choses aussi monstrueuses? Tout cela n'est-il pas un mélange de dérision et d'impudence? N'est-ce pas à la fois, et dans le même moment, reconnaître et violer un principe, admettre la souveraineté du peuple et s'en moquer? N'est-ce pas toujours montrer la même astuce, la même mauvaise foi, la même domination de caractère?

Oserai-je parler au roi du dernier article de l'Acte additionnel ? Par cet article, le peuple français cède tous ses droits à l'usurpateur, excepté celui de rappeler les Bourbons : donc si Buonaparte voulait ouvrir à Votre Majesté les chemins de la France, il ne le pourrait plus ; et si, d'un autre côté, le peuple voulait vous rapporter votre couronne, cela lui serait impossible, parce que Buonaparte, en vertu des institutions impériales, a seul le droit d'assembler le peuple. Si l'on avait pu douter des sentiments de la France, ce dernier article les proclamerait : les mauvaises consciences se trahissent; l'excès de la précaution annonce l'excès de la crainte ; interdire au peuple français le droit de rappeler son roi, c'est prouver qu'il veut le rappeler.

Toutefois Buonaparte s'est embarrassé dans ses propres adresses ; l'Acte additionnel lui sera fatal. Si cet Acte est observé, il y a dans son ensemble assez de liberté pour renverser le tyran ; s'il ne l'est pas, le tyran n'en deviendra que plus odieux. D'un autre côté, Buonaparte perd tout à la fois, par cet Acte, et la faveur des républicains et la force révolutionnaire du jacobinisme : les démagogues ne veulent ni de la pairie, ni des deux Chambres ; ce qu'ils veulent surtout, c'est l'égalité absolue : ils préféreraient même à ces institutions de Buonaparte son ancien despotisme ; du moins ce joug était un niveau. Enfin, comme l'Acte additionnel n'est, après tout, que la Charte, qu'est-ce que les Français auront gagné au retour de l'usurpateur? Vont-ils de nouveau soutenir une guerre cruelle, exposer leur patrie à une seconde invasion pour obtenir précisément ce qu'ils avaient sous le roi, avec la paix, la considération et le bonheur? Ne se trouvent-ils pas à peu près dans la même position que les alliés par rapport au traité de Paris? Ceux-ci disent à Buonaparte : « Nous voulons le traité de Paris ; mais nous le voulons sans vous, parce qu'un autre que vous en tiendra toutes les conditions, et que vous n'en remplirez aucune. »

Les Français diront à Buonaparte : « Nous voulons la Charte constitutionnelle ; mais nous ne la voulons qu'avec le roi, parce qu'il y sera fidèle, et que vous l'auriez bientôt violée. » Ainsi, quelque parti que prenne Buonaparte, qu'il soit tyran, jacobin, constitutionnel, on trouve toujours que ses triomphes sont des défaites, et que son despotisme, ses violences, ses ruses, viennent, sire, échouer devant votre autorité légale, votre modération constante, et votre parfaite sincérité.

Il n'y a de salut que dans le roi : l'Europe connaît sa foi, sa loyauté, sa sagesse ; elle ne peut trouver de garantie que dans son trône et dans sa parole. Sire, vous êtes l'héritier naturel de tous les pouvoirs usurpés dans votre royaume. Toutes les révolutions en France se feront pour vous. Indépendamment de ses droits, Votre Majesté a sur ses ennemis un avantage immense : son gouvernement est le seul qui depuis vingt-cinq ans ait paru raisonnable à tous ; le seul qui, en consacrant les principes d'une liberté sage, ait donné ce que la révolution a tant de fois promis et qu'elle promet encore. On a reconnu, sire, par l'essai qu'on a fait de vos vertus, que vous êtes le prince qui convient le mieux à la France ; que l'ordre de choses établi pouvait subsister. Quelques années auraient suffi pour le porter à sa perfection ; il avait en lui tous les principes de durée, et il n'a été momentanément suspendu que par l'unique chance qui pouvait en arrêter le cours.

Mais déjà tout se prépare pour le prompt rétablissement du trône. La France commence à revenir de sa surprise, les illusions se dissipent, la vérité perce de toutes parts. On se trouve avec épouvante sous le règne de la terreur et de la guerre. Chacun se demande si, après tant d'années de souffrances, de sang et de meurtres, il faut recommencer la révolution. Les Français se voient une seconde fois isolés au milieu de l'Europe, séparés du monde, comme des hommes atteints d'une maladie contagieuse. Les portes de leur beau pays, ouvertes par le roi à la foule des voyageurs, se sont tout à coup fermées. L'Europe se tait ; et, dans ce silence effrayant, on n'entend retentir que les pas d'un million d'ennemis qui s'avancent de toutes parts vers les frontières de la France.

Les citoyens alarmés tournent les yeux vers leur roi, ils l'appellent à leur secours ; et son silence, se joignant à celui du monde civilisé, semble annoncer quelque catastrophe terrible. Les soldats eux-mêmes s'étonnent ; ils se demandent qu'est devenue la fille des Césars, où sont les dépouilles qui leur avaient été promises? Un grand nombre désertent ; les officiers se retirent ; la garde même est triste et découragée ; les finances s'épuisent ; les soixante-douze millions restés au trésor sont déjà dissipés. Plusieurs départements refusent de payer l'impôt et de fournir des hommes. Les provinces de l'Ouest et du Midi ne sont pas entièrement soumises ; elles n'attendent qu'un nouveau signal pour reprendre les armes. La faiblesse de Buonaparte s'accroît à mesure que la force du roi augmente. La comparaison de ce que la France était il y a un mois, et de ce qu'elle est aujourd'hui, frappe tous les esprits, et reporte avec douleur la pensée sur les biens qu'on a perdus.

Le 28 du mois de février dernier [1], la France était en paix avec toute la terre ; son commerce commençait à renaître, ses colonies à se rétablir ; ses dettes s'acquittaient, ses blessures se fermaient ; elle reprenait, dans la balance politique de l'Europe, sa prépondérance et son utile autorité. Jamais elle n'avait eu de meilleures lois, jamais elle n'avait joui de plus de liberté ; elle sortait de ses débris et de ses tombeaux, heureuse, brillante et rajeunie. Dix mois d'une restauration accomplie au milieu de tous les genres d'obstacles avaient suffi à Louis XVIII pour enfanter ces merveilles.

Le 1er de mars [2], la France est en guerre avec le monde entier. Elle redevient l'objet de la haine et de la crainte de l'univers. Elle voit renaître dans son sein les factions qui l'ont déchirée : ses enfants vont être de nouveau traînés au carnage ; ses lois, détruites ; ses propriétés, bouleversées. Courbée sous un double despotisme, elle ne conserve de sa restauration que des regrets ; de sa liberté, qu'une vaine ombre. Voilà les autres merveilles opérées dans un moment par Buonaparte : vingt-quatre heures séparent et tant de biens et tant de maux.

Sire, vous reparaîtrez, et le bonheur rentrera dans notre chère patrie. Vos sujets verront l'abîme où quelques factieux les ont entraînés : ils se hâteront d'en sortir ; ils accourront à vous, les uns pour recevoir la récompense due à leur fidélité, les autres pour implorer cette miséricorde dont ils n'ont pu épuiser les trésors. Oui, sire, innocents ou coupables, ils trouveront leur salut en se jetant dans vos bras ou à vos pieds.

---

[1] 1815. — [2] 1815.

Mais tandis que je m'efforce de fixer sous les yeux de Votre Majesté le tableau de l'histoire de la France, ce tableau n'est déjà plus le même : demain il changera encore. Quelque rapidité que je puisse mettre à le retracer, il me serait impossible de suivre les mouvements convulsifs d'un homme agité par ses propres passions et par celles qu'il a si follement soulevées. Je disais au roi que Buonaparte avait remporté une victoire sur le parti républicain, et ce parti l'a vaincu de nouveau. La publication de l'Acte additionnel lui a enlevé, comme nous l'avions prévu, le reste de ses complices. Attaqué de toutes parts, il recule, il retire à ses commissaires extraordinaires la nomination des maires des communes, et rend cette nomination au peuple. Effrayé de la multiplicité des votes négatifs, il abandonne la dictature, et convoque la Chambre des représentants en vertu de cet Acte additionnel qui n'est point encore accepté. Errant ainsi d'écueil en écueil, il se replie en cent façons pour éluder ses engagements et ressaisir le pouvoir qui lui échappe : à peine délivré d'un danger, il en rencontre un nouveau. Ce souverain d'un jour osera-t-il instituer une pairie héréditaire? Comment gouvernera-t-il ses deux Chambres qu'il est forcé de réunir? Montreront-elles à ses ordres une obéissance passive? N'élèveront-elles pas la voix? Ne chercheront-elles point à sauver la patrie? Quels seront les rapports de ces Chambres avec l'assemblée du Champ de Mai, qui n'a plus de véritable but, puisque l'Acte additionnel est mis à exécution avant que les suffrages aient été comptés? Cette assemblée du Champ de Mai, composée de trente mille électeurs, ne se croira-t-elle pas la véritable représentation nationale, supérieure en autorité à cette Chambre des représentants qu'elle aura elle-même choisis? Il est impossible à l'intelligence humaine de prévoir ce qui sortira d'un pareil chaos; ces changements subits, cette étrange confusion de toutes choses annoncent une espèce d'agonie du despotisme : la tyrannie usée et sur son déclin conserve encore l'intention du mal, mais elle paraît en avoir perdu la puissance. On dirait, en effet, que Buonaparte, jouet de tout ce qui l'environne, ne prend plus conseil que du moment, esclave de cette destinée à laquelle il semblait commander jadis. La licence règne à Paris, l'anarchie dans les provinces : les autorités civiles et militaires se combattent. Ici on menace de brûler les châteaux et d'égorger les prêtres, là on arbore le drapeau blanc et l'on crie *vive le roi!* Cependant, au milieu de ces désordres, le temps marche et les événements se précipitent. L'Europe entière est arrivée sur les frontières de la France : chaque peuple a pris son poste dans cette armée des nations et n'attend plus que le dernier signal. Que fera l'auteur de tant de calamités? S'il quitte Paris, Paris demeurera-t-il tranquille? S'il ne rejoint pas ses soldats, ses soldats combattront-ils sans lui? Un succès peut-il changer sa fortune? Non : un succès retarderait à peine sa chute. Peut-il, d'ailleurs, l'espérer, ce succès?

L'arrêt est parti d'en haut, la victoire s'est déclarée, et Buonaparte est déjà vaincu dans Murat : un appel a été fait aux passions des peuples d'Italie, et ces peuples ont répondu par un cri de fidélité. Puissent les Français imiter cet exemple ! Puissent-ils abandonner le fléau de la terre à la justice du ciel ! Ah ! sire, espérons que, désarmé par les prières du fils de saint Louis, le Dieu des batailles épargnera le sang de notre malheureuse patrie ! Vous conserverez à la France, pour son bonheur, ce reste de sang qu'elle a trop prodigué pour sa gloire ! Le moment approche où Votre Majesté va recueillir le fruit de ses vertus et de ses sacrifices : à l'ombre du drapeau blanc, les nations jouiront enfin de ce repos après lequel elles soupirent, et qu'elles ont acheté si cher.

DE LA DERNIÈRE DÉCLARATION DU CONGRÈS.

Gand, le 2 juin 1815.

La déclaration émanée du congrès de Vienne, en date du 12 mai 1815, fait autant d'honneur aux plénipotentiaires qui l'ont signée qu'aux souverains dont elle est pour ainsi dire la dernière profession de foi.

Rien de plus clair et de plus précis que la manière dont les trois questions sont posées et résolues dans le rapport de la commission, inséré au procès-verbal. En effet, le succès de l'invasion de Buonaparte est *un fait* et non *un droit :* le succès ne peut rien changer à l'esprit de la déclaration du 13 mars. Cette vérité, resserrée à dessein dans la solution de la première question, serait susceptible de longs développements.

Soutenir, par exemple, que l'Europe, à qui l'on reconnaissait le droit d'attaquer Buonaparte encore errant dans les montagnes du Dauphiné, n'aurait pas celui de s'armer contre Buonaparte redevenu le maître de la France, ne serait-ce pas une véritable absurdité ?

La déclaration du 13 mars prévoyait et supposait évidemment le succès, autrement elle devenait ridicule : on ne fait pas marcher un million de soldats pour combattre douze cents hommes. Buonaparte pouvait-il entreprendre la conquête d'un grand royaume avec quelques satellites, sans y être appelé par une conspiration redoutable ? Le caractère connu de l'usurpateur devait confirmer dans cette pensée les princes réunis à Vienne : cet homme n'est point un partisan qui sait faire la guerre à la tête d'une bande déterminée, sur les rochers et dans les bois ; il ne retrouve sa force et son audace qu'en remuant des masses et en employant des moyens immenses.

Les souverains avaient donc jugé le péril avec sagesse. L'empereur de Russie apprit le 3 mars, à deux heures de l'après-midi, que Buonaparte avait quitté l'île d'Elbe; et le même jour, à cinq heures du soir, une estafette porta à Pétersbourg l'ordre de faire partir la garde impériale russe; les autres souverains expédièrent des courriers aux ministres et aux commandants de leurs provinces; en moins d'une semaine le signal fut donné à toutes les armées de l'Europe : ce n'était pas, nous le répétons, contre douze cents hommes, qu'un seul pont rompu pouvait arrêter dans les défilés de Gap, qu'était dirigée tant de prévoyance, de résolution et d'activité.

La seconde question du procès-verbal porte sur le traité de Paris, que Buonaparte offre de sanctionner, tout en affectant de l'appeler un traité honteux. Le congrès répond avec raison, et conformément à la déclaration du 31 mars 1814, que Buonaparte, si les alliés lui eussent accordé la paix, *n'aurait point obtenu les conditions favorables de ce traité.* On eût exigé de lui des garanties qu'on n'a pas demandées à Louis XVIII. Il eût été obligé de payer des contributions, de céder des provinces. Sa parole n'eût pas suffi pour délivrer, comme par enchantement, la France de quatre cent mille étrangers. Oserait-on prétendre que la politique ne doive pas faire entrer dans ses motifs et dans ses considérations le caractère moral des chefs des nations? L'Angleterre soumit à l'arbitrage de saint Louis de graves débats qu'elle n'eût pas fait juger par un capitaine de la Ligue. Si la France a été de nos jours exposée à la conquête, c'est par Buonaparte; si la France est sortie entière des mains de l'ennemi, elle le doit à Louis XVIII. La France aurait peut-être pu garder son tyran par *un* traité de Paris; mais en gardant son esclavage, elle eût perdu ses provinces et son honneur.

On nous assure que Buonaparte est bien changé. Non; ce n'est point à quarante-cinq ans, quand on est né sans entrailles, quand on s'est enivré du pouvoir absolu, que l'on change dans l'espace de huit mois. Buonaparte, traîné par des commissaires à l'île d'Elbe, se cachant sous leurs pieds pour se soustraire aux vengeances du peuple, n'a pas été ennobli par le malheur, mais dégradé par la honte : il n'y a rien à espérer de lui.

Il est donc vrai *que la France n'a eu aucune raison de se plaindre du traité de Paris.... Que ce traité était même un bienfait immense pour un pays réduit, par le délire de son chef, à la situation la plus désastreuse* [1]. Le maréchal Ney, dans sa lettre du 5 avril 1814, adressée à M. le comte de Talleyrand, avoue que Buonaparte reconnaissait le danger de cette situation : *Convaincu,* dit-il, *de la position où il* (Buonaparte) *a placé la France, et de l'impossibilité où il se trouve de la sauver lui-même, il a paru se résigner et consentir à l'abdication entière et sans aucune restriction.*

[1] Extrait du procès-verbal du 6 mai.

Dans quel abîme, en effet, n'avait-il pas précipité la France !

Lors des conventions du 23 avril 1814, quelques esprits prévenus, oubliant notre position, ne parurent pas les approuver dans toutes leurs parties ; elles rendaient, disaient-ils, aux alliés, sans conditions, les places de l'Allemagne, encore occupées par nos troupes. Quoi ! Paris, Bordeaux, Toulouse, Lyon, ne valent pas Dantzick, Hambourg, Torgau, Anvers ? C'était rendre ces dernières villes sans *conditions*, que d'en faire l'objet d'un pareil échange, que d'obtenir à ce prix la retraite des alliés ? A l'époque du 23 avril 1814, les alliés occupaient la France, depuis les Pyrénées occidentales jusqu'à la Gironde, depuis les Alpes jusqu'au Rhône, depuis le Rhin jusqu'à la Loire ; quarante départements, c'est-à-dire près de la moitié du royaume, étaient envahis ; cent mille prisonniers, répartis dans les provinces où les alliés n'avaient pas encore pénétré, menaçaient de se joindre à leurs compatriotes ; quatre cent mille étrangers sur le sol de la patrie ; les réserves des Russes, des Autrichiens, des Prussiens, des Allemands prêtes à passer le Rhin ; les Suédois et les Danois venant grossir cette inondation d'ennemis : telle était la position de la France. Chaque jour on voyait tomber quelques-unes des places que nous tenions encore sur l'Oder, le Weser, l'Elbe et la Vistule ; et les landsvehrs, qui avaient formé le blocus de ces places, prenaient aussitôt la route de notre malheureux pays. Au milieu de tant de calamités présentes, de tant de craintes pour l'avenir, que pouvait exiger le gouvernement provisoire ? Quelle force aurait-il opposée aux alliés, s'il avait plutôt consulté l'ambition que la justice, ou si les alliés avaient préféré leur agrandissement à leur sûreté ? L'armée n'avait point encore vu à sa tête le prince, noble dépositaire des pouvoirs du roi ; et trop séduite par les prestiges de la gloire, on peut juger à présent qu'elle eût été moins fidèle à ses devoirs qu'à ses souvenirs ; désorganisée, découragée par la retraite honteuse de Buonaparte, eût-elle essayé, sous les ordres de son nouveau chef, de renouveler des combats qu'elle était déjà lasse de soutenir sous son ancien général ? Aux premiers signes de mésintelligence, les alliés, occupant la capitale et la moitié du royaume, se seraient emparés des caisses publiques, auraient levé l'impôt à leur profit, frappé de contributions les villages et les villes, et enlevé au gouvernement toutes ses ressources. Ils auraient appelé leurs nouvelles armées d'au delà du Rhin, des Alpes et des Pyrénées ; les Anglais, les Espagnols, les Portugais, partant de Toulouse et de Bordeaux ; les Russes et les Prussiens, de Paris et d'Orléans ; les Bavarois et les Autrichiens, de Dijon, de Lyon et de Clermont, auraient opéré leur jonction dans nos provinces non encore envahies. Le roi n'était point arrivé : aurait-il pu se faire entendre au milieu de ce chaos ? Sans doute il est impossible de conquérir la France. Les Espagnols, les Portugais, les Russes, les Prussiens, les Allemands ont prouvé, et les Français auraient prouvé à leur tour, qu'on ne subjugue point un peuple qui combat pour son nom et son indépendance. Mais combien de temps cette lutte se fût-elle prolongée? Que de malheurs n'eût-elle point produits? Est-ce du sein de ces bouleversements intérieurs que nos soldats auraient marché à la délivrance de Dantzick, de Hambourg et d'Anvers? Ces places n'auraient-elles point ouvert leurs portes avant le triomphe de nos armées, avant la fin des guerres civiles et étrangères allumées dans nos foyers? Car il est probable que dans le premier moment nous nous fussions divisés. Enfin, après bien des années de ravages, lorsque la paix eût mis un terme à nos maux, cette paix nous eût-elle fait obtenir les citadelles rendues aux alliés par les conventions du 23 avril 1814?

Que si quelqu'un pouvait avoir le droit de reprocher le traité de Paris à ceux qui l'ont signé, ce ne serait pas certainement Buonaparte, qui a donné lieu à ce traité en introduisant les alliés jusque dans le cœur de la France. Dans tous les cas, il est insensé de soutenir qu'il fallait prolonger nos révolutions, recommencer des guerres désastreuses, compromettre l'existence de la patrie, afin de conserver quelques places, peut-être même quelques provinces conquises, il est vrai, par notre valeur, mais enlevées, après tout, à leurs possesseurs légitimes par l'injustice et la violence.

Au reste, pour juger en homme d'État les conventions du 23 avril 1814, et le traité du 30 mai qui en est la suite, on ne doit point les prendre isolément ; il faut examiner leurs causes et leurs effets, considérer la place qu'ils occupent dans la chaîne des actes diplomatiques : non-seulement ils firent cesser les calamités de la France, mais ils fondèrent dans l'avenir les droits des souverains et des peuples, la sûreté et la liberté de l'Europe.

Si ces traités forcèrent Buonaparte à descendre d'un trône usurpé, ne sont-ce pas ces mêmes traités qui le condamnent aujourd'hui de nouveau? Sans l'existence de ces actes salutaires, il pourrait dire que l'Europe n'a pas le droit de s'armer contre lui ; mais il se trouve qu'en vertu même du traité du 30 mai 1814, ce ne sont pas les étrangers qui attaquent le fugitif de l'île d'Elbe, c'est lui qui a troublé la paix du monde.

En effet, quelles sont les bases du traité de Paris?

1° La déclaration des alliés du 31 mars 1814, qui annonce *que si les conditions de la paix devaient renfermer de plus fortes garanties, lorsqu'il s'agissait d'enchaîner l'ambition de Buonaparte, elles devaient être plus favorables lorsque, par un retour vers un gouvernement sage, la France elle-même offrira l'assurance de ce repos;* QUE LES SOUVERAINS ALLIÉS NE TRAITERONT PLUS AVEC NAPOLÉON BUONAPARTE, NI AVEC AUCUN DE SA FAMILLE ; *qu'ils respectent l'intégrité de l'ancienne France, telle qu'elle a existé sous ses rois légitimes ;*

2° L'acte de déchéance du 3 avril 1814, prononcé par le sénat de Buonaparte, acte qui rappelle une partie des crimes par lesquels l'usurpateur avait attenté à la liberté de la France et de l'Europe ;

3° L'acte d'abdication du 11 avril de la même année, dans lequel Buonaparte lui-même reconnaît qu'*étant* LE SEUL *obstacle au rétablissement de la paix en Europe, il renonce pour lui et ses héritiers aux trônes de France et d'Italie;*

4° La convention du même jour, qui répète en des termes encore plus formels, la renonciation exprimée par l'acte d'abdication ;

5° Les conventions du 23 avril, où les puissances alliées déclarent qu'elles veulent donner la paix à la France, parce que la FRANCE EST REVENUE *à un gouvernement dont les principes offrent les garanties nécessaires pour le maintien de la paix.*

Ainsi, sans toutes ces conditions préalables, établies dans les actes ci-dessus mentionnés, le traité de Paris n'eût point été conclu, et toutes ces conditions se réduisent à une seule : *exclure formellement Buonaparte et les siens du trône de France, tant par l'action d'une force étrangère que par l'acquiescement de sa propre volonté.*

Cela posé, Buonaparte, violant des engagements si sacrés, reprenant le titre d'*empereur des Français,* rompt de fait la paix que le traité de Paris avait établie, et est condamné par le traité même.

Pour nous résumer : le succès momentané de Buonaparte n'a pu changer la déclaration du 13 mars dernier, comme le prouve la déclaration du 12 mai.

La base, la condition *sine qua non* du traité de Paris était l'abolition du pouvoir de Buonaparte.

Or Buonaparte, venant rétablir ce pouvoir, renverse le fondement du traité; il se replace volontairement, et replace la France, qui le souffre, dans la situation politique antérieure au 31 mars 1814 : donc c'est Buonaparte qui déclare la guerre à l'Europe, et non l'Europe à la France.

Ajoutons et répétons encore que le traité de Paris, quoi qu'en dise Buonaparte, était nécessaire et très-honorable à la France : c'est ce que nous croyons avoir démontré. Plus on examinera les transactions politiques qui ont préparé et suivi la restauration, plus on admirera les princes et l'habile ministre qui ont si parfaitement jugé les intérêts pressants de la patrie, si bien connu les choses et les hommes. Le 31 mars 1814, des armées innombrables occupaient la France; quatre mois après, toutes les armées ennemies avaient repassé nos frontières, sans avoir emporté un écu, tiré un coup de fusil, versé une goutte de sang, depuis la rentrée des Bourbons à Paris. La France se trouve agrandie sur quelques-unes de ses frontières; on partage avec elle les vaisseaux et les magasins d'Anvers ; on lui rend trois cent mille de ses enfants exposés à périr dans les prisons des alliés, si la guerre se fût prolongée; après vingt-cinq années de combats, le bruit des armes cesse subitement d'un bout de l'Europe à l'autre. Quel pouvoir a opéré ces merveilles? Le ministre d'un gouvernement à peine établi, deux princes revenus de la terre étrangère, sans force, sans suite et sans armes; deux simples traités signés Charles et Louis !

RAPPORT FAIT AU ROI DANS SON CONSEIL,

SUR LE DÉCRET

DE NAPOLÉON BUONAPARTE

Du 9 mai 1815.

Sire,

La France entière demande son roi; les sujets de Votre Majesté ne dissimulent plus leurs sentiments : les uns viennent se ranger autour d'elle; les autres font éclater dans l'intérieur du royaume leur amour pour leur souverain légitime, et l'espoir de retrouver bientôt la paix sous son autorité tutélaire. Mais, plus l'opinion publique se manifeste, plus Buonaparte, épouvanté, appesantit son joug sur les Français. Il appelle l'anarchie au secours du despotisme; il veut, mais vainement, ébranler la fidélité des faubourgs de Paris, armer la dernière classe du peuple. Pour soutenir sa tyrannie, il cherche, sous les lambeaux de la misère, des bras ensanglantés dans les massacres de septembre : il fouille dans les archives révolutionnaires pour y découvrir quelques lois propres à seconder ses fureurs. C'est cet esprit de violence qui a dicté le dernier rapport du ministre de la police de Buonaparte. Ce rapport, en date du 7 mai, a été suivi d'un décret rendu le 9 par le prétendu chef du gouvernement de la France; et le soi-disant ministre de la justice a couronné ce rapport et ce décret par sa circulaire du 11, adressée aux procureurs généraux.

Déjà l'application de ces principes d'iniquité a été faite dans plusieurs départements : des agents secondaires se sont hâtés de répondre au signal donné, en portant la rigueur et l'injustice à un excès inouï, même dans les fastes de la révolution. Nous reviendrons plus bas sur l'arrêté du lieutenant général de police Moreau : nous ne faisons ici que l'indiquer à Votre Majesté.

Ce décret du 9 mai, dont la première lecture a si vivement affligé le cœur du roi, ordonne, par le premier article, à tous les Français (autres que ceux compris dans l'article 11 de l'amnistie du 12 mars dernier) qui se trouvent hors de France au service de Votre Majesté, ou des princes de votre maison, de rentrer en France dans le délai d'un mois, à peine d'être poursuivis aux termes d'un décret du 6 avril 1809.

Ce décret du 6 avril 1809 condamne à mort, par l'article 1er du titre 1er, tous les Français portant les armes contre la France, conformément à l'article 3 de la section Ire de la deuxième partie du Code pénal du 8 octobre 1791. Par différents articles des titres II, III et IV du même décret, tous les Français qui exercent à l'étranger des fonctions politiques, administratives ou judiciaires, sont déclarés morts civilement, et leurs biens meubles et immeubles confisqués.

Le troisième article du décret du 9 mai enjoint aux procureurs généraux, et soi-disant impériaux, de poursuivre les auteurs de toutes relations et correspondances qui auraient lieu de l'intérieur de la France avec Votre Majesté et les princes de votre maison, ou leurs agents, lorsque ces dites relations ou correspondances auraient pour objet les complots ou manœuvres spécifiés dans l'article 77 du Code pénal.

Cet article 77 du Code pénal porte peine de mort et confiscation de biens contre quiconque aura pratiqué des manœuvres ou entretenu des intelligences avec les ennemis de l'État.

Les quatrième, cinquième et sixième articles du décret du 9 mai sont dirigés contre ceux des sujets de Votre Majesté qui enlèveraient le drapeau tricolore, contre les communes qui ne s'opposeraient point à cet enlèvement, et contre les individus qui porteraient des signes de ralliement autres que la cocarde tricolore.

A tous ces prétendus délits sont appliqués l'article 257 du Code pénal, la loi du 10 vendémiaire an IV, relative à la responsabilité des communes, et l'article 9 de la loi du 27 germinal an IV, sans préjudice de l'article 91 du Code pénal.

L'article 257 du Code pénal prononce un emprisonnement d'un mois à deux ans, ou une amende de 100 francs à 500 francs, contre quiconque aura abattu des monuments destinés à l'utilité publique, etc.

La loi de la Convention nationale, relative à la solidarité des communes, par le titre 1er et le premier article, rend garants tous les habitants de la même commune des attentats commis, soit envers les personnes, soit contre les propriétés ; et par le titre second, article 1er, cette responsabilité tombe sur la tête même des enfants lorsqu'ils ont atteint l'âge de douze ans.

Nous passons, sire, à l'arrêté dont nous avons parlé plus haut. Le lieutenant de police du troisième arrondissement a pris, à Nantes, le 15 mai, cet arrêté, dont le considérant et les dispositions sont également remarquables. Attribuant l'agitation des départements de l'Ouest aux *ex-nobles*, il désire, dit-il, ôter tout prétexte *à la calomnie,* et fournir à ces *ex-nobles*

les moyens de se *justifier*. En conséquence, l'arrêté porte que tous les gentilshommes des douze départements formant le troisième arrondissement de la police seront tenus de se rendre, dans le délai de dix jours, auprès du préfet de leur département. Si le préfet juge que leur conduite passée n'offre pas de garantie suffisante, il les enverra en surveillance dans une commune de l'intérieur ; et dans le cas où ils ne se présenteraient pas devant le préfet, on leur appliquera le premier article du décret du 9 mai.

Le ministre de la police de France avait dit, dans son rapport, qu'il ne proposerait pas à Buonaparte d'*excéder les bornes de son pouvoir constitutionnel ;* et voilà qu'un simple lieutenant de police porte un arrêt d'exil, de confiscation et de mort contre un ordre entier de citoyens qui ne sont pas même compris dans le décret du 9 mai ! C'est là ce qu'on appelle se renfermer dans les bornes du pouvoir constitutionnel. Malgré ce que nous avons vu depuis vingt-cinq ans, on est toujours confondu d'un abus de mots si scandaleux, d'entendre toujours attester la liberté pour établir l'esclavage, la constitution pour sanctionner l'arbitraire, et les lois pour proscrire.

Afin de punir la fidélité, la loyauté et l'honneur, il était impossible d'invoquer et d'inventer des lois plus monstrueuses. En lisant la circulaire du ministre de la justice, on croit relire cette loi des suspects, qui semble l'expression de toutes les terreurs que la tyrannie éprouve, et de toutes les vengeances qu'elle médite. Un ministre de la justice invite des juges à se défendre d'une *imprudente pitié*, pour des délits qui, de son aveu même, appellent plutôt l'indulgence que la rigueur ; il ose dire qu'il ne faut *pas absoudre ou condamner un homme sur le fait dont on l'accuse, parce que ce fait peut n'offrir en lui-même rien de répréhensible ;* mais il veut que l'on *prononce sur l'ensemble des circonstances,* c'est-à-dire, en d'autres termes, qu'on peut traîner un homme à l'échafaud, selon l'opinion qu'il plaira aux juges de supposer à cet homme. Sire, où en seraient aujourd'hui vos ennemis, si vous aviez fait usage contre eux des principes qu'ils mettent en avant pour persécuter vos sujets ? Nous ne proposerons point à Votre Majesté d'adopter de pareils principes : ils sont contraires à ses vertus et à l'esprit d'un gouvernement légal et paternel ; mais la bonté même du roi lui fait un devoir de défendre la fidélité contre la rébellion, et nous le supplions de menacer de la vengeance des lois ceux qui oseraient se rendre complices d'une autorité illégitime.

Après avoir entendu ce rapport, Sa Majesté a rendu l'ordonnance suivante :

Ordonnance du roi.

LOUIS, par la grâce de Dieu, ROI DE FRANCE ET DE NAVARRE,

A tous ceux qui ces présentes verront, salut :

Au moment où les mesures les plus odieuses se renouvellent en France, notre devoir le plus cher, comme notre besoin le plus pressant, est de défendre les droits de nos peuples contre l'oppression et la tyrannie.

Nous avons vu avec une profonde douleur la vie, la liberté et les propriétés de tous les Français restés fidèles à leur devoir, compromises par le décret que le chef du prétendu gouvernement de la France a rendu le 9 de ce mois, et par les arrêtés de quelques-uns de ses agents.

Ce décret et ces arrêtés, qui rappellent les lois révolutionnaires les plus atroces, sont encore en contradiction formelle avec notre Charte, notamment avec l'aticle 66, par lequel la confiscation des biens demeure à jamais abolie.

A ces causes, notre conseil entendu, nous avons ordonné et ordonnons ce qui suit :

Article 1er. Tous les procureurs généraux et soi-disant impériaux, tous les membres d'un tribunal quelconque, soit civil, soit militaire ; tous les agents de la police, qui, en vertu du décret de Buonaparte, en date du 9 mai 1815, ou en vertu des mesures prises, soit en application, soit en extension de ce même décret, par des autorités quelconques, feraient des poursuites relatives aux prétendus délits y spécifiés, et appliqueraient les peines prononcées par le décret, seront responsables dans leur personne et dans leurs biens, et seront traduits par-devant nos cours et tribunaux, pour y être jugés conformément aux lois de notre royaume.

2. Les préfets, sous-préfets, maires, adjoints, et tous autres agents de l'administration qui auraient concouru aux poursuites ordonnées par le décret du 9 mai, soit en faisant arrêter les personnes, soit en faisant mettre des séquestres ou apposer des scellés, soit enfin en procédant à des ventes mobilières ou immobilières, sont également responsables, et devront aussi être traduits devant nos tribunaux, tant à la poursuite de nos procureurs généraux et royaux, que sur la plainte de ceux qui, en vertu de la précédente ordonnance, auraient droit à des indemnités.

3. Tout juge de paix, greffier, commissaire-priseur, huissier et autres, qui concourront à la vente des propriétés mobilières ou des fruits des propriétés immobilières ; tous ceux qui se seront rendus sciemment acquéreurs des objets vendus, seront solidairement responsables de la valeur desdits objets.

4. Nos ministres sont chargés, chacun en ce qui le concerne, de l'exécution de la présente ordonnance.

Donné à Gand, le vingtième jour du mois de mai de l'an de grâce mil huit cent quinze, et de notre règne le vingtième.

Signé LOUIS.

Et plus bas : Par le roi,

Le chancelier de France,
Signé D'AMBRAY.

PRÉFACE

DE LA PREMIÈRE ÉDITION

DE

LA MONARCHIE SELON LA CHARTE.

Si, n'étant que simple citoyen, je me suis cru obligé dans quelques circonstances graves d'élever la voix et de parler à ma patrie, que dois-je donc faire aujourd'hui? Pair et ministre d'État, n'ai-je pas des devoirs bien plus rigoureux à remplir, et mes efforts pour mon roi ne doivent-ils pas être en raison des honneurs dont il m'a comblé?

Comme pair de France, je dois dire la vérité à la France, et je la dirai.

Comme ministre d'État, je dois dire la vérité au roi, et je la dirai.

Si le conseil dont j'ai l'honneur d'être membre était quelquefois assemblé, on pourrait me dire : « Parlez dans le conseil. » Mais ce conseil ne s'assemble pas : il faut donc que je trouve le moyen de faire entendre mes humbles remontrances, et de remplir mes fonctions de ministre.

Si j'avais besoin de prouver par des exemples que les hommes en place ont le droit d'écrire sur les matières d'État, ces exemples ne me manqueraient pas : j'en trouverais plusieurs en France, et l'Angleterre m'en fournirait une longue suite. Depuis Bolingbroke jusqu'à Burke, je pourrais citer un grand nombre de lords, de membres de la Chambre des communes, de membres du conseil privé, qui ont écrit sur la politique, en opposition directe avec le système ministériel adopté dans leur pays.

Hé quoi ! si la France me semble menacée de nouveaux malheurs; si la légitimité me paraît en péril, il faudra que je me taise, parce que je suis pair et ministre d'État ! Mon devoir, au contraire, est de signaler l'écueil, de tirer le canon de détresse, et d'appeler tout le monde au secours. C'est par cette raison que, pour la première fois de ma vie, je signe mes titres, afin d'annoncer mes devoirs, et d'ajouter, si je puis, à cet ouvrage, le poids de mon rang politique.

Ces devoirs sont d'autant plus impérieux, que la liberté individuelle et la liberté de la presse sont suspendues. Qui oserait parler? Puisque la qualité de pair de France me donne, en vertu de la Charte, une sorte d'inviolabilité, je dois en profiter pour rendre à l'opinion publique une partie de sa puissance. Cette opinion me dit : « Vous avez fait des lois qui m'entravent; prenez donc la parole pour moi, puisque vous me l'avez ôtée. »

Enfin le public m'a prêté quelquefois une oreille bienveillante : j'ai quelque chance d'être écouté. Si donc en écrivant je peux faire un peu de bien, ma conscience m'ordonne encore d'écrire.

Cette préface se bornerait ici, si je n'avais quelques explications à donner.

Le mot de *royaliste*, dans cet ouvrage, est pris dans un sens très-étendu : il embrasse tous les royalistes, quelle que soit la nuance de leurs opinions, pourvu que ces opinions ne soient pas dictées par les intérêts *moraux* révolutionnaires [1].

Par *gouvernement représentatif*, j'entends la monarchie telle quelle existe aujourd'hui en France, en Angleterre et dans les Pays-Bas, soit qu'on veuille ou qu'on ne veuille pas convenir de la justesse rigoureuse de l'expression.

Quand je parle des fautes, des systèmes, des ordonnances, des projets de loi d'un ministère, je ne fais la part ni du bien ni du mal à chacun des ministres qui composaient ou qui composent ce ministère. Ainsi je n'ai point ménagé des ministères dans lesquels même j'avais des amis. Je fais, par exemple, profession d'un respect particulier pour M. le chancelier de France : j'ai souvent eu l'occasion de reconnaître en lui cette candeur, cette droiture d'esprit et de cœur, cette rare probité de notre ancienne magistrature. Mes sentiments pour M. le comte de Blacas sont bien connus : je les ai consignés dans mes écrits, dans mes discours à la Chambre des pairs. Le roi n'a pas de serviteur plus noble et plus dévoué que M. de Blacas. Il prouve en ce moment même son habileté par la manière dont il conduit les négociations difficiles dont il est chargé. Plût à Dieu qu'il eût exercé une plus grande influence sur le ministère dont il faisait partie ! Mais enfin ce ministère est tombé dans des fautes énormes, et je l'ai jugé rigoureusement, sans parler ni de M. le chancelier ni de M. de Blacas, qui, loin de partager les systèmes de l'administration, n'avaient pas cessé un moment de les combattre. Toutefois, dans un écrit où je traite des principes de la *Monarchie représentative*, j'ai dû admettre le principe qu'une mesure ministérielle est l'ouvrage du ministère.

PRÉFACE

DE L'ÉDITION DE 1827.

La Monarchie selon la Charte est divisée en deux parties, ainsi que je l'ai déjà dit dans ma préface générale ; la partie théorique est maintenant indépendante de celle qui n'avait rapport qu'aux circonstances du moment.

La publication de *la Monarchie selon la Charte* a été une des grandes époques de ma vie : elle m'a fait prendre rang parmi les publicistes, et elle a servi à fixer l'opinion sur la nature de notre gouvernement. Je ne cesserai de le répéter : hors la Charte point de salut. C'est le seul abri qui nous reste contre la république et contre le despotisme militaire : qui ne voit pas cela est aveugle-né.

Comme ce qui m'arrive ne ressemble jamais à rien, *la Monarchie selon la Charte* me fit ôter une place obtenue à Gand, et réputée jusqu'alors inamovible. Ce que je regrettai, ce ne fut pas cette place ; ce fut la vente de mes livres, forcée par ma nouvelle situation, et surtout de la petite retraite que j'avais plantée de mes mains, et acquise du fruit des succès du *Génie du Christianisme*. L'homme de vertu qui a depuis habité cette retraite m'en a rendu la perte moins pénible. Mais il n'est pas bon de se mêler, même accidentellement, à ma fortune : cet homme de vertu n'est plus.

J'ai eu l'honneur d'être dépouillé trois fois pour la légitimité : la première, pour avoir suivi les fils de saint Louis dans leur exil ; la seconde, pour avoir écrit en faveur des

---

[1] On verra dans le cours de cet ouvrage ce que j'entends par les intérêts *moraux* révolutionnaires.

principes de la monarchie que le roi nous avait octroyée ; la troisième, pour m'être tu sur une loi funeste, et pour avoir contribué à maintenir l'Europe en paix pendant cette campagne si glorieuse pour un fils de France, et qui a rendu une armée au drapeau blanc.

Les bourreaux qui avaient tué mon frère ne m'ont pas laissé mon patrimoine : c'est dans l'ordre ; mais je ne puis m'empêcher d'engager les ministres futurs à se défendre de ces mesures précipitées, sujettes à de graves inconvénients. En me frappant, on n'a frappé qu'un dévoué serviteur du roi, et l'ingratitude est à l'aise avec la fidélité ; toutefois il peut y avoir tels hommes moins soumis et telles circonstances dont il ne serait pas bon d'abuser : l'Histoire le prouve. Je ne suis ni le prince Eugène, ni Voltaire, ni Mirabeau ; et quand je posséderais leur puissance, j'aurais horreur de les imiter dans leur ressentiment. Mais comme j'ai eu lieu de connaître mieux qu'un autre le mal que font à mon pays les divisions et les injustices, j'exhorte les hommes en pouvoir à les éviter. Il y a quelques mois que je me serais bien gardé de faire ces réflexions, dans la crainte qu'on ne les prît, ou pour la menace de la forfanterie, ou pour le regret de l'ambition, ou pour la plainte de la faiblesse : on ne les saurait considérer aujourd'hui que comme un conseil aussi important que désintéressé.

DE LA MONARCHIE SELON LA CHARTE

PREMIÈRE PARTIE.

CHAPITRE PREMIER.

Exposé.

La France veut son roi légitime.

Il y a trois manières de vouloir le roi légitime :

1° Avec l'ancien régime ;
2° Avec le despotisme ;
3° Avec la Charte.

Avec l'ancien régime, il y a impossibilité : nous l'avons prouvé ailleurs [1].

Avec le despotisme, il faut avoir, comme Buonaparte, six cent mille soldats dévoués, un bras de fer, un esprit tourné vers la tyrannie : je ne vois rien de tout cela. Je sais bien comment on établit le despotisme ; je ne sais pas comment on ferait un despote dans la famille des Bourbons.

---

[1] Cet ouvrage étant comme la suite des *Réflexions politiques*, partout où je me trouverai sur le chemin des mêmes vérités, pour m'épargner les répétitions, je citerai en notes les *Réflexions*. Par la même raison, je citerai aussi le *Rapport fait au roi à Gand*, rapport qui découle également des principes posés dans les *Réflexions politiques*.

Reste donc la monarchie avec la Charte.

C'est la seule bonne aujourd'hui : c'est, d'ailleurs, la seule possible ; cela tranche la question.

CHAPITRE II.

Suite de l'exposé.

Partons donc de ce point : que nous avons une Charte, que nous ne pouvons avoir autre chose que cette Charte.

Mais depuis que nous vivons sous l'empire de la Charte, nous en avons tellement méconnu l'esprit et le caractère, que c'est merveille.

A quoi cela tient-il ? A ce que, emportés par nos passions, nos intérêts, notre humeur, nous n'avons presque jamais voulu nous soumettre à la conséquence, tout en disant que nous adoptions le principe ; à ce que nous prétendions maintenir des choses contradictoires et impossibles ; à ce que nous résistons à la nature du gouvernement établi, au lieu d'en suivre le cours ; à ce que, contrariés par des institutions encore nouvelles, nous n'avons pas le courage de braver de légers inconvénients pour acquérir de grands avantages ; à ce qu'ayant pris la liberté pour base de ces institutions, nous nous effrayons, et nous sommes tentés de reculer jusqu'à l'arbitraire, ne comprenant pas comment un gouvernement peut être vigoureux sans cesser d'être constitutionnel.

Je vais essayer de poser quelques vérités d'un usage commun dans la pratique de la monarchie représentative. Je traiterai des *principes :* je tâcherai de démontrer ce qui manque à nos institutions, ce qu'il faut créer, ce qu'il faut détruire, ce qui est raisonnable, ce qui est absurde. Je parlerai ensuite des *systèmes :* je dirai quels sont ceux que l'on a suivis jusqu'ici dans l'administration. J'indiquerai le mal ; je finirai par offrir ce que je crois être le remède. Au reste, je ne m'écarterai pas des premières notions du sens commun. Mais il paraît que le sens commun est une chose plus rare que son nom ne semble l'indiquer : la révolution nous a fait oublier tant de choses ! En politique comme en religion, nous en sommes au catéchisme.

CHAPITRE III.

Éléments de la monarchie représentative.

Qu'est-ce que le gouvernement représentatif ? quelle est son origine ? comment s'est-il formé en Europe ? comment fut-il établi autrefois en France et en Angleterre ? comment se détruisit-il chez nos aïeux, et pourquoi subsista-t-il chez nos voisins ? par quelles voies y sommes-nous revenus ? Pour toutes ces questions, voyez les *Réflexions politiques*.

Or, le gouvernement établi par la Charte se compose de quatre éléments : de la royauté ou de la prérogative royale, de la Chambre des pairs, de la Chambre des députés, du ministère. Cette machine, moins compliquée que l'organisation de l'ancienne monarchie avant Louis XIV, est cependant plus délicate et doit être touchée avec plus d'adresse : la violence la briserait, l'inhabileté en arrêterait le mouvement.

Voyons ce qui manque, et quels embarras se sont rencontrés jusqu'ici dans la nouvelle monarchie.

CHAPITRE IV.

De la prérogative royale. — Principe fondamental.

La doctrine sur la prérogative royale constitutionnelle est : Que rien ne procède directement du roi dans les actes du gouvernement ; que tout est l'œuvre du ministère, même la chose qui se fait au nom du roi et avec sa signature, projets de loi, ordonnances, choix des hommes.

Le roi, dans la monarchie représentative, est une divinité que rien ne peut atteindre : inviolable et sacrée, elle est encore infaillible ; car, s'il y a erreur, cette erreur est du ministre et non du roi. Ainsi, on peut tout examiner sans blesser la majesté royale, car tout découle d'un ministère responsable.

CHAPITRE V.

Application du principe.

Quand donc les ministres alarment des sujets fidèles, quand ils emploient le nom du roi pour faire passer de fausses mesures, c'est qu'ils abusent de notre ignorance, ou qu'ils ignorent eux-mêmes la nature du gouvernement représentatif. Le plus franc royaliste, dans les Chambres, peut, sans témérité, écarter le bouclier sacré qu'on lui oppose, et aller droit au ministère ; il ne s'agit que de ce dernier, jamais du roi.

Et tout cela est fondé en raison.

Car le roi étant environné de ministres responsables, tandis qu'il s'élève au-dessus de toute responsabilité, il est évident qu'il doit les laisser agir d'après eux-mêmes, puisqu'on s'en prendra à eux seuls de l'événement. S'ils n'étaient que les exécuteurs de la volonté royale, il y aurait injustice à les poursuivre pour des desseins qui ne seraient pas les leurs.

Que fait donc le roi dans son conseil ? Il juge, mais il ne force point le ministre. Si le ministre obtempère à l'avis du roi, il est sûr de faire une chose excellente, et qui aura l'assentiment général ; s'il s'en écarte, et que, pour maintenir sa propre opinion, il argumente de sa responsabilité, le roi n'insiste plus : le ministre agit, fait une faute, tombe ; et le roi change son ministre.

Et quand bien même le roi, dans le conseil, eût adopté l'avis du ministère, si cet avis entraîne une fausse mesure, le roi n'est encore pour rien dans tout cela : ce sont les ministres qui ont surpris sa sagesse, en lui présentant les choses sous un faux jour, en le trompant par corruption, passion, incapacité. Encore un coup, rien n'est l'ouvrage du roi que la loi sanctionnée, le bonheur du peuple et la prospérité de la patrie.

J'ai appuyé sur cette doctrine, parce qu'elle a été méconnue : on a profité de la passion que la Chambre des députés a pour le roi, afin de donner des scrupules à cette Chambre admirable. Les députés ont été quelque temps à démêler les véritables intérêts du trône, quand on se servait du nom même du roi pour l'opposer à ses intérêts. Passons du principe général à quelques détails.

CHAPITRE VI.

Suite de la prérogative royale. — Initiative. — Ordonnance du roi.

La prérogative royale doit être plus forte en France qu'en Angleterre [1] ; mais il faudra, tôt ou tard, la débarrasser d'un inconvénient dont le principe est dans la Charte : on a cru fortifier cette prérogative en lui attribuant exclusivement l'initiative ; on l'a au contraire affaiblie.

La forme ici n'a pas moins d'inconvénients que le fond : les ministres apportent aux Chambres leur projet de loi dans une ordonnance royale. Cette ordonnance commence par la formule : *Louis, par la grâce de Dieu*, etc. Ainsi les ministres sont forcés de faire parler le roi à la première personne : ils lui font dire qu'il a médité dans sa sagesse leur projet de loi, qu'il l'envoie aux Chambres dans sa puissance : puis surviennent des amendements qui sont admis par la couronne ; et la sagesse et la puissance du roi reçoivent un démenti formel. Il faut une seconde ordonnance pour déclarer, encore par la grâce de Dieu, la sagesse et la puissance du roi, que le roi (c'est-à-dire le ministère) s'est trompé.

Et voilà comment un nom sacré se trouve compromis. Il est donc nécessaire que l'ordonnance soit réservée pour la loi complète, ouvrage de la couronne assistée des deux autres branches de la puissance législative, et non pour le projet de loi, qui n'est que le travail des ministres.

En tout, il faut désormais user des ordonnances avec sobriété : le style de l'ordonnance est absolu, parce qu'autrefois le roi était seul souverain législateur ; mais aujourd'hui qu'il a consenti, dans sa magnanimité, à parta-

---

[1] *Réflexions politiques.*

ger les fonctions législatives avec les deux Chambres, il est mieux, en matière de loi, que la couronne ne parle impérieusement que pour la loi achevée. Autrement vous placez le pair et le député entre deux puissances législatives, la loi et l'ordonnance ; entre l'ancienne et la nouvelle constitution, entre ce qu'on doit à la loi comme citoyen, et ce que l'on doit à l'ordonnance comme sujet. Comment alors travailler librement à la loi, sans blesser la prérogative, ou se taire devant la prérogative, sans cesser d'obéir à sa conscience en votant sur les articles de la loi? Le nom du roi, mis en avant par les ministres, produirait à la longue l'un ou l'autre de ces graves inconvénients : ou il imprimerait un tel respect, que, toute liberté disparaissant dans les deux chambres, on tomberait sous le despotisme ministériel ; ou il n'enchaînerait pas les volontés, ce qui conduirait au mépris de cette autorité royale, sans laquelle pourtant il n'est point de salut pour nous.

Toutes les convenances seraient choquées, en Angleterre, si un membre du parlement s'avisait de citer l'auguste nom du monarque pour combattre ou pour faire un bill.

CHAPITRE VII.

Objections.

Mais si les Chambres ont seules l'initiative, ou si elles la partagent avec la couronne, ne va-t-on pas voir recommencer cette manie de faire des lois qui perdit la France sous l'Assemblée constituante?

On oublie dans ces comparaisons, si souvent répétées, que l'esprit de la France n'était pas tel alors qu'il est aujourd'hui ; que la révolution commençait et qu'elle finit ; que l'on tend au repos, comme on tendait au mouvement ; que, loin de vouloir détruire, la plus forte envie est de réparer.

On oublie que la constitution n'était pas la même ; qu'il n'y avait qu'une assemblée ou deux conseils de même nature, et que la Charte a établi deux Chambres formées d'éléments divers ; que ces deux Chambres se balancent, que l'une peut arrêter ce que l'autre aurait proposé imprudemment.

On oublie que toute motion d'ordre faite et poursuivie spontanément n'est plus possible ; que toute proposition doit être déposée par écrit sur le bureau ; que si les Chambres décident qu'il y a lieu de s'occuper de cette proposition, elle ne peut être développée qu'après un intervalle de trois jours ; qu'elle est ensuite envoyée et distribuée dans les bureaux : ce n'est qu'après avoir passé à travers toutes ces formes dilatoires qu'elle revient aux Chambres, modifiée et comme refroidie, pour y rencontrer tous les obstacles, y subir tous les amendements des projets de loi ; encore la discussion peut-elle en être retardée, s'il se trouve à l'ordre du jour d'autres affaires qui aient la priorité.

On oublie enfin que le roi a puissance absolue pour rejeter la loi, pour dissoudre les Chambres, si le besoin de l'État le requérait.

D'ailleurs, de quoi s'agit-il? d'ôter l'initiative des lois à la couronne? Pas du tout : laissez l'initiative à la couronne, qui s'en servira dans les grandes occasions, pour quelque loi bien éclatante, bien populaire ; mais donnez-la aussi aux Chambres, qui l'exercent déjà par le fait, puisqu'elles ont le droit de la proposition de loi.

Le développement de la proposition est secret, répond-on, et avec l'initiative la discussion est publique : les assemblées délibérantes ont fait tant de mal à la France, qu'on ne saurait trop se prémunir contre elles.

Mais alors pourquoi une Charte? pourquoi une constitution libre? pourquoi n'avoir pas pris les choses telles qu'elles étaient, un sénat passif, un corps législatif muet? Et voilà comment, par une inconséquence funeste, on veut et on ne veut pas ce que l'on a.

Sait-on ce qui arrivera si nous ne sommes pas plus décidés dans nos vœux, pas plus d'accord avec nous-mêmes? Ou nous détruirons la constitution (et Dieu sait ce qui en résultera), ou nous serons emportés par elle : prenons-y garde, car, dans l'état actuel des choses, elle est probablement plus forte que nous.

CHAPITRE VIII.

Contre la proposition secrète de la loi.

Proposition secrète de la loi : idée fausse et contradictoire, élément hétérogène dont il faudra se débarrasser. La proposition secrète de la loi ne peut même jamais être si secrète qu'elle ne parvienne au public défigurée : l'initiative franche est de la nature du gouvernement représentatif. Dans ce gouvernement tout doit être connu, porté au tribunal de l'opinion. Si la discussion aux Chambres devient orageuse, cinq membres, en se réunissant, peuvent, aux termes de l'article 44 de la Charte, faire évacuer les tribunes. On conserverait donc, par l'initiative, les avantages du secret sans perdre ceux de la publicité; il n'y a donc rien à gagner à préférer la proposition à l'initiative. C'est vouloir se procurer par un moyen ce qu'on obtient déjà par un autre; c'est compliquer les ressorts, pour se donner ce qu'on peut avoir par un procédé simple et naturel.

L'initiative accordée aux Chambres fera disparaître en outre ces définitions de principes généraux qui, cette année, ont entravé la discussion de chacune de nos lois. On n'entendrait plus parler aussi de l'éternelle doctrine des amendements. Le bon sens veut que les Chambres, admises à la confection des lois, aient le droit de proposer dans ces lois tous les changements qui leur semblent utiles (excepté pour le budget, comme je vais le dire).

Vouloir fixer des bornes au droit d'amendement; trouver le point mathématique où l'amendement finit, où la proposition de loi commence ; savoir exactement quand cet amendement empiète, quand il n'empiète pas sur la prérogative, c'est se perdre dans une métaphysique politique, sans rivage et sans fond.

Permettez l'initiative aux Chambres : que la loi, si vous le voulez, puisse être également proposée par le gouvernement, mais sans ordonnance formelle, et toutes ces questions oiseuses tomberont. Au lieu de crier à tout propos à la violation de la Charte, à la violation de la prérogative royale; au lieu de rejeter cet amendement, non parce qu'il est mauvais en lui-même, mais parce qu'il contrarie une théorie, on sera obligé de combattre son adversaire par des raisons prises dans la nature même de la loi proposée. On ne s'accusera plus mutuellement, les uns de rappeler des principes démocratiques, les autres de prêcher l'obéissance passive : les esprits deviendront plus justes, les cœurs plus unis; il y aura moins de temps perdu.

CHAPITRE IX.

Ce qui résulte de l'initiative laissée aux Chambres.

D'ailleurs l'initiative laissée aux Chambres est manifestement dans les intérêts du roi : la couronne ne se charge alors que de la proposition des lois populaires, et laisse aux pairs et aux députés tout ce qu'il peut y avoir de rigoureux dans la législation. Ensuite, si la loi ne passe pas, le nom du roi ne s'est pas trouvé mêlé à des discussions où souvent le mouvement de la tribune fait sortir de la convenance. D'une autre part, les ministres ne viendront plus violenter votre conscience, en s'écriant : « C'est la proposition du roi, c'est sa volonté : jamais il ne consentira à cet amendement. »

Enfin, si les ministres sont habiles, l'initiative des Chambres ne sera jamais que l'initiative ministérielle, car ils auront l'art de faire proposer ce qu'ils voudront. C'est l'avantage de l'anonyme pour un auteur : si l'ouvrage est bon, l'auteur le réclame après le succès; s'il ne réussit pas, il le laisse à qui la critique veut le donner. Encore le ministre est-il mieux placé que l'auteur; car, bonne ou mauvaise, la loi que ce ministre a chargé ses amis de proposer doit toujours passer aux Chambres, à moins qu'il n'ait adopté le *système de la minorité,* si ingénieusement inventé dans la dernière session. Renoncer à la majorité, c'est vouloir marcher sans pieds, voler sans ailes; c'est briser le grand ressort du gouvernement représentatif : je le montrerai plus tard.

CHAPITRE X.

Où ce qui précède est fortifié.

Voilà les inconvénients de la proposition secrète de la loi par les Chambres, et de l'initiative par la couronne ; en voici les absurdités :

Si la proposition passe aux Chambres, elle va à la couronne ; si la couronne l'adopte, elle revient aux Chambres en forme de projet de loi.

Si les Chambres jugent alors à propos de l'amender, elle retourne à la couronne, qui peut à son tour introduire de nouveaux changements, lesquels doivent encore être adoptés par les deux Chambres, pour être présentés ensuite à la sanction du roi, qui peut encore ajouter ou retrancher.

Il y a dans le Kiang-Nan, province la plus polie de la Chine, un usage : deux mandarins ont une affaire à traiter ensemble ; le mandarin qui a reçu le premier la visite de l'autre mandarin ne manque pas, par politesse, de l'accompagner jusque chez lui ; celui-ci à son tour, par politesse, se croit obligé de retourner à la maison de son hôte, lequel sait trop bien vivre pour laisser aller seul son honorable voisin, lequel connaît trop bien ses devoirs pour ne pas reconduire encore un personnage si important, lequel... Quelquefois les deux mandarins meurent dans ce combat de bienséance, et l'affaire avec eux [1].

CHAPITRE XI.

Continuation du même sujet.

L'initiative et la sanction de la loi sont visiblement incompatibles ; car, dans ce cas, c'est la couronne qui approuve ou désapprouve son propre ouvrage. Outre l'absurdité du fait, la couronne est ainsi placée dans une position au-dessous de sa dignité : elle ne peut confirmer un projet de loi que les ministres ont déclaré être le fruit des méditations, avant que les pairs et les députés n'aient examiné, et pour ainsi dire approuvé ce projet de loi. N'est-il pas plus noble et plus dans l'ordre que les Chambres proposent la loi, et que le roi la juge ? Il se présente alors comme le grand et le premier législateur, pour dire : « Cela est bon, cela est mauvais ; je veux ou je ne veux pas. » Chacun conserve son rang : ce n'est plus un sujet obscur qui s'avise de contrôler une loi proposée au nom du souverain maître et seigneur.

L'initiative, loin d'être favorable au trône, est donc antimonarchique,

[1] *Lettres édif.*

puisqu'elle déplace les pouvoirs : les Anglais l'ont très-raisonnablement attribuée aux Chambres.

CHAPITRE XII.

Question.

Dans le gouvernement représentatif, s'écrie-t-on, le roi n'est donc qu'une vaine idole? On l'adore sur l'autel, mais il est sans action et sans pouvoir.

Voilà l'erreur. Le roi, dans cette monarchie, est plus absolu que ses ancêtres ne l'ont jamais été, plus puissant que le sultan à Constantinople, plus maître que Louis XIV à Versailles.

Il ne doit compte de sa volonté et de ses actions qu'à Dieu.

Il est le chef ou l'évêque extérieur de l'Église gallicane.

Il est le père de toutes les familles particulières, en les rattachant à lui par l'instruction publique.

Seul il rejette ou sanctionne la loi ; toute loi émane donc de lui ; il est donc souverain législateur.

Il s'élève même au-dessus de la loi, car lui seul peut faire grâce et parler plus haut que la loi.

Seul il nomme et déplace les ministres à volonté, sans opposition, sans contrôle : toute l'administration découle donc de lui ; il en est donc le chef suprême.

L'armée ne marche que par ses ordres.

Seul il fait la paix et la guerre.

Ainsi, le premier dans l'ordre religieux, moral et politique, il tient dans sa main les mœurs, les lois, l'administration, l'armée, la paix et la guerre.

S'il retire cette main royale, tout s'arrête.

S'il l'étend, tout marche.

Il est si bien tout par lui-même, qu'ôter le roi, il n'y a plus rien.

Que regrettez-vous donc pour la couronne? Serait-ce les millions d'entraves dont la royauté était jadis embarrassée, et le pouvoir qu'un ministre avait de vous mettre à la Bastille? Vous vous trompez encore quand vous supposez que la couronne pouvait agir autrefois avec plus d'indépendance ou plus de force qu'aujourd'hui. Quel roi de France, dans l'ancienne monarchie, aurait pu lever l'impôt énorme que le budget a établi? Quel roi aurait pu faire usage d'un pouvoir aussi violent que celui dont les lois sur la liberté de la presse, la liberté individuelle et les cris séditieux, ont investi la couronne?

De l'examen de la prérogative royale, passons à l'examen de la Chambre des pairs.

CHAPITRE XIII.

De la Chambre des pairs. — Priviléges nécessaires.

Si, avant d'avoir reçu de la munificence toute gratuite du roi la haute dignité de la pairie, je n'avais pas réclamé, pour la Chambre des pairs, ce que je vais encore demander aujourd'hui, une certaine pudeur m'empêcherait peut-être de parler ; mais mon opinion imprimée [1] ayant devancé des honneurs qui surpassent de beaucoup les très-faibles services que j'ai pu rendre à la cause royale, je puis donc m'expliquer sans détours.

Il manque encore à la Chambre des pairs de France, non dans ses intérêts particuliers, mais dans ceux du roi et du peuple, des priviléges, des honneurs et de la fortune.

Néanmoins, dans le rapport que j'eus l'honneur de faire au roi à Gand dans son conseil, en indiquant la nécessité d'instituer l'hérédité de la pairie (tant pour consacrer les principes de la Charte que pour prouver que l'on voulait sincèrement ce que l'on avait promis), je ne prétendais pas conseiller de faire à la fois tous les pairs héréditaires. Un certain nombre de pairs, pris parmi les anciens et les nouveaux pairs, m'aurait d'abord paru suffire. Le ministère, dont l'ordonnance du 19 août 1815 est l'ouvrage, n'a peut-être pas assez vu tout ce que cette ordonnance enlevait à la couronne. Le roi, providence de la France, et qui, comme cette providence, répand les bienfaits à pleines mains, a consenti à une générosité toujours au-dessous de sa munificence : il ne s'est rien réservé de ce qu'il pouvait donner. Et pourtant quelle source de récompenses est tarie par l'acte ministériel ! Quel noble sujet enlevé à une noble ambition ! Que n'eût point fait un pair à vie, pour devenir pair héréditaire, pour constituer dans sa famille une si haute et si importante dignité !

La même ordonnance semble ôter au roi la faculté de faire à l'avenir des pairs à vie ; mais il y a sans doute sur ce point quelque vice de rédaction. La Charte, article 27, dit positivement : « Le roi peut nommer les pairs *à vie*, ou les rendre héréditaires, selon sa volonté. »

CHAPITRE XIV.

Substitutions : qu'elles sont de l'essence de la pairie.

Je ne répéterai point, sur les honneurs et les priviléges à accorder à la pairie, ce que j'ai dit dans les *Réflexions politiques*. J'ajouterai seulement

---

[1] *Réflexions politiques. Rapport fait au roi, à Gand.*

qu'il faudra tôt ou tard rétablir pour les pairs l'usage des substitutions par ordre de primogéniture. Passées des lois romaines dans nos anciennes lois, mais pour y maintenir d'autres principes, les substitutions entrent dans la constitution monarchique. Le retrait lignager en serait un appendice heureux : inventé à l'époque où les fiefs devinrent héréditaires, il rattacherait la dignité à la glèbe ; et la terre noble ferait le noble plus sûrement que la volonté politique.

Stat fortuna domus, et avi numerantur avorum.

Tel est le moyen de rétablir en France des familles aristocratiques, barrière et sauvegarde du trône. Sans priviléges et sans propriétés, la pairie est un mot vide de sens, une institution qui ne remplit pas son but. Si la Chambre des pairs a moins d'honneurs et de propriétés territoriales que la Chambre des députés, la balance est rompue : le principe de l'aristocratie est déplacé, et va se réunir au principe démocratique dans la Chambre des députés. Cette dernière Chambre acquerra alors une prépondérance inévitable et dangereuse, en joignant à sa popularité naturelle l'égalité des titres et la supériorité de la fortune.

Quand et comment faut-il exécuter ce que je propose pour la Chambre des pairs ? On l'apprendra du temps ; mais, quoi qu'on fasse, il faudra en venir là, ou la monarchie représentative ne se constituera pas en France.

Au reste, les séances de la Chambre des pairs doivent être publiques, sinon par la loi, du moins par l'usage, comme en Angleterre. Sans cette publicité, la Chambre des pairs n'a pas assez d'action sur l'opinion, et laisse encore un trop grand avantage à la Chambre des députés.

L'intérêt du ministère réclame également cette publicité : l'attaque légale contre les ministres commence à la Chambre des députés, et la défense a lieu dans la Chambre des pairs. L'attaque est donc publique, tandis que la défense est secrète ? Les principes de deux jurisprudences opposées sont donc employés dans le même procès ? Il y a contradiction dans la loi, et lésion pour la partie.

Quittons la Chambre des pairs : venons à la Chambre des députés.

CHAPITRE XV.

De la Chambre des députés. — Ses rapports avec les ministres.

Notre Chambre des députés serait parfaitement constituée si les lois sur les élections et sur la responsabilité des ministres étaient faites ; mais il manque encore à cette Chambre la connaissance de quelques-uns de ses pouvoirs, de quelques-unes de ces vérités filles de l'expérience.

Il faut d'abord qu'elle sache se faire respecter. Elle ne doit pas souffrir que les ministres établissent en principe qu'ils sont indépendants des Chambres ; qu'ils peuvent refuser de venir lorsqu'elles désireraient leur présence. En Angleterre, non-seulement les ministres sont interrogés sur des bills, mais encore sur des actes administratifs, sur des nominations, et même sur des nouvelles de gazette.

Si on laisse passer cette grande phrase, que les ministres du roi ne doivent compte qu'au roi de leur *administration,* on entendra bientôt par *administration* tout ce qu'on voudra : des ministres incapables pourront perdre la France à leur aise ; et les Chambres, devenues leurs esclaves, tomberont dans l'avilissement.

Quel moyen les Chambres ont-elles de se faire écouter ? Si les ministres refusent de répondre, elles en seront pour leur interpellation, compromettront leur dignité, et paraîtront ridicules, comme on l'est en France quand on fait une fausse démarche.

La Chambre des députés a plusieurs moyens de maintenir ses droits.

Posons donc les principes :

Les Chambres ont le droit de demander tout ce qu'elles veulent aux ministres.

Les ministres doivent toujours répondre, toujours venir, quand les Chambres paraissent le souhaiter.

Les ministres ne sont pas toujours obligés de donner les explications qu'on leur demande ; ils peuvent les refuser, mais en motivant ce refus sur des raisons d'État dont les Chambres seront instruites quand il en sera temps. Les Chambres, traitées avec cet égard, n'iront pas plus loin. Lorsqu'un ministre a désiré d'obtenir un crédit de six millions sur le grand livre, il a donné sa parole d'honneur, et les députés n'ont pas demandé d'autres éclaircissements. *Foi de gentilhomme* est un vieux gage sur lequel les Français trouveront toujours à emprunter.

D'ailleurs les Chambres ne se mêleront jamais d'administration, ne feront jamais de demandes inquiétantes ; elles n'exposeront jamais les ministres à se compromettre, si les ministres sont ce qu'ils doivent être, c'est-à-dire maîtres des Chambres par le *fond*, et leurs serviteurs par la *forme*.

Quel moyen conduit à cet heureux résultat ? le moyen le plus simple du monde : le ministère doit disposer de la majorité et marcher avec elle ; sans cela, point de gouvernement.

Je sais bien que cette espèce d'autorité que les Chambres exercent sur le ministère pendant les sessions rappelle à l'esprit les envahissements de l'Assemblée constituante : mais, encore une fois, toute comparaison de ce qui est aujourd'hui à ce qui fut alors est boiteuse. L'expérience de nos temps de malheur n'autorise point à dire que la monarchie représentative ne peut pas s'établir en France : le gouvernement qui existait à cette époque n'était point la monarchie représentative fondée sur des principes naturels, par la véritable division des pouvoirs. Une assemblée unique, un roi dont le *veto* n'était pas absolu ! Qu'y a-t-il de commun entre l'ordre établi par l'Assemblée constituante et l'ordre politique fondé par la Charte ? Usons de cette Charte : si rien ne marche avec elle, alors nous pourrons affirmer que le génie français est incompatible avec le gouvernement représentatif ; jusque-là nous n'avons pas le droit de condamner ce que nous n'avons jamais eu.

CHAPITRE XVI.

Que la Chambre des députés doit se faire respecter au dehors par les journaux.

La Chambre des députés ne doit pas permettre qu'on l'insulte *collectivement* dans les journaux, ou qu'on altère les discours de ses membres.

Tant que la presse sera captive, les députés ont le droit de demander compte au ministère des délits de la presse ; car, dans ce cas, ce sont les censeurs qui sont coupables, et les censeurs sont les agents des ministres.

Lorsque la presse deviendra libre, les députés doivent mander à la barre le libelliste, ou le faire poursuivre dans toute la rigueur des lois par-devant les tribunaux.

En attendant l'époque qui délivrera la presse de ses entraves, il serait bon que la Chambre eût à elle un journal où ses séances, correctement imprimées, deviendraient la condamnation ou la justification des gazettes officielles.

Mais ce qu'il faut surtout, c'est la liberté de la presse. Que la Chambre se hâte de la réclamer : je vais en donner les raisons.

CHAPITRE XVII.

De la liberté de la presse.

Point de gouvernement représentatif sans la liberté de la presse. Voici pourquoi :

Le gouvernement représentatif s'éclaire par l'opinion publique, et est fondé sur elle. Les Chambres ne peuvent connaître cette opinion, si cette opinion n'a point d'organes.

Dans un gouvernement représentatif, il y a deux tribunaux : celui des Chambres, où les intérêts particuliers de la nation sont jugés ; celui de la nation elle-même, qui juge en dehors les deux Chambres.

Dans les discussions qui s'élèvent nécessairement entre le ministère et les

Chambres, comment le public connaîtra-t-il la vérité si les journaux sont sous la censure du ministère, c'est-à-dire sous l'influence d'une des parties intéressées? Comment le ministère et les Chambres connaîtront-ils l'opinion publique qui fait la volonté générale, si cette opinion ne peut librement s'expliquer?

CHAPITRE XVIII.

Que la presse entre les mains de la police rompt la balance constitutionnelle.

Il faut, dans une monarchie constitutionnelle, que le pouvoir des Chambres et celui du ministère soient en harmonie. Or, si vous livrez la presse au ministère, vous lui donnez le moyen de faire pencher de son côté tout le poids de l'opinion publique, et de se servir de cette opinion contre les Chambres : la constitution est en péril.

CHAPITRE XIX.

Continuation du même sujet.

Qu'arrive-t-il lorsque les journaux sont, par le moyen de la censure, entre les mains du ministère? Les ministres font admirer, dans les gazettes qui leur appartiennent, tout ce qu'ils ont dit, tout ce qu'a fait, tout ce qu'a dit leur parti *intra muros* et *extra*. Si, dans les journaux dont ils ne disposent pas entièrement, ils ne peuvent obtenir les mêmes résultats, du moins ils peuvent forcer les rédacteurs à se taire.

J'ai vu des journaux non ministériels suspendus pour avoir loué telle ou telle opinion.

J'ai vu des discours de la Chambre des députés mutilés par la censure sur l'épreuve de ces journaux.

J'ai vu apporter les défenses spéciales de parler de tel événement, de tel écrit qui pouvait influer sur l'opinion publique d'une manière désagréable aux ministres [1].

J'ai vu destituer un censeur qui avait souffert onze années de détention comme royaliste, pour avoir laissé passer un article en faveur des royalistes.

Enfin, comme on a senti que des ordres de la police, envoyés par écrit aux

---

[1] Cet ouvrage offrira sans doute un nouvel exemple de ces sortes d'abus. On défendra aux journaux de l'annoncer, ou on le fera déchirer par les journaux. Si quelques-uns d'entre eux osaient en parler avec indépendance, ils seraient arrêtés à la poste, selon l'usage. Je vais voir revenir pour moi le bon temps des Fouché : n'a-t-on pas publié contre moi, sous la police royale, des libelles que le duc de Rovigo avait supprimés comme trop infâmes? Je n'ai point réclamé, parce que je suis partisan sincère de la liberté de la presse, et que, dans mes principes, je ne puis le faire tant qu'il n'y

bureaux des feuilles publiques, pouvaient avoir des inconvénients, on a tout dernièrement supprimé cet ordre, en déclarant aux journalistes qu'ils ne recevraient plus que des *injonctions verbales*. Par ce moyen les preuves disparaîtront, et l'on pourra mettre sur le compte des *rédacteurs* des gazettes tout ce qui sera l'ouvrage des *injonctions ministérielles*.

C'est ainsi que l'on fait naître une fausse opinion en France, qu'on abuse celle de l'Europe; c'est ainsi qu'il n'y a point de calomnies dont on n'ait essayé de flétrir la Chambre des députés. Si l'on n'eût pas été si contradictoire et si absurde dans ces calomnies; si, après avoir appelé les députés des aristocrates, des ultra-royalistes, des ennemis de la Charte, des *Jacobins blancs*, on ne les avait pas ensuite traités de démocrates, d'ennemis de la prérogative royale, de factieux, de *Jacobins noirs*, que ne serait-on pas parvenu à faire croire?

Il est de toute impossibilité, il est contre tous les principes d'une monarchie représentative, de livrer exclusivement la presse au ministère, de lui laisser le droit d'en disposer selon ses intérêts, ses caprices et ses passions, de lui donner moyen de couvrir ses fautes, et de corrompre la vérité. Si la presse eût été libre, ceux qui ont tant attaqué les Chambres auraient été traduits à leur tour au tribunal, et l'on aurait vu de quel côté se trouvaient l'habileté, la raison et la justice.

Soyons conséquents : ou renonçons au gouvernement représentatif, ou ayons la liberté de la presse : il n'y a point de constitution libre qui puisse exister avec les abus que je viens de signaler.

CHAPITRE XX.

Dangers de la liberté de la presse. — Journaux. — Lois fiscales.

Mais la liberté de la presse a des dangers. Qui l'ignore? Aussi cette liberté ne peut exister qu'en ayant derrière elle une loi forte, *immanis lex*, qui prévienne la prévarication par la ruine, la calomnie par l'infamie, les écrits séditieux par la prison, l'exil, et quelquefois par la mort : le Code a sur ce point la loi unique. C'est aux risques et périls de l'écrivain que je demande pour lui la liberté de la presse; mais il la faut, cette liberté, ou, encore une fois, la constitution n'est qu'un jeu.

a pas de loi. Au reste, je suis accoutumé aux injures, et fort au-dessus de toutes celles qu'on pourra m'adresser. Il ne s'agit pas de moi ici, mais du *fond* de mon ouvrage ; et c'est par cette raison que je préviens les provinces, afin qu'elles ne se laissent pas abuser. J'attaque un parti puissant, et les journaux sont exclusivement entre les mains de ce parti : la politique et la littérature continuent de se faire à la police. Je puis donc m'attendre à tout ; mais je puis donc demander aussi qu'on me lise, et qu'on ne me juge pas en dernier ressort sur le rapport des journaux qui ne sont pas libres.

Quant aux journaux, qui sont l'arme la plus dangereuse, il est d'abord aisé d'en diminuer l'abus, en obligeant les propriétaires des feuilles périodiques, comme les notaires et autres agents publics, à fournir un cautionnement. Ce cautionnement répondrait des amendes, peine la plus juste et la plus facile à appliquer. Je le fixerais au capital que suppose la contribution directe de 1,000 francs, que tout citoyen doit payer pour être élu membre de la Chambre des députés. Voici ma raison :

Une gazette est une tribune : de même qu'on exige du député appelé à discuter les affaires que son intérêt, comme propriétaire, l'attache à la propriété commune, de même le journaliste qui veut s'arroger le droit de parler à la France doit être aussi un homme qui ait quelque chose à gagner à l'ordre public, et à perdre au bouleversement de la société.

Vous seriez par ce moyen débarrassé de la foule des papiers publics. Les journalistes, en petit nombre, qui pourraient fournir ce cautionnement, menacés par une loi formidable, exposés à perdre la somme consignée, apprendraient à mesurer leurs paroles. Le danger réel disparaîtrait : l'opinion des Chambres, celle du ministère et celle du public seraient connues dans toute leur vérité.

L'opinion publique doit être d'autant plus indépendante aujourd'hui, que l'article 4 de la Charte est suspendu. En Angleterre, lorsque l'*habeas corpus* dort, la liberté de la presse veille : sœur de la liberté individuelle, elle défend celle-ci tandis que ses forces sont enchaînées, et l'empêche de passer du sommeil à la mort [1].

CHAPITRE XXI.

Liberté de la presse par rapport aux ministres.

Les ministres seront harcelés, vexés, inquiétés par la liberté de la presse; chacun leur donnera son avis. Entre les louanges, les conseils et les outrages, il n'y aura pas moyen de gouverner.

Des ministres véritablement constitutionnels ne demanderont jamais que, pour leur épargner quelques désagréments, on expose la constitution. Ils ne sacrifieront pas aux misérables intérêts de leur amour-propre la dignité de la nature humaine; ils ne transporteront point sous la monarchie les irascibilités de l'aristocratie. « Dans l'aristocratie, dit Montesquieu, les magistrats sont de petits souverains qui ne sont pas assez grands pour mépriser les injures. Si dans la monarchie quelque trait va contre le monarque, il est

---

[1] On se retranche dans la difficulté de faire une bonne loi sur la liberté de la presse. Cette loi est certainement difficile, mais je crois la savoir possible. J'ai là-dessus des idées arrêtées, dont le développement serait trop long pour cet ouvrage.

si haut, que le trait n'arrive point jusqu'à lui. Un seigneur aristocratique en est percé de part en part. »

Que les ministres se persuadent bien qu'ils ne sont point des seigneurs aristocratiques. Ils sont les agents d'un roi constitutionnel dans une monarchie représentative. Les ministres habiles ne craignent point la liberté de la presse; on les attaque, et ils survivent.

Sans doute les ministres auront contre eux des journaux; mais ils auront aussi des journaux pour eux : ils seront attaqués et défendus, comme cela arrive à Londres. Le ministère anglais se met-il en peine des plaisanteries de l'opposition et des injures du *Morning-Chronicle?* Que n'a-t-on point dit, que n'a-t-on point écrit contre M. Pitt? Sa puissance en souffrit-elle? Sa gloire en fut-elle éclipsée?

Que les ministres soient des hommes de talent; qu'ils sachent mettre de leur parti le public et la majorité des Chambres, et les bons écrivains entreront dans leurs rangs, et les journaux les mieux faits et les plus répandus les soutiendront. Ils seront cent fois plus forts, car ils marcheront alors avec l'opinion générale. Quand ils ne voudront plus se tenir dans l'exception, et contrarier l'esprit des choses, ils n'auront rien à craindre de ce que l'humeur pourra leur dire. Enfin, tout n'est pas fait dans un gouvernement pour des ministres : il faut vouloir ce qui est de la nature des institutions sous lesquelles on vit; et, encore une fois, il n'y a pas de liberté constitutionnelle sans liberté de la presse.

Une dernière considération importante pour les ministres, c'est que la liberté de la presse les dégagera d'une responsabilité fâcheuse envers les gouvernements étrangers. Ils ne seront plus importunés de toutes ces notes diplomatiques que leur attirent l'ignorance des censeurs et la légèreté des journaux; et, n'étant plus forcés d'y céder, ils ne compromettront plus la dignité de la France.

CHAPITRE XXII.

La Chambre des députés ne doit pas faire le budget.

La Chambre des députés connaîtra donc ses droits et sa dignité; elle demandera donc, le plus tôt possible, la liberté de la presse : voilà ce qu'elle doit faire. Voici ce qu'elle ne doit pas faire : elle ne doit pas faire un budget. La formation d'un budget appartient essentiellement à la prérogative royale.

Si le budget que les ministres présentent à la Chambre des députés n'est pas bon, elle le rejette.

S'il est bon seulement par parties, elle l'accepte par parties; mais il faut qu'elle se garde de jamais remplacer elle-même les impôts non consentis par des impôts de sa façon, ni de substituer au système des finances ministériel son propre système de finances ; voici pourquoi :

Elle se compromet. Le ministre restant est l'exécuteur de ce nouveau budget ; il a à venger son amour-propre, à justifier son œuvre. Dès lors, ennemi secret de la Chambre, ce ne serait que par une vertu extraordinaire qu'il pourrait mettre du zèle à seconder un plan qui a cessé d'être le sien : il est plus naturel de supposer qu'il l'entravera, et le fera manquer dans les points les plus essentiels. Puis, à la prochaine session, il viendra, d'un air modestement triomphant, annoncer à la Chambre qu'elle avait fait un excellent budget, mais que malheureusement il n'a pas réussi.

Qu'est-ce que les députés répondront? Notre budget, diront-ils, n'était peut-être pas excellent, mais il était meilleur que le vôtre. Soit, répliquera le ministre, mais il y a un déficit : vous ne pouvez vous en prendre qu'à vous-mêmes, et n'avez rien à me reprocher.

Règle générale : le budget doit être fait par le ministère, et non par la Chambre des députés, qui est le juge de ce budget. Or, si elle fait le budget, elle ne peut demander compte de son propre ouvrage, et le ministère cesse d'être responsable dans la partie la plus importante de l'administration : ainsi les éléments de la constitution sont déplacés.

Mais ces déviations de la ligne constitutionnelle, ces agitations, ces efforts, proviennent, comme tout le reste, dans la dernière session, de la lutte du ministère contre la majorité. Que le ministère consente à retourner aux principes, et le budget, convenu d'avance entre lui et la majorité, passera sans altercation : les choses reprendront leur cours naturel, et l'on sera étonné du silence avec lequel les affaires marcheront en France.

Soit dit ainsi de la prérogative royale, de la Chambre des pairs, de la Chambre des députés ; parlons du ministère.

CHAPITRE XXIII.

<small>Du ministère sous la monarchie représentative. — Ce qu'il produit d'avantageux. — Ses changements forcés.</small>

Un avantage incalculable de la monarchie représentative, c'est d'amener les hommes les plus habiles à la tête des affaires, de créer une hérédité forcée de lumières et de talents [1].

La raison en est sensible. Avec les Chambres, un ministère faible ne peut se soutenir ; ses fautes, rappelées à la tribune, répétées dans les journaux, livrées à l'opinion publique, amènent en peu de temps sa chute.

Je ne cherche donc point, dans un gouvernement représentatif, de causes trop privées aux changements des ministres. Quand ces changements sont fréquents, c'est tout simplement que ces ministres ont embrassé de faux systèmes, méconnu l'esprit public, ou qu'ils ont été incapables de supporter le poids des affaires.

Sous une monarchie absolue, on peut s'effrayer de la succession rapide des ministres, parce que ces révolutions peuvent annoncer un défaut de discernement dans le prince, ou une suite d'intrigues de cour.

Sous une monarchie constitutionnelle, les ministres peuvent et doivent changer jusqu'à ce qu'on ait trouvé les hommes de la chose, jusqu'à ce que les Chambres et l'opinion aient fait sortir l'habileté des rangs où elle se tenait cachée. Ce sont des eaux qui cherchent à prendre leur niveau ; c'est un équilibre qui veut s'établir.

Il y aura donc changement tant que l'harmonie ne sera pas exactement établie entre les Chambres et le ministère.

CHAPITRE XXIV.

Le ministère doit sortir de l'opinion publique et de la majorité des Chambres.

Il suit de là que, sous la monarchie constitutionnelle, c'est l'opinion publique qui est la source et le principe du ministère, *principium et fons* ; et, par une conséquence qui dérive de celle-ci, le ministère doit sortir de la majorité de la Chambre des députés, puisque les députés sont les principaux organes de l'opinion populaire.

C'est assez dire aussi que les ministres doivent être membres des Chambres, parce que, représentant alors une partie de l'opinion publique, ils entrent mieux dans le sens de cette opinion, et sont portés par elle à leur tour. Ensuite le ministre député se pénètre de l'esprit de la Chambre, laquelle s'attache à lui par une réciprocité de bienveillance et de patronage.

CHAPITRE XXV.

Formation du ministère : qu'il doit être un. — Ce que signifie l'unité ministérielle.

Le ministère une fois formé doit être *un* [1]. Cela ne veut pas dire que la différence d'opinions politiques dans des hommes de mérite, lorsqu'ils sont encore isolés, soit un obstacle à leur réunion dans un ministère. Ils peuvent y entrer, par ce qu'on appelle en Angleterre une coalition [2], convenant d'abord entre eux d'un système général, faisant chacun les sacrifices com-

---

[1] *Réflexions politiques. Rapport au roi.* — [2] M. Canning, avant d'entrer au ministère britannique, s'était battu avec lord Castelreagh pour cause d'opinions politiques.

mandés par l'opinion et la position des affaires. Mais une fois assis au timon de l'État, ils ne doivent plus gouverner que dans un même esprit.

L'unité du ministère ne veut pas dire encore que la couronne ne puisse changer quelques membres du conseil, sans changer les autres ; il suffit que les membres entrants forment un système homogène d'administration avec les membres restants. En Angleterre, il y a assez fréquemment des mutations partielles dans le ministère ; et la totalité ne tombe que quand le premier ministre s'en va.

CHAPITRE XXVI.

Que le ministère doit être nombreux.

Le ministère doit être composé d'un plus grand nombre de membres responsables qu'il ne l'est aujourd'hui : il y a tel ministère dont le travail surpasse physiquement les forces d'un homme.

On gagne à augmenter le conseil responsable : 1° de diviser le travail et de multiplier les besoins ; 2° d'augmenter le nombre des amis et des défenseurs du ministère dans les Chambres et hors des Chambres ; 3° de diminuer autour du ministère les intrigues des hommes qui prétendent au ministère, en satisfaisant un plus grand nombre d'ambitions.

CHAPITRE XXVII.

Qualités nécessaires d'un ministre sous la monarchie constitutionnelle.

Ce qui convient à un ministre sous une monarchie constitutionnelle, c'est d'abord la facilité pour la parole : non qu'il ait besoin de cette *grande et notable éloquence, compagne de séditions, pleine de désobéissance, téméraire et arrogante, n'étant à tolérer aux cités bien constituées* [1] ; non qu'on ne puisse être un homme très-médiocre, avec un certain talent de tribune ; mais il faut au moins que le ministre puisse dire juste, exposer avec propriété ce qu'il veut, répondre à une objection, faire un résumé clair, sans déclaration, sans verbiage. Cela s'apprend, comme toute chose, par l'usage.

Ce ministre aura dû liant dans le caractère, de la perspicacité pour juger les hommes, de l'adresse pour manier leurs intérêts. Toutefois il faut qu'il soit ferme, résolu, arrêté dans ses plans, que l'on doit connaître pour les suivre, et pour s'attacher à son système. Sans cette fermeté il n'aurait aucun partisan : personne n'est de l'avis de celui qui est de l'avis de tout le monde.

[1] Du Tillet.

CHAPITRE XXVIII
Qui découle du précédent.

Un tel ministre aura assez d'esprit pour bien connaître celui des Chambres; et toutes les Chambres n'ont pas la même humeur, la même allure.

Aujourd'hui, par exemple, la Chambre des députés est une Chambre pleine de délicatesse : vous la cabreriez à la moindre mesure qui lui paraîtrait blesser la justice ou l'honneur. Ne croyez pas gagner quelque chose en engageant dans vos systèmes ses chefs et ses orateurs ; elle les abandonnerait : la majorité ne changerait pas, parce que son opposition est une opposition de conscience, et non une affaire de parti. Mais prenez cette Chambre par la loyauté ; parlez-lui de Dieu, du roi, de la France : au lieu de la calomnier, montrez-lui de la considération et de l'estime, vous lui ferez faire des miracles. Le comble de la maladresse serait de prétendre la mener où vous désirez, en lui débitant des maximes qu'elle repousse.

Pensez-vous qu'il soit nécessaire de lui faire adopter quelque mesure dans le sens que vous appelez les *intérêts révolutionnaires ?* gardez-vous de lui faire l'apologie de ces intérêts : dites qu'une fatale nécessité vous presse; que le salut de la patrie exige ces nouveaux sacrifices; que vous en gémissez; que cela vous paraît affreux; que cela finira. Si la Chambre vous croit sincère dans votre langage, vous réussirez peut-être. Si vous allez, au contraire, lui déclarer que rien n'est plus juste que ce que vous lui proposez; qu'on ne saurait trop donner de gages à la révolution : vous remporterez votre loi.

Un ministre anglais est plus heureux, sa tâche est moins difficile : chacun va droit au fait à Londres, pour son intérêt, pour son parti. En France, les places données ou promises ne sont pas tout. L'opposition ne se compose pas des mêmes éléments [1]. Une politesse vous gagnera ce qu'une place ne vous obtiendra pas; une louange vous acquerra ce que vous n'achèteriez pas par la fortune. Sachez encore *et converser et vivre :* la force d'un ministre français n'est pas seulement dans son cabinet : elle est aussi dans son salon.

CHAPITRE XXIX.
Quel homme ne peut jamais être ministre sous la monarchie constitutionnelle.

Partout où il y a une tribune publique, quiconque peut être exposé à des reproches d'une certaine nature ne peut être placé à la tête du gouverne-

---

[1] *Réflexions politiques.*

ment. Il y a tel discours, tel mot, qui obligerait un pareil ministre à donner sa démission en sortant de la Chambre. C'est cette impossibilité résultante du principe libre des gouvernements représentatifs que l'on ne sentit pas lorsque toutes les illusions se réunirent, comme je le dirai bientôt, pour porter un homme fameux au ministère, malgré la répugnance trop fondée de la couronne. L'élévation de cet homme devait produire l'une de ces deux choses : ou l'abolition de la Charte, ou la chute du ministère à l'ouverture de la session. Se représente-t-on le ministre dont je veux parler, écoutant à la Chambre des députés la discussion sur les catégories, sur le 21 janvier, pouvant être apostrophé à chaque instant par quelque député de Lyon, et toujours menacé du terrible *tu es ille vir!* Les hommes de cette sorte ne peuvent être employés ostensiblement qu'avec les muets du sérail de Bajazet, ou les muets du Corps législatif de Buonaparte.

CHAPITRE XXX.

Du ministère de la police. — Qu'il est incompatible avec une constitution libre.

Comme il y a des ministres qui ne peuvent l'être sous une monarchie constitutionnelle, il y a des ministères qui ne sauraient exister dans cette sorte de monarchie : c'est indiquer la police générale.

Si la Charte, qui fonde la liberté individuelle, est suivie, la police générale est sans action et sans but.

Si la liberté individuelle est suspendue par une loi transitoire, on n'a pas besoin de la police générale pour exécuter la loi.

En effet, si les droits de la liberté constitutionnelle sont dans toute leur plénitude, et que néanmoins la police générale se permette les actes arbitraires qui sont de sa nature, tels que suppressions d'ouvrages, visites domiciliaires, arrestations, emprisonnements, exils, la Charte est anéantie.

La police n'usera pas de cet arbitraire : eh bien! elle est inutile.

La police générale est une police politique ; elle tend à étouffer l'opinion ou à l'altérer ; elle frappe donc au cœur le gouvernement représentatif. Inconnue sous l'ancien régime, incompatible avec le nouveau, c'est un monstre né dans la fange révolutionnaire de l'accouplement de l'anarchie et du despotisme.

CHAPITRE XXXI.

Qu'un ministre de la police générale dans une Chambre des députés n'est pas à sa place.

Voyez un ministre de la police générale dans une Chambre des députés : qu'y fait-il? il fait des lois pour les violer, des règlements de mœurs pour les enfreindre. Comment peut-il sans dérision parler de la liberté, lui qui, en descendant de la tribune, peut faire arrêter illégalement un citoyen? Comment s'exprimera-t-il sur le budget, lui qui lève des impôts arbitraires? Quel représentant d'un peuple, que celui-là qui donnerait nécessairement une boule noire contre toute loi tendante à supprimer les établissements de jeu, à fermer les lieux de débauche, parce que ce sont les égouts où la police puise ses trésors! Enfin, les opinions seront-elles indépendantes en présence d'un ministre qui ne les écoute que pour connaître l'homme qu'il faut un jour dénoncer, frapper ou corrompre? c'est le devoir de sa place. Nous prétendons établir parmi nous un gouvernement constitutionnel, et nous ne nous apercevons seulement pas que nous voulons y faire entrer jusqu'aux institutions de Buonaparte.

CHAPITRE XXXII.

Impôts levés par la police.

J'ai dit que la police levait des impôts qui ne sont pas compris dans le budget. Ces impôts sont au nombre de deux : taxe sur les jeux[1], taxe sur les journaux.

La ferme des jeux rapporte plus ou moins : elle s'élève aujourd'hui au-dessus de cinq millions.

La contribution levée sur les journaux, pour être moins odieuse, n'en est pas moins arbitraire.

La Charte dit, article 47 : *La Chambre des députés reçoit toutes les propositions d'impôts*. Article 48 : *Aucun impôt ne peut être établi ni perçu, s'il n'a été* CONSENTI *par les deux Chambres, et sanctionné par le roi.*

Je ne suis pas assez ignorant des affaires humaines pour ne pas savoir que les maisons de jeu ont été tolérées dans les sociétés modernes. Mais quelle différence entre la tolérance et la protection, entre les obscures rétributions données à quelques commis sous la monarchie absolue, et un budget de cinq ou six millions levés arbitrairement par un ministre qui n'en rend point compte, et sous une monarchie constitutionnelle!

CHAPITRE XXXIII.

Autres actes inconstitutionnels de la police.

La police se mêle des impôts : elle tombe comme concussionnaire sous l'article 56 de la Charte; mais de quoi ne se mêle-t-elle pas? Elle inter-

---

[1] Il y a aussi une taxe sur les prostituées, mais elle est établie au profit d'une autre police.

vient en matière criminelle : elle attaque les premiers principes de l'ordre judiciaire, comme nous venons de voir qu'elle viole le premier principe de l'ordre politique.

A l'article 64 de la Charte, on lit ces mots : *Les débats seront* PUBLICS *en matière criminelle, à moins que cette publicité ne soit dangereuse pour l'ordre et les mœurs, et dans ce cas* LE TRIBUNAL LE DÉCLARE PAR UN JUGEMENT.

Si quelques-uns des agents de la police se trouvent mêlés dans une affaire criminelle, comme complices volontaires, afin de pouvoir devenir délateurs; si, dans l'instruction du procès, les accusés relèvent cette double turpitude qui tend à les excuser, en affaiblissant les dépositions d'un témoin odieux, la police défend aux journaux de parler de cette partie des débats. Ainsi *l'entière* publicité n'existe que pour l'accusé, et n'existe pas pour l'accusateur; ainsi l'opinion, que la loi a voulu appeler au secours de la conscience du juré, se tait sur le point le plus essentiel; ainsi la plus grande partie du public ignore si le criminel est la victime de ses propres complots, ou s'il est simplement tombé dans un piége tendu à ses passions et à sa faiblesse. Et nous prétendons avoir une Charte! et voilà comme nous la suivons!

CHAPITRE XXXIV.

Que la police générale n'est d'aucune utilité.

Il faudrait, certes, que la police générale rendît de grands services sous d'autres rapports, pour racheter des inconvénients d'une telle nature ; et néanmoins, à l'examen des faits, on voit que cette police est inutile. Quelle conspiration importante a-t-elle jamais découverte, même sous Buonaparte? Elle laissa faire le 3 nivôse; elle laissa Mallet conduire MM. Pasquier et Savary, c'est-à-dire la police même, à la Force. Sous le roi, elle a permis pendant dix mois à une vaste conspiration de se former autour du trône : elle ne voyait rien, elle ne savait rien. Les paquets de Napoléon voyageaient publiquement par la poste; les courriers étaient à lui ; les frères Lallemand marchaient avec armes et bagages; le Nain-Jaune parlait *des plumes de Cannes;* l'usurpateur venait de débarquer dans ce port, et la police ignorait tout.

Depuis le retour du roi tout un département s'est rempli d'armes, des paysans se sont formés en corps et ont marché contre une ville; et la police générale n'a rien empêché, rien trouvé, rien su, rien prévu. Les découvertes les plus importantes ont été dues à des polices particulières, au hasard, à la bonne volonté de quelques zélés citoyens. La police générale se plaint de ces polices particulières; elle a raison ; mais c'est son inutilité et la crainte même qu'elle inspire qui les a fait naître; car si elle ne sauve pas l'État, elle a du moins tous les moyens de le perdre.

CHAPITRE XXXV.
Que la police générale, inconstitutionnelle et inutile, est de plus très-dangereuse.

Incompatible avec le gouvernement constitutionnel, insuffisante pour arrêter les complots, lors même qu'elle ne trahit pas, que sera-ce si vous supposez la police infidèle? et ce qu'il y a d'incroyable et de prouvé, c'est qu'elle peut être infidèle sans que son chef le soit lui-même.

Les secrets du gouvernement sont entre les mains de la police; elle connaît les parties faibles, et le point où l'on peut attaquer. Un ordre sorti de ses bureaux suffit pour enchaîner toutes les forces légales; elle pourrait même faire arrêter toutes les autorités civiles et militaires, puisque l'article 4 de la Charte est légalement suspendu. Sous sa protection, les malveillants travaillent en sûreté, préparent leurs moyens, sont instruits du moment favorable. Tandis qu'elle endort le gouvernement, elle peut avertir les vrais conspirateurs de tout ce qu'il est important qu'ils sachent. Elle correspond sans danger sous le sceau inviolable de son ministère; et, par la multitude de ses invisibles agents, elle établit une communication depuis le cabinet du roi jusqu'au bouge du fédéré.

Ajoutez que les hommes consacrés à la police sont ordinairement des hommes peu estimables; quelques-uns d'entre eux, des hommes capables de tout. Que penser d'un ministère où l'on est obligé de se servir d'un infâme tel que Perlet? Il n'est que trop probable que Perlet n'est pas le seul de son espèce. Comment donc encore une fois souffrir un tel foyer de despotisme, un tel amas de pourriture au milieu d'une monarchie constitutionnelle? Comment, dans un pays où tout doit marcher par les lois, établir une administration dont la nature est de les violer toutes? Comment laisser une puissance sans bornes entre les mains d'un ministre, que ses rapports forcés avec ce qu'il y a de plus vil dans l'espèce humaine doivent disposer à profiter de la corruption et à abuser du pouvoir.

Que faut-il pour que la police soit habile? Il faut qu'elle paye le domestique afin qu'il vende son maître; qu'elle séduise le fils afin qu'il trahisse son père; qu'elle tende des piéges à l'amitié, à l'innocence. Si la fidélité se tait, un ministre de la police est obligé de la persécuter pour le silence même qu'elle s'obstine à garder, pour qu'elle n'aille pas révéler la honte des demandes qu'on lui a faites. Récompenser le crime, punir la vertu, c'est toute la police.

Le ministre de la police est d'autant plus redoutable, que son pouvoir entre dans les attributions de tous les autres ministres, ou plutôt qu'il est le ministre unique. N'est-ce pas un roi qu'un homme qui dispose de la gendarmerie de toute la France, qui lève des impôts, perçoit une somme de sept à huit millions, dont il ne rend pas compte aux Chambres? Ainsi tout ce qui échappe aux piéges de la police vient tomber devant son or et se soumettre à ses pensions. Si elle médite quelque trahison, si tous ses moyens ne sont pas encore prêts, si elle craint d'être découverte avant l'heure marquée, pour détourner le soupçon, pour donner une preuve de son affreuse fidélité, elle invente une conspiration, immole à son crédit quelques misérables, sous les pas desquels elle sait ouvrir un abîme.

Les Athéniens attaquèrent les nobles de Corcyre, qui, chassés par la faction populaire, s'étaient réfugiés sur le mont Istoni. Les bannis capitulèrent, et convinrent de s'abandonner au jugement du peuple d'Athènes; mais il fut convenu que si l'un d'eux cherchait à s'échapper, le traité serait annulé pour tous. Des généraux athéniens devaient partir pour la Sicile ; ils ne se souciaient pas que d'autres eussent l'honneur de conduire à Athènes leurs malheureux prisonniers. De concert avec la faction populaire, ils engagèrent secrètement quelques nobles à prendre la fuite, et les arrêtèrent au moment même où ils montaient sur un vaisseau. La convention fut rompue, les bannis livrés aux Corcyréens, et égorgés [1].

CHAPITRE XXXVI.

Moyen de diminuer le danger de la police générale, si elle est conservée.

Mais il ne faut donc pas de police? Si c'est un mal nécessaire, il y a un moyen de diminuer le danger de ce mal.

La police générale doit être remise aux magistrats, et émaner immédiatement de la loi. Le ministre de la justice, les procureurs généraux et les procureurs du roi sont les agents naturels de la police générale. Un lieutenant de police à Paris complétera le système légal. Les renseignements qui surviendront par les préfets iront directement au ministre de l'intérieur, qui les communiquera à celui de la justice. Les préfets ne seront plus obligés d'entretenir une double correspondance avec le département de la police et le département de l'intérieur : s'ils ne rapportent pas les mêmes faits aux deux ministres, c'est du temps perdu ; s'ils mandent des choses différentes, ou s'ils présentent ces choses sous divers points de vue, selon les principes divers des deux ministres, c'est un grand mal.

C'est assez parler du ministère de la police en particulier : revenons au ministère en général.

---

[1] THUCYD.

CHAPITRE XXXVII.

Principes que tout ministre constitutionnel doit adopter.

Quels sont les principes généraux d'après lesquels doivent agir les ministres?

Le premier, et le plus nécessaire de tous, c'est d'adopter franchement l'ordre politique dans lequel on est placé, et de n'en point contrarier la marche, d'en supporter les inconvénients.

Ainsi, par exemple, si les formes constitutionnelles obligent, dans de certains détails, à de certaines longueurs, il ne faut point s'impatienter.

Si l'on est obligé de ménager les Chambres, de leur parler avec égard, de se rendre à leurs invitations, il ne faut pas affecter une hauteur déplacée.

Si l'on dit quelque chose de dur à un ministre à la tribune, il ne faut pas jeter tout là et s'imaginer que l'État est en danger.

Si, dans un discours, il est échappé à un pair, à un député, des expressions étranges; s'il a énoncé des principes inconstitutionnels, il ne faut pas croire qu'il y ait une conspiration secrète contre la Charte, que tout va se perdre, que tout est perdu. Ce sont les inconvénients de la tribune; ils sont sans remède. Lorsque six à sept cents hommes ont le droit de parler, que tout un peuple a celui d'écrire, il faut se résigner à entendre et à lire bien des sottises. Se fâcher contre tout cela serait d'une pauvre tête ou d'un enfant.

CHAPITRE XXXVIII.

Continuation du même sujet.

Le ministère, accoutumé à voir nos dernières institutions marcher toujours avec l'impiété, et s'appuyer sur les doctrines les plus funestes, a cru, mal à propos, qu'on en voulait à la Charte, lorsqu'en parlant de cette Charte on a aussi parlé de morale et de religion. Comme si la liberté et la religion étaient incompatibles! comme si toute idée généreuse en politique ne pouvait pas s'allier avec le respect que l'on doit aux principes de la justice et de la vérité! Est-ce donc se jeter dans les réactions que de blâmer ce qui est blâmable, que de vouloir réparer tout ce qui n'est pas irréparable?

Prenons bien garde à ce qu'on appelle des réactions; distinguons-en de deux sortes. Il y a des réactions physiques et des réactions morales. Toute réaction physique, c'est-à-dire toute voie de fait, doit être réprimée : le ministère, sur ce point, ne sera jamais assez sévère. Mais comment pourrait-il prévenir les réactions morales? Comment empêcherait-il l'opinion de flétrir toute action qui mérite de l'être? Non-seulement il ne le peut pas, mais il ne le doit pas; et les discours qui attaquent les mauvaises doctrines, rétablissent les droits de la justice, louent la vertu malheureuse, applaudissent à la fidélité méconnue, sont aussi utiles à la liberté qu'au rétablissement de la monarchie.

Et à qui prétend-on persuader, d'ailleurs, que les hommes de la révolution sont plus favorables à la Charte que les royalistes? Ces hommes qui ont professé les plus fiers sentiments de la liberté sous la république, la soumission la plus abjecte sous le despotisme, ne trouvent-ils pas dans la Charte deux choses qui sont antipathiques à leur double opinion : un roi, comme républicains; une constitution libre, comme esclaves?

Le ministère croit-il encore la Charte plus en sûreté quand elle est défendue par les disciples d'une école dont je parlerai bientôt? Cette école professe hautement la doctrine que les deux Chambres ne doivent être qu'un conseil passif; qu'il n'y a point de représentation nationale; qu'on peut tout faire avec des ordonnances. Les royalistes ont défendu les vrais principes de la liberté dans les questions diverses qui se sont présentées (notamment dans la loi sur les élections), tandis que la doctrine de la passive obéissance a été prêchée par les hommes qui ont bouleversé la France au nom de la liberté.

Si des ministres pensent donc que sous l'empire d'une constitution où la parole est libre, ils n'entendront pas des opinions de toutes les sortes; s'ils prennent ces opinions solitaires pour des indications d'une opinion générale ou d'un dessein prémédité, ils n'ont aucune idée de la nature du gouvernement représentatif : ils seront conduits à d'étranges folies en agissant d'après leur humeur et leurs suppositions. La règle, dans ce cas, est de peser les résultats et les faits. Un homme d'État ne considère que la fin; il ne s'embarrasse pas si la chose qu'il désirait, et qui était bonne, a été produite par les passions ou par la raison, par le calcul ou par le hasard. Si vous sortez des faits en politique, vous vous perdez sans retour.

CHAPITRE XXXIX.

Que le ministre doit conduire ou suivre la majorité.

Les ministres doivent, en administration, suivre l'opinion publique qui leur est marquée par l'esprit de la Chambre des députés. Cet esprit peut très-bien n'être pas le leur; ils pourraient très-bien préférer un système qui serait plus dans leurs goûts, leurs penchants, leurs habitudes; mais il faut qu'ils changent l'esprit de la majorité ou qu'ils s'y soumettent. On ne gouverne point hors la majorité.

Je dirai ailleurs comment on est arrivé à cette hérésie politique, que le ministère peut marcher avec la minorité ; cette hérésie fut inventée en désespoir de cause, pour justifier de faux systèmes et des opinions imprudemment avancées.

Si l'on dit que des ministres peuvent toujours demeurer en place malgré la majorité, parce que cette majorité ne peut pas physiquement les prendre par le manteau et les mettre dehors, cela est vrai. Mais si c'est garder sa place que de recevoir tous les jours des humiliations, que de s'entendre dire les choses les plus désagréables, que de n'être jamais sûr qu'une loi passera, tout ce que je sais alors, c'est que le ministre reste et que le gouvernement s'en va.

Point de milieu dans une constitution de la nature de la nôtre : il faut que le ministère mène la majorité ou qu'il la suive. S'il ne peut ou ne veut prendre ni l'un ni l'autre de ces partis, il faut qu'il chasse la Chambre ou qu'il s'en aille : mais aujourd'hui, c'est à lui de voir s'il se sent le courage d'exposer, même éventuellement, sa patrie pour garder sa place ; c'est à lui de calculer en outre s'il est de force à frapper un coup d'État ; s'il n'a rien à craindre aux élections pour la tranquillité du pays ; s'il a le pouvoir de déterminer ces élections dans le sens qu'il désire ; ou si, n'étant pas sûr du triomphe, il ne vaut pas mieux ou se retirer ou revenir aux opinions de la majorité.

Dans ce dernier cas, se décider promptement est chose nécessaire ; car il n'est pas clair qu'une majorité trop longtemps aigrie et contrariée consentît à marcher avec le ministère, quand il plairait à celui-ci de rentrer dans la majorité.

CHAPITRE XL.

Que les ministres doivent toujours aller aux Chambres.

Autre hérésie : un ministre, dit-on, n'est pas obligé de suivre aux Chambres ses projets de loi ; il peut très-bien se dispenser d'y venir.

C'est le même principe qui fait dire aussi qu'un ministre n'est point obligé de donner les éclaircissements que les Chambres pourraient désirer ; qu'il ne doit compte de rien qu'au roi, etc.[1].

Tout cela est insoutenable et contraire à la nature du gouvernement représentatif. Si un ministre ne daigne pas défendre le projet de loi qu'il a apporté, comment ses amis le défendraient-ils ? Est-ce avec du dédain et de l'humeur que l'on traite les affaires ? Pourquoi est-on ministre, si ce n'est pour remplir les devoirs d'un ministre ?

[1] *Voyez* le chapitre xv.

Et qu'ont donc les ministres de plus important à faire que de paraître aux Chambres et d'y discuter les lois? Quoi! ils trouveront plus utile de traiter dans leur cabinet quelques détails d'administration que de veiller aux grandes mesures qui doivent mettre en mouvement tout un peuple?

Si les Chambres, à leur tour, allaient suivre la même méthode et ne vouloir pas s'occuper des projets de loi qu'on leur aurait apportés, que deviendrait le gouvernement?

Suivez la dictée du bon sens et les routes battues, revenez à la majorité, vous n'aurez plus de répugnance à vous rendre à des assemblées où vous serez toujours sûrs de triompher, où vous n'aurez à recueillir que des choses agréables.

Les faux systèmes gâtent et perdent tout.

SECONDE PARTIE.

CHAPITRE PREMIER.

Que depuis la restauration une même erreur a été suivie par les trois ministères.

Mais qu'entends-je par de faux systèmes en administration? J'entends tout ce qui est contraire au principe des institutions établies, tout ce qui fait qu'une chose doit inévitablement se détruire.

Hé bien! depuis la restauration, une grande et fatale erreur a été constamment suivie : les ministères qui se sont succédé ont marché sur les mêmes traces, avec les seules différences que les caractères particuliers des ministres apportent dans les affaires publiques, et avec les lenteurs plus ou moins grandes produites par la résistance courageuse de la minorité dans les ministères.

Avant de passer à l'examen de ces systèmes, il est nécessaire de dire quelque chose de la composition et de l'esprit des trois ministères par qui ces systèmes ont été si malheureusement établis.

CHAPITRE II.

Du premier ministère. — Son esprit.

Lorsqu'en 1814 le ministre des affaires étrangères fut parti pour Vienne, il laissa derrière lui une administration polie, spirituelle, mais incapable de travail, portant dans les affaires, pour lesquelles elle n'était point faite, cette humeur que nous ressentons lorsque notre secret se découvre et que notre réputation nous échappe.

Quand on en est venu à ce point, on est bien près de se précipiter dans les faux systèmes. Effrayé de l'habileté que demande la direction d'un gouvernement représentatif, incapable de concevoir une vraie liberté, aigri contre une sorte d'opposition que les principes constitutionnels font naître à chaque pas, manquant de force ou d'adresse pour conduire les choses, et se sentant entraîné par elles, on finit par ne vouloir plus les gouverner. Alors on s'en prend à tout ce qui n'est pas soi, à la nature des institutions, aux corps, aux individus, du mécompte qu'on éprouve ; et, croyant faire une excellente critique de ce que l'on a, lorsqu'on ne fait que montrer sa faiblesse, on laisse périr la France au nom de la Charte.

C'est ce qui arriva au premier ministère. Il ne demanda aucune loi répressive, hors la mauvaise loi contre la liberté de la presse ; il ne songea à se garantir d'aucun danger ; et lorsqu'on lui disait de prendre telle ou telle mesure, il répondait : La Charte s'y oppose. Le ministère se divisa et s'affaiblit encore par cette division.

On vit éclore dans la majorité du ministère cette opinion développée depuis dans l'école, que les Chambres ne sont qu'un conseil assemblé par le roi ; qu'il n'y a point de gouvernement représentatif ; que toutes ces comparaisons de la France et de l'Angleterre sont ridicules ; qu'on peut très bien se passer de lois, et gouverner avec des ordonnances.

Les buonapartistes s'arrangèrent parfaitement de ce commentaire de la Charte : il était au moins impolitique, par conséquent il pouvait amener une catastrophe, et ils ne demandaient pas mieux. Si cette application des principes constitutionnels ne produisait pas une crise, elle conduisait au despotisme ; et, malgré leur premier amour pour le liberté, le despotisme est fort du goût de nos fiers républicains. Ainsi tout était à merveille.

Quand on a assez de lumières pour s'apercevoir qu'on se trompe, et trop de vanité pour en convenir, au lieu de retourner en arrière, on s'enfonce dans ses propres erreurs. C'est la marche et la consolation de l'orgueil. L'esprit du ministère s'exaspéra. Lorsqu'on allait se plaindre d'un mauvais choix, ou proposer un royaliste, on répondait : « Nous irions chercher partout un buonapartiste habile pour le placer, s'il voulait l'être. » Les buonapartistes n'ont pas manqué, et Buonaparte est revenu. Peu à peu il fut reconnu qu'aucun homme n'avait de talent s'il n'avait servi la révolution ; et cette doctrine, transmise soigneusement de ministère en ministère, est devenue aujourd'hui un article de foi.

Et pourtant la majorité du ministère qui fonda cette doctrine comptait parmi ses membres d'excellents royalistes connus par leurs généreux efforts contre la révolution ; des hommes d'une conduite pure, d'un caractère désintéressé, et qui n'avaient fléchi le genou devant aucune idole. Ainsi la sentence qu'ils avaient portée retombait sur eux ; car, s'étant tenus noblement à l'écart dans les temps de bassesse, ils se déclaraient par leur propre système incapables d'être ministres : il est vrai que leur exemple a justifié leur doctrine.

Au reste, rien n'est plus commun que de voir la vanité blessée embrasser, contre son propre intérêt, les plus étranges opinions. Quiconque aujourd'hui, par exemple, fait une faute, passe aussitôt dans le système révolutionnaire. Les amours-propres humiliés se donnent rendez-vous sous ce grand abri de tous les crimes et de toutes les folies : là se rencontrent la plupart des hommes qui se sont mêlés plus ou moins des affaires de France depuis 1789 jusqu'à 1816. Différents, sans doute, par une foule de rapports, ils se touchent du moins dans ce point : mécontents d'eux-mêmes et des autres, ils mettent en commun les remords de la médiocrité et ceux du crime.

CHAPITRE III.

Actes du premier ministère.

Ce ministère était pourtant trop spirituel pour prétendre marcher sans la majorité : il l'eut, et n'en profita pas. Une seule loi importante, la loi sur la liberté de la presse, fut proposée. On ne donna que des motifs puérils pour engager les Chambres à la supprimer ; il ne fut question que de l'honneur des femmes, des insultes au pouvoir (c'est-à-dire aux ministres) ; mais des raisons générales et constitutionnelles, point. Étaient-ce, en effet, des raisons dignes seulement d'être examinées pour ceux qui ne voient dans les deux Chambres qu'un conseil passif sans action et sans droit? Au reste, la loi ne réprimait rien, et donnait au gouvernement l'apparence de l'arbitraire, en laissant tout empire à la licence.

Quant aux ordonnances, il n'y en eut qu'une remarquable ; et, au lieu de régler l'éducation, elle la bouleversa.

Les Chambres eurent alors l'avantage des bonnes propositions opposées aux mauvais projets de loi. La seule vue, vraiment grande et politique autant qu'elle est juste et généreuse, présentée dans la session de 1814, appartient à un maréchal de France.

Le premier ministère fut emporté par la tempête qu'il avait laissée se former ; et cette tempête fut sur le point d'emporter la France.

CHAPITRE IV.

Du second ministère. — Sa formation.

Le principal ministre du premier ministère fut porté d'un commun accord à la tête du second. La plus belle carrière s'ouvrait devant lui; il pouvait achever son ouvrage et consolider le trône qu'il avait puissamment contribué à relever. Il lui suffisait de bien sentir sa position, de renoncer franchement à la révolution et aux révolutionnaires, d'embrasser avec franchise la monarchie constitutionnelle, mais en l'asseyant sur les bases de la religion, de la morale et de la justice; en lui donnant pour guides des hommes irréprochables, nécessairement fixés dans les intérêts de la couronne.

Le nom de ce ministre, ses talents, son expérience des affaires, son crédit en Europe, tout l'appelait à remplir ce rôle aussi brillant pour lui qu'utile à la France. Il aurait joui, dans la postérité, du double éclat de ces hommes extraordinaires qui perdent et qui sauvent les empires. A force de gloire, il eût forcé ses ennemis au silence.

Naturellement enclin à embrasser ce parti, et par l'empire de sa haute naissance, et par la rare perspicacité de son jugement, il en fut détourné par une de ces fatalités qui changent toute une destinée. Trop longtemps absent de la France, il n'en connaissait pas bien le véritable esprit : il interrogea des hommes qui le trompèrent; car il est peut-être encore plus habile à juger les choses que les hommes. Le ministre rentra donc, comme malgré lui, dans les systèmes dont il sentait la nécessité de sortir.

CHAPITRE V.

Suite du précédent.

Ces systèmes se fortifièrent encore quand un homme resté à Paris fut, par une autre fatalité, jeté dans le ministère.

Ce personnage fameux, qui n'avait pris d'abord aucun parti, mais qui, dans toutes les chances, voulait se ménager des ressources, faisait porter des paroles à Gand, comme il en faisait probablement porter ailleurs. Une coalition puissante se formait pour lui à mesure que nous avancions en France. Il ne fut plus possible d'y résister en approchant de Paris. Tout s'en mêla, la religion comme l'impiété, la vertu comme le vice, le royaliste comme le révolutionnaire, l'étranger comme le Français. Je n'ai jamais vu un vertige plus étrange. On criait de toutes parts que, sans le ministre proposé, il n'y avait ni sûreté pour le roi ni salut pour la France ; que lui seul avait empêché une grande bataille, que lui seul avait déjà sauvé Paris, que lui seul pouvait achever son ouvrage.

Qu'on me permette une vanité : je ne parlerais pas de l'opinion que je manifestai alors, si elle avait été ignorée du public. Je soutins donc que, dans aucun cas, il ne fallait admettre un tel ministre ; que si jamais on lui livrait la conduite des affaires, il perdrait la France, ou ne resterait pas trois mois en place. Ma prédiction s'est accomplie.

Outre les raisons morales qui me faisaient penser ainsi, deux raisons me semblaient sans réplique.

En politique, comme en toute chose, la première loi est de vouloir le possible : or, dans la nomination proposée, il y avait deux impossibilités.

La première naissait de la position particulière où se trouverait le ministre par rapport à son maître ;

La seconde venait de cet empêchement constitutionnel qui fait le jugement du xxixe chapitre de la première partie de cet ouvrage.

Si l'on croyait qu'un homme de cette nature était utile, il fallait le laisser derrière le rideau, le combler de biens, élever sa famille en proportion des services qu'il pouvait avoir rendus, prendre en secret ses conseils, consulter son expérience. Mais on aurait dû éviter de faire violence à la couronne pour le porter ostensiblement au ministère. Au reste, il fut presque impossible aux meilleurs esprits d'échapper à la force des choses et à l'illusion du moment.

Je me rappellerai toute ma vie la douleur que j'éprouvai à Saint-Denis. Il était à peu près neuf heures du soir : j'étais resté dans une des chambres qui précédaient celle du roi. Tout à coup la porte s'ouvre : je vois entrer le président du conseil, s'appuyant sur le bras du nouveau ministre... O Louis le Désiré ! ô mon malheureux maître, vous avez prouvé qu'il n'y a point de sacrifice que votre peuple ne puisse attendre de votre cœur paternel !

CHAPITRE VI.

Premier projet du second ministère.

Le conseil installé, il fallait qu'il adoptât une marche ; le nouveau ministre admis voulut lui faire prendre la seule possible dans ses intérêts particuliers. Il sentait l'incompatibilité de son existence ministérielle avec le jeu de la monarchie représentative. Il comprit très-bien que si la force armée *illégitime* et la force politique pareillement *illégitime* n'étaient pas conservées, sa chute était inévitable. Il savait qu'on ne lutte pas contre la force des choses ; et comme il ne pouvait s'amalgamer avec les éléments d'un gouvernement légal, il voulut rendre ces éléments homogènes à sa propre nature.

Son plan fut sur le point de réussir : il créa une terreur factice avant que la cour entrât dans Paris. Supposant des dangers imaginaires, il prétendait forcer la couronne à reconnaître les deux Chambres de Buonaparte, et à accepter la déclaration des *droits* qu'on s'était hâté de finir. Louis XVIII eût été roi par les constitutions de l'empire; le peuple lui aurait fait la grâce de le choisir pour chef ; il eût daté les actes de son gouvernement de l'an 1er de son règne ; les gardes du corps et les compagnies rouges eussent été licenciées ; l'armée de la Loire conservée ; et la cocarde blanche, arrachée à quelques soldats fidèles arrivés de l'exil avec le roi, eût été remplacée par la cocarde tricolore des rebelles, encore armés contre le souverain légitime.

Alors la révolution eût été, en effet, consommée ; la famille royale fût restée là quelque temps, jusqu'au jour où le peuple souverain, et les ministres, plus souverains encore, eussent jugé bon de changer et le monarque et la monarchie. A cette époque la faction révolutionnaire murmurait même quelques mots de la nécessité d'exiler les princes ; le projet était d'isoler le roi de sa famille.

CHAPITRE VII.

Suite du premier plan du second ministère.

Cependant on continuait d'être la dupe de tout ce qu'il plaisait au parti de débiter. Les plus chauds royalistes accouraient pour nous dire, de la meilleure foi du monde, que si le roi entrait dans Paris avec sa maison militaire, cette maison serait massacrée ; que si l'on ne prenait pas la cocarde tricolore, il y aurait une insurrection générale. En vain la garde nationale passait par-dessus les murs de Paris pour venir protester de son dévouement ; on assurait que cette garde était mal disposée. La faction avait fermé les barrières pour empêcher le peuple de voler au-devant de son souverain : il y avait conjuration autant contre ce pauvre peuple que contre le roi. L'aveuglement était miraculeux ; car alors l'armée française, qui aurait pu faire le seul danger, se retirait sur la Loire ; cent cinquante mille soldats étrangers occupaient les postes, les avenues et les barrières de Paris, où ils allaient entrer dans vingt-quatre heures par capitulation ; et l'on prétendait toujours que le roi, avec ses gardes et ses alliés, n'était pas assez fort pour pénétrer dans une ville où il ne restait pas un soldat, où il n'y avait plus que des bourgeois fidèles, très-capables à eux seuls de contenir une poignée de fédérés, si ceux-ci s'étaient avisés de vouloir faire un mouvement.

Il se passa cependant quelque chose de bien propre à dessiller les yeux : le gouvernement provisoire fut dissous, mais il le fut par une espèce d'acte [1] d'accusation contre la couronne ; c'était la pierre d'attente sur laquelle on espérait bâtir la révolution à l'avenir. Quelques personnes furent un peu étonnées ; mais le ministre ayant assuré qu'il n'avait pas eu d'autre moyen de dissoudre le gouvernement provisoire, on le crut. Or, remarquez que le ministre *lui seul* avait toute la puissance dans ce gouvernement, et que, s'il avait voulu laisser faire, ces directeurs, si difficiles à chasser avec cent cinquante mille alliés et toute la maison du roi, auraient été jetés dans la Seine par cinquante hommes de la garde nationale.

CHAPITRE VIII.

Renversement du premier plan du second ministère.

Toute cette comédie finit par je ne sais quel hasard : le nouveau Directoire, les pairs et les représentants de Buonaparte furent chassés ; la maison du roi ne fut point dissoute ; on ne prit point la cocarde tricolore, grâce aux nobles sentiments du noble héritier de Henri IV, qui déclara qu'il aimerait mieux retourner à Hartwell ; le drapeau blanc flotta sur les Tuileries ; on entra paisiblement dans Paris ; et, au grand ébahissement des dupes, jamais le roi ne fut mieux reçu, jamais les gardes du corps ne furent mieux accueillis. La prétendue résistance que l'on devait rencontrer ne se montra nulle part ; et les obstacles, qui n'avaient jamais existé, s'évanouirent.

C'était une chose curieuse à observer que l'air stupéfait et un peu honteux qui régna sur les visages pendant quelque temps dans les sociétés de Paris. Chacun voulait encore, pour se justifier, soutenir que le choix du nouveau ministre était un choix indispensable ; mais à mesure que l'opinion de la province et de l'Europe se faisait connaître (et la province et l'Europe n'eurent pas un moment d'illusion), à mesure que la terreur cessait à Paris, on revenait au bon sens : on ne tarda pas à découvrir l'impossibilité absolue de garder en entier ce ministère, qu'on avait demandé à la couronne avec une sorte de fureur. N'accusons personne : il était tout simple que ceux qui s'étaient crus protégés pendant les Cent-Jours (et qui auraient été cruellement détrompés si la bataille de Waterloo eût été perdue par les alliés), il était tout simple, dis-je, que ceux-là fussent sous l'illusion de la reconnaissance. Mais puisqu'ils ont été si promptement forcés de reconnaître leur

---

[1] J'ai acheté dans les rues de Paris cet acte imprimé pour le peuple, sur papier à *l'aigle*, avec deux ou trois phrases qui ne sont pas dans *le Moniteur*, et où il est dit que les honnêtes gens, *forcés* de s'éloigner, doivent garder leurs bonnes intentions *pour de plus heureux jours.*

erreur, cela leur devrait donner moins d'assurance dans leurs nouvelles assertions. Quand ils excusent aujourd'hui toutes les fautes que l'on peut faire, quand ils soutiennent avec la même conviction que sans tel ou tel ministre nous serions inévitablement perdus, qu'ils se rappellent leur enthousiasme pour un autre personnage, le ton tranchant avec lequel ils affirmaient que rien ne pouvait aller sans lui, leurs grands raisonnements, leur colère contre les profanes qui n'admiraient pas, qui osaient douter de l'infaillibilité du ministre : alors ils apprendront à se méfier de leur propre jugement, et seront plus réservés dans la distribution de leurs anathèmes.

CHAPITRE IX.

Division du second ministère.

Le plan général ayant avorté, le ministre qui l'avait conçu, s'il eût été sage, eût donné sa démission; car, d'un côté, les deux impossibilités de sa position naturelle l'empêchaient, comme je l'ai dit, d'entrer dans le système du gouvernement légitime; et, de l'autre, il ne pouvait plus suivre le système révolutionnaire, puisque celui-ci venait de manquer par la base. Si cette retraite avait eu lieu, le ministère, amélioré, aurait pu se soutenir; il ne se serait pas trouvé engagé dans la fausse position qui devint la cause de ses fausses démarches et précipita sa chute.

Le président du conseil, dégagé du tourbillon qui l'avait d'abord entraîné, revenait à des idées plus justes, et désirait administrer dans le sens royaliste et constitutionnel. A cette fin, il fallait une Chambre des députés, et cette Chambre fût convoquée. Les électeurs adjoints, les présidents des colléges électoraux furent généralement choisis parmi les hommes attachés à la royauté. Mais précisément ce qu'il y avait de bon dans ces mesures tendait à dissoudre l'administration, puisque par là se trouvait menacé le ministre attaché à la révolution : ce ministre, en s'efforçant même d'entrer dans la Chambre des députés, montrait de son côté une ignorance complète de sa position.

Comment un homme était-il devenu si aveugle sur son intérêt politique, après avoir été d'abord si clairvoyant? C'est qu'ayant été arrêté dans son premier plan, il ne pouvait plus empêcher la constitution de marcher, ni l'arbre de produire son fruit ; c'est qu'il se fit peut-être illusion ; qu'il pensa que la Chambre des députés entrerait dans le système révolutionnaire. Et d'ailleurs, vain et mobile, ce ministre, dont le nom rappellera éternellement nos malheurs, se croit seul capable de maîtriser les tempêtes, parce qu'il a l'expérience des naufrages, et sa légèreté semble être en raison inverse de la gravité des affaires qu'il a traitées.

Lorsque Cromwell signa la sentence de mort de Charles I*er*, il barbouilla d'encre le visage de Marten, autre régicide auquel il passait la plume. C'est une prétention de grands criminels de supporter gaiement les douleurs de la conscience.

CHAPITRE X.

Actes du second ministère, et sa chute.

Les actes émanés d'un ministère aussi divisé ne pouvaient être que contradictoires; quelques-uns sont excellents, quelques autres sont déplorables, et laisseront dans nos institutions les traces les plus désastreuses. La justice oblige de reconnaître que si les ministres actuels se sont trouvés enveloppés dans des difficultés inextricables, la plupart de ces difficultés sont nées des ordonnances rendues sous leurs prédécesseurs.

Un seul exemple suffira pour montrer à quel point le second ministère se trompa dans les choses les plus importantes. Au moment où il saisit les rênes de l'État, il eût dû purger le sol de la France, traduire devant les tribunaux les grands criminels, comprendre dans une autre catégorie ceux qui devaient s'éloigner, et publier une amnistie pleine et entière pour le reste : ainsi les coupables eussent été punis, les faibles, rassurés. Au lieu de prendre une mesure si clairement indiquée, on laissa planer des craintes sur la tête de tous les Français. Appelés, longtemps après le délit, à prendre connaissance de ce délit, les Chambres ont été forcées d'agiter des questions qui remuent trop de passions et réveillent trop de souvenirs. Les jugements partiels et sans termes se sont prolongés jusqu'au moment où j'écris; et comme tel prévenu a été absous, et tel autre condamné en apparence pour le même crime, il en est résulté que l'indulgence et la rigueur ont eu l'air de s'accuser mutuellement d'injustice.

L'humeur augmentait : les ministres désunis commençaient à chercher des appuis dans les opinions opposées que chaque parti du ministère aurait voulu voir triompher. L'affaire du Muséum accrut le mécontentement public. La divulgation de deux fameux rapports déroula tout ce plan révolutionnaire que j'ai expliqué, et qu'on essaya de faire adopter avant l'entrée du roi à Paris. Mais ces rapports ne pouvaient plus rien changer à l'état des choses; le temps des craintes chimériques était passé : les rapports n'étaient plus que l'expression du désespoir d'une cause perdue et d'une ambition trompée. Du reste, médiocres en tout, ils étaient erronés dans les faits, vagues dans les vues, et décousus dans les moyens.

Tant de contradictions, de tâtonnements, de faux systèmes, hâtèrent la catastrophe que tout le monde prévoyait. La session allait s'ouvrir : l'ombre des Chambres suffit pour faire disparaître un ministère trop exposé à a franchise de la tribune. Quand les ministres furent tombés, on en trouva d'autres, bien qu'on eût assuré qu'il n'y en avait plus.

CHAPITRE XI.

Du troisième ministère. — Ses actes. — Projets de loi.

Les nouveaux ministres entrèrent en pouvoir au moment même de l'ouverture de la session. Les projets de loi qu'ils présentèrent à la Chambre des députés étaient urgents et nécessaires : ils furent tous adoptés, quoique avec des améliorations considérables.

Ainsi, cette Chambre, dont le ministère ne tarda pas à faire de si grandes plaintes, n'a jamais commis une faute ni contre le roi, qu'elle aime avec idolâtrie, ni contre le peuple, dont elle devait défendre les droits. Par les lois sur la suspension de la liberté individuelle, sur les cris séditieux, sur les cours prévôtales, sur l'amnistie, elle s'est empressée d'armer la couronne de tous les pouvoirs, en amendant le projet de loi d'élections ; et en faisant, contre ses propres intérêts comme Chambre, un meilleur budget, elle a maintenu les intérêts du peuple.

Si le ministère avait consenti, pour son repos comme pour celui de la France, à suivre le principe constitutionnel, à marcher avec la majorité, jamais travaux politiques plus importants et plus brillants à la fois n'auraient consolé un peuple après tant de folies et d'erreurs.

Les projets de loi des ministres furent de grands actes d'administration : mieux dirigés, ils auraient passé sans difficulté.

Les propositions des Chambres[1] furent de leur côté matière à grandes lois ; accueillies par le ministère, elles se fussent perfectionnées.

De faux systèmes dérangèrent tout ; et ce qui devait être un point d'union devint un champ de bataille.

Entrons donc dans l'examen de ces systèmes qui ont déjà perdu la France au 20 mars, qui nous font et nous feront encore tant de mal.

CHAPITRE XII.

Quels hommes ont embrassé les systèmes que l'on va combattre, et s'il importe de les distinguer.

Il y a des administrateurs qui ont embrassé les systèmes en vigueur de-

---

[1] J'étais entré dans de longs détails relatifs aux propositions des Chambres et aux projets des ministres ; mais je les ai supprimés depuis la publication de l'*Histoire de la Session de 1815*, par M. Fiévée. Cet important sujet est supérieurement traité dans la troisième partie de son ouvrage. Je ne pourrais rien y ajouter.

puis la restauration, voyant très-bien le but caché, désirant très-vivement la conséquence de ces systèmes.

Il y a des hommes d'État qui y sont tombés faute de lumières et de jugement ; d'autres s'y sont précipités en haine de tels ou tels hommes ; d'autres y tiennent par orgueil, passion, caractère, entêtement, humeur.

Il est clair que ces systèmes ont leurs dupes et leurs fripons, comme toute opinion dans ce monde ; mais puisque dupes et fripons nous conduisent également à l'abîme, peu nous importe les motifs divers qui les ont déterminés à suivre le même chemin.

Fairfax s'était laissé entraîner par la faction parlementaire ; il s'aperçut trop tard qu'il avait été trompé. Il voulut trop tard arracher le roi à ses bourreaux. Le jour de l'exécution de Charles Ier, il se mit en prière avec Harrison pour demander des conseils à Dieu. Harrison savait que le coup allait être porté ; il prolongeait exprès la fatale oraison, afin d'ôter au général le temps de sauver le monarque. On apporte la nouvelle : « Le ciel l'a voulu ! » s'écrie Harrison en se levant. Fairfax fut consterné, mais le roi était mort.

Sans donc nous occuper des hommes, ne parlons que des systèmes. Si je parviens à en prouver la fausseté, à montrer l'écueil aux pilotes chargés de nous conduire, je croirai avoir rendu un grand service à la France ; convaincu, comme je le suis, que si l'on continue à suivre la route où nous sommes engagés, on mènera la monarchie légitime au naufrage.

CHAPITRE XIII.

Système capital, fondement de tous les autres systèmes suivis par l'administration.

Le grand système d'après lequel on administre depuis la restauration, le système qui est la base de tous les autres, celui d'où sont nées ces hérésies : *Il n'y a point de royalistes en France ; la Chambre des députés n'est point dans le sens de l'opinion générale ; il ne faut point suivre la majorité de cette Chambre ; il ne faut point d'épurations ; les royalistes sont incapables*, etc., etc. ; ce système, qu'on ne peut soutenir qu'en niant l'évidence des faits, qu'en calomniant les choses et les hommes, qu'en renonçant aux lumières du bon sens, qu'en abandonnant un chemin droit et sûr, pour prendre une voie tortueuse et remplie de précipices ; ce système enfin est celui-ci : IL FAUT GOUVERNER LA FRANCE DANS LE SENS DES INTÉRÊTS RÉVOLUTIONNAIRES.

Cette phrase, bien digne des révolutionnaires par sa barbarie, renferme l'instruction entière d'un ministre. Tout homme qui ne la comprend pas est déclaré incapable de s'élever à la hauteur de l'administration. Il ne vaut pas la peine qu'on daigne lui expliquer les secrets des têtes *fortes*, des esprits *positifs* et des génies *spéciaux* [1].

CHAPITRE XIV.

Qu'avec ce système on explique toute la marche de l'administration.

Servez-vous de ce système comme d'un fil, et vous pénétrerez dans tous les replis de l'administration ; vous découvrirez la raison de ce qui vous a paru le plus inconcevable ; vous trouverez la cause efficiente des déterminations ministérielles : je le prouve.

Il n'y a que deux espèces d'hommes qui peuvent gouverner dans le sens des intérêts révolutionnaires : ceux qui sont eux-mêmes engagés fortement dans ces intérêts ; ceux qui, sans les partager, sont néanmoins convaincus que la majorité de la France est révolutionnaire.

Que les premiers administrent au profit de la révolution, cela est tout naturel ; que les seconds, par d'autres motifs, s'attachent au même système, c'est tout naturel encore ; car étant faussement persuadés, mais enfin étant persuadés, que toute résistance à l'ordre de choses révolutionnaire est inutile, que cette résistance amènerait des crises et des bouleversements, ils doivent gouverner selon l'opinion qu'ils croient dominante et insurmontable.

Cela posé, il faut favoriser de toutes parts les hommes et les choses de la révolution, parce qu'on les regarde comme seuls puissants, seuls à craindre ; tandis que, par une conséquence contraire, on doit écarter les hommes et les choses qui ne tiennent pas à cette révolution, parce qu'ils ne sont ni puissants ni à craindre.

Or, n'est-ce pas ce qu'on a toujours fait depuis la restauration ? Partez donc du système des intérêts révolutionnaires, et toute l'administration est expliquée.

Cette administration a-t-elle sauvé, a-t-elle perdu, perdra-t-elle la France ? Voilà la question.

Si elle sauve la France, le système est vrai : il faut le suivre.

Si elle a déjà perdu, si elle doit perdre encore la France, le système est faux : qu'on se hâte de l'abandonner.

Et moi je soutiens que le système des intérêts révolutionnaires nous a précipités, et nous précipitera encore dans un abîme d'où nous ne sortirons plus.

[1] Jargon d'une petite coterie politique bien connue à Paris. — Cette note est pour la province et pour l'étranger.

Je dis qu'il est inconcevable que des ministres attachés à la couronne retombent dans les fautes qui ont produit la leçon du 20 mars.

Je dis que je ne saurais comprendre comment ces ministres sacrifient la France pour gagner des gens qu'on ne gagnera jamais; comment ils en sont encore à ce pitoyable système de fusion et d'amalgame que Buonaparte lui-même n'a pu exécuter avec un bras de fer et six cent mille hommes; comment ils croient avoir trouvé un moyen de salut, quand ils n'emploient qu'un moyen de destruction.

Je ferai toucher au doigt et à l'œil les conséquences terribles du système des intérêts révolutionnaires, pris pour base de l'administration; mais il faut d'abord l'attaquer dans son principe, ainsi que les autres systèmes dérivés de ce système capital.

CHAPITRE XV.

Erreur de ceux qui soutiennent le système des intérêts révolutionnaires.

Voici l'erreur de ceux qui veulent gouverner de bonne foi dans le sens des intérêts révolutionnaires : ils confondent les intérêts *matériels* révolutionnaires et les intérêts *moraux* de la même espèce. Protégez les premiers; poursuivez, détruisez, anéantissez les seconds.

J'entends par les intérêts *matériels* révolutionnaires, la possession des biens nationaux, les droits politiques développés par la révolution, et consacrés par la Charte.

J'entends par les intérêts *moraux*, ou plutôt immoraux de la révolution, l'établissement des doctrines antireligieuses et antisociales, la doctrine du gouvernement de fait, en un mot, tout ce qui tend à ériger en dogme, à faire regarder comme indifférents, ou même comme légitimes, le manque de foi, le vol et l'injustice.

CHAPITRE XVI.

Ce qu'il faut faire en admettant la distinction notée au précédent chapitre.

Ainsi, punissez quiconque se porterait à des voies de fait contre les acquéreurs de biens nationaux; veillez à la conservation de tous les avantages que la constitution accorde aux diverses classes de citoyens : cette part faite aux intérêts révolutionnaires, c'est une erreur déplorable autant qu'odieuse de se croire obligé de soutenir toutes les opinions impies et sacriléges nées de la fange de la révolution : c'est prendre pour des *intérêts* réels des *principes* destructeurs de toute société humaine.

CHAPITRE XVII.

Exemple à l'apppi de ce qu'on vient de dire.

Faut-il, par exemple, parce qu'on a vendu des biens qui ne nous appartenaient pas, que la Charte a reconnu cette vente (pour ne pas amener de nouveaux troubles), faut-il déclarer qu'il est légal de garder ceux qui ne sont pas encore aliénés? Une injustice commise devient-elle un droit pour commettre une autre injustice? Craindrait-on, en rendant ce qui reste des domaines de l'Église, d'avouer qu'on a eu tort de vendre ce qui ne reste plus, et ce qu'on ne redemande pas? Cet aveu ne doit-il jamais être fait?

Singulière doctrine de ces hommes qui prétendent aimer la liberté! Ne dirait-on pas que les droits consacrés par la Charte n'ont été établis qu'au profit de ceux qui ont tout, contre ceux qui n'ont rien? L'inviolabilité des propriétés, que l'on invoque pour la France nouvelle, n'existe point pour l'ancienne France : la peine de la confiscation n'est plus connue pour crime de lèse-majesté, mais elle continue de l'être pour crime de fidélité.

Malheur à la nation dont la loi, comme la règle de plomb de certains architectes de la Grèce, se ploie pour s'appliquer à différentes formes! Malheur au juge qui a deux poids et deux mesures! Malheur au citoyen réclamant pour lui la justice qu'il dénie à son voisin! Sa prospérité sera passagère; il sera frappé de cette même adversité qui ne le touche pas en autrui.

Au temps de Philippe de Valois, il y eut une peste : durant la mortalité, il advint que deux religieux de Saint-Denis chevauchaient à travers champs; ils arrivèrent à un village où ils trouvèrent les hommes et les femmes dansant au son des tambourins et des cornemuses. Ils en demandèrent la raison : les paysans répondirent qu'ils voyaient tous les jours mourir leurs voisins, mais que la contagion n'étant pas entrée dans leur village, ils avaient bonne espérance, et se tenaient en joie. Les deux religieux continuèrent leur route. Quelque temps après, ils repassèrent par le même village : ils n'y rencontrèrent que peu d'habitants, et ces habitants avaient l'air abattu et le visage triste. Les religieux s'enquirent où étaient les hommes et les femmes qui menaient naguère une si grande fête : « Beaux seigneurs, répondirent les paysans, le courroux du ciel est descendu sur nous [1]. »

[1] *Chronique de France.*

CHAPITRE XVIII.

Continuation du même sujet.

Poursuivez, et voyez où vous arrivez avec le système que j'attaque.

On doit s'opposer au rétablissement de la religion, parce que les intérêts révolutionnaires sont contraires à la religion.

On ne doit jamais faire aucune opposition, présenter aucun projet de loi tendant à rétablir les institutions morales et chrétiennes, parce que les rétablir c'est menacer la révolution ; c'est en outre supposer que ces institutions ont été renversées, par conséquent faire un reproche indirect à la révolution qui les a détruites. N'ai-je pas entendu blâmer comme impolitiques les honneurs funèbres rendus à Louis XVI, à Marie-Antoinette, au jeune roi Louis XVII, à madame Élisabeth? Si c'est comme cela qu'on sauve la monarchie, je suis étrangement trompé.

Si des choses on passe aux hommes, on trouvera qu'il ne faut rien faire pour ceux qui ont combattu la révolution, de peur d'alarmer les intérêts révolutionnaires ; qu'il faut combler au contraire les amis de la révolution pour les gagner et se les attacher. Je présenterai les détails du tableau quand je peindrai l'état actuel de la France.

Enfin, tous ces discours où l'on retrouve les mots d'honneur, de religion, de royalisme, sont des discours de factieux : parler ainsi, c'est blesser les intérêts révolutionnaires.

Avant la révolution, les prédicateurs, effrayés par l'esprit du siècle, n'osaient presque plus nommer Jésus-Christ : ils tâchaient, par des périphrases, de faire entendre de qui ils voulaient parler.

Aujourd'hui, à cause des intérêts moraux révolutionnaires, évitez toutes les paroles qui pourraient blesser des oreilles délicates ; *restitution*, par exemple, est un mot si affreux, qu'on doit le bannir, lui et ses dérivés, de la langue française. Il y a de bonnes gens qui consentiraient presque à la dotation de l'autel, à condition qu'on *donnât*, mais non pas qu'on *rendît* au clergé ce qui reste des biens de l'Église ; car, comme ils le disent très-sensément, *il faut maintenir le principe* !

Si cela continue, grâce aux intérêts révolutionnaires, dans peu d'années il y aura une foule de mots que l'on n'entendra plus, et l'on sera obligé de les expliquer dans les nouveaux dictionnaires.

CHAPITRE XIX.

Que le système des intérêts révolutionnaires, pris à la fois dans le sens physique et moral, mène à cet autre système, savoir : qu'il n'y a point de royalistes en France.

Gouverner dans le sens des intérêts révolutionnaires, sous le rapport moral, est un système si directement opposé aux principes du gouvernement légitime, il paraît si insensé de caresser toujours ses ennemis, et de repousser toujours ses amis, qu'il a bien fallu s'appuyer sur quelque raison décisive.

Qu'a-t-on alors imaginé? On a dit : Il n'y a point de royalistes en France ! C'est justifier une erreur par une erreur.

« Combien êtes-vous? s'écriait un jour un homme spécial : deux royalistes contre cent révolutionnaires ; subissez donc votre sort ! *Væ victis !* Un gouvernement ne connaît que la majorité, et n'administre que pour elle. Des faits et non des mots : comptons. »

Eh bien ! comptons.

Vous dites donc qu'il y a deux royalistes contre cent personnes attachées aux principes de la révolution, ou, pour me servir de votre phrase habituelle, vous dites qu'il n'y a point de royalistes en France. Vous en concluez qu'il faut gouverner dans le sens des intérêts révolutionnaires non-seulement matériels, mais encore moraux, sans avoir égard à la distinction que je prétends établir.

Je tirerais de ce fait, s'il était véritable, une conséquence tout opposée ; mais je commence par le nier.

CHAPITRE XX.

Que les royalistes sont en majorité en France.

Loin que les royalistes soient en minorité en France, ils sont en majorité.

S'ils étaient en majorité, répond-on, la révolution n'eût pas eu lieu.

Et depuis quand, dans les révolutions des peuples, la majorité a-t-elle fait la loi? L'expérience n'a-t-elle pas prouvé que c'est le plus souvent la minorité qui l'emporte ? La nation voulait-elle le meurtre de Louis XVI ? voulait-elle la Convention et ses crimes? voulait-elle le Directoire et ses bassesses? voulait-elle Buonaparte et sa conscription? Elle ne voulait rien de tout cela : mais elle était contenue par une minorité active et armée. Doit-on inférer que parce que la majorité se tait, ses intérêts n'existent pas dans un pays? Dans ce cas, il faudrait presque toujours conclure contre l'opprimé, en faveur de l'oppresseur.

Mais délivrez du joug cette majorité, et vous verrez ce qu'elle dira. L'exemple en est récent et sous vos yeux. Des colléges électoraux, formés par Buonaparte, sont appelés à des élections sous le roi : que feront-ils? Entraînés par l'opinion populaire, et puisant, pour ainsi dire, eux-mêmes dans cette opinion, ils nomment pour députés les plus déterminés royalistes. Je dirai plus : il a fallu toute la puissance ministérielle d'alors pour parvenir à faire élire certains chefs que l'esprit public repoussait. Loin qu'on veuille encore des révolutionnaires, on en est las : le torrent de l'opinion coule aujourd'hui dans un sens tout à fait opposé aux idées qui ont amené le bouleversement de la France.

Renfermons-nous dans les faits. Que chacun se rappelle les départements, les villes, les villages, les hameaux où il peut avoir des relations, des intérêts de famille où d'amitié. Dans tous ces lieux, il lui sera facile de compter le très-petit nombre d'hommes connus par leurs principes révolutionnaires. Y en a-t-il un millier par département, une centaine par ville, une douzaine par village, bourg et hameau? C'est beaucoup ; et vous ne les trouveriez pas.

Ceux qui n'ont parcouru que nos provinces les plus dévastées par deux invasions consécutives, qui n'ont suivi que la route militaire, ravagée par douze cent mille étrangers ; ceux-là ont vu des paysans au milieu de leurs moissons détruites, de leurs chaumières en cendres. Serait-il juste de conclure que des propos arrachés à l'impatience de la misère sont la manifestation d'une opinion nationale ? Et comment se fait-il que ces provinces dépouillées aient nommé des députés tout aussi royalistes que ceux du reste de la France? Ignore-t-on même que les départements du Nord sont remarquables par l'ardeur de leur royalisme ? Voyagez à l'Ouest et au Midi, et vous serez frappé de la vivacité de cette opinion, qui est portée jusqu'à l'enthousiasme. Voilà des faits et des calculs.

CHAPITRE XXI.

Ce qui a pu tromper les ministres sur la véritable opinion de la France.

L'illusion du ministère sur la véritable opinion de la France tient encore à une autre cause. Il prend pour une chose existante hors de lui une chose inhérente à lui-même ; et il s'émerveille de découvrir ce qui est le résultat forcé de la position où il a placé l'ordre politique.

Le ministère ne voit pas que, sur la question de l'opinion générale, il n'a pour guide et pour témoin qu'une opinion intéressée. La plupart des places étaient et sont encore entre les mains des partisans de la révolution ou de Buonaparte. Les ministres ne correspondent qu'avec les hommes en place ;

ils leur demandent des renseignements sur l'opinion de la France. Ces hommes, tout naturellement, ne manquent pas de répondre que les administrés pensent comme eux, hors une petite poignée de chouans et de Vendéens. Comptez l'armée des douaniers, des employés de toutes les sortes, des commis de toutes les espèces, et vous reconnaîtrez que l'administration, dans sa presque totalité, tient aux intérêts révolutionnaires. Or, si le gouvernement voit l'opinion de la France dans les *administrateurs*, et non dans les *administrés*, il en résulte qu'il doit croire, contre la vérité évidente, qu'il y a très-peu de royalistes en France ; et, comme ce sont des administrateurs qui parlent, qui écrivent, qui disposent des journaux et de la voix de la renommée ; comme, enfin, ce sont eux qui forment les autorités publiques, il est clair qu'il y a de quoi prendre là des idées fausses sur la France, de quoi se tromper soi-même, et tromper l'Europe.

CHAPITRE XXII.

Objection réfutée.

Un homme d'esprit, consulté sur l'opinion de la France, après avoir dit que les royalistes sont les meilleures gens du monde, qu'ils sont pleins de zèle et de dévouement (précaution oratoire à l'usage de tous ceux qui veulent leur nuire), ajoutait : Mais ces honnêtes gens sont en si petit nombre, ils sont si peu de chose comme parti, qu'ils n'ont pas pu, le 20 mars, sauver le roi à Paris, ni défendre Madame à Bordeaux.

Hé! grand Dieu! quels sont donc ceux qui emploient de tels raisonnements pour prouver la minorité des royalistes? Ne seraient-ce point des hommes qui chercheraient une excuse à des événements qui les condamnent? Ne seraient-ce point des administrateurs auteurs et fauteurs du merveilleux système qu'il faut gouverner dans les intérêts révolutionnaires, par conséquent ne placer que des amis de Buonaparte, que des élèves de la révolution?

— Quoi! c'est vous qui refusiez de croire à tout ce qu'on vous dénonçait ; qui traitiez d'alarmistes ceux qui osaient vous parler des dangers de la France ; qui n'ouvriez pas même les lettres qu'on vous écrivait des départements ; qui n'avez pas pu garder un bras de mer avec toute la flotte de Toulon ; qui vous êtes montrés si pusillanimes au moment du danger, si incapables de prendre un parti, de suivre un plan, de concevoir une idée ; qui n'avez su que vous cacher en laissant 35 millions comptant à l'usurpateur, tant il vous semblait difficile de trouver quelques chariots! c'est vous qui reprochez aux royalistes écartés, désarmés par vous, de n'avoir pas pu sauver le roi! Ah! qu'il vaudrait mieux garder le silence que de vous exposer à vous faire dire que tous les torts viennent de vous, de vos funestes systèmes! Si vous n'aviez pas mis des révolutionnaires dans toutes les places, si vous n'aviez pas éloigné les royalistes de tous les postes, l'usurpateur n'aurait pas réussi. Ce sont vos préfets révolutionnaires, vos commandants buonapartistes qui ont ouvert la France à leur maître. Ne lui aviez-vous pas ingénieusement envoyé des maréchaux de logis dans tout le Midi, en semant sur son chemin ses créatures? Il avait raison de dire que ses aigles voleraient de clocher en clocher : il allait de préfecture en préfecture coucher chaque soir, grâce à vos soins, chez un de ses amis. Et vous osez vous en prendre aux royalistes! Qui ne sait que dans tout pays ce sont les autorités civiles et militaires qui font tout, parce qu'elles disposent de tout; que la foule désarmée ne peut rien? Où l'usurpateur a-t-il rencontré quelque résistance, si ce n'est là même où, par hasard, il s'est rencontré des hommes qui n'étaient pas dans les intérêts révolutionnaires? Vos agents, ces habiles que vous aviez comblés de faveurs pour les attacher à la couronne, arrêtaient les royalistes, empêchaient les Marseillais de sortir de Marseille. Vous sied-il bien de mettre sur le compte de la prétendue faiblesse des sujets fidèles ce qui n'est que le fruit de la pauvreté de vos conceptions? Abandonnez un moyen de défense aussi maladroit qu'imprudent, puisqu'au lieu de prouver la bonté de votre système il en démontre le vice.

CHAPITRE XXIII.

Que s'il n'y a pas de royalistes en France, il faut en faire.

Après avoir nié la majeure, je change d'argument, et j'accorde aux adversaires tout ce qu'ils voudront. Je dis alors : Fût-il vrai qu'il n'y eût pas de royalistes en France, le devoir du ministère serait d'en faire; loin de gouverner dans le sens de la révolution, de fortifier les principes révolutionnaires essentiellement républicains, il serait coupable de ne pas employer tous ses efforts pour amener le triomphe des opinions monarchiques.

Ainsi, trouvant sous sa main, par miracle, une Chambre de députés purement royalistes, le ministère devrait s'en servir pour changer la mauvaise opinion qu'il supposait exister dans la majorité de la France. Et qu'il ne soutienne pas que ce changement eût été impossible : les moyens d'un gouvernement sont toujours immenses. C'est bien après avoir été témoin de toutes les variations que la révolution a produites, de tous les rôles que la plupart des hommes ont joués, de tous ces serments prêtés à la république, à la tyrannie, à la royauté, au gouvernement de droit, au gouvernement de fait, que l'on peut désespérer de ramener à la légitimité des caractères si flexibles! Et si, au lieu de supposer la majorité révolutionnaire, je la suppose seulement indifférente et passive, quelle facilité de plus pour la faire pencher vers les principes de la religion et de la royauté ! C'est donc par goût et par choix que vous la déterminez à tomber du côté de la révolution? Vous avez dit à la tribune qu'un ministre doit diriger l'opinion; eh bien ! je vous prends par vos paroles; faites des royalistes ou je vous accuse de n'être pas royalistes vous-mêmes.

CHAPITRE XXIV.
Système sur la Chambre actuelle des députés.

Ce qui embarrasse le plus les partisans des intérêts révolutionnaires, lorsqu'ils soutiennent qu'il n'y a point de royalistes en France, c'est la composition de la Chambre des députés.

Le système des intérêts révolutionnaires amène le système de la minorité des royalistes en France; ce second système produit nécessairement celui-ci, savoir : que la Chambre actuelle des députés n'a point été élue dans le sens de l'opinion générale. C'est de ce système qu'est née l'absurdité inconstitutionnelle d'après laquelle on prétend que le ministère n'a pas besoin de la majorité de la Chambre. Le mal engendre le mal.

Voici comment on raisonne pour détruire l'objection tirée du royalisme de la Chambre des députés :

« L'opinion de la majorité de la Chambre des députés ne représente point, dit-on, l'opinion de la majorité de la France. Cette Chambre, élue par surprise, fut convoquée au milieu d'une invasion. Dans le trouble et la confusion, les collèges électoraux se sont hâtés de nommer des royalistes, croyant que ceux-ci allaient être tout-puissants, quoique l'opinion de ces collèges fût opposée à la nature même des choix qu'ils faisaient. L'opinion de la majorité des Français est précisément celle de la minorité actuelle de la Chambre des députés : voilà pourquoi les ministres ont suivi cette minorité, voulant marcher avec la France, et non pas avec une faction. »

CHAPITRE XXV.
Réfutation.

Je vois d'abord dans cet exposé une chose qui, si elle était réelle, confirmerait ce que j'ai avancé plus haut : il est facile de faire des royalistes en France, en supposant qu'il n'y en ait pas.

En effet, les collèges électoraux s'assemblent : dans la simple supposition que les royalistes vont être puissants, que le gouvernement va prendre des mesures en leur faveur, ces colléges nomment sur-le-champ, contre leurs intérêts, leurs penchants et leurs opinions, des députés royalistes! On est donc bien coupable, je le répète, de ne pas rendre toute la France royaliste, lorsqu'on le peut à si peu de frais, lorsque la moindre influence la détermine à faire aussi promptement ce qu'elle ne veut pas que ce qu'elle veut.

Pour moi, je m'en tiens au positif, et, comme ceux dont je combats le système, je ne veux que des faits.

J'ai eu l'honneur de présider un collége électoral dans une ville dont la garnison étrangère n'était séparée de l'armée de la Loire que par un pont. S'il devait y avoir oppression, confusion, incertitude quelque part, c'était certainement là. Je n'ai vu que le calme le plus parfait, que la gaieté même, que l'espérance, l'absence de toutes craintes, que les opinions les plus libres. Le collége était nombreux; il n'y manquait presque personne. On y remarquait des hommes de tous les caractères, de toutes les opinions; des malades s'y étaient fait porter : le résultat de tout cela fut la nomination de quatre royalistes pris dans l'administration, la magistrature et le commerce. Il y en aurait eu vingt de nommés si l'on avait eu vingt choix à faire, car il n'y eut concurrence qu'entre des royalistes. On n'aurait trouvé de difficulté ou plutôt d'impossibilité qu'à faire élire les partisans des intérêts révolutionnaires.

Je suis peut-être suspect ici par mes opinions. Il y a d'autres présidents qui ne l'étaient pas, et ils ont rapporté comme moi des nominations royalistes. Si donc il y avait tant de calme et d'indépendance à Orléans, les départements éloignés de Paris et du théâtre de la guerre devaient être encore plus libres de suivre leurs véritables opinions.

Une preuve de plus que l'opinion de la majorité de la Chambre des députés était l'opinion de la majorité de la France, c'est la réception que les départements ont faite à leurs députés. Je ne parle pas des témoignages de satisfaction donnés aux hommes les plus éclatants ; on pourrait répondre que l'esprit de parti s'en est mêlé. Je parle de la manière dont les députés les plus obscurs ont été accueillis presque partout, par cela seul qu'ils avaient voté avec la majorité. On a dit que la police avait envoyé des ordres secrets pour que de semblables honneurs attendissent ainsi les membres de la minorité : ce sont des propos de la malveillance.

Si les départements avaient élu des députés qu'ils n'aimaient pas, il faut avouer qu'ils avaient eu le temps de revenir de leur surprise, de s'apercevoir que les royalistes n'avaient ni puissance ni faveur : alors ces départements, mécontents eux-mêmes de tout ce qui s'était passé dans la session, auraient pu montrer combien ils se repentaient de leurs choix. Point du tout : ils en paraissaient de plus en plus satisfaits. Voilà une abnégation de soi-même, une frayeur, une surprise, qui durent bien longtemps!

Que n'avait-on point tenté toutefois pour égarer l'opinion ! Que de calomnies répandues, que d'insultes dans les journaux ! Tantôt les députés voulaient ramener l'ancien ordre de choses et revenir sur tout ce qui avait été fait ; tantôt ils attaquaient la prérogative et prétendaient résister au roi. Comment dans les provinces aurait-on démêlé la vérité, quand la presse n'était pas libre, quand elle était entre les mains des ministres, quand on ne pouvait rien expliquer au delà de la barrière de Paris, ni faire comprendre la singulière position où l'on plaçait les plus fidèles serviteurs du roi ? Pour couronner l'œuvre, les Chambres avaient été renvoyées immédiatement après le rapport sur le budget à la Chambre des pairs ; et les députés, sans pouvoir répondre, étaient retournés chez eux, chacun avec un acte d'accusation dans la poche : cependant la vérité a été connue.

Trompé comme on l'est dans les cercles de Paris, où chacun ne voit et n'entend que sa coterie, où l'on prend ce qu'on désire pour la vérité, où l'on est la dupe des bruits et des opinions que l'on a soi-même répandus, où la flatterie attaque le dernier commis comme le premier ministre, on disait avec une généreuse pitié que le ministère serait obligé de protéger les députés quand ils retourneraient dans les provinces ; que ces malheureux seraient insultés, bafoués, maltraités par le peuple : *Ride, si sapis !*

Il me semble que les départements commencent à se soustraire à cette influence de Paris, qui les a dominés depuis la révolution, et qui date de loin en France. Lorsque le duc de Guise le Balafré montrait à sa mère la liste des villes qui entraient dans la Ligue : « Ce n'est rien que tout cela, mon fils, disait la duchesse de Nemours : si vous n'avez Paris, vous n'avez rien. »

Que l'administration, par maladresse, accroisse aujourd'hui le dissentiment entre les provinces et Paris, il en résultera une grande révolution pour la France.

CHAPITRE XXVI.

Conseils des départements.

Le sophisme engendre l'illusion ; l'illusion détrompée produit l'humeur, anime l'amour-propre : on se pique au jeu. Il serait plus simple de dire : J'ai tort, et de revenir ; mais on ne le fait pas.

Les départements avaient bien reçu leurs députés ; cette réception tendait à prouver que l'opinion était royaliste, mais il restait une ressource : les conseils des départements allaient s'assembler. S'ils se plaignaient des députés ou ne montraient pour leurs travaux que de l'indifférence, le triomphe était encore possible. On eût fait valoir les adresses des conseils ; on se serait écrié : « Vous le voyez ! nous vous l'avions bien dit. Voilà la véritable opinion de la France. Êtes-vous maintenant convaincus que la Chambre n'a point été choisie dans le sens de l'opinion générale, opinion qui est toute dans les intérêts révolutionnaires ? Écoutez les conseils généraux ; ils sont les organes de l'opinion publique. »

Qu'est-il arrivé ? Les conseils ont aussi fait l'éloge des députés. Eh bien ! les conseils ne sont plus les organes de l'opinion publique ! On *sait* que toutes ces louanges *sont des coups montés, des affaires de cabale et de parti*. On sait que l'on *rédige une adresse comme l'on veut*, etc.

Ordre aux journaux de se moquer des honneurs rendus aux députés ; ordre aux conseils généraux de ne député personne à Paris, parce qu'on ne veut pas qu'on vienne dire au pied du trône combien la France est satisfaite de ses mandataires. On ne recevra que les adresses des conseils ; et ces adresses, on ne les mettra que par extrait dans *le Moniteur*, en ayant soin d'en retrancher tous les éloges de la Chambre.

Enfin, comme les conseils votent des remercîments et des témoignages d'estime à leurs députés, ordre encore de n'accorder ces remercîments et ces témoignages d'estime qu'avec la permission de la couronne. Pour motiver cet ordre extraordinaire, il faut faire violence à toute l'histoire ; il faut dire que la couronne eut seule, en tout temps, le droit de décerner des honneurs, tandis qu'il n'est personne qui ne sache que, depuis Clovis jusqu'à nos jours, les villes, les corps, les confréries, ont été en possession de ce droit ; jusque-là qu'on tirait quelquefois le canon pour un écolier qui avait remporté un prix à l'université.

Et quand il eût été vrai que ce droit n'eût pas existé sous la monarchie absolue, ne dérive-t-il pas tout naturellement de la monarchie constitutionnelle ? Si les départements ont le droit d'élire des députés, n'ont-ils pas celui de dire à ces députés qu'ils sont contents de leurs services ? Quelle pitié que tout cela !

Tel est le fatal esprit du système : quiconque en est possédé ferme les yeux à la vérité. Les hommes de la meilleure foi du monde se donnent l'air de ce qui est opposé à la bonne foi ; avec les idées les plus généreuses, ils gouvernent comme Buonaparte, par les moyens les moins généreux. Mais, pour administrer ainsi, ont-ils la force de Buonaparte ? Les adresses sont connues ; elles arrivent de toutes parts ; chacun les reçoit ; chacun voit pourquoi on cherche à les étouffer : on rit ou l'on rougit, en restant convaincu plus que jamais que la majorité de la Chambre des députés est dans le sens de l'opinion de la France.

CHAPITRE XXVII.

Que l'opinion même de la minorité de la Chambre des députés n'est point en faveur du système des intérêts révolutionnaires.

Que si l'on s'appuie de l'opinion de la minorité réelle des députés, comme représentant l'opinion générale de la France, je dis encore que cette opinion, à la prendre à son origine, servirait elle-même à battre en ruine le système des intérêts révolutionnaires.

Quand la Chambre s'est rassemblée, elle était presque unanime dans ses sentiments. Il a fallu que le ministère travaillât avec une persévérance incroyable pour parvenir à la diviser. On conçoit à peine comment des hommes de sens, trouvant sous leur main un instrument aussi parfait, aussi bien disposé pour tous les usages, n'aient pas voulu ou n'aient pas pu s'en servir; on conçoit à peine que ces hommes de sens aient mis autant de soins à se créer une minorité qu'un ministère en met ordinairement à acquérir la majorité.

Que de mouvements il a fallu se donner, en effet, que de démarches, de sueurs répandues, pour avoir le plaisir de voir refaire ou rejeter les lois ! Que d'adresse pour perdre la partie ! Un club n'a d'abord rien produit. La Chambre tout entière était si franchement royaliste, que ce n'est qu'en abusant du nom du roi, en répétant sans cesse que le roi désirait, voulait, ordonnait ceci, cela, qu'on est parvenu à ébranler quelques hommes. Ces honnêtes gens se sont détachés, comme malgré eux, d'une majorité qu'ils n'ont pas crue assez soumise à la volonté du monarque. Cela est si vrai, que, dans une foule d'occasions, comme dans l'affaire des régicides, ils ont voté par acclamation dans le sens de la majorité. Or, le bannissement des régicides était un coup mortel porté aux *intérêts révolutionnaires*.

Ainsi on ne peut pas même argumenter de l'opinion de la minorité de la Chambre des députés en faveur du système de ces intérêts ; car cette opinion, loin d'être l'opinion réelle de la minorité, n'est que la reproduction de l'opinion ministérielle par laquelle elle a été formée.

CHAPITRE XXVIII.

Dernier fait qui prouve que les intérêts ne sont pas révolutionnaires en France.

Faisons la contre-épreuve du tableau. Si les intérêts étaient révolutionnaires en France, toutes les fois qu'il y a un mouvement politique, ce mouvement serait infiniment dangereux. Aussi, à chaque conspiration, ne manque-t-on pas de s'écrier : « Voilà ce que vos paroles imprudentes ont fait ! les intérêts révolutionnaires se sont crus menacés ; à l'instant la tranquillité a été troublée. Cette étincelle peut produire un vaste incendie. »

On regarde, et cette étincelle ne produit rien ; personne ne remue. On voit avec indifférence et mépris quelques jacobins isolés tomber dans le gouffre qu'ils ont tenté de rouvrir. Ce parti, sans force, n'a aucune racine dans l'opinion : il n'est dangereux (mais alors il l'est beaucoup) que quand on a l'imprudence de l'employer. La vipère est faible et rampante ; vous pouvez l'écraser d'un coup de pied ; mais elle vous tuera si vous la mettez dans votre sein.

CHAPITRE XXIX.

Qu'on ne fait pas des royalistes par le système des intérêts révolutionnaires.

Passons sur un autre champ de bataille.

J'ai dit qu'il fallait faire des royalistes, s'il n'y en avait pas en France. C'est précisément pour cela, répond-on, que l'on gouverne dans le sens des intérêts révolutionnaires. Le chef-d'œuvre du ministère sera de rattacher au roi tous ses ennemis. On gagnera tous les hommes qui n'ont à se reprocher qu'un excès d'énergie, et qui mettront à défendre le trône la force qu'ils ont mise à le renverser.

Et moi aussi j'ai prêché cette doctrine ; et moi aussi j'ai dit qu'il fallait fermer les plaies, oublier le passé, pardonner l'erreur. Quel éloge n'ai-je point fait de l'armée ! Je dois même le confesser : je suis trop sensible à la gloire militaire, et je raisonne mal quand j'entends battre un tambour. Mais ce que je concevais avant le 20 mars, je ne le conçois plus après. Être un bon homme, soit ! mais un niais, non ! Je serais aussi trop honteux d'être deux fois dupe.

Vous prétendez rendre royalistes des hommes qui vous ont déjà perdus ! Et que ferez-vous pour eux qu'on n'eût point fait alors? Ils occupaient toutes les places, ils dévoraient tout l'argent, ils étaient chargés de tous les honneurs. On donnait à quelques régicides mille écus par mois pour avoir fait tomber la tête de Louis XVI. Serez-vous plus libéral? Les Cent-Jours ont envenimé la plaie ; ils ont ajouté aux passions premières la honte d'avoir tenté sans succès une nouvelle trahison. Par cette raison, la légitimité est devenue de plus en plus odieuse à de certains hommes : ils ne seront satisfaits que par son entière destruction. Je le répéterai : essayer encore, après le 20 mars, de gagner les révolutionnaires, remettre encore toutes les places entre les mains des ennemis du roi, continuer encore le système de fusion et d'amalgame, croire encore qu'on enchaîne la vanité par les bienfaits, les passions par les intérêts ; en un mot, retomber dans toutes les fautes qu'on a faites après une leçon si récente, une expérience si rude, disons-le sans

MORT DE RANCÉ

détour, il faut que quelque arrêt fatal ait été prononcé contre cet infortuné pays.

CHAPITRE XXX.
Des épurations en général.

Ceci nous amène à traiter des épurations.

Avant l'ouverture de la session, les colléges électoraux avaient demandé l'épuration des autorités. A l'ouverture de la session, les deux Chambres répétèrent la même demande dans leurs adresses. Le ministère répondit qu'il surveillerait ses agents; qu'il prenait, d'ailleurs, les événements sous sa responsabilité.

Mais, d'abord, qu'est-ce que la responsabilité des ministres? La loi qui doit la définir n'est point encore faite. Jusqu'ici cette terrible responsabilité, de loin *vaisseau de haut bord,* de près n'est *que bâton flottant sur l'onde.* Le premier ministre était sans doute dévoué à la cause de la royauté; cependant a-t-il pu prévenir l'infidélité des bureaux et des commis? Dans une foule de cas le ministre ne peut voir que par les sous-ordres qui l'environnent; sa foi peut être surprise. Si, par exemple, les administrations sont remplies d'hommes qui calomnient les amis du roi, le ministre n'agira-t-il pas dans le sens des rapports qu'on lui fera? Ne sera-t-il pas trompé sur les véritables intérêts de la patrie?

A ce mot d'épuration on s'écrie : Vous voulez des vengeances, vous demandez des réactions.

J'ai dit dans une autre occasion que la justice n'est point une vengeance, que l'oubli n'est point une réaction. Il ne faut persécuter personne; mais il n'est pas nécessaire et il est tout à fait dangereux de confier les places aux ennemis du roi. Pour quoi s'élève-t-il une si grande rumeur parmi une certaine classe d'hommes, lorsqu'on hasarde le mot de justice ? Parce que ces hommes sentent très-bien que toute la question est là, et que si une fois on en vient à la justice, tout est perdu pour ceux qui nourrissent encore de coupables espérances.

Ne croyez pas qu'ils se soucient du tout de la Charte et de la liberté, dont ils invoquent sans cesse les noms : tout ce qu'ils veulent, c'est le pouvoir. Le salut ou la perte de la France leur paraît tenir à la perte ou à la conservation de leur place.

Lorsqu'on était trop pressé par l'opinion publique, on se retranchait dans la nécessité d'une sage temporisation. On fera peu à peu, disait-on, les épurations nécessaires; mais on ne peut pas désorganiser à la fois tous les ministères, et paralyser l'action du gouvernement.

Cette objection peut paraître invincible à un administrateur; elle n'arrête pas un homme d'État. Ne vaut-il pas mieux, dans tous les cas, avoir des agents inexpérimentés que des agents infidèles?

Mais, si vous exécutiez tous ces changements, vous feriez au gouvernement une multitude d'ennemis.

Ces ennemis sont-ils plus dangereux en dehors qu'en dedans des administrations? L'influence d'un homme en place, quelque médiocre que soit cette place, n'est-elle pas mille fois plus grande que quand il est rendu à la vie privée? D'ailleurs, je vous l'ai dit, vous ne gagnerez pas ces hommes que vous prétendez réconcilier à vos principes : vos caresses leur semblent une fausseté, car ils sentent bien que vous ne pouvez pas les aimer ; le système de fusion que vous suivez les fait rire, car ils savent que ce système vous mène à votre perte. Et, pour prouver que vous êtes incapables de gouverner, pour justifier leurs nouveaux complots, ils apporteront en témoignage contre vous votre indulgence et vos bienfaits.

Enfin, je veux que les autorités ne s'abandonnent pas à leurs inimitiés politiques ; mais comment les empêcherez-vous d'être fidèles à des penchants plus excusables sans doute, et toutefois aussi dangereux? Dans le système des administrations actuelles, les vertus d'un homme sont aussi à craindre que ses vices. Il faut qu'il étouffe, pour vous servir, les plus doux sentiments de la nature ; il faut qu'il arrête son ami, qu'il poursuive peut-être son bienfaiteur ; vous le placez entre ses penchants et ses devoirs, et vous faites dépendre votre sûreté de son ingratitude.

CHAPITRE XXXI.

Que les épurations partielles sont une injustice.

Après tout, puisqu'on avait embrassé le système des intérêts révolutionnaires, c'était une chose forcée que de repousser celui des épurations. Mais lorsqu'on suit une route, il faut y marcher franchement, rondement ; et c'est ce qu'on ne fit pas. On prit encore le plus mauvais parti, dans un mauvais parti : on en vint aux épurations partielles, et l'on convertit ainsi un grand acte de justice en une injustice criante.

Il y a un esprit de justice chez les hommes qui fait qu'on ne se plaint point d'une mesure générale, lorsqu'elle est fondée sur la raison et sur les faits ; mais une mesure particulière, qui n'a l'air que du caprice, révolte tout le monde, et ne satisfait personne.

Quel a été le résultat des épurations partielles? Tel homme a perdu sa place ou sa pension, pour avoir signé une seule fois l'Acte additionnel ; tel autre qui l'a signé quatre ou cinq fois, en quatre ou cinq qualités différentes, conserve ses places et ses pensions.

Celui-ci aura accepté un emploi pendant les Cent-Jours, et il sera déclaré indigne de le garder aujourd'hui ; celui-là se sera conduit de la même manière, et conserve ce qu'il avait mal acquis.

Un fonctionnaire public descend du haut rang qu'il avait conservé sous Buonaparte après l'avoir reçu de Louis XVIII, on le punit ; mais son voisin avait sollicité de l'usurpateur le même rang, et ne l'avait point obtenu. Dédaigné de Buonaparte, il jouit du témoignage d'une conscience pure, de la gloire de la fidélité, et des faveurs du gouvernement légitime.

Des fédérés ont reçu l'institution royale, et un magistrat qui, dans une cour obscure, a prêté un misérable serment, éprouve toute la sévérité de l'épuration.

Comme il faut que tout soit compensé dans cette vie, des juges royalistes, des citoyens qui se sont conduits avec courage pendant les Cent-Jours, ont perdu leur emploi, et on a mis à leur place des partisans de l'usurpateur : tant on s'est piqué d'impartialité ! Encore n'a-t-on pas réellement écarté certains fonctionnaires désignés par l'opinion publique ; on les a seulement ôtés d'une province, pour les faire passer avec plus d'avantages dans une autre.

Un homme que je ne connaissais pas, et qui avait été éloigné par l'effet des épurations, vint un jour me demander quelques services : il eut la naïveté de me dire qu'un ministre lui avait promis de le replacer aussitôt que *cette Chambre furibonde* serait renvoyée. J'admirai la grandeur de la Providence, et je bénis Dieu de ce que cet honnête homme était venu s'adresser à moi.

Ces demi-épurations prolongées produisent encore un autre mal : elles sèment la division dans les provinces ; elles encouragent les petites vengeances, les jalousies secrètes, les dénonciations. Chacun, dans l'espoir d'obtenir la place de son voisin, ne manque pas de raconter ce qu'a fait ce voisin, ou d'inventer sur son compte quelques calomnies. Si l'on avait d'abord frappé un grand coup, qu'on en fût venu à une large épuration, on se serait soumis, et la vindicte publique eût été satisfaite. On se plaint aujourd'hui des dénonciations, et on a raison ; mais à qui la faute ? N'est-ce pas les tergiversations et les demi-mesures qui les ont fait naître ? Il faut savoir ce que l'on veut quand on administre : mieux aurait-il fallu dire : « Il n'y aura point d'épuration, » et tenir ferme, que de n'avoir la force ni de suivre le système opposé, ni de le rejeter entièrement.

CHAPITRE XXXII.

Sur l'incapacité présumée des royalistes, et la prétendue habileté de leurs adversaires.

Enfin, et c'est ici la dernière opinion qui nous reste à examiner, on prétend que les royalistes sont incapables; qu'il n'y a d'habiles que les hommes sortis de l'école de Buonaparte, ou formés par la révolution.

Apporte-t-on quelque raison en preuve de cette assertion? Aucune; mais on regarde la chose comme démontrée. « Nous voulons bien des royalistes, nous dit-on; mais donnez-nous-en que nous puissions employer : faute de quoi nous prendrons les administrateurs de Buonaparte, puisque eux seuls ont du talent. »

Ainsi, l'on remonte encore la chaîne, et l'on retourne au premier anneau : les royalistes ne peuvent être utiles, parce qu'ils manquent de capacité et de savoir; l'épuration est donc impossible, parce qu'on n'aurait plus personne pour administrer. Il faut donc gagner les hommes habiles qu'on est forcé d'employer; donc il faut ménager les intérêts révolutionnaires.

J'ai une question préliminaire à proposer. La plupart de ceux qui ont gouverné la France depuis la restauration étaient-ils des royalistes? Si l'on répond par l'affirmative, j'avoue que le système qui condamne les serviteurs du roi comme incapables n'est que trop vrai. Les fautes ont été énormes! Mais il y aura du moins cette petite consolation : si l'incapacité est le caractère distinctif du royalisme, il faut convenir qu'on a calomnié certains administrateurs, lorsqu'on a prétendu qu'ils n'étaient pas attachés à la monarchie : je les tiens pour les sujets les plus fidèles qui furent oncques dans le royaume de saint Louis.

Résout-on la question que j'ai faite par la négative, je demande alors si la manière dont la France a été conduite les deux dernières années prouve que les administrateurs sortis de la révolution sont d'habiles gens. Qu'auraient fait de pis les royalistes, s'ils eussent été appelés au maniement des affaires? C'est une chose vraiment curieuse que des hommes qui sont tombés au moindre choc, qui n'ont pas fait un pas sans faire une chute, qui ont laissé Buonaparte revenir de l'île d'Elbe, et la France périr entre leurs mains; que ces hommes osent se vanter de leur capacité, se donner l'air de mépriser les serviteurs du roi. Et comment pouvez-vous dire que les royalistes sont incapables, puisque vous ne les avez pas employés? Vous, dont l'administration a été si funeste, vous n'avez pas le droit de les juger dédaigneusement avant de les avoir mis à l'œuvre. Essayez une fois ce qu'ils peuvent : s'ils se montrent plus ignares que vous, s'ils font plus de fautes que vous n'en avez fait, vous reprendrez alors les rênes, et tous vos systèmes seront justifiés.

On peut affirmer une chose : avant l'époque du 20 mars 1815, si toutes les administrations eussent été royalistes, elles n'auraient peut-être pas empêché le retour de l'homme de l'île d'Elbe; mais, à coup sûr, elles n'auraient ni trahi le roi ni servi l'usurpateur pendant les Cent-Jours. Quatre-vingt-trois préfets, imbéciles si l'on veut, mais résistant à la fois sur la surface de la France, seraient devenus assez fâcheux pour Buonaparte. Dans certains cas, la fidélité est du talent, comme l'instinct du bon La Fontaine était du génie.

CHAPITRE XXXIII.

Danger et fausseté de l'opinion qui n'accorde d'habileté qu'aux hommes de la révolution.

C'est un bien faux et bien dangereux système, un système dont l'expérience nous a coûté bien cher, que celui qui ne voit de talent pour la France que dans les hommes de la révolution. Buonaparte, a dit mon noble ami M. de Bonald, a pu former des administrateurs, mais il n'a pu créer des hommes d'État; belle observation dont voici le commentaire.

Qu'est-ce qu'un ministre sous un despote? C'est un homme qui reçoit un ordre, qui le fait exécuter, juste ou injuste, et qui, dispensé de toute idée, ne connaît que l'arbitraire, n'emploie que la force.

Transportez ce ministre dans une monarchie constitutionnelle, obligez-le de penser pour son propre compte, de prendre un parti, de trouver les moyens de faire marcher le gouvernement, en respectant toutes les lois, en ménageant toutes les opinions, en se glissant entre tous les intérêts, vous verrez se rapetisser cet homme, que vous regardiez peut-être comme un géant. Tous ses chiffres, tous ses résultats positifs, tous ses résumés de statistique lui manqueront à la fois. Il ne lui servira plus de rien de savoir combien un département renferme de bétail, combien tel autre fournit de légumes, de poules et d'œufs; Smith et Malthus lui deviendront inutiles. Aussitôt que les combinaisons morales et politiques entreront pour quelque chose dans la science du gouvernement, cette tête carrée se trompera sur tout, cet administrateur distingué ne sera plus qu'un sot.

J'ai vu les coryphées de la tyrannie déconcertés, étonnés, et comme égarés au milieu d'un gouvernement libre. Étrangers aux moyens naturels de ce gouvernement, la religion et la justice, ils voulaient toujours appliquer les forces physiques à l'ordre moral. Moins propres à cet ordre de choses que le dernier des royalistes, ils se sentaient arrêtés par des bornes invisibles; ils se débattaient contre une puissance qui leur était inconnue. De là leurs mauvaises lois, leurs faux systèmes, leur opposition à tous les vrais principes. Ce qui fut esclave ne comprend pas l'indépendance; ce qui est impie est mal à son aise au pied des autels. Ne croyons pas que tous les hommes de la révolution aient conservé leur fatal génie! Sous un gouvernement moral et régulier, ce qu'ils possédaient de facultés pour le mal est devenu inutile. Ils sont pour ainsi dire morts au milieu du monde nouveau qui s'est formé autour d'eux ; et nous ne voyons plus errer parmi nous que leurs ombres ou leurs cadavres inanimés.

CHAPITRE XXXIV.

Que le système des intérêts révolutionnaires, amenant indirectement le renversement de la Charte, menace de destruction la monarchie légitime.

Je crois avoir démontré que le système des intérêts révolutionnaires ne s'appuie que sur des principes erronés ; qu'en le suivant, on a été obligé de se jeter dans les hérésies les plus inconstitutionnelles ; que les mesures administratives prises en conséquence de ce système ont amené des oppositions, résultat inévitable de l'ordre faux dans lequel on a placé les choses et les hommes.

Ce n'est pas tout : je n'ai considéré jusqu'ici que le peu de solidité du système ; je vais en faire voir le danger.

Il conduit d'abord indirectement à la subversion de la Charte ; car si nous avons toujours, comme on doit l'espérer, des députés courageux et libres, ils combattront les maximes révolutionnaires ; et pour se débarrasser de ces surveillants importuns, il faudra bien violer la constitution. Aussi, qu'est-ce que les ministériels ne disent point de la Charte, même à la tribune? Comme ils l'expliquent et l'interprètent! A quoi ne la réduiraient-ils point s'ils étaient les maîtres! Et pourtant, à les entendre, c'est nous qui ne sommes pas constitutionnels : c'est moi peut-être qui ne veut pas de la Charte!

Quand le système des intérêts révolutionnaires ne produirait que la destruction du plus bel ouvrage du roi, ce serait déjà, je pense, un assez grand mal; mais je soutiens de plus que c'est un des principaux moyens employés par la faction révolutionnaire pour renverser de nouveau la monarchie légitime.

Il faut parler : le temps des ménagements est passé. Puissé-je être un prophète menteur! Puissent mes alarmes n'avoir d'autre source que l'excès de mon amour pour mon roi, pour son auguste famille! Mais dussé-je attirer sur ma tête les haines de parti, les fureurs des intérêts personnels, j'aurai le courage de tout dire. Si je me fais illusion, s'il n'y a pas de danger, le vent emportera mes paroles ; s'il y a, au contraire, conspiration et péril, je pourrai faire ouvrir les yeux aux hommes de bonne foi. Complot dévoilé est à moitié détruit : ôtez aux factions leur masque, vous leur enlevez leur force.

CHAPITRE XXXV.

Qu'il y a conspiration contre la monarchie légitime.

Je dis donc qu'il y a une véritable conspiration formée contre la monarchie légitime.

Je ne dis pas que cette conspiration ressemble à une conspiration ordinaire, qu'elle soit le résultat de machinations d'un certain nombre de traîtres prêts à porter un coup subit, à tenter un enlèvement, un assassinat, bien qu'il s'y mêle aussi des dangers de cette sorte : je dis seulement qu'il existe une conspiration, pour ainsi dire forcée, d'intérêts *moraux* révolutionnaires, une association naturelle de tous les hommes qui ont à se reprocher quelque crime ou quelque bassesse; en un mot, une conjuration de toutes les illégitimités contre la légitimité.

Je dis que cette conspiration agit de toutes parts et à tous moments; qu'elle s'oppose par instinct à tout ce qui peut consolider le trône, rétablir les principes de la religion, de la morale, de la justice et de l'honneur. Elle ignore le moment de son succès; diverses causes peuvent le hâter ou le retarder; mais elle se croit sûre de ce succès. En attendant elle travaille à le préparer; et le principal moyen d'action lui est fourni par *le système des intérêts révolutionnaires*.

CHAPITRE XXXVI.

Doctrine secrète cachée derrière le système des intérêts révolutionnaires.

Derrière le système que l'on prétend devoir suivre pour la sûreté du trône, pour la paix de l'État, se cachent les motifs secrets qui l'ont fait adopter; la doctrine dont il doit amener le triomphe.

Il passe pour constant dans un certain parti qu'une révolution comme la nôtre ne peut finir que par un changement de dynastie; d'autres, plus modérés, disent par un changement dans l'ordre de successibilité à la couronne : je me donnerai garde d'entrer dans les développements de cette opinion criminelle.

Qui veut-on mettre sur le trône à la place des Bourbons? A cet égard les avis sont partagés; mais ils s'accordent tous sur la *nécessité* de déposséder la famille légitime. Les Stuarts sont l'exemple cité : l'histoire les tente. Sans l'échafaud de Charles Ier, la France n'aurait point vu celui de Louis XVI : tristes imitateurs, vous n'avez pas même inventé le crime.

Comment puis-je prouver qu'une doctrine aussi épouvantable est mystérieusement voilée sous le système des intérêts révolutionnaires?

Il me suffit de jeter un coup d'œil sur les pamphlets et les journaux des Cent-Jours.

J'ai lu depuis, et d'autres ont lu comme moi, des écrits qui ne laissent rien dans l'ombre, pas même le nom. Dans les épanchements de la table, ou dans la chaleur de la discussion, autre sorte d'ivresse, la franchise et la légèreté se sont souvent trahies.

Mais quand les preuves directes me manqueraient pour être convaincu, je n'aurais qu'à regarder *ce qui se passe* autour de moi : partout où j'observe un plan uniforme dont les parties se lient et se coordonnent entre elles, je suis forcé de convenir que ce dessein régulier n'a pu être tracé par les caprices du hasard : une conséquence me fait chercher un principe ; et, par la nature de l'effet, j'arrive à connaître le caractère de la cause.

Marquons le but et suivons la marche de la conspiration.

CHAPITRE XXXVII.

But et marche de la conspiration. — Elle dirige ses premiers efforts contre la famille royale.

Ce que j'appelle la conspiration des intérêts moraux révolutionnaires a pour but principal de changer la dynastie ; pour but secondaire, d'imposer au nouveau souverain les conditions que l'on voulait faire subir au roi à Saint-Denis : prendre la cocarde tricolore, se reconnaître roi par la grâce du peuple, rappeler l'armée de la Loire et les représentants de Buonaparte, si ceux-ci existent encore au moment de l'événement. Ce projet, qui n'a jamais été abandonné, va sortir tout entier de l'observation des faits placés sous nos yeux.

Il est convenu qu'on parlera du roi comme les royalistes mêmes ; qu'on reconnaîtra en lui ces hautes vertus, ces lumières supérieures que personne ne peut méconnaître. Le roi, qu'on a tant outragé pendant les Cent-Jours, est devenu le très-juste objet des louanges de ceux qui l'ont indignement trahi, qui sont prêts à le trahir encore.

Mais ces démonstrations d'admiration et d'amour ne sont que les excuses de l'attaque dirigée contre la famille royale. On affecte de craindre l'ambition des princes, qui, dans tous les temps, se sont montrés les plus fidèles et les plus soumis des sujets. On parle de l'impossibilité d'administrer, dans un gouvernement constitutionnel, avec *divers centres* de pouvoir. On a éloigné les princes du conseil ; on a été jusqu'à prétendre qu'il y avait des inconvénients à laisser au frère du roi le commandement suprême des gardes nationales du royaume, et on a cherché à restreindre et à entraver son autorité. Monseigneur le duc d'Angoulême a été proposé pour protecteur de l'Université, comme une espèce de prince de la jeunesse : c'est un moyen d'attacher les générations naissantes à une famille qu'elle connaît à peine ; les enfants sont susceptibles de dévouement et d'enthousiasme : rien ne serait plus éminemment politique que de leur donner pour tuteur le prince qui doit devenir leur roi. Cela sera-t-il adopté ? je ne l'espère pas.

La raison de cette conduite est facile à découvrir : la faction qui agit sur des ministres loyaux et fidèles, mais qui ne voient pas le précipice où on les pousse, cette faction veut changer la dynastie ; elle s'oppose donc à tout ce qui pourrait lier la France à ses maîtres légitimes. Elle craint que la famille royale ne jette de trop profondes racines ; elle cherche à l'isoler, à la séparer de la couronne ; elle affecte de dire, elle ne cesse de répéter que les affaires pourront se soutenir en France pendant la vie du roi, mais qu'après lui nous aurons une révolution : elle habitue ainsi le peuple à regarder l'ordre de choses actuel comme transitoire. On renverse aisément ce que l'on croit ne pas devoir durer.

Si l'on cherche à ôter toute puissance aux héritiers de la couronne, on cherche, on essaye, mais bien vainement, de leur enlever le respect et la vénération des peuples : on calomnie leurs vertus ; les journaux étrangers sont chargés de cette partie de l'attaque par des correspondants officieux. Et dans nos propres journaux, n'a-t-on pas vu imprimées des choses aussi déplacées qu'étranges ? À qui en veut-on, lorsqu'on publie les intrigues de quelques subalternes ? si elles ne compromettent que ces hommes, méritent-elles d'occuper l'Europe ? Si elles touchent par quelque point à des noms illustres, quel singulier intérêt met-on à les faire connaître ? Ceux qui ne veulent pas de la liberté de la presse conviendront du moins que, dans des questions aussi embarrassantes, cette liberté fournirait une réponse, sinon satisfaisante, du moins sans réplique.

Apprenons à distinguer les vrais des faux royalistes : les premiers sont ceux qui ne séparent jamais le roi de la famille royale, qui les confondent dans un même dévouement et dans un même amour, qui obéissent avec joie au sceptre de l'un, et ne craignent point l'influence de l'autre ; les seconds sont ceux qui, feignant d'idolâtrer le monarque, déclament contre les princes du sang, cherchent à planter le lis dans un désert, et voudraient arracher tous les rejetons qui accompagnent sa noble tige.

On peut, dans les temps ordinaires, quand tout est tranquille, quand aucune révolution n'a ébranlé l'autorité de la couronne ; on peut se former des maximes sur la part que les princes doivent prendre au gouvernement ; mais quiconque, après nos malheurs, après tant d'années d'usurpation, ne sent pas la nécessité de multiplier les liens entre les Français et la famille royale, d'attacher les peuples et les intérêts aux descendants de saint Louis ; quiconque a l'air de craindre pour le trône les héritiers du trône, plus qu'il ne craint les ennemis de ce trône, est un homme qui marche à la folie, ou court à la trahison.

CHAPITRE XXXVIII.

La conspiration se sert des intérêts révolutionnaires pour mettre ses agents dans toutes les places.

Attaquer par toutes sortes de moyens la famille royale ; avoir toujours en perspective un malheur que tout bon Français voudrait racheter de sa vie, et qu'il se flatte de ne jamais voir ; espérer, comme suite de ce malheur, l'exil éternel des princes ; s'endormir et se réveiller sur ces effroyables espérances : voilà ce que la secte ennemie recommande d'abord à ses initiés.

Ensuite elle fait les derniers efforts pour soutenir, étendre et propager le système des intérêts révolutionnaires : elle le présente aux timides comme un port de salut ; aux sots, comme une idée de génie ; aux dupes, comme un moyen d'affermir la royauté.

Par l'établissement complet de ce système, les révolutionnaires espèrent que toutes les places se trouveront dans leurs mains au moment de la catastrophe. Les autorités diverses étant alors dans le même intérêt, le changement s'opérera, comme au 20 mars, d'un commun accord, sans résistance, sans coup férir. Qu'en coûte-t-il à ces hommes pour tourner le dos à leurs maîtres? N'ont-ils pas abandonné Buonaparte lui-même? Dans l'espace de quelques mois, n'ont-ils pas pris, quitté et repris tour à tour la cocarde blanche et la cocarde tricolore? Le passage d'un courrier à travers la France faisait changer les cœurs et la couleur du ruban. Voyez avec quelle simplicité admirable ils vous parlent de leur signature au bas de l'Acte additionnel : ils n'ont rien fait de mal ; ils sont innocents comme Abel. Ils ont écrit contre les Bourbons des calomnies abominables ; ils les ont insultés par des proclamations trop connues : eh bien ! ils vont faire aujourd'hui la cour à nos princes avec ces proclamations dans la poche. Ils parlent monarchie légitime, loyauté, dévouement, sans grimacer ; on dirait qu'ils sortent des forêts vendéennes, et ils arrivent du Champ de Mai. Ils ont raison, puisque toutes les fois qu'ils violent la foi jurée ils obtiennent un emploi de plus. Comme on compte l'âge des vieux cerfs aux branches de leur ramure, on peut aujourd'hui compter les places d'un homme par le nombre de ses serments.

C'est donc bien vainement que vous espérez qu'ils vous demeureront attachés, quand vous leur aurez confié les autorités de la France. Comme avant le 20 mars, ils ne recherchent les places que pour mieux vous perdre. Déjà ils se vantent de leurs succès ; ils deviennent insolents ; ils ne peuvent contenir leur joie en voyant prospérer le système des intérêts révolutionnaires.

« Si nous vous avons trahis, disent-ils, c'est que vous ne nous aviez donné que les trois quarts des places. Donnez-nous-les toutes, et vous verrez comme nous serons fidèles. » Augmentez la dose du poison, et vous verrez qu'au lieu de vous tuer il vous guérira ! Et il y a de prétendus royalistes qui soutiennent eux-mêmes cette monstrueuse absurdité ! Tout ce qu'on peut dire, c'est que, s'ils ont été royalistes, ils ne le sont plus.

CHAPITRE XXXIX.

Continuation du même sujet.

La faction demande donc toutes les places dans tous les ministères, et elle réussit plus ou moins à les obtenir. Elle s'éleva avec chaleur contre l'inamovibilité des juges : de vertueux jacobins, qui ne peuvent plus être dépossédés, sont des hommes très-utiles ; ils gardent en sûreté le feu sacré, et tendent une main secourable à leurs frères.

Aux finances et dans les directions qui en dépendent, le système des intérêts révolutionnaires s'est maintenu avec vigueur. Un commis retourne dans le village où il a été trop connu pendant les Cent-Jours. Que pensent les gens de la campagne en revoyant cet homme ? Que cet homme avait raison de leur annoncer la catastrophe du 20 mars avant les Cent-Jours, et qu'il a sans doute encore raison lorsqu'il se sert, en parlant, de cette phrase si connue : *Quand* l'autre *reviendra*.

A l'intérieur, les intérêts révolutionnaires avaient d'abord succombé : l'alarme a été au camp ; l'impulsion royaliste donnée aux préfectures a fait peur : le parti a réuni ses forces. On a d'abord mis un obstacle aux nominations et aux destitutions trop franches, en faisant soumettre ces nominations et ces destitutions à l'examen du conseil des ministres : de sorte que le ministre de la justice peut faire des officiers généraux, et le ministre de la guerre des hommes de loi.

Si cette bizarre solidarité était également admise pour tous les ministres, il faudrait se contenter de rire ; mais elle ne s'applique qu'aux ministres soupçonnés de royalisme. Ceux qui sont connus pour soutenir franchement le système des intérêts révolutionnaires ont toute liberté de placer des hommes suspects, et d'éloigner les hommes dévoués.

Ces arrangements n'ont pas rassuré le parti ; il est parvenu à faire renverser le ministre : alors les espérances se sont ranimées. On se flatte de faire perdre au royalisme tout le terrain qu'il avait gagné dans cette partie de l'administration. La garde nationale a été attaquée. Déjà des préfets *trop royalistes* ont été rappelés ; d'autres sont menacés. On aura soin surtout de déplacer les amis du trône, si on est assez heureux pour obtenir la dissolution de la Chambre des députés, et qu'il faille en venir à des élections nouvelles : alors il sera plus facile au parti de diriger et d'influencer les choix.

CHAPITRE XL.

La guerre.

C'est avec difficulté que d'autres ministres, connus par leur royalisme, se maintiennent dans leur place ; mais on en veut surtout au ministre de la guerre : on ne lui pardonne pas son noble dévouement ; on lui pardonne encore moins d'avoir formé une gendarmerie excellente et une armée qui brûle du désir de verser son sang pour son roi : il faut, à tout prix, détruire cet ouvrage, qui rendrait vains les efforts des conspirateurs. Si l'on ne peut d'abord renverser le ministre, il faut essayer de le dépopulariser dans le parti royaliste ; il faut l'obliger à donner des *gages*, le forcer à quelques destitutions fâcheuses, à quelque choix malheureux. On cherche en même temps à faire revivre l'armée de la Loire : estimons son courage, mais donnons-nous garde de lui rendre un pouvoir dont elle a trop abusé. L'armée de Charles VII se retira aussi sur les bords de la Loire ; mais La Hire et Dunois combattaient pour les fleurs de lis, et Jeanne d'Arc sauva Orléans pour le roi comme pour la France.

CHAPITRE XLI.

La faction poursuit les royalistes.

La faction s'empare ainsi de tous les postes, recule lentement quand elle y est forcée, avance avec célérité quand elle voit le moindre jour, et profite de nos fautes autant que de ses victoires. Pateline et audacieuse, son langage ne prêche que modération, oubli du passé, pardon des injures ; ses actions annoncent la haine et la violence. En même temps qu'elle soutient ses amis, qu'elle les porte au pouvoir, qu'elle les établit dans les places, afin de s'en servir au moment critique, elle décourage, insulte, persécute les royalistes pour ne pas les trouver sur son chemin dans ce même moment.

Elle a inventé un nouveau jargon pour arriver à son but. Comme elle disait au commencement de la révolution les *aristocrates*, elle dit aujourd'hui les *ultra-royalistes*. Les journaux étrangers à sa solde ou dans ses intérêts écrivent tout simplement les *ultra*. Nous sommes donc des *ultra*, nous, tristes héritiers de ces aristocrates dont les cendres reposent à Picpus et au cimetière de la Madeleine ! Par le moyen de la police, la faction domine les papiers publics et se moque en sûreté de ceux à qui la défense n'est pas permise. La grande phrase reçue : c'est *qu'il ne faut pas être plus royaliste que le roi;* cette phrase n'est pas du moment ; elle fut inventée sous Louis XVI : elle enchaîna les mains des fidèles, pour ne laisser de libre que le bras du bourreau.

Si les royalistes essayent de se réunir pour se reconnaître, pour se prémunir contre les coalitions des méchants, on s'empresse de les disperser. Des autorités avancent cette abominable maxime : qu'il faut proscrire un bon principe qui a de mauvais résultats, comme on proscrirait un principe pervers : frappez donc la vertu ; car, presque toujours dans ce monde, ce qu'elle entreprend tourne à sa ruine. Un royaliste est assimilé à un jacobin ; et, par une équité bien digne du siècle, la justice consiste à tenir la balance égale entre le crime et l'innocence, entre l'infamie et l'honneur, entre la trahison et la fidélité.

CHAPITRE XLII.

Suite du précédent.

Le dévouement est l'objet éternel des plaisanteries de ces hommes qui ne craindraient pas le supplice inventé par les anciens peuples de la Germanie pour les infâmes : on les ensevelirait dans la boue, qu'ils y vivraient comme dans leur élément. Le voyage de Gand est appelé par eux *le Voyage sentimental.* Ce bon mot est sorti du cerveau de quelques commis, qui, toujours fidèles à leur place, ont servi avant, pendant et après les Cent-Jours : de ces honnêtes employés, bien payés aujourd'hui par le roi, qui ont applaudi de tout leur cœur au voyageur sentimental de l'île d'Elbe, et qui attendent son retour de Sainte-Hélène.

Allez proposer un soldat de l'armée de Condé à ces loyaux administrateurs : « Nous ne voulons, répondent-ils, que des hommes qui ont envoyé des balles au nez des alliés. » J'aimerais autant ceux qui ont envoyé des balles au nez des buonapartistes.

On met sur la même ligne La Rochejaquelein, tombant en criant *vive le roi !* dans les mêmes champs arrosés du sang de son illustre frère, et l'officier mort à Waterloo en blasphémant le nom des Bourbons. On donne la croix d'honneur au soldat qui combattit à cette journée ; et le volontaire royal qui quitta tout pour suivre son roi n'a pas même le petit ruban qu'on promit à Alost à sa touchante fidélité. Ainsi, tandis qu'on exécute les décrets de Buonaparte, datés des Tuileries au mois de mai 1815, on ne reconnaît point les ordonnances du roi signées à Gand dans le même mois. On paye l'officier à demi-solde, chevalier de la Légion d'honneur, et l'on fait fort bien ; mais le chevalier de Saint-Louis, courbé par les ans, est à l'aumône : trop heureux ce dernier quand on lui achète une méchante redingote pour couvrir sa nudité, ou quand on lui donne un billet avec lequel il pourra du moins faire panser par les filles de la Charité de vieilles blessures méprisées comme la vieille monarchie. Enfin, c'est une sottise, une faute, un crime, de n'avoir pas servi Buonaparte. N'allez pas dire, si vous voulez placer ce jeune homme, qu'il s'est racheté de la conscription au prix d'une partie de sa fortune ; qu'il a été errant, persécuté, emprisonné, pour ne pas prêter son bras à l'usurpateur ; qu'il n'a jamais fait un serment, accepté une place ; qu'il s'est conservé pur et sans tache pour son roi ; qu'il l'a accompagné dans sa dernière retraite, au risque de s'exposer avec lui à un exil éternel : ce sont là autant de motifs d'exclusion. « Il n'a pas servi, vous répondra-t-on froidement ; il ne sait rien. » Mais il sait l'honneur. Pauvre principe ! Le siècle est plus avancé que cela.

Mais venez : proposez, pour vous dédommager de ce refus, un homme qui aura tout accepté, depuis la haute dignité de porte-manteau jusqu'à la place de marmiton impérial ; parlez : que voulez-vous ? Choisissez dans la magistrature, l'administration, l'armée : cent témoins vont déposer en faveur de votre client ; ils attesteront qu'ils l'ont vu veiller dans les antichambres avec un courage extraordinaire. Il ne veut qu'une décoration ; c'est trop juste. Vite un chevalier pour lui donner l'accolade ; attachez à sa boutonnière la croix de Saint-Louis : c'est un homme prudent, il la mettra dans sa poche en temps et lieu.

Celui-là était facile à placer, j'en conviens : il était sans tache. Mais vous hésitez à présenter celui-ci. Il a foulé sa croix de Saint-Louis aux pieds pendant les Cent-Jours. Bagatelle, excès d'énergie : ce caractère bouillant est un vin généreux que le temps adoucira.

Un homme, pendant les Cent-Jours, a été l'écrivain des charniers de la police ; faites-lui une pension : il faut encourager les talents. Un autre est venu à Gand, au péril de sa vie, proposer au roi de l'argent et des soldats ; il sollicite une petite place dans son village : donnez cette place au douanier qui tira sur cet *ultra*-royaliste lorsqu'il passait à la frontière.

Vous n'avez pas obtenu la nomination de ce juge ? Mais ne saviez-vous pas qu'elle était promise à un prêtre marié ? Un ci-devant préfet avait prévariqué : un rapport était prêt ; on arrête ce rapport, et pourquoi ? « Ne voyez-vous pas, répond-on, que le rapport vous empêcherait de placer cet homme ? »

Où sont vos certificats ? dit-on au meilleur royaliste qui sollicite humblement la plus petite place. Il y a vingt-cinq ans qu'il souffre pour le roi ; il a tout perdu, sa famille et sa fortune. Il a des recommandations des princes, de cette princesse, peut-être, dont la moindre parole est un oracle pour quiconque reconnaît la puissance de la vertu, de l'héroïsme et du malheur.

Ces titres ne sont pas jugés suffisants. Arrive un buonapartiste ; les fronts se dérident ; ses papiers *étaient à la police ;* il les a perdus lors du renvoi de M. Fouché. C'est un malheur ; on le croit sur sa parole : « Entrez, mon ami, voilà votre brevet. » Dans le système des intérêts révolutionnaires on ne saurait trop tôt employer un homme des Cent-Jours : qu'il aille encore, tout chaud de sa trahison nouvelle, souiller le palais de nos rois, comme Messaline rapportait dans celui des Césars la honte de ses prostitutions impériales.

CHAPITRE XLIII.

Ce que l'on se propose en persécutant les royalistes.

Cette tactique a pour but de fatiguer les amis du trône, d'enlever à la couronne ses derniers partisans : on espère les jeter dans le désespoir, les pousser à des imprudences dont on profiterait contre eux et contre la monarchie légitime ; on se flatte du moins qu'ils feront ce qu'ils ont toujours fait et ce qui les a toujours perdus, qu'ils se retireront.

Depuis le commencement de la révolution, tel a été le sort des royalistes : dépouillés d'abord, on n'a cessé depuis de triompher de leur malheur. On prend à tâche de leur répéter qu'ils n'ont rien, qu'ils n'auront rien, qu'ils ne doivent compter sur rien. On leur a rouvert la France ; mais on a écrit pour eux sur la porte, comme sur celle des enfers : « Entre, qui que tu sois, et laisse l'espérance. » On reprend la loi qui les a frappés ; on l'aiguise, on la retourne dans le sein comme un poignard. Offrent-ils ce qui leur reste, leurs bras et leurs services, on les repousse. Le nom de royaliste semble être un brevet d'incapacité, une condamnation aux souffrances et à la misère. Aux partisans du système des intérêts révolutionnaires se joignent les prédicateurs de l'ingratitude. Les royalistes, disent-ils, ne sont pas dangereux ; il est inutile de s'occuper de leur sort. S'il survient un orage, nous les retrouverons. Et vous ne craignez pas de flétrir par des propos inconsidérés, de laisser languir dans l'oppression et la pauvreté ceux dont vous avez une si haute idée ! Quels hommes que ceux-là que vous repoussez dans la fortune, et dont vous vous réservez la vertu pour le temps de vos malheurs !

Vous avez raison ! ils ne se lasseront pas ; ils consommeront leur sacrifice : leur patience est inépuisable comme leur amour pour leur roi,

CHAPITRE XLIV.

La faction poursuit la religion.

Les royalistes défendraient leur roi, il faut les écarter; l'autel soutiendrait le trône, il faut l'empêcher de se rétablir. Le système des intérêts révolutionnaires est surtout incompatible avec la religion ; les plus grands efforts du parti se dirigent contre elle, parce qu'elle est la pierre angulaire de la légitimité.

On a tâché d'abord d'exciter une guerre civile dans le Midi, avec le dessein d'en rejeter l'odieux sur les catholiques. On a rendu vains les projets des Chambres : aucune des propositions religieuses adoptées par elles n'est sortie du portefeuille des ministres : double avantage pour les intérêts révolutionnaires ; le prêtre marié continue à toucher sa pension, et le curé meurt de faim.

Ainsi, l'on n'a encore presque rien fait, depuis le retour du fils aîné de l'Église, pour guérir les plaies, ou mettre fin au scandale de l'Église ; et pourtant que ne doit point ce royaume à la religion catholique ! Le premier apôtre des Français dit au premier roi des Français montant sur le trône : « Sicambre, adore ce que tu as méprisé ; brûle ce que tu as adoré. » Le dernier apôtre des Français dit au dernier roi des Français descendant du trône : « Fils de saint Louis, montez au ciel. » C'est entre ces deux mots qu'il faut placer l'histoire des rois très-chrétiens, et chercher le génie de la monarchie de saint Louis.

On n'a point adopté les propositions favorables au clergé, mais on a regretté vivement la loi du 23 septembre. On sait très-bien que cette loi est une mauvaise loi de finances, mais c'est une bonne mesure révolutionnaire. On sait très-bien que 10 millions de rentes restitués aux églises ne feraient pas la fortune du clergé, mais ce serait un acte de justice et de religion, et il ne faut ni justice ni religion, parce qu'elles contrarient le système des intérêts révolutionnaires.

Toutes choses allant comme elles vont, dans vingt-cinq ans d'ici il n'y aura de prêtres en France que pour attester qu'il y avait jadis des autels. Le parti connaît le calcul ; et pour empêcher la race sacerdotale de renaître, il s'oppose à ce qu'on lui fournisse les moyens d'une existence honorable. Il n'ignore pas que des pensions insuffisantes, précaires, soumises à toutes les détresses du fisc et à tous les événements politiques, ne présentent pas assez d'avantages aux familles pour qu'elles consacrent leurs enfants à l'état ecclésiastique. Les mères ne vouent pas facilement leurs fils au mépris et à la pauvreté : la partie est donc sûre si elle est jouée avec persévérance. Je ne sais si la patience appartient à l'enfer comme au ciel, à cause de son éternité ; mais je sais que dans ce monde elle est donnée au méchant. La destruction physique et matérielle du culte est certaine en France, pourvu que les ennemis secrets de la légitimité, tantôt sous un prétexte, tantôt sous un autre, parviennent à tenir le clergé dans l'état d'abjection où il est maintenant plongé.

Au milieu de ses enfants massacrés sur le champ de bataille où elle est tombée en défendant le trône de saint Louis, la religion blessée étend encore ses mains défaillantes pour parer les coups qu'on porte au roi : mais ceux qui l'ont renversée sont attentifs ; et toutes les fois qu'elle fait un effort pour se relever, ils frappent un coup pour l'abattre. Un prélat vénérable avait obtenu la direction des affaires religieuses ; la distribution du pain des martyrs n'était plus confiée à ceux qui l'ont pétri avec l'ivraie, et qui ne vendent pas même à bon poids ce pain amer. On a forcé un ministre honorable de remettre les choses telles et pires qu'elles étaient sous Buonaparte : le prêtre est rentré sous l'autorité du laïque, et la religion est venue se replacer sous la surveillance du siècle.

Lorsqu'un vicaire veut toucher le mois échu de sa pension, il faut qu'il présente un certificat de vie au maire du lieu ; celui-ci en écrit au sous-préfet, qui s'adresse à son tour au préfet, dont la prudence en peut référer au chef de division de l'intérieur, chargé de la direction des cultes : le chef peut en parler au ministre. Enfin, cette grande affaire mûrement examinée, on compte 12 liv. 10 s. sur quittance à l'homme qui console les affligés, partage son denier avec les pauvres, soulage les infirmes, exhorte les mourants, donne la sépulture aux morts, prie pour ses ennemis, pour la France et pour le roi.

Quelques biens ecclésiastiques étaient aliénés sans contrat légal ; on les a découverts : on a craint que leurs détenteurs ne trouvassent le moyen de les rendre aux églises ; vite, on s'est hâté de rappeler les biens aux domaines.

Ce n'est pas assez d'empêcher le prêtre de vivre, il faut encore lui ôter, s'il est possible, toute considération aux yeux des peuples. Ce qu'on n'avait pas vu sous le règne des athées, on a trouvé piquant de le montrer sous le règne du roi très-chrétien : un prêtre a été cité, comme un criminel, à comparaître au tribunal de la police correctionnelle ; il y est venu, en soutane et en rabat, s'asseoir sur les bancs des prostituées et des filous. Le peuple a été étonné, et la cause a cessé d'être publique.

Cette haine de la religion est le caractère distinctif de ceux qui ont fait notre perte, qui méditent encore notre ruine. Ils détestent cette religion, parce qu'ils l'ont persécutée, parce que sa sagesse éternelle et sa morale divine sont en opposition avec leur vaine sagesse et la corruption de leur cœur. Jamais ils ne se réconcilieront avec elle. Si quelques-uns d'entre eux montraient seulement quelque pitié pour un prêtre, tout le parti se croirait dégénéré de ses vertus, et menacé d'un grand malheur. Rome, au temps de ses mœurs, fut consternée de voir une femme plaider devant les tribunaux : ce manque de pudeur parut à la république annoncer quelque calamité, et le sénat envoya consulter l'oracle.

Mais comment comprendre que ceux qui peuvent quelque chose sur nos destinées, qui prétendent vouloir la monarchie légitime, rejettent la religion? L'impiété ne nous a-t-elle pas fait assez mal ? Le sang et les larmes n'ont-ils pas assez coulé? N'y a-t-il pas eu assez de proscriptions, de spoliations, de crimes? Non : on remet encore en question les injustices révolutionnaires; on entend encore débiter les mêmes sophismes qu'en 1789. Les prêtres, après le massacre des Carmes, les déportations à la Guiane, les mitraillades de Lyon, les noyades de Nantes ; après le meurtre du roi, de la reine, de madame Élisabeth, du jeune roi Louis XVII ; les prêtres, dépouillés de tout, sans pain, sans asile, sont encore pour des hommes d'État des *calotins*. Eh bien! si nous en sommes là, je ne crains pas d'annoncer que le souhait du philosophe Diderot s'accomplira.

CHAPITRE XLV.

Haine du parti contre la Chambre des députés.

Quelque chose dans l'ordre politique, comme dans l'ordre religieux, contrarie-t-il le système des intérêts révolutionnaires, et conséquemment s'oppose-t-il au renversement de la famille légitime, le parti frémit, se soulève, tonne, éclate : de là sa fureur contre la Chambre des députés. Quelle pitié d'entendre aujourd'hui les *constitutionnels* nier l'existence des gouvernements représentatifs, soutenir qu'une Chambre des députés doit se réduire à la passive obéissance, combattre la liberté de la presse, préconiser la police, enfin changer entièrement de rôle et de langage ! Ils traitaient d'esprits bornés, d'esclaves, d'ennemis des lumières, ceux qui professaient les principes qu'ils adoptent aujourd'hui. Sont-ils convertis? Non, c'est toujours le même *libéralisme*. Mais les doctrines constitutionnelles ont enfin armé la Chambre actuelle des députés; mais cette Chambre veut à la fois la liberté et la religion, la constitution et le roi légitime : furieux contre ce résultat de vingt-cinq ans de rébellion, ils ne veulent plus de la Chambre. Alors il faut déclamer contre le gouvernement représentatif, parce qu'ils sont arrêtés par sa vigilance; contre la liberté de la presse, qui ne serait plus à leur profit, quittes à reprendre les principes libéraux lorsque la dynastie sera changée et qu'on n'aura plus à craindre le rétablissement des autels.

Il faut convenir que la Chambre des députés a fait deux choses qui ont dû la faire prendre en horreur aux partisans du système des intérêts révolutionnaires. En bannissant les régicides, en arrêtant la vente des domaines nationaux, elle a arrêté la révolution : comment jamais lui pardonner?

Aussi que n'a-t-on point tenté pour la détruire après l'avoir tant calomniée ! Élue par les collèges électoraux, choisie parmi les plus grands propriétaires de la France, dans tous les rangs de la société, n'a-t-on pas voulu persuader aux étrangers qu'il n'y avait personne aux colléges électoraux qui l'ont élue, et qu'elle n'est composée que d'émigrés sans propriétés? Quel bonheur, si au lieu de ces députés fanatiques, qui n'entendent qu'au nom de Dieu et du roi, on avait pu avoir des révolutionnaires éclairés, souples, qui, rampant sous l'autorité, n'auraient opposé aucune résistance aux volontés des ministres jusqu'au jour où, tout étant arrangé, ils auraient déclaré, au nom du peuple souverain, que le peuple voulait changer son maître !

Mille projets ont été formés pour se débarrasser de la Chambre : tantôt on voulait la dissoudre; mais il n'y a pas de loi d'élections : tantôt on prétendait en renvoyer un cinquième; mais comment régler les séries ? Et d'ailleurs gagnerait-on quelque chose à cette faible réélection? Enfin, la passion a été poussée si loin, qu'on a rêvé l'ajournement indéfini des Chambres, la suspension de la Charte, et la continuation de l'impôt par des ordonnances. Nous avons vu dans le journal officiel de la police l'éloge d'un ministère étranger qui a remis à un autre temps la constitution promise, qui gouverne *seul* avec une modération parfaite, paye scrupuleusement les dettes de l'État, et se fait adorer du peuple. Entendez-vous, peuple français, peuple grossier?

> . . . Quoi ! toujours les plus grandes merveilles
> Sans ébranler ton cœur frapperont tes oreilles ?

Une Chambre de bons jacobins, qu'on appellerait des *modérés*, ou point de Chambres, voilà le système du parti. Dans l'une ou l'autre chance, il y a tout à gagner pour lui : avec des *modérés* de cette nature, on peut tout détruire; avec un ministère à soi, on arrive également à tout. Bientôt ces *libéraux*, qui poussent à l'arbitraire, feraient un crime à la couronne de cet arbitraire qu'ils conseillent.

Je frémis en déroulant un plan si bien ordonné, et dont le résultat est infaillible, à moins qu'on ne se hâte d'y apporter remède. Qui ne serait inquiet en voyant une armée qui manœuvre si bien, qui mine, attaque, envahit, fait usage de toutes les armes, enrôle les ambitieux et séduit les faibles; qui se donne les honneurs d'une opinion indépendante, en prêchant l'autorité absolue : faction pourtant sans talents réels, mais douée d'astuce;

faction lâche, poltronne, facile à écraser, que l'on peut faire rentrer en terre d'un seul mot; mais qui, lorsqu'elle aura tout gangrené, tout corrompu; lorsqu'il n'y aura plus de danger pour elle, lèvera subitement la tête, arrachera sa couronne de lis, et, prenant le bonnet rouge pour diadème, offrira cette pourpre à l'illégitimité?

Mais comment pouvez-vous croire, me dira-t-on, que tels et tels hommes, si connus par leurs sentiments royalistes, par leurs actions mêmes, par leur caractère moral et religieux, parce qu'ils sont dans un système politique contraire au vôtre, entrent dans une conjuration contre les Bourbons?

Cette objection est grande pour ceux qui n'y regardent pas de près, et qui jugent sur les dehors; la réponse est facile.

Celui-ci donc a servi le roi toute sa vie : mais il est ambitieux; il n'a point de fortune, il a besoin de places, il a vu la faveur aller à une certaine opinion, et il s'est jeté de ce côté. Celui-là avait été irréprochable jusqu'aux Cent-Jours; mais pendant les Cent-Jours il a été faible, et dès lors il est devenu irréconciliable; on punit les autres de la faute qu'on a faite, surtout quand cette faute décèle autant le manque de jugement que la faiblesse du caractère; les grands intérêts sont moins ennemis des Bourbons que les petites vanités.

Tel pendant les Cent-Jours a été héroïque; mais depuis les Cent-Jours son orgueil a été blessé, une querelle particulière l'a fait passer sous les drapeaux qu'il a combattus. Tel est religieux; mais on lui a persuadé qu'en parlant *à présent* des intérêts de l'Église on manquait de prudence, et qu'on nuisait à ces intérêts par trop de précipitation. Tel chérit la monarchie légitime, mais abhorre la noblesse et n'aime pas les prêtres. Tel est attaché aux Bourbons, les a servis, les servirait encore; mais il veut aussi la liberté, les résultats politiques de la révolution; et il s'est mis ridiculement en tête que les royalistes veulent détruire la liberté, et revenir sur tout ce qui a été fait. Tel pourrait croire à quelques dangers, s'il n'était convaincu que ceux qui les signalent ne crient que parce qu'ils sont mécontents, que parce qu'ils ont été déjoués dans leurs intrigues et leurs ambitions particulières. Tels enfin, et c'est le plus grand nombre, sont frivoles ou pusillanimes, ne veulent que la tranquillité et les plaisirs, craignent jusqu'à la pensée de ce qui pourrait les troubler, et se rangent du côté de la puissance, croyant embrasser le parti du repos.

Toutes ces personnes ne trahissent pas la monarchie légitime, mais elles servent d'instruments à la faction qui la trahit : en les voyant soutenir des hommes pervers et des opinions révolutionnaires, la foule, qui ne raisonne pas, croit que la raison est du côté de ces opinions et de ces hommes pervers. Ils entraînent ainsi par l'autorité de leur exemple, et affaiblissent le bataillon des fidèles. Quand l'événement viendra les réveiller; quand, surpris par la catastrophe, ils s'apercevront qu'ils ont été les dupes des misérables qu'ils protégent, qu'ils ont servi de marchepied à l'usurpation, alors ils se feront loyalement tuer aux pieds du monarque, mais la monarchie sera perdue.

CHAPITRE XLVI.

Politique extérieure du système des intérêts révolutionnaires.

Comment parlerai-je du dernier appui que cherchent les intérêts révolutionnaires? Qui aurait jamais imaginé que des Français, pour conserver de misérables places, pour faire triompher les principes de la révolution, pour amener la destruction de la légitimité, iraient jusqu'à s'appuyer sur des autorités autres que celles de la patrie, jusqu'à menacer ceux qui ne pensent pas comme eux de forces qui, grâce au ciel, ne sont pas entre leurs mains?

Mais vous qui nous assurez, les yeux brillants de joie, que les étrangers veulent vos systèmes (ce que je ne crois pas du tout), vous qui semblez mettre vos nobles opinions sous la protection des baïonnettes européennes, ne reprochiez-vous pas aux royalistes de revenir dans les bagages des alliés? Ne faisiez-vous pas éclater une haine furieuse contre les princes généreux qui voulaient délivrer la France de la plus infâme oppression? Que sont donc devenus ces sentiments héroïques? Français si fiers, si sensibles à l'honneur, c'est vous-mêmes qui cherchez aujourd'hui à me persuader qu'on vous PERMET *tels* sentiments, *où* qu'on vous COMMANDE *telle* opinion. Vous ne mouriez pas de honte, lorsque vous proclamiez pendant la session qu'un ambassadeur voulait absolument que le projet du ministère passât, que la proposition des Chambres fût rejetée. Vous voulez que je vous croie, quand vous venez me dire aujourd'hui (ce qui n'est sûrement qu'une odieuse calomnie) qu'un ministre français a passé trois heures avec un ministre étranger pour aviser au moyen de dissoudre la Chambre des députés. Vous racontez confidemment qu'on a communiqué une ordonnance à un agent diplomatique, et qu'il l'a fort approuvée : et ce sont là des sujets d'exaltation et de triomphe pour vous! Quel est le plus Français de nous deux, de vous qui m'entretenez des étrangers quand vous me parlez des lois de ma patrie, de moi qui ai dit à la Chambre des pairs les paroles que je répète ici : « Je dois sans doute au sang français qui coule dans mes veines cette impatience que j'éprouve, quand, pour déterminer mon suffrage, on me parle d'opinions placées hors de ma patrie; et si l'Europe civilisée voulait m'imposer la Charte, j'irais vivre à Constantinople. »

Ainsi la faction a mis les royalistes dans cette position critique : s'ils veulent combattre le système des intérêts révolutionnaires, on les menace de l'Europe pour les forcer au silence; si cette menace leur ferme la bouche, on fait marcher en paix le système destructeur, et avec lui la conspiration contre la légitimité.

Eh bien! ce sera moi qui, à mes risques et périls, élèverai la voix ; moi qui signalerai cette abominable intrigue du parti qui veut notre perte. Et comment les mauvais Français qui soutiennent leurs sentiments par une si lâche ressource ne s'aperçoivent-ils pas qu'ils vont directement contre leur but? Ils connaissent bien peu l'esprit de la nation. S'il était vrai qu'il y eût du danger dans les opinions royalistes, vous verriez par cette raison même toute la France s'y précipiter : un Français passe toujours du côté du péril, parce qu'il est sûr d'y trouver la gloire.

Au reste, faut-il s'étonner que des hommes qui ont été offrir la couronne des Bourbons à quiconque voulait la prendre ; qui demandaient, selon leur expression, *une pique et un bonnet de Cosaque* plutôt qu'un descendant de Henri IV ; faut-il s'étonner que leur politique ressemble à leurs affections? Comprendraient-ils que ce n'est pas en se mettant sous les pieds d'un maître qu'on se fait respecter ; qu'une conduite noble est sans danger ? Tenez fidèlement vos traités ; payez ce que vous devez ; donnez, s'il le faut, votre dernier écu ; vendez votre dernier morceau de terre, la dernière dépouille de vos enfants, pour payer les dettes de l'État ; le reste est à vous ; vous êtes nus, mais vous êtes libres.

Éloignons de vaines terreurs : les princes de l'Europe sont trop magnanimes pour intervenir dans les affaires particulières de la France. Ils ont adopté cette haute politique de Burke. « La France, dit ce grand homme d'État, doit être conquise et rétablie par elle-même, en la laissant à sa propre dignité. Il serait peu honorable, il serait peu décent, il serait encore moins politique pour les puissances étrangères, de se mêler des petits détails de son administration intérieure, dans lesquels elles ne pourraient se montrer qu'ignorantes, incapables et oppressives [1]. » Les alliés ont eux-mêmes délivré leur propre pays du joug des Français ; ils savent que les nations doivent jouir de cette indépendance qu'on peut leur arracher un moment, mais qu'elles finissent toujours par reconquérir : *spoliatis arma supersunt*. Si, lors même que notre roi n'était pas encore rentré dans sa patrie, les monarques de l'Europe ont eu la générosité de déclarer qu'ils ne s'immisceraient en rien dans le gouvernement intérieur de la France, nous persuadera-t-on aujourd'hui qu'ils veulent s'en mêler ? nous persuadera-t-on qu'ils s'alarment de ces débats, qui sont de la nature même du gouvernement représentatif? qu'ils ont trouvé mauvais que nous ayons discuté l'existence de la cour des comptes et l'inamovibilité des juges? qu'ils vont s'armer, parce que nos députés veulent rendre quelque splendeur à des au-

---

[1] *Remarks on the policy of the allies with respect to France*, p. 146. Octobre 1793.

tels arrosés du sang de tant de martyrs, ou parce qu'ils ont cru devoir éloigner les assassins de Louis XVI? N'est-ce pas insulter ces grands monarques que de nous les représenter accourant au secours d'un spoliateur ou d'un régicide, faisant marcher leurs soldats pour soutenir un receveur d'impôts qui chancelle, ou un ministre qui tombe?

L'Europe n'a pas moins d'intérêt que les vrais Français à défendre la cause de la religion et de la légitimité : elle doit voir avec plaisir le zèle de nos députés à repousser les doctrines funestes qui l'ont mise à deux doigts de sa perte. Quand nos tribunes retentissaient de blasphèmes contre Dieu et contre les rois, les rois, justement épouvantés, ont pris les armes : vont-ils aujourd'hui marcher contre ceux qui font des efforts pour ramener les peuples à la crainte de Dieu et à l'amour des rois? Qui a fait la guerre à l'Europe? qui l'a ravagée? qui a insulté tous les princes? qui a ébranlé tous les trônes? Ne sont-ce pas les hommes que les royalistes combattent? Certes, si, par la permission de la divine Providence, on voyait aujourd'hui les princes de la terre soutenir les auteurs de tous leurs maux; s'ils prêtaient la main à la destruction des autels, au renversement de la morale et de la justice, de la véritable liberté et de la royauté légitime, il faudrait reconnaître que la révolution française n'est que le commencement d'une révolution plus terrible; il faudrait reconnaître que le christianisme, prêt à disparaître de l'Europe, la menace, en se retirant, d'un bouleversement général. Les grandes catastrophes dans l'ordre politique accompagnent toujours les grandes altérations dans l'ordre religieux : tant il est vrai que la religion est le vrai fondement des empires!

Hommes de bonne foi, qui ne suivez que par une sorte de fatalité le système des intérêts révolutionnaires, j'ai rempli ma tâche; vous êtes avertis; vous voyez maintenant où ce système vous mène : me croirez-vous? je ne le pense pas. Vous prendrez pour les passions d'un ennemi ce qui est la franche et sincère conviction d'un honnête homme. Un jour peut-être, il n'en sera plus temps, vous regretterez de ne m'avoir pas écouté : vous reconnaîtrez alors quels étaient et quels n'étaient pas vos amis. Vous vous confiez aujourd'hui à des hommes qui flattent vos passions, caressent votre humeur, chatouillent vos faiblesses ; à des hommes qui vous égarent, qui tiennent, derrière vous, sur votre compte, les propos les plus méprisants, et sont les premiers à rire de ce qu'ils appellent votre incapacité. Ils vous poussent à des fautes dont ils profitent. Vous croyez qu'ils vous servent avec zèle : les uns ne veulent que votre place, les autres que la ruine du trône que vous soutenez. Je vous le prédis, et j'en suis certain, vous n'arriverez point au but en suivant le système des intérêts révolutionnaires : vous pouvez y toucher; une fatale illusion vous trompe. Athamas, jouet d'une puissance ennemie, croyait déjà reconnaître le port d'Ithaque, le temple de Minerve, la forteresse et la maison d'Ulysse ; il croyait déjà voir, au milieu de ses sujets tranquilles, dans l'antique palais de Laërte, ce roi si fameux par sa sagesse, qui, revenu de l'exil, éprouvé par le malheur, avait appris à connaître les hommes : mais quand le nuage vint à se dissiper, Athamas ne vit plus qu'une terre inconnue, où vivait un peuple en butte aux factions, en guerre avec ses voisins, et que gouvernait un roi étranger poursuivi par la colère des dieux.

CHAPITRE XLVII.
Est-il un moyen de rendre le repos à la France.

Je laisserais trop d'amertume dans le cœur des bons Français en terminant ainsi mon travail. L'ouvrage, d'ailleurs, ne serait pas complet. Si j'ai exposé sans déguisement les périls dont nous sommes menacés, parce que j'ai pensé qu'il était nécessaire de nous réveiller au bord de l'abîme ; si j'ai des craintes vives et fondées, j'ai aussi des espérances qui balancent ces craintes : le mal est grand, le remède est infaillible.

Dans aucun de mes écrits, je n'ai jamais rien avancé qu'avec défiance. Pour la première fois de ma vie, j'oserai prendre le langage affirmatif ; j'oserai proposer un moyen que je crois propre à rendre le repos à la France. Ce moyen s'est sans doute présenté à beaucoup d'autres esprits : il est si simple ! mais il n'a jusqu'ici, du moins que je sache, été suivi ni développé par personne. Les préjugés, les passions, les intérêts, empêcheront peut-être de l'employer aujourd'hui ; mais je n'hésite point à prononcer qu'il faudra, ou que l'administration l'adopte, ou que la France périsse.

Je vais dérouler mon plan ; ce n'est point une utopie : en fait de gouvernement, il ne faut que des choses pratiques.

CHAPITRE XLVIII.
Principes généraux dont on s'est écarté.

Les premières sociétés ont pu être formées par une agrégation d'hommes que réunissaient des intérêts et des passions ; mais elles ne se sont conservées qu'autant qu'elles ont établi dans leur sein la religion, la morale et la justice.

Aucune révolution n'a fini que l'on ne soit revenu à ces trois principes fondamentaux de toute société humaine.

Aucun changement politique chez un peuple n'a pu se consolider, qu'il n'ait eu pour base l'ancien ordre politique auquel il a succédé.

Quand les rois disparurent de Rome, il n'y eut presque rien de changé dans Rome ; les dieux surtout restèrent au Capitole.

Quand Charles II remonta sur le trône de ses pères, la religion recouvra sa force, ses richesses et sa splendeur. On punit quelques criminels ; on écarta quelques hommes faibles. Le parlement conserva tous les droits politiques qu'il avait acquis ; le reste reprit son cours, et marcha avec les anciennes mœurs.

Voilà ce que nous n'avons pas voulu faire ; et voilà pourquoi la monarchie légitime est menacée de nouveaux malheurs.

CHAPITRE XLIX.

Système d'administration à substituer à celui des intérêts révolutionnaires.

D'après les principes que je viens de rappeler, voici le système à suivre pour sauver la France. Il faut conserver l'ouvrage politique, résultat de la révolution, consacré par la Charte, mais extirper la révolution de son propre ouvrage, au lieu de l'y renfermer, comme on l'a fait jusqu'à ce jour.

Il faut, autant que possible, mêler les intérêts et les souvenirs de l'ancienne France dans la nouvelle, au lieu de les en séparer ou de les immoler aux intérêts révolutionnaires.

Il faut bâtir le gouvernement représentatif sur la religion, au lieu de laisser celle-ci comme une colonne isolée au milieu de l'État.

Ainsi je veux toute la Charte, toutes les libertés, toutes les institutions amenées par le temps, le changement des mœurs et le progrès des lumières, mais avec tout ce qui n'a pas péri de l'ancienne monarchie, avec la religion, avec les principes éternels de la justice et de la morale, et surtout *sans* les hommes trop connus qui ont causé nos malheurs.

Quelle singulière chose de prétendre donner à un peuple des institutions généreuses, nobles, patriotiques, indépendantes, et d'imaginer qu'on ne peut établir ces institutions qu'en les confiant à des mains qui n'ont été ni généreuses, ni nobles, ni patriotiques, ni indépendantes ! de croire qu'on peut former un présent sans un passé, planter un arbre sans racines, une société sans religion ! C'est faire le procès à tous les peuples libres ; c'est renier le consentement unanime des nations ; c'est mépriser l'opinion des plus beaux génies de l'antiquité et des temps modernes.

Mon projet a du moins l'avantage d'être conforme aux règles du sens commun, et d'accord avec l'expérience des siècles. L'exécution en est facile ; il vaut la peine d'être essayé. Qu'avons-nous gagné à suivre l'ornière où nous nous traînons depuis trois ans ? Tâchons d'en sortir. Nous avons déjà brisé le char une fois ; si nous nous obstinons de nouveau, nous n'arriverons pas au terme du voyage.

CHAPITRE L.

Développement du système : comment le clergé doit être employé dans la restauration.

Lorsque Dagobert fit rebâtir Saint-Denis, il jeta dans les fondations de l'édifice ses joyaux et ce qu'il avait de plus précieux : jetez ainsi la religion et la justice dans les fondations de notre nouveau temple.

Toutes les propositions de la Chambre des députés, relativement au clergé, non-seulement étaient justes, autant que morales, mais encore éminemment politiques. Les esprits superficiels n'ont point vu cela ; mais que voient-ils ?

Voulez-vous faire aimer et respecter les institutions nouvelles? Que le clergé aime et prêche de cœur les institutions. Conduisez-les à l'antique autel de Clovis avec le roi ; qu'elles y soient marquées de l'huile sainte ; que le peuple assiste à leur sacre, si j'ose m'exprimer ainsi, et leur règne commencera. Jusqu'à ce moment la Charte manquera de sanction aux yeux de la foule : la liberté qui ne nous viendra pas du ciel nous semblera toujours l'ouvrage de la révolution, et nous ne nous attacherons point à la fille de nos crimes et de nos malheurs. Que serait-ce, en effet, qu'une Charte que l'on croirait en péril toutes les fois que l'on parlerait de Dieu et de ses prêtres ? une liberté dont les alliés naturels seraient l'impiété, l'immoralité et l'injustice ?

Mais, pour que le clergé s'attache à votre gouvernement, levez donc l'espèce de proscription dont il est encore frappé, et qui semble tenir à ce gouvernement même ; faites que celui qui distribue le pain de vie puisse donner la charité au lieu de la recevoir, et que prenant part lui-même à l'ordre politique, le ministre de Dieu ne soit plus étranger aux hommes.

Ainsi permettez aux églises d'acquérir ; rendez-leur le reste des domaines sacrés non encore vendus. Il est prouvé, par l'exemple de la Grande-Bretagne, que l'existence d'un clergé propriétaire n'est point incompatible avec celle d'un gouvernement constitutionnel. Dire que, parce que l'Église possédera quelques terres, le clergé redeviendra un corps politique en France, c'est une chimère que les ennemis de la religion mettent en avant sans y croire. Ils savent parfaitement combien nos mœurs et nos idées s'opposent aujourd'hui à tout envahissement du clergé. Ne voyons-nous pas des gens tout aussi sincères craindre à présent la puissance de la cour de Rome ? Ceux qui crient aujourd'hui aux *papistes*, disait le docteur Johnson, auraient crié au feu pendant le déluge.

On fait valoir la générosité, la patience, la résignation du clergé, qui ne demande rien, qui souffre en silence pendant que tout le monde murmure et réclame quelque chose. Il est curieux d'argumenter de ses vertus pour le laisser mourir de faim ; c'est pour ces vertus mêmes qu'il faut lui donner.

Qui recevra les biens dont je veux qu'on remette la jouissance au clergé? Les biens n'appartenaient pas aux églises en général : ils étaient le patrimoine particulier d'ordres monastiques, d'abbayes, d'évêchés même qui n'existent plus.

Que j'aime à voir ces tendres sollicitudes et ces soucis vraiment paternels! Mais rendez toujours, et laissez faire ceux à qui vous aurez rendu. Il est probable que l'Église, qui ne s'entend pas trop mal en administration, trouvera moyen, aussi bien que vous, de gérer et de répartir quelques chétives propriétés.

Le clergé sera donc organisé ; il aura donc un conseil administratif. Quel mal cela vous fera-t-il? Les villes, les communes, les fabriques, les hôpitaux, ne possèdent-ils pas, n'ont-ils pas aussi des assemblées pour diriger leurs affaires?

Par cette opération salutaire, le peuple se trouvera d'abord soulagé d'une partie de l'impôt qu'il paye pour le culte. A mesure que les églises acquerront, on diminuera les secours que l'État est obligé de leur fournir.

Le clergé reprendra en même temps cette dignité qui naît de l'indépendance. Devenu propriétaire, ou du moins trouvant une existence honorable dans les propriétés de l'Église, il s'intéressera à la propriété commune. Cet acte de justice l'attachera au gouvernement ; engagé par la reconnaissance, vous aurez bientôt dans vos rangs un auxiliaire dont la force égalera le zèle.

Augmentez ensuite son penchant pour la monarchie nouvelle, en lui rendant, partout où cela sera possible, la tenue des registres de l'état civil.

Quand le législateur peut choisir entre deux institutions, il doit préférer la plus morale à celle qui l'est moins. Le chrétien, reçu par un prêtre en venant au monde, inscrit sous le nom et la protection d'un saint à l'autel du Dieu vivant, semble, pour ainsi dire, protester, en naissant, contre la mort, et prendre acte de son immortalité. L'Église, qui l'accueille à son premier soupir, paraît lui apprendre encore que les premiers devoirs de l'homme sont les devoirs de la religion ; et ceux-là renferment tous les autres. Ces idées si nobles et si utiles ne s'attachent point aux registres purement civils : c'est un catalogue d'esclaves pour la loi, et de conscrits pour la mort.

Il n'y a aucun doute que l'éducation publique ne doive être remise entre les mains des ecclésiastiques et des congrégations religieuses aussitôt qu'on le pourra : c'est le vœu de la France.

Que la pairie appartienne au siége de tous les archevêchés de France ; qu'il y ait dans la Chambre des pairs le banc des évêques, comme il existe dans la Chambre des lords en Angleterre. Je ne vois rien qui puisse empêcher encore qu'un ecclésiastique soit élu membre de la Chambre des députés; la Charte ne s'y oppose pas, s'il est propriétaire; cela ne blesserait ni nos mœurs ni nos souvenirs, puisque le clergé formait autrefois le premier ordre de nos états généraux, et que nous sommes également accoutumés à l'entendre parler dans la chaire et dans les assemblées politiques.

Je ne doute point que le clergé, tenant au sol de la France par la propriété des églises, prenant une part active à nos institutions civiles et politiques, ne fournît en même temps une classe de citoyens aussi dévoués que nous-mêmes à la Charte. Depuis le commencement de la monarchie jusqu'à nos jours, il est incontestable que les talents supérieurs se sont trouvés placés dans l'Église ; elle a fourni nos plus grands ministres, comme elle nous a donné nos plus éloquents orateurs et nos premiers écrivains. Répandus dans le corps social, les prêtres y porteraient une influence salutaire ; ils guériraient les plaies faites par la révolution, apaiseraient le bouillonnement des esprits, corrigeraient les mœurs, rétabliraient peu à peu les idées d'ordre et de justice, déracineraient les fausses doctrines, introduiraient de toutes parts la religion qui est le ciment des institutions humaines, et la morale qui donne la perpétuité à la politique.

Mais l'esprit du clergé ne sera-t-il pas en opposition avec l'esprit du gouvernement constitutionnel ? Et depuis quand la religion chrétienne est-elle ennemie d'une liberté réglée par les lois? L'Évangile n'a-t-il pas été prêché à toute la terre ? N'est-ce pas un de ses caractères divins que de pouvoir s'appliquer à toutes les formes de la société ?

Dans le moyen âge, l'Italie était couverte de républiques, et l'Italie était catholique comme aujourd'hui. Les trois cantons d'Uri, de Schwitz et d'Underwald ne professent-ils pas également la religion catholique? Et n'y a-t-il pas déjà quatre siècles qu'ils ont donné à l'Europe barbare l'exemple de la liberté? En Angleterre, un clergé riche et puissant est le plus ferme appui du trône, comme de la constitution britannique ; et le temps n'est pas éloigné sans doute où le clergé catholique irlandais jouira des bienfaits de cette belle constitution.

Enfin, si vous laissez, comme on l'a fait jusqu'ici, le clergé en dehors de tout, vous le rendrez nécessairement ennemi, ou du moins indifférent ; une grande partie de l'opinion le suivra et se détachera de vous. Ce clergé, tout pauvre, tout misérable que vous l'aurez laissé, créera malgré vous un empire dans un empire. Il se rappellera bien plus le rang qu'il occupait jadis en France quand vous le tiendrez à l'écart, que lorsque vous l'aurez admis à tout ce qu'il peut être. S'il se plaignait alors, ce serait sans justice, car il faut bien qu'il supporte les modifications éprouvées par les ordres de l'État.

Au reste, lorsque j'insiste, comme premier moyen de salut, sur la nécessité de faire rentrer la religion dans la monarchie, je ne prétends aller ni au delà ni en deçà du siècle : la raison est mon guide, et je sais très-bien ce qui se peut et ce qui ne se peut pas. Sur ce point, j'ai exposé ma doctrine à la Chambre des pairs ; qu'il me soit permis de la rappeler.

« Plus le haut rang de la pairie, disais-je en parlant sur la loi des élections, semble nous éloigner de la foule, plus nous devons nous montrer les zélés défenseurs des priviléges du peuple. Attachons-nous fortement à nos nouvelles institutions, empressons-nous d'y ajouter ce qui leur manque. Pour relever l'autel avec des applaudissements unanimes, pour justifier la rigueur que nous avons déployée dans la poursuite des criminels, soyons généreux en sentiments politiques ; réclamons sans cesse tout ce qui appartient à l'indépendance et à la dignité de l'homme. Quand on saura que notre sévérité religieuse n'est point de la bigoterie ; que la justice que nous demandons pour les prêtres n'est point une inimitié secrète contre les philosophes ; que nous ne voulons point faire rétrograder l'esprit humain ; que nous désirons seulement une alliance utile entre la morale et les lumières, entre la religion et les sciences, entre les bonnes mœurs et les beaux-arts ; alors rien ne nous sera impossible ; alors tous les obstacles s'évanouiront ; alors nous pourrons espérer le bonheur et la restauration de la France. Trois choses, Messieurs, feront notre salut : le roi, la religion et la liberté. C'est comme cela que nous marcherons avec le siècle et avec les siècles, et que nous mettrons dans nos institutions la convenance et la durée. »

CHAPITRE LI.

Comment la noblesse doit entrer dans les éléments de la restauration.

La noblesse, comme le clergé, doit se mêler à nos institutions, pour apporter dans la société nouvelle la tradition de l'ancien honneur, la délicatesse des sentiments, le mépris de la fortune, le désintéressement personnel, la foi des serments, cette fidélité dont nous avons un si grand besoin, et qui est la vertu distinctive d'un gentilhomme; mais sur ce point j'ai peu de choses à désirer, et la noblesse est venue tout naturellement, en vertu de la Charte, prendre place dans le nouveau gouvernement.

Je me suis fort étendu dans les *Réflexions politiques* sur l'ancienne noblesse de France et sur les avantages qu'elle trouverait dans la monarchie représentative. Je lui avais prédit que ceux de ses membres qui n'entreraient pas d'abord dans la Chambre des pairs trouveraient la plus belle carrière ouverte dans la Chambre des députés. Je lui avais prédit encore qu'elle prendrait goût à l'ordre politique actuel. Avais-je tort ? il y a tel gentilhomme, aujourd'hui député, qui, certes, n'aurait jamais cru arriver aux opinions où il est parvenu dans le cours de la session dernière. C'est le résultat naturel des choses : on s'attache à ce que l'on fait, on aime ce qui nous procure des succès. Je le demande à ceux qui ont brillé dans cette assemblée, à ceux dont on a retenu les discours, à ceux dont la France et l'Europe répètent les noms, si le gouvernement représentatif leur paraît aujourd'hui contraire à leurs intérêts véritables? Combien ils doivent être heureux de se voir environnés d'hommages, reçus en triomphe, pour avoir défendu à la fois le roi et le peuple, pour avoir fait entendre le langage de la religion, de la justice, de la loyauté et de l'honneur, depuis si longtemps oublié !

Les jalousies entre les ordres de l'État, premier principe de notre révolution, disparaîtront nécessairement un jour par la composition naturelle de la Chambre des députés : ce qu'on appelait autrefois le noble et le bourgeois, réunis pour le bien de la patrie, apprendront à s'estimer les uns les autres. Fiers de porter ensemble le beau nom de députés du peuple français, ils n'admettront plus entre eux que cette inégalité qui vient de la différence des talents et de la diversité des vertus.

Je suis donc persuadé que l'ancienne noblesse de France, qui a déjà rejoint à l'armée tous ses nouveaux compagnons d'armes, faits nobles par le courage et par l'honneur, cette noblesse qui vient de prendre une part si brillante à l'ordre politique, aura bientôt fait taire tous les regrets, et qu'elle deviendra un aussi ferme soutien de la monarchie représentative qu'elle le fut de l'ancienne monarchie. La liberté n'est point étrangère à la noblesse française, et jamais elle ne reconnut dans nos rois de puissance absolue que sur son cœur et sur son épée.

CHAPITRE LII.

Continuation du précédent. — Qu'il faut attacher les hommes d'autrefois à la monarchie nouvelle. — Éloge de cette monarchie. — Conclusion.

Depuis la restauration, quelques hommes de bonne foi, dupes des intérêts révolutionnaires, se sont efforcés de convertir les hommes d'aujourd'hui à l'ancienne royauté : c'est le contre-pied du vrai système. Ce sont les hommes d'autrefois qu'il faut réconcilier avec les nouvelles institutions.

Je conviens que nos malheurs ont pu faire naître contre le gouvernement représentatif des préjugés fort légitimes. Mais si l'ancien régime ne peut se rétablir, comme je crois l'avoir rigoureusement démontré dans les *Réflexions politiques,* que voudrait-on mettre à sa place ? Et d'ailleurs cet ancien régime, tout admirable qu'il pouvait être, n'avait-il pas eu, comme l'ordre de choses actuel, ses temps de crise et de détresse ? Nos vieillards, se rappelant les jours sereins qui ont précédé nos tempêtes, peuvent croire qu'un calme aussi parfait était uniquement dû à la bonne constitution de l'ancien gouvernement ; mais si nous pouvions interroger nos pères qui vivaient du temps de la Ligue, nous les entendrions peut-être accuser ce gouvernement aujourd'hui l'objet de nos regrets. Tout peut devenir cause de crimes, les principes les meilleurs, les plus saints établissements ; les hommes conserveraient peu de chose s'ils rejetaient toutes les institutions qui ont été le prétexte ou le résultat de leurs malheurs.

La monarchie représentative peut n'être pas parfaite, mais elle a des avantages incontestables. Y a-t-il guerre au dehors, agitation au dedans, elle se change en une espèce de dictature par la suspension de certaines lois. Une Chambre est-elle factieuse, elle est arrêtée par l'autre, ou dissoute par le roi. Le temps fait-il monter sur le trône un prince ennemi de la liberté publique, les Chambres préviennent l'invasion de la tyrannie. Quel gouvernement peut imposer des taxes plus pesantes, lever un plus grand nombre de soldats ? Les lettres et les arts fleurissent particulièrement sous cette monarchie : qu'un roi meure dans un empire despotique, les travaux qu'il a commencés sont interrompus. Avec des Chambres toujours vivantes, sans cesse renouvelées, rien n'est jamais abandonné. Elles ressemblent, sous ce rapport, à ces grands corps religieux et littéraires qui ne mouraient point, et qui amenaient à terme les immenses ouvrages que des particuliers n'auraient jamais pu entreprendre, encore moins perfectionner et finir.

Chaque homme trouve sa place naturelle dans cette sorte de gouvernement, qui emploie nécessairement les talents et les lumières, qui sait se servir de tous les rangs comme de tous les âges.

En France, autrefois, que devenaient la plupart des hommes lorsqu'ils avaient atteint l'âge *destiné à recueillir les fruits que la jeunesse a promis*[1] ? Que leur restait-il à faire dans la plénitude de leurs ans, alors qu'ils jouissaient de toutes les facultés de leur esprit ? A charge aux autres et à eux-mêmes, dépouillés de ces passions qui animent la jeunesse, ou de ces avantages qui la font rechercher, ils vieillissaient dans une garnison, dans un tribunal, dans les antichambres de la cour, dans les sociétés de Paris, dans le coin d'un vieux château, oisifs par état, soufferts plutôt que désirés, n'ayant pour toute occupation que l'historiette de la ville, la séance académique, le succès de la pièce nouvelle, et pour les grands jours la chute d'un ministre. Tout cela était bien peu digne d'un homme ! N'était-il pas assez dur de ne servir à rien dans l'âge où l'on est propre à tout ? Aujourd'hui les mâles occupations qui remplissaient l'existence d'un Romain, et qui rendent la carrière d'un Anglais si belle, s'offriront à nous de toutes parts. Nous ne

---

[1] Cic., *de Senect.*

perdrons plus le milieu et la fin de notre vie ; nous serons des hommes quand nous aurons cessé d'être jeunes gens. Nous nous consolerons de n'avoir plus les illusions du premier âge, en cherchant à devenir des citoyens illustres : on n'a rien à craindre du temps, quand on peut être rajeuni par la gloire.

Telles sont les considérations qu'il est à propos de présenter aux hommes de probité et de vertu, qui, déjà repoussés par votre ingratitude et vos faux systèmes, n'auraient encore pour nos institutions nouvelles que de l'éloignement et du dégoût. Hâtons-nous de les appeler à notre secours. On a fait tant d'avances pour gagner des gens suspects ! Faisons quelques efforts pour environner le trône de serviteurs fidèles. C'est à ceux-ci qu'il appartient de diriger les affaires : ils rendront meilleur tout ce qui leur sera confié ; les autres gâtent tout ce qu'ils touchent. Qu'on ne mette plus les honnêtes gens dans la dépendance des hommes qui les ont opprimés, mais qu'on donne les bons pour guides aux méchants : c'est l'ordre de la morale et de la justice. Confiez donc les premières places de l'État aux véritables amis de la monarchie légitime. Vous en faut-il un si grand nombre pour sauver la France ? Je n'en demande que sept par département : un évêque, un commandant, un préfet, un procureur du roi, un président de la cour prévôtale, un commandant de gendarmerie et un commandant de gardes nationales. Que ces sept hommes-là soient à Dieu et au roi, je réponds du reste.

Mais il ne faut pas qu'un ministre entrave, retienne, paralyse, tracasse, tourmente, persécute et destitue ces sept hommes ; qu'il leur donne tort en toute occasion contre les malveillants et les conspirateurs. Aussi, point de ministres et de chefs de direction suspects, ou dans le système des intérêts moraux révolutionnaires. Que les premiers administrateurs ne persécutent personne ; qu'ils soient doux, indulgents, tolérants, humains ; qu'ils ne souffrent aucune réaction ; qu'ils embrassent franchement la Charte et respectent toutes nos libertés. Mais qu'en même temps ils aient l'horreur des méchants ; qu'ils donnent la préférence à la vertu sur le vice ; qu'ils ne fassent pas consister l'impartialité à placer ici un honnête homme et là un homme pervers ; qu'ils favorisent toutes les lois justes ; qu'ils appuient hautement et ouvertement la religion ; qu'ils soient dévoués au roi et à la famille royale, jusqu'à la mort, s'il le faut, et la France sortira de ses ruines.

Quant à ces hommes capables, mais dont l'esprit est faussé par la révolution ; à ces hommes qui ne peuvent comprendre que le trône de saint Louis a besoin d'être soutenu par l'autel et environné des vieilles mœurs, comme des vieilles traditions de la monarchie, qu'ils aillent cultiver leur champ. La France pourra les rappeler quand leurs talents, lassés d'être inutiles, seront sincèrement convertis à la religion et à la légitimité.

Pour ce qui est du troupeau des administrateurs subalternes, il serait insensé de les juger avec rigueur : donnez-leur des chefs fidèles, des gardiens sûrs et vigilants, et vous n'aurez rien à craindre ; d'ailleurs le temps des épurations est passé.

Dans le mouvement à donner aux affaires, consultez le génie des Français ; que l'administration soit économe sans être mesquine ; qu'elle soit surtout ferme, surveillante et animée.

« Sire, disais-je au roi dans mon *Rapport fait à Gand*, éviter les excès de Buonaparte, ne pas trop multiplier, à son exemple, les actes administratifs, était une pensée sage et utile. Cependant, depuis vingt-cinq ans les Français s'étaient accoutumés au gouvernement le plus actif que l'on ait jamais vu chez un peuple : les ministres écrivaient sans cesse ; des ordres partaient de toutes parts ; chacun attendait toujours quelque chose ; le spectacle, l'acteur, le spectateur, changeaient à tous les moments. Quelques personnes semblent donc croire qu'après un pareil mouvement, détendre trop subitement les ressorts serait dangereux. C'est, disent-elles, laisser des loisirs à la malveillance, nourrir les dégoûts, exciter des comparaisons inutiles. L'administrateur secondaire, accoutumé à être conduit dans les choses les plus communes, ne sait plus ce qu'il doit faire, quel parti prendre. Peut-être serait-il bon, dans un pays comme la France, si longtemps enchanté par les triomphes militaires, d'administrer vivement dans le sens des institutions civiles et politiques, de s'occuper ostensiblement des manufactures, du commerce, de l'agriculture, des lettres et des arts. De grands travaux commandés, de grandes récompenses promises, des prix, des distinctions éclatantes accordées aux talents, des concours publics, donneraient une autre tendance aux mœurs, une autre direction aux esprits. Le génie du prince, particulièrement formé pour le règne des arts, répandrait sur eux un éclat immortel. Certains de trouver dans leur roi le meilleur juge, le politique le plus habile, l'homme d'État le plus instruit, les Français ne craindront plus d'embrasser une nouvelle carrière. Les triomphes de la paix leur feraient oublier les succès de la guerre ; ils croiraient n'avoir rien perdu en changeant laurier pour laurier, gloire pour gloire. »

Les sessions des Chambres doivent être courtes, mais rapprochées. Que les projets de loi soient préparés d'avance avec soin. On apprendra un jour à les resserrer comme en Angleterre. C'est un vice capital de notre législation que les articles innombrables de nos projets de loi : ils amènent de force des discussions interminables et des amendements sans fin. Quand les Chambres ne seront plus contrariées, loin d'entraver, elles accroîtront la force et l'action du gouvernement.

Je ne poursuivrai pas plus loin les développements de mon système. J'ai déjà signalé les principes les plus utiles dans les premiers chapitres de cet écrit. Il me resterait encore beaucoup de choses à indiquer touchant l'éducation, les lettres et les arts ; mais il faut finir et me borner aux grandes lignes politiques.

Je me résume en quelques mots.

La religion, base du nouvel édifice, la Charte et les honnêtes gens, les choses politiques de la révolution, et non les hommes politiques de la révolution : voilà tout mon système.

Le contraire de ce système est précisément ce que l'on a adopté. On a toujours voulu les hommes beaucoup plus que les choses. On a gouverné pour les intérêts, nullement pour les principes. On a cru que l'œuvre et le chef-d'œuvre de la restauration consistait à conserver chacun à la place qu'il occupait. Cette stérile et timide idée a tout perdu : car les principaux auteurs de nos troubles ayant des intérêts opposés aux intérêts de la monarchie légitime, ne pouvant d'ailleurs que détruire, et étant inhabiles à fonder, la restauration n'a point marché, et la France a été replongée dans l'abîme.

On se rassure vainement sur l'excellent esprit de la garde et de l'armée, sur la bonne composition de la gendarmerie : ce sont deux grandes choses sans doute, mais elles ne suffisent pas. Le système des intérêts révolutionnaires aurait bientôt détruit ce bel ouvrage. Partout où il s'insinue, il empoisonne, gâte et corrompt tout. Il détériore le bien, arrête les choses le plus heureusement commencées, persécute les hommes fidèles, les force à se retirer, décourage le zèle, favorise les malveillants ; et il triompherait tôt ou tard de la monarchie légitime.

Dans mon plan, le succès de cette monarchie est assuré ; mais je sais qu'il faut du courage pour le suivre. Il est plus facile d'attaquer les choses qui se taisent que les hommes qui crient. Il est plus aisé de renverser une Charte qui ne se défend pas que des intérêts personnels qui font une vive résistance. Je n'en suis pas moins persuadé qu'il n'y a de salut que dans la vérité politique que j'expose ici. Si les uns croyaient que l'on peut revenir à toutes les anciennes institutions ; si les autres pensaient qu'on ne doit gouverner la France qu'avec les mains qui l'ont déchirée, ce serait de part et d'autre la méprise la plus funeste. La France veut les intérêts politiques et matériels créés par le temps et consacrés désormais par la Charte ; mais elle ne veut plus ni les principes ni les hommes qui ont causé nos malheurs. Hors de là tout est illusion, et l'administration qui ne sentira pas cette vérité tombera dans des fautes irréparables.

Ma tâche est remplie. Je n'ai jamais écrit un ouvrage qui m'ait tant coûté. Souvent la plume m'est tombée des mains ; et dans des moments de découragement et de faiblesse, j'ai quelquefois été tenté de jeter le manuscrit au feu. Quel que soit le succès de cet ouvrage, je le compterai au moins au nombre des bonnes actions de ma vie. *Fais ce que tu dois, arrive ce que pourra.* Pour avertir la France, qui me paraît en péril, pour la réveiller au bord de l'abîme, il m'a fallu ne rien calculer. J'ai été obligé de tout dire, de heurter de front bien des hommes, de froisser une multitude d'intérêts. J'ai cru voir le salut de la patrie, comme je le disais à la Chambre des pairs, dans l'union des anciennes mœurs et des formes politiques actuelles, du bon sens de nos pères et des lumières du siècle, de la vieille gloire de Duguesclin et de la nouvelle gloire de Moreau ; enfin dans l'alliance de la religion et de la liberté fondée sur les lois : si c'est là une chimère, les cœurs nobles ne me la reprocheront pas.

POST-SCRIPTUM.

La Chambre des députés est dissoute. Cela ne m'étonne point ; c'est le système des intérêts révolutionnaires qui marche : je n'ai donc rien à changer à cet écrit. J'avais prévu le dénoûment, et je l'ai plusieurs fois annoncé. Cette mesure ministérielle sauvera, dit-on, la monarchie légitime. Dissoudre la seule assemblée qui, depuis 1789, ait manifesté des sentiments purement royalistes, c'est, à mon avis, une étrange manière de sauver la monarchie.

On a vu aux chapitres IV, V et VI de la 1re partie, la doctrine constitutionnelle sur les ordonnances dans la monarchie représentative. Sous l'ancien régime une ordonnance du roi était une loi, et personne n'avait le droit de la discuter. Dans notre nouvelle constitution, une ordonnance n'est forcément qu'une mesure des ministres : tout citoyen a donc le droit de l'examiner ; et ce qui est un droit pour chaque citoyen est un devoir pour les pairs et pour les députés. Si une ordonnance mettait la France en péril, les Chambres pourraient en accuser les ministres. Ceux-ci sont donc les véritables auteurs de ces ordonnances, puisqu'ils peuvent être poursuivis pour ces ordonnances.

Je vais donc, conformément à la raison et aux principes constitutionnels, examiner sans scrupule l'ordonnance du 5 septembre.

D'abord il eût été mieux de ne faire précéder cette ordonnance par aucun considérant. Le roi dissout la Chambre, parce qu'il en a le *droit*, parce qu'il le *veut*. Souverain maître et seigneur, il ne doit compte de ses raisons à personne : quand il parle *seul*, tout doit obéir avec joie dans un profond et respectueux silence. On court aux élections parce qu'il l'ordonne ; et quand il dit à ses sujets : *Je veux*, la loi même a parlé. Mais les ministres ayant donné des motifs dans le considérant, la chose change de nature. Il faut toujours respecter, adorer la volonté royale ; hésiter un moment à s'y soumettre serait un crime. Le roi ne peut vouloir que notre bien, ne peut ordonner que notre bien ; mais les motifs ministériels sont livrés à nos disputes.

Les ministres rappellent ces sages paroles de l'admirable discours du roi à l'ouverture de la dernière session : « Aucun de nous ne doit oublier qu'auprès de l'avantage d'améliorer est le danger d'innover. »

Il peut paraître d'abord un peu singulier que les ministres aient cité cette phrase, car sur qui le reproche d'innovation tombe-t-il ? Ce n'est pas sur la Chambre, qui n'a rien innové ; c'est donc sur l'ordonnance du 13 juillet 1815, qui avait changé quelques articles de la Charte. C'est donc une querelle d'ordonnance à ordonnance, de ministère à ministère.

Les ministres, qui ont lu le discours du roi (puisqu'ils en citent une phrase dans l'ordonnance du 5 septembre), n'ont-ils point lu, dans ce même discours, ce passage si remarquable : « Messieurs, c'est pour donner plus de poids à vos délibérations, c'est pour en recueillir moi-même plus de lumières que j'ai créé de nouveaux pairs, et que le nombre des députés des départements a été augmenté ? »

Puisqu'ils ont également oublié le considérant de l'ordonnance du 13 juillet 1815, je vais le leur remettre sous les yeux :

« Nous avions annoncé que notre intention était de proposer aux Chambres une loi qui réglât les élections des députés des départements. Notre projet était de modifier, conformément à la leçon de l'expérience, et au vœu bien connu de la nation, plusieurs articles de la Charte touchant les conditions d'éligibilité, le nombre des députés, et quelques autres dispositions relatives à la formation de la Chambre, à l'initiative des lois et au mode de ses délibérations.

« Le malheur des temps ayant interrompu la session des deux Chambres, nous avons pensé que maintenant le nombre des députés des départements se trouvait, par diverses causes, beaucoup trop réduit pour que la nation fût suffisamment représentée ; qu'il importait surtout, dans de telles circonstances, que la représentation nationale fût nombreuse, que ses pouvoirs fussent renouvelés, qu'ils émanassent plus directement des colléges électoraux ; qu'enfin les électeurs servissent comme d'expression à l'opinion actuelle de nos peuples.

« Nous nous sommes donc déterminé à dissoudre la Chambre des députés, et à en convoquer sans délai une nouvelle ; mais le mode des élections n'ayant pu être réglé par une loi, non plus que les modifications à faire à la Charte, nous avons pensé qu'il était de notre justice de faire jouir dès à présent la nation des avantages qu'elle doit recueillir d'une représentation plus nombreuse et moins restreinte dans les conditions d'éligibilité ; mais voulant cependant que, dans aucun cas, aucune modification à la Charte ne puisse devenir définitive que d'après les formes constitutionnelles, les dispositions de la présente ordonnance seront le premier objet des délibérations des Chambres. Le pouvoir législatif, dans son ensemble, statuera sur la loi des élections, sur les changements à faire à la Charte dans cette partie, changements dont nous ne prenons ici l'initiative que dans les points les plus indispensables et les plus urgents, en nous imposant même l'obligation de nous rapprocher, autant que possible, de la Charte, et des formes précédemment en usage. »

Que de choses dans les motifs de cette ordonnance! Les ministres qui l'ont faite disent : Qu'il faut modifier plusieurs articles de la Charte conformément à la *leçon de l'expérience* et *au vœu bien connu de la nation;* ils assurent que le nombre des députés des départements se trouve, par diverses causes, *beaucoup trop réduit* pour que la nation *soit suffisamment représentée;* ils prétendent qu'il est important que *la représentation nationale soit nombreuse;* que les élections *servent comme d'expression à l'opinion de la France.* Enfin, insistant sur le même principe, ils déclarent que, bien que le mode des élections n'eût pu encore être réglé par une loi, il était de la justice de faire jouir dès à présent la nation *des avantages qu'elle doit recueillir* d'une représentation *plus nombreuse* et moins *restreinte* dans les *conditions* de l'éligibilité.

Tout cela était vrai il y a à peine un an : ce n'est donc plus vrai aujourd'hui? *Le vœu bien connu de la nation* a donc changé? *La leçon de l'expérience et le vœu* BIEN CONNU *de la nation* demandaient alors la *révision* de quelques articles de la Charte; et à présent les ministres nous disent que *les vœux* et *les besoins* des Français sont pour conserver *intacte* la Charte constitutionnelle! Il fallait au moins changer les mots. Que penser, lorsqu'on voit des hommes qui ont applaudi avec transport à la première ordonnance, applaudir avec fureur à la seconde? On s'est donc trompé, lorsqu'on a cru que le nombre des députés des départements était *beaucoup trop réduit*.

La nation, composée de vingt-quatre millions d'habitants, sera donc suffisamment représentée par deux cent soixante députés? Les départements de la Lozère, des Hautes et Basses-Alpes, par exemple, qui n'auront qu'un seul député à la Chambre, seront-ils pleinement satisfaits? Si nous changeons de ministres tous les ans, aurons-nous d'année en année un nouveau mode d'élections? Qui m'assure que les ministres de l'année prochaine ne trouveront pas encore la représentation de cette année trop nombreuse? Une centaine de leurs commis (toujours légalement assemblés) ne leur paraîtront-ils pas former une Chambre plus convenable et plus dans les intérêts de la France? On s'en tiendra désormais à la Charte, me dira-t-on : Dieu le veuille! c'est tout ce que je demande. Mais je ne suis pas du tout tranquille. En vertu de l'article 14 de la Charte, qui donne au roi le *pouvoir de faire les règlements et ordonnances nécessaires pour l'exécution des lois et la sûreté de l'État,* les ministres ne pourront-ils pas voir la sûreté de l'État partout où ils verrront le triomphe de leurs systèmes? Il y a tant de constitutionnels qui veulent gouverner aujourd'hui avec des ordonnances, qu'il est possible qu'un beau matin toute la Charte soit confisquée au profit de l'article 14.

Il est dur de voir toujours remettre en question le sort de notre malheureuse patrie : on joue encore notre destinée sur une carte ; on frappe le crédit public, que toute secousse alarme et resserre : on donne à nos institutions une instabilité effrayante ; et, par la contradiction des ordonnances, on compromettrait la majesté du trône, si le sceptre n'était aux mains d'un de ces rois qui, d'un seul regard, rétablissent l'ordre autour d'eux, et dont le caractère est la sagesse, le calme et la dignité même.

Que sortira-t-il de ces élections où les passions peuvent être émues, où les partis vont se trouver en présence? Fatale prévoyance ! Je disais à la Chambre des pairs, au sujet de la loi des élections, dans la séance du 3 avril : « Une ordonnance, Messieurs, a pu suffire au commencement de la présente session, parce qu'il y avait *force majeure*, parce que les événements *commandaient* ces mesures extraordinaires que l'article 14 de la Charte autorise dans les temps de dangers. Mais aujourd'hui, quelle nécessité si violente justifierait un pareil coup d'État?... Vous sentez-vous assez de courage, Messieurs, pour prendre sur votre responsabilité tout ce qui peut arriver dans l'intervalle d'une session à l'autre, dans le cas où vous repousseriez la loi d'élection? Ah! si, par une fatalité inexplicable, les colléges, de nouveau convoqués, allaient nommer des députés dangereux pour la France, quels reproches ne vous feriez-vous point? Pourriez-vous entendre le cri de douleur de votre patrie? Pourriez-vous ne pas craindre le jugement de la postérité? »

Ce discours, que je tenais aux pairs de France, je l'adresse aujourd'hui aux ministres; qu'ils voient la consternation des honnêtes gens, le triomphe des révolutionnaires, et je les fais juges eux-mêmes de ce qu'ils ont fait. Si une fille sanglante de la Convention allait sortir des colléges électoraux, ne regretteraient-ils point cette Chambre, qui a pu contrarier leurs systèmes, mais où se rencontrait l'élite des vrais Français, où se trouvaient des hommes qui, en partageant jadis l'exil du roi, avaient retenu quelque chose des vertus de leur maître? Les ministres apprendraient alors à leurs dépens, et malheureusement à ceux de la France, que leurs prétendus amis sont moins faciles à conduire que leurs prétendus ennemis : ils verraient s'il est plus commode d'avoir affaire à une assemblée d'ambitieux révolutionnaires, qu'à une Chambre dont le roi regardait les députés comme *introuvables*, comme un bienfait de la Providence.

Et, si les révolutionnaires ne dominent pas tout à fait dans la nouvelle Chambre, les ministres n'ont-ils point à craindre qu'une assemblée divisée en deux partis violents ne présente à l'Europe le spectacle, et ne promette les résultats d'une diète de Pologne?

Vous la dissoudrez encore : quoi! tous les mois de nouvelles élections!

Enfin, si la nouvelle Chambre n'est composée que d'hommes nuls et passifs, incapables, si l'on veut, de faire le mal, mais incapables aussi de l'arrêter; si cette Chambre devenait l'instrument aveugle de la faction qui pousse à l'illégitimité, je demande encore ce que deviendrait notre malheureuse patrie.

Quels motifs impérieux ont donc pu porter les ministres à avoir recours à la prérogative royale? Quel avantage peut balancer les inconvénients de toutes les sortes, que présente en ce moment la convocation des colléges électoraux? Voici la grande raison pour laquelle on met encore la France en loterie : le parti qui entraîne la France à sa perte veut, par-dessus tout, la vente des bois du clergé : il la veut, non comme un bon système de finances, mais comme une bonne mesure révolutionnaire; non pour payer les alliés, mais pour consacrer la révolution : et comme il savait bien que la Chambre des députés n'eût jamais consenti à cette vente, il a profité de l'humeur et des fausses terreurs du ministère pour lui persuader, très-mal à propos, que son existence était incompatible avec celle de la Chambre. On a craint encore que cette Chambre n'éclairât le roi sur la véritable opinion de la France. Enfin, je l'ai déjà dit, le parti n'a jamais pu pardonner aux députés d'avoir démêlé ses projets, et frappé dans les régicides les princes de la révolution.

Cependant, que les bons Français ne perdent point courage; qu'ils ne se retirent point; qu'ils se présentent en foule aux élections. Ils auront sans doute à vaincre bien des obstacles; il leur faudra lutter contre la puissance d'un parti qui, ne daignant même pas prendre la peine de dissimuler ses intentions, les manifeste par des choix d'hommes, des actes publics et des coups d'autorité. Mais, encore une fois, que les bons Français se soutiennent les uns les autres, qu'ils ne soient point abattus, si l'on crée autour d'eux une défaveur momentanée, une opinion factice. S'ils lisent dans les journaux de grands articles à la louange de la dissolution de la Chambre, qu'ils se rappellent que la presse n'est pas libre, qu'elle est entre les mains des ministres, que ce sont les ministres qui ont fait dissoudre la Chambre, et qui font les journaux. S'ils remarquent la hausse des fonds, qu'ils sachent que le jour où l'ordonnance du 5 fut publiée, on fit faire un mouvement à la Bourse. Un agioteur osa s'écrier : « Les brigands ne reviendront plus! » Il parlait des députés.

Ce n'est pas à des Français que je prêcherai le désintéressement. Je ne leur dirai rien des places que l'on pourra leur promettre. Mais qu'ils se mettent en garde contre une séduction à laquelle il nous est si difficile d'échapper! On leur parlera du *roi*, de sa *volonté*, comme on en parlait aux Chambres. Les entrailles françaises seront émues, les larmes viendront aux yeux; au nom du roi on ôtera son chapeau, on prendra le billet présenté par une main ennemie, et on le mettra dans l'urne. Défiez-vous du piége. N'écoutez point ces hommes qui, dans leur langage, seront plus royalistes que vous : sauvez le roi, *quand même!*

Et que veut d'ailleurs le roi? S'il était permis de pénétrer dans les secrets de sa haute sagesse, ne pourrait-on pas présumer qu'en laissant constitutionnellement toute liberté d'action et d'opinion à ses ministres *responsables*, il a porté ses regards plus loin qu'eux? On a souvent admiré, dans les affaires les plus difficiles, la perspicacité de sa vue et la profondeur de ses pensées. Il a peut-être jugé que la France, satisfaite, lui renverrait ces mêmes députés dont il était si satisfait; que l'on aurait une Chambre nouvelle aussi royaliste que la dernière, bien que convoquée sur d'autres principes, et qu'alors il n'y aurait plus moyen de nier la véritable opinion de la France.

Voilà ce que j'avais à dire à mes concitoyens, à ceux qui pourraient ignorer ce qui se passe et laisser surprendre leur foi. Je ne fais point porter cet écrit par des messagers secrets; je le publie à la face du soleil. Je n'ai aucune puissance pour favoriser mes *intrigues,* hors celle que je tire de ma conscience et de mon amour pour mon roi. Grâces à Dieu, je n'ai encore manqué aucune occasion, quand il s'est agi du sang ou des intérêts de mes maîtres.

Français, si ma voix ne vous est point étrangère, si je vous fis quelquefois entendre les accents de la religion et de l'honneur, écoutez-moi : présentez-vous aux élections. Le salut ou la perte de votre pays sont peut-être attachés aux choix que vous allez faire. Ne nommez que des hommes dont la vertu, la fidélité et les sentiments français vous soient connus. Qu'ils viennent alors, ces députés chers à la patrie ; qu'ils viennent mettre au pied du trône leur respect, leur dévouement et leur amour, et que, donnant à la fois tous les exemples, ils disent aux ministres, dans un esprit de paix, de modération et de concorde : « Nous n'avons point été, nous ne sommes point, nous ne serons point vos ennemis ; mais renoncez à des systèmes qui perdront le roi et la France! »

LE VINGT ET UN JANVIER

MIL HUIT CENT QUINZE.

Le 21 janvier approche. On se demande depuis longtemps : Que ferons-nous ? Que fera la France ? Laissera-t-on passer encore ce jour de douleur sans aucune marque de regret? Où sont les cendres de Louis XVI ? Quelle main les a recueillies? Sans la pitié d'un obscur citoyen, à peine saurait-on aujourd'hui où repose la sainte dépouille de ce roi qui devait dormir à Saint-Denis auprès de Louis XII et de Charles le Sage. Pendant quelques années on a voulu que le jour de la mort de ce juste fût un jour de réjouissance; mais combien les factions s'aveuglaient ! Tandis qu'elles prétendaient soulever le crêpe funèbre qui couvrait notre patrie, tandis qu'elles ordonnaient des pompes dérisoires, les citoyens multipliaient les marques de leur douleur ; chacun pleurait dans la solitude, ou faisait célébrer en secret le sacrifice expiatoire. En vain quelques hommes appelaient la foule à d'abominables spectacles ; la tristesse publique semblait leur dire : *Non, la France n'est point coupable avec vous; elle ne prend aucune part à vos crimes et à vos fêtes.*

Louis XVI, dès le commencement de son règne, avait aboli les corvées, amélioré les branches de l'administration, relevé sur la mer la gloire de nos armes, et fait retentir nos victoires sur les côtes de l'Inde et de l'Amérique. Au milieu des orages de la révolution, malgré la chaleur des partis, on fut si persuadé de ses vertus, qu'on le nomma d'une commune voix *le plus honnête homme de son royaume*. Abreuvé d'amertume, accablé d'outrages, on l'amena à Paris, précédé de la tête de quelques-uns de ses gardes ; on l'y réduisit à vivre dans les fers, à languir dans la douleur. Mais ce n'est point devant la famille royale qu'il convient d'achever le récit de telles adversités. L'orpheline est là, et sa seule présence nous en dit assez. Témoins et juges, vous vivez : vos yeux ont vu ce qu'il y eut de public, et votre conscience vous racontera ce qu'il y a de secret dans l'histoire de nos malheurs.

A Dieu ne plaise qu'aucun de nous cherche à trouver des coupables et à alimenter des haines! Mais si nous prétendons aux vertus, il faut avoir le courage d'être hommes : il faut, à l'exemple des peuples de l'antiquité, que notre caractère soit assez mâle pour soutenir la vue de nos propres fautes. Quiconque craint de se repentir ne tire aucun fruit de ses erreurs. Oublions donc le criminel, mais souvenons-nous toujours du crime. Hé bien! si, tandis que nous pleurons, quelques hommes se croient obligés de fuir nos larmes, cette innocente vengeance ne nous serait-elle pas permise? Faut-il que tout un peuple étouffe dans son cœur la morale et la religion, qu'il renonce à toute justice, qu'il ait l'air d'approuver dans sa raison ce que sa faiblesse lui fit supporter, parce qu'il est des consciences ombrageuses, qui ne croient la patrie tranquille qu'autant qu'elles ne sont point troublées par leurs remords, et qui prennent la voix de ces remords pour le cri de nos factions?

Chez presque tous les peuples on a vu de grands crimes, et partout on a établi des sacrifices pour les expier. Lorsque Agis périt à Lacédémone en voulant, comme Louis, donner à son peuple de meilleures lois, « les citoyens de Sparte estimerent, dit Plutarque, qu'il n'avoit oncques esté commis un si cruel, si malheureux, ni si damnable forfait depuis que les Doriens estoient venus habiter le Peloponese. »

Après la restauration de Charles II en Angleterre, on éleva une statue sur le lieu même où Charles Ier avait été décapité, et le jour anniversaire de la mort de ce roi devint un jour de jeûne et de prière.

Mais il ne s'agit ici d'imiter aucune nation étrangère : tous les bons exemples peuvent être trouvés parmi nous. Après la bataille de Poitiers, « les estats de la langue d'oc ordonnerent qu'homme ni femme pendant l'année, si le roy (Jean) n'estoit delivré, ne porteroient sur leurs habits or, argent ni perles, et qu'aucuns menestriers ni jongleurs ne joueroient de leurs instruments. »

Nos pères furent plus heureux que nous : ils purent se livrer à leur naïve douleur aussitôt qu'ils l'éprouvèrent. Cette douleur même cessa bientôt : le roi Jean revint de sa captivité. Mais les marques de nos regrets seront éternelles : Louis XVI ne reparaîtra plus parmi nous.

Du moins nous allons voir s'accomplir ce que nous avons tant désiré, ce que toute l'Europe attendait : notre douleur, si longtemps comprimée, va enfin sortir du fond de notre âme; le roi vient encore pour ainsi dire au-devant du besoin de nos cœurs; il va satisfaire à la piété de son peuple, nous rendre aux idées morales et religieuses, comme de sa paisible main il nous a soustraits au despotisme, et rangés sous l'empire de nos antiques lois.

Le 21 janvier, Monsieur, monseigneur le duc d'Angoulême, monseigneur le duc de Berry, se rendront au cimetière de la Madeleine, appartenant aujourd'hui à M. Descloseaux. Le terrain a été légalement reconnu ; on s'est assuré d'avance du lieu où repose le corps du roi ; on croit pouvoir aussi retrouver les cendres de la reine. Par un hasard touchant, les Suisses tués à la journée du 10 août sont enterrés aux pieds de Louis XVI. La fosse où notre monarque fut jeté avait dix pieds de profondeur. On n'a pas voulu remuer la terre avant le moment de l'exhumation. Rien ne doit être secret dans cet acte saint : toute la France a vu mourir son roi, toute la France doit voir reparaître au même moment sa dépouille mortelle. Ah! que ne sentiront point les spectateurs quand la terre enlevée laissera voir les os blanchis de Louis XVI, son tronc mutilé, sa tête déplacée et déposée à l'autre extrémité de son corps, signe auquel on doit reconnaître le descendant de tant de rois! Se représente-t-on bien les trois princes tombant à genoux avec le clergé dans ce moment redoutable, la religion entonnant son hymne de paix et de gloire, les reliques du martyr sortant triomphantes du sein de la terre pour protéger désormais notre patrie, et attirer par leur intercession la bénédiction du ciel sur tous les Français !

Les restes sacrés du roi étant retrouvés, ainsi que les cendres de la reine, le cortége se mettra aussitôt en route pour Saint-Denis. Les malheurs de Louis XVI feront toute la magnificence de cette pompe funèbre. La modestie convient au triomphe de tant de vertus, et la simplicité à la grandeur de tant d'infortunes. Les passions humaines ne doivent point troubler le calme et la majesté de cette cérémonie. Tout ce qui accuse en sera banni ; on n'y verra que ce qui console : le père de famille, en retrouvant son tombeau, veut que tous ses enfants ensevelissent dans ce tombeau leurs dissensions et leurs inimitiés.

Le convoi suivra la route que prit, il y a six siècles, celui de saint Louis, premier aïeul des Bourbons : « Et leva, dit Joinville, le saint corps l'archevêque de Rheims, et après qu'il fût levé, frere Jehan de Seymours le prescha. Et entre autres de ses faits ramenta souvent une chose que je lui avois dicte du bon roy : c'estoit de sa grande loyauté... Quand le sermon fut fini, ajoutent les chroniques, le roy (Philippe le Hardi) prit son pere sur son col, et se mit à la voie tout à pied à aller droict à Sainct-Denys en France. »

Quel abîme de réflexions, quelle comparaison à faire entre les événements, les temps, les lieux et les pompes funèbres de saint Louis et de Louis martyr !

Le cortége se rendra donc à l'église de l'apôtre de la France, mais les successeurs de ces religieux qui vinrent avec l'oriflamme au-devant de la châsse de saint Louis ne recevront point le descendant du saint roi. *Dans ces demeures souterraines, où dormaient ces rois et ces princes anéantis; dans ces sombres lieux, où les rangs étaient si pressés qu'on pouvait à peine y placer madame Henriette*, Louis XVI se trouvera seul !.... Comment tant de morts se sont-ils levés? Pourquoi Saint-Denis est-il désert? Demandons plutôt pourquoi son toit est rétabli, pourquoi son autel est debout. Quelle main a reconstruit la voûte de ses caveaux, et préparé ces tombeaux vides? La main de ce même homme qui était assis sur le trône des Bourbons. O Providence! Il croyait préparer des sépulcres à sa race, et il ne faisait que bâtir le tombeau de Louis XVI! L'injustice ne règne qu'un moment : il n'y a que la sagesse qui compte des aïeux et laisse une postérité. Voyez en même temps le maître de la terre tomber au milieu de ses violences, Louis XVIII ressaisir le sceptre et Louis XVI retrouver la sépulture de ses pères. La royauté des légitimes monarques avait dormi pendant vingt années ; mais leurs droits, fondés sur leurs vertus, étaient indestructibles comme leur noblesse. Dieu finit d'un seul coup cette révolution épouvantable, et les rois de France reprennent à la fois possession de leur trône et de leur tombeau.

Tandis que les restes mortels de Louis XVI et de Marie-Antoinette seront portés à Saint-Denis, on posera la première pierre du monument qui doit être élevé sur la place Louis XV.

Ce monument représentera Louis XVI [1] qui déjà, quittant la terre, s'élance vers son éternelle demeure. Un ange le soutient et le guide, et semble lui répéter ces paroles inspirées : *Fils de saint Louis, montez au ciel!* Sur un des côtés du piédestal paraîtra le buste de la reine dans un médaillon ayant pour exergue ces paroles si dignes de l'épouse de Louis XVI : *J'ai tout su, tout vu, et tout oublié.* Sur une autre face de ce piédestal, on verra un portrait en bas-relief de madame Élisabeth. Ces mots seront écrits autour : *Ne les détrompez pas ;* mots sublimes qui lui échappèrent dans la journée du 20 juin, lorsque les assassins menaçaient ses jours en la prenant pour la reine. Sur le troisième côté sera gravé le Testament de Louis XVI, où on lira en plus gros caractères cette ligne évangélique :

JE PARDONNE DE TOUT MON COEUR A CEUX QUI SE SONT FAITS MES ENNEMIS.

La quatrième face portera l'écusson de France, avec cette inscription : *Louis XVIII à Louis XVI.* Les Français solliciteront sans doute l'honneur d'unir au nom de Louis XVIII le nom de la France, qui ne peut jamais être séparée de son roi.

Ce monument sera aussi touchant qu'admirable. Un autel funèbre au milieu de la place Louis XV n'eût été convenable sous aucun rapport. Cette place est une espèce de grand chemin où la foule passe pour courir à ses plaisirs ou pour étaler ses vanités. Dans les distractions naturelles à la faiblesse de nos cœurs, les accents de la joie auraient trop souvent profané un monument de douleur. Non, aucun Français ne sera obligé de détourner ses pas ou ses regards du monument projeté : les uns y trouveront dans le Testament de Louis XVI l'origine et la confirmation de l'article de notre

---

[1] On a changé le projet de quelques-uns de ces monuments.

Charte qui les met à l'abri de toutes recherches ; les autres y recueilleront ces souvenirs qui, dépouillés par le temps de leur amertume, ne laissent au fond de l'âme qu'un attendrissement religieux. Le roi, qui, jusqu'à présent, n'a osé fouler *le champ du sang,* pourra peut-être y passer un jour, sinon sans tristesse, du moins sans horreur ; tandis que le juge de Louis XVI, à l'abri du monument de miséricorde, pourra lui-même traverser cette place, sinon sans remords, du moins sans crainte. Enfin ce monument expiatoire deviendra pour tous les Français une source de consolations : nos enfants y puiseront à l'avenir ces graves leçons, ces utiles pensées qui forment dans tous les temps et dans tous les pays les grands peuples et les grands hommes.

Ce monument ne sera pas le seul consacré au malheur et au repentir. On élèvera une chapelle sur le terrain du cimetière de la Madeleine. Du côté de la rue d'Anjou, elle représentera un tombeau antique ; l'entrée en sera placée dans une nouvelle rue que l'on percera lors de l'établissement de cette chapelle. Pour mieux envelopper les différentes sépultures, l'édifice entier se déploiera en forme d'une croix latine, éclairée par un dôme qui n'y laissera pénétrer qu'une clarté religieuse. Dans toutes les parties du monument on placera des autels où chacun ira pleurer une mère, un frère, une sœur, une épouse, enfin toutes ces victimes, compagnes fidèles, qui pendant vingt ans ont dormi auprès de leur maître dans ce cimetière abandonné : c'est là qu'on viendra particulièrement honorer la mémoire de M. de Malesherbes. On nous pardonnera peut-être d'associer ici le nom du sujet au souvenir du roi ; il y a dans la mort, le malheur et la vertu, quelque chose qui rapproche les rangs.

Le roi fondera à perpétuité une messe dans cette chapelle : deux prêtres seront chargés d'y entretenir les lampes et les autels. A Saint-Denis, une autre fondation plus considérable sera faite, au nom de Louis XVI, en faveur des évêques et des prêtres infirmes qui, après un long apostolat, auront besoin de se reposer de leurs saintes fatigues. Ils remplaceront l'ordre religieux qui veillait aux cendres de nos rois. Ces vieillards, par leur âge, leur gravité et leurs travaux, deviendront les gardiens naturels de cet asile des morts, où eux-mêmes seront près de descendre. Le projet est encore de rendre à cette vieille abbaye les tombeaux qui la décoraient, et auprès desquels Suger faisait écrire notre histoire, comme en présence de la mort et de la vérité.

Quand on songe que le prince qui vient de consacrer nos libertés ; que le prince qui, sans verser une seule goutte de sang, a fait cesser nos divisions, et rendu le repos à la France ; que le prince qui, par la politique la plus généreuse, défend au dehors les droits des souverains malheureux ; quand on songe que ce prince est le même monarque par qui de si grands exemples de religion vont être donnés, peut-on trouver assez de bénédictions pour les répandre sur sa tête ? Et qui ne voit déjà que les siècles le placeront au rang des meilleurs et des plus grands rois de sa race ?

Pendant la cérémonie funèbre, Madame se retirera à Saint-Cloud. Nous avons dit que les princes accompagneraient les cendres de Louis XVI à Saint-Denis ; le roi seul restera à Paris pour confier sa douleur à son peuple, pour mêler des consolations à nos pleurs, et pour adoucir l'amertume de nos regrets par sa présence vénérable.

DE L'EXCOMMUNICATION DES COMÉDIENS.

Février 1815.

Il y a quelque temps que l'on a beaucoup parlé de la scène scandaleuse qui s'est passée aux funérailles de mademoiselle Raucourt. Ce n'était qu'une répétition de celle qui eut lieu en 1802 à l'enterrement de mademoiselle Chamerois, avec cette différence qu'à la première époque on ne profana point l'église de Saint-Roch, et que le curé remporta une espèce de victoire, bien qu'il souffrît dans la suite des mesures du despotisme. Maintenant que les passions sont tranquilles, mais que l'opinion publique n'est pas encore fixée sur le sujet qui les avait émues, il nous semble utile d'examiner, une fois pour toutes, la question de l'excommunication des comédiens. Nous la soumettrons au bon sens des lecteurs. Quoi qu'on en dise, il y a aujourd'hui beaucoup de raison en France : c'est un fruit de notre expérience et de nos malheurs. Les hommes des partis les plus opposés, las enfin de nos discordes, ne demandent qu'à se rallier à la vérité toutes les fois qu'on la leur montrera simplement, franchement, loyalement.

Deux choses doivent être considérées dans le sujet que nous prétendons examiner : 1° la cause de l'aversion de l'Église contre les spectacles ; 2° le degré d'autorité qu'un curé peut et doit exercer dans son église, lorsqu'il ne fait que suivre les canons et obéir aux ordres de ses supérieurs.

Il faut remonter jusqu'aux premiers siècles du christianisme pour trouver la cause de la sévérité de l'Église et de la rigueur de ses règlements contre le théâtre. « Tout l'appareil de ces pompes, dit Tertullien, est fondé sur l'idolâtrie. » De là, examinant l'origine des spectacles admis chez les Romains, il fait voir qu'ils tiraient presque tous leur nom de quelque divinité du paganisme : les jeux de Bacchus *Libériaux, Apollinaires, Céréaux, Neptunaux, Floraux, Olympiens.* Le Cirque était consacré, ou plutôt, comme le dit ce premier Bossuet, était prostitué au Soleil. Les théâtres s'élevaient sous l'invocation de Bacchus et de Vénus. Aujourd'hui les dieux n'étant plus pour nous que les fictions ingénieuses d'Homère, nous ne pouvons nous faire une idée de l'horreur qu'ils inspiraient à l'Église, lorsqu'ils étaient adorés comme des êtres réels, protecteurs des passions et des crimes, comme de véritables démons persécuteurs des chrétiens.

La prostitution et le meurtre souillaient encore ces spectacles que l'idolâtrie rendait déjà abominables aux yeux des fidèles. Des femmes publiques paraissaient sur le théâtre aux fêtes de Flore ; et ces malheureuses, dit encore Tertullien, étaient, du moins une fois l'an, condamnées à rougir. A l'amphithéâtre, que voyait-on ? Les combats des gladiateurs ou les souffrances des martyrs ! « Chrétiens, s'écrie l'auteur de l'*Apologétique*, demandez-vous des luttes, des combats, des victoires, le christianisme vous en offre de toutes parts. Voyez l'impureté vaincue par la chasteté, la perfidie par la foi, la cruauté par la miséricorde, l'impudence par la modestie : c'est dans ces jeux qu'il faut mériter des couronnes. Voulez-vous du sang répandu ? vous avez celui de Jésus-Christ. »

Si les spectacles furent si justement proscrits par les premiers chrétiens, il était tout simple que l'acteur demeurât frappé de l'anathème dont la pièce était atteinte. En cela même, les fidèles ne s'écartèrent point de l'usage des païens. A Rome, les comédiens, les bouffons, les cavaliers du Cirque, les gladiateurs, étaient exclus de la cour, du barreau, du sénat, de l'ordre des chevaliers et de toutes les charges publiques ; ils perdaient le droit de citoyen. Une loi des empereurs Valentinien, Valence et Gratien, *permet* aux évêques de conférer le baptême à un comédien en danger de mort ; elle ordonne de plus que si ce comédien baptisé revient à la vie, il ne sera point forcé de suivre son ancienne profession. Une autre loi contraint les comédiennes à demeurer au théâtre, à moins qu'elles n'aient embrassé le christianisme. Mais la même loi, renouvelée quelque temps après, ajoute que si ces femmes devenues chrétiennes, et dispensées par cette raison de jouer devant le public, continuent de vivre dans le désordre, on les obligera de reparaître sur la scène. Quelle condamnation du théâtre et quel éloge de la religion ! La profession d'acteur était donc si peu estimée des Romains qu'elle devenait comme le partage exclusif de quelques familles, dotées par la loi de ce brillant, mais malheureux héritage.

Des préjugés si cruels chez le peuple, des lois si dures, émanées du sénat et des empereurs romains, nous montrent assez que cette prévention contre le théâtre ne doit point être attribuée uniquement à ce qu'on affecte d'appeler la *barbarie* du christianisme : elle prend naturellement sa source dans la morale et dans la gravité des lois. L'opinion de l'Église sur les spectacles n'est pas plus sévère que celle de Tacite et de Sénèque. Ovide, et son autorité n'est pas suspecte, exhorte Auguste à supprimer les théâtres, comme une école de corruption :

> . . . . Ludi quoque semina præbent
> Nequitiæ : tolli theatra jube.

Dans la patrie même de Sophocle, dans ces heureux climats où les Muses firent éclater leurs prodiges, les femmes ne paraissaient point sur la scène, et n'assistaient point aux jeux du théâtre.

L'Église ne fit donc que suivre le penchant des lois, lorsque, dans les premiers siècles, déterminée par les raisons que nous avons déjà déduites, elle lança ses foudres contre les spectacles. Ceux-ci s'abolirent par degré dans le monde romain, à mesure qu'il se convertit au christianisme et qu'il passa sous la domination des Barbares. Tandis que le bruit de ces jeux trop célèbres se perdait dans le bruit de la chute des empires, il est curieux de voir ces mêmes jeux renaître obscurément parmi ces Franks, ces Huns, ces Vandales, qui venaient de les détruire : tant le cœur humain est toujours le même, tant l'homme a besoin de ces plaisirs qui le consolent un moment ! Clovis, dans les dernières années de sa vie, rassasié de victoires et de conquêtes, entretenait auprès de lui un mime que lui avait envoyé Théodoric : c'est à ce mime du premier roi des Français qu'il faut aller, à travers les siècles, rattacher la nouvelle pompe de nos spectacles. Tout le monde connaît l'histoire et l'origine de notre théâtre : tout le monde sait que *les Mystères* joués par les *confrères de la Passion,* furent les avant-coureurs de *Cinna* et d'*Athalie.*

Mais pourquoi l'Église aurait-elle montré plus d'indulgence pour ces nouveaux spectacles? La religion y était profanée ; les mœurs, outragées ; la satire, poussée jusqu'à la calomnie. Enfin, quand notre scène s'épura, l'Église, toujours scrupuleuse lorsqu'il s'agit de la conservation des mœurs, ne vit pas de raisons suffisantes pour renoncer à ses souvenirs, pour abandonner ses traditions et ses lois. Bossuet, Bourdaloue, Fléchier, continuèrent à condamner le théâtre avec toute l'autorité de leur éloquence et de leur génie. L'auteur des *Oraisons funèbres* ne dédaigna pas de prendre la plume pour réfuter une Apologie des spectacles, attribuée à un religieux, et imprimée en 1694, à la tête d'une édition des comédies de Boursault. La lettre de Bossuet et ses *Dissertations* sur la comédie sont des chefs-d'œuvre où Rousseau a puisé une partie des arguments qu'il emploie dans sa fameuse *Lettre à d'Alembert.* Pourrait-on faire un crime à l'Église d'avoir pensé sur la comédie comme le philosophe J.-J. Rousseau?

Tout ceci prouve-t-il qu'il faut abolir les spectacles et ne pas enterrer les comédiens? Non. Mais cela prouve que si ceux qui blâment la rigueur de l'Église, sans avoir examiné la question, avaient bien voulu consulter l'histoire, ils se seraient moins hâtés de condamner à la fois l'antiquité païenne et l'antiquité chrétienne. Aujourd'hui que nos mœurs sont changées, l'Église doit-elle se relâcher de quelque chose sur la discipline des spectacles? On doit tout confier à sa sagesse. « Rome, dit Voltaire, a toujours su tempérer ses lois selon les temps et selon les besoins. » Elle ne fut jamais ennemie des beaux-arts, quand ils se renfermèrent dans des bornes légitimes. Le cardinal de Richelieu, en établissant son théâtre, fit enregistrer au Parlement une déclaration du roi, par laquelle il renouvelle les peines prononcées contre les comédiens qui useront d'*aucunes paroles lascives ou à double entente, qui pourroient blesser l'honnêteté publique : mais au cas qu'ils soient modestes, ils ne seront pas notés d'infamie.* Maintenant que notre théâtre est devenu plus chaste, que les acteurs ont suivi le progrès général de la société, que plusieurs d'entre eux joignent à des talents distingués des qualités morales dont s'honoreraient tous les hommes, ne doit-on pas les placer au rang de ces artistes estimables et estimés qui nous font jouir des chefs-d'œuvre du génie? Nos préjugés contre le théâtre se sont affaiblis, parce que tous nos liens religieux se sont relâchés. Si l'on pouvait tout à coup nous rendre chrétiens zélés et fervents, il serait très-bon sans doute de maintenir la rigueur des canons : mais qui sait si l'Église ne jugera pas à propos de mettre un accord plus général entre sa discipline et l'état actuel de nos mœurs? Cette discipline est-elle uniforme sur ce qui regarde le théâtre? Dans une partie de l'Italie et de l'Allemagne, les comédiens ne sont pas excommuniés : le saint-siége et les conciles généraux ne se sont jamais expliqués sur ce sujet d'une manière très-positive. Clément XIII avait fait fermer le théâtre *Albertini* à Rome : Clément XIV crut devoir en tolérer le rétablissement. Innocent XI défendit seulement aux femmes de paraître sur la scène. En 1696, les comédiens français ayant fait présenter une requête à Innocent XII, pour être relevés des censures ecclésiastiques, ce pape, sans les condamner absolument, se contenta de les renvoyer à l'archevêque de Paris pour être traités comme de droit : *Ut provideat eis de jure.* La modération est le caractère distinctif de l'Église gallicane [1]. « En ce qui regarde ce que l'Église défend, dit Bossuet, les évêques ont souvent jugé selon toute la rigueur des canons : quelquefois aussi ils ont toléré beaucoup de choses selon la nécessité des temps ; et quand ils n'ont point vu de danger pour la foi ou pour les mœurs, ils ont consenti à quelque adoucissement, non toutefois par un relâchement de discipline aveugle ou inconsidéré, mais pour céder à une nécessité de telle nature qu'elle aurait pu même faire changer les lois ; c'est par cette raison

---

[1] *Lettre de l'Assemblée du clergé au pape,* du 3 février 1682, tome IX des œuvres de Bossuet.

que les saints Pères, et même le saint-siége, ont tant de fois loué cet adoucissement des canons... Selon les expressions d'Yves de Chartres, « pourvu
« qu'on ne touche pas au fondement de la foi et à la règle générale des
« mœurs, on peut user de quelque tempérament, quand il semblerait ap-
« procher de la faiblesse.... » Accusera-t-on pour cela l'Église de légèreté?
Dira-t-on, pour user des termes de saint Paul, qu'il y a en elle le *oui* et le
non? A Dieu ne plaise ; mais assurée qu'elle est de son éternité, et immuablement attachée à la vérité même, elle s'accommode en quelque façon,
par ce qu'elle a d'extérieur, aux choses humaines, moins pour céder à la nécessité des temps que pour servir au salut des âmes. »

Ne pourrait-on pas espérer de la sagesse du clergé qu'il prendra en considération le changement des mœurs et des temps? Mais cette part une fois
faite à l'esprit du siècle, avons-nous le droit de devancer la décision de l'Église, et de nous porter à des violences pour nous faire à nous-mêmes ce
qu'il nous plaît d'appeler *justice?* Non sans doute. Ceci nous ramène à la
seconde partie de la question.

Un curé ne fait que suivre la loi qui lui est imposée lorsqu'il refuse de recevoir le corps d'un homme notoirement frappé des censures ecclésiastiques. Quand, par sa charité naturelle, il serait disposé à en agir autrement, il ne le pourrait pas sans transgresser les canons auxquels, comme
prêtre et comme curé, il est nécessairement assujetti. Si un soldat a reçu
une consigne, peut-il violer ou laisser violer cette consigne, sous prétexte
qu'elle a des inconvénients? Est-il le juge et l'interprète des ordres de ses
supérieurs? Que deviendrait toute la discipline, si chaque soldat, au lieu
d'obéir, se mettait à examiner les raisons de la conduite de son général, à
blâmer ses motifs, ses plans, ses desseins? Nous nous servons de cette comparaison chez une nation toute militaire, qui en sentira la justesse. Un curé
est seul maître dans son église, comme un officier au poste qu'on lui a confié ; nul n'a le droit de venir lui imposer des lois qu'il ne peut pas reconnaître. Eh! combien est-on plus coupable encore si on mêle à la violence
qu'on lui fait le scandale public, l'insulte au culte de la patrie et la profanation des autels!

Mais les comédiens, dit-on, jouissent de tous les droits de citoyens : ils
peuvent parvenir à toutes les places, ils sont enrôlés dans la garde nationale, etc. C'est précisément ce qui rendrait leur cause moins favorable, si
leurs amis, par une ignorance fâcheuse ou par un zèle inconsidéré, continuaient à se porter pour eux à des excès qui n'ont point d'excuse. Il ne
s'agit plus pour les acteurs de réclamer les lois générales de l'État, de constater leur existence civile : ils en sont en pleine possession. De quoi s'agit-il donc? De droits purement religieux. Or, une religion a ses rites, ses
usages, dont elle ne peut se départir. On ne force personne à suivre cette

religion : on est chrétien ou on ne l'est pas ; voilà tout : cela ne change rien à la condition civile d'un homme. Mais si l'on se prétend, par exemple, catholique, apostolique et romain, n'est-ce pas le curé qui est juge naturel de cette prétention? N'est-ce pas lui qui sait, d'après les règles de son culte, si la personne qui se présente a conservé ou perdu la qualité d'enfant de l'Église?

Ajoutez que le droit de citoyen étant rendu aux acteurs, le curé ne peut plus être taxé d'inhumanité quand il refuse son ministère à leurs funérailles : car ce refus n'emporte plus la privation de la sépulture commune. Le curé ne fait que rentrer dans ses droits naturels, c'est une coutume de toutes les religions de la terre de n'accorder leurs honneurs funèbres qu'à leurs disciples. Le corps d'un chrétien mort à Constantinople serait-il reçu dans une mosquée? Un ministre protestant, à Philadelphie, ne renverrait-il pas le corps d'un catholique à son curé, celui d'un presbytérien à son église, celui d'un quaker à ses frères, celui d'un juif à sa synagogue? Vous voulez qu'un curé enterre un homme qui n'avait pas vécu dans la communion catholique : mais si le curé prétendait s'emparer à son tour du corps d'un citoyen qui n'aurait pas voulu mourir sous la loi chrétienne, ne crieriez-vous pas au fanatisme, à l'intolérance? N'avons-nous pas vu des prêtres repoussés du lit d'un mourant avec mépris, et des moribonds préférer aux paroles consolantes de l'homme de Dieu les stériles pompes d'un nouveau paganisme? Accordez donc au prêtre la même indépendance que vous réclamez pour vous-mêmes : si vous n'êtes point forcés de l'appeler à votre dernier soupir, pourquoi serait-il obligé de veiller à votre dernier asile? par quelle dérision ceux qui ont su toute leur vie, sans y attacher aucune importance, qu'ils étaient hors de l'Église catholique, veulent-ils y rentrer après leur mort? S'ils ont cru à la puissance de l'anathème, il est trop tard pour la réconciliation ; s'ils n'y ont pas cru, ils n'ont donc voulu produire que du scandale? Si, comme autrefois, les registres des naissances, des mariages et des décès étaient tenus par les curés des diverses paroisses; si, comme autrefois encore, ces curés étaient les maîtres de refuser l'inhumation en terre sainte, on pourrait dire que l'excommunication trouble l'état civil, en empêchant un citoyen d'être inscrit sur le rôle des morts, et de reposer auprès d'eux; mais il n'en est pas ainsi, puisque tous les actes publics se font aux municipalités, et que la puissance temporelle est séparée de la puissance spirituelle. Qui empêchait mademoiselle Raucourt de se faire porter en pompe au cimetière, environnée de ses amis et de tous ceux qui attachaient quelque prix à ses talents? Qu'auraient demandé de plus les admirateurs de Molière? Voltaire, au lieu de déplorer le sort de mademoiselle Le Couvreur, n'aurait-il pas chanté la tolérance du siècle qui eût accordé à cette actrice de pareilles funérailles?

Et regardons encore à quel point l'Église gallicane pousse la douceur et la charité : que faut-il à un comédien pour que ses cendres soient reçues dans l'Église? Il suffit qu'un domestique, un témoin, affirment que le moribond, avant d'expirer, a demandé les secours d'un prêtre. Lorsqu'on a négligé de donner ces légères marques de respect au culte antique de la patrie, à la religion de tant de grands hommes, sied-il bien de venir lui demander les dernières prières qu'elle offre pour le repos de ses enfants? Mais en même temps quel aveu de l'insuffisance de l'homme pour consoler les cendres de l'homme ! Vainement nous avons paru mépriser la religion dans notre passage sur la terre, il s'élève de notre cercueil une voix qui réclame ses espérances et ses bénédictions.

DE LA GUERRE D'ESPAGNE.

12 octobre 1823.

Le roi, dans son discours à l'ouverture de la dernière session, avait dit :
« Si la guerre est inévitable, je mettrai tous mes soins à en resserrer le cercle, à en borner la durée; elle ne sera entreprise que pour conquérir la paix que l'état de l'Espagne rendrait impossible.

« Que Ferdinand VII soit libre de donner à ses peuples les institutions qu'ils ne peuvent tenir que de lui, et qui, en assurant leur repos, dissiperaient les justes inquiétudes de la France, dès ce moment les hostilités cesseront : j'en prends devant vous, Messieurs, le solennel engagement. »

Les paroles royales se sont accomplies; et malgré les bruits que la malveillance avait fait courir en sens divers, jamais on ne s'est écarté du principe posé par le roi, lors même qu'au prix de quelques concessions on pouvait terminer une entreprise si importante au salut de la France et de l'Europe. Le premier drapeau ennemi que les soldats de la légitimité rencontrèrent fut le drapeau tricolore; la révolution espagnole l'avait pris pour enseigne et pour abri; il annonçait des principes et des victoires dont le moment était passé. Un seul coup de canon mit fin au prestige, et trente années d'illusion s'évanouirent.

Alors s'ouvrit cette campagne dont le plan tracé par monseigneur le duc d'Angoulême fait l'admiration des hommes qui s'occupent de l'art militaire. La Catalogne eut son armée à part, où les généraux Damas, Donnadieu, Curial, d'Éroles, sous les ordres d'un vieux maréchal plein d'honneur, ont montré tout ce que peuvent l'activité, la patience et le courage. En même temps les places fortes de la Navarre et des Biscayes furent masquées par les généraux Hohenlohe, Canuel et d'Espagne. Les provinces en deçà de l'Èbre étant ainsi occupées, deux colonnes partirent, l'une sous la conduite du général Molitor, l'autre sous les ordres du général Bourcke : la première commençant par le combat de Logrono, et forçant Ballesteros à capituler devant Grenade, après avoir délivré du joug révolutionnaire la Catalogne et les royaumes de Valence et de Murcie ; la seconde chassant les rebelles des Asturies et des Galices, et déterminant la soumission de Morillo.

Au centre de ces deux colonnes qui, nettoyant les côtes occidentales et orientales de l'Espagne, étaient destinées à se rejoindre sous les murs de Cadix, marchait la colonne qui, sous les ordres mêmes du prince généralissime, devait arriver par un chemin plus direct au dernier rempart de la révolution. Le prince s'arrête un moment à Madrid, organise le gouvernement espagnol que les grandes puissances du continent reconnaissent, envoie devant lui les généraux Bourmont et Bordesoulle, dirige le mouvement des divisions Bourcke et Molitor, et lorsqu'elles sont parvenues à la hauteur déterminée, va lui-même emporter le Trocadéro, bombarder Cadix, forcer cette ville réputée impénétrable à lui ouvrir ses portes et à lui rendre le royal prisonnier.

Une nouvelle réserve entrait toutefois en Espagne sous les ordres du maréchal Lauriston, pour enlever Pampelune, se porter ensuite sur Lérida, et hâter la réduction de la Catalogne, où Figuières tombait par le brillant fait d'armes de Llers et Llado. Figuières, Pampelune, Saint-Sébastien, Santona, élargissaient, en capitulant, la barrière par laquelle nous étions entrés en Espagne, et dégageaient vingt à vingt-cinq mille hommes qui pouvaient se porter partout où leur présence aurait été nécessaire. Ainsi, en moins de six mois, l'armée française s'est avancée des rives de la Bidassoa à la baie de Cadix, en touchant à tous les points de l'Espagne. Dans ce court espace de temps, elle a parcouru plus de mille lieues de terrain, livré des combats, fait des siéges, emporté des forteresses d'assaut, pour venir étouffer la révolution espagnole au lieu même de sa naissance, dans cette île demeurée inaccessible à la puissance de Buonaparte. Un des derniers noms que nous voyons figurer sur le champ de bataille pour la cause des Bourbons d'Espagne est celui de La Rochejaquelein : le sang vendéen n'a point perdu sa vertu dans les plaines de l'Estramadure.

Il serait injuste d'oublier la part que notre marine renaissante a prise à ces succès : par les blocus qu'elle a formés, par son attaque à Algésiras, elle a amené la reddition de places importantes ; par la prise du fort de Santi-Petri, elle nous a ouvert l'île de Léon, où elle se préparait à débarquer nos soldats. Tout a été grand, noble, chevaleresque dans la délivrance de l'Espagne. La France légitime conservera éternellement la gloire d'avoir interdit l'armement en course, d'avoir la première rétabli sur mer ce droit de propriété respecté dans toutes les guerres sur terre par les nations civilisées, et dont la violation dans le droit maritime est un reste de la piraterie des temps barbares.

Avant notre entrée en Espagne, il s'agissait de savoir si nous existions ou si nous n'existions pas; si nous avions ou non une armée; si cette armée était fidèle, quand on faisait tout pour la corrompre; si nous pouvions sans danger réunir quelques bataillons au drapeau. Force était de sortir de ce doute qui avait pénétré dans les meilleurs esprits, par la constance des calomniateurs à le répandre; il était impossible de rien établir dans un pareil état d'incertitude. Une occasion naturelle de trancher la question s'est présentée : il a fallu défendre la France de la contagion morale des troubles de l'Espagne. L'expérience a été faite, et le même événement qui nous a délivrés du retour de la révolution a prouvé que la légitimité a des soldats.

Parmi les circonstances qui signalent cet événement extraordinaire, il en est une que nous voulons particulièrement remarquer pour les intérêts politiques de notre pays. C'est la première fois, depuis le commencement de la monarchie, que la France a fait la guerre sous un gouvernement constitutionnel régulièrement organisé, et en présence de la liberté de la presse ! Que de personnes disaient, à l'ouverture de la campagne, qu'il serait impossible de marcher sans suspendre les libertés publiques ! Qu'on se figure, en effet, ce que seraient devenues les opérations militaires de Buonaparte, si une opposition active avait pu en attaquer les succès, en exagérer les revers ! Et nous, au sortir d'une révolution de trente années; et nous, en proie à l'esprit de parti; et nous, menacés par une faction qui se sentait attaquée au cœur par la guerre d'Espagne, nous avons osé entreprendre cette guerre sans condamner l'opinion au silence !

Quoi ! la première fois que le drapeau blanc reparaissait sur le champ de bataille, avec une armée dont on avait intérêt à calomnier la fidélité, on a eu la témérité de laisser la presse libre, lorsqu'on avait une loi qui permettait de la suspendre ! N'était-il pas évident, comme cela en effet est arrivé, qu'on allait dénaturer les faits, nier les victoires, inventer des défaites, blâmer les plans, calomnier les intentions, juger les généraux, flétrir le principe même d'une guerre juste, et se faire le champion des ennemis? Eh bien ! le roi légitime s'est senti assez fort pour braver ces dangers; il n'avait pas de conscription à demander, de projets ambitieux à cacher; il était obligé de recourir aux armes pour soutenir les droits de la monarchie : cela peut se dire tout haut, aucune loi d'exception n'était nécessaire. La France a prouvé qu'avec un gouvernement ferme et vigoureux la monarchie constitutionnelle de Louis XVIII peut obtenir des triomphes aussi éclatants que la monarchie absolue de Louis XIV.

Deux révolutions abattues d'un seul coup, deux rois arrachés des mains des factieux, tels sont les effets immédiats d'une campagne de six mois. D'autres résultats immenses et incalculables sortent pour nous de cet événement. Pour ne parler que de celui qui frappe à présent tous les yeux, nos succès en Espagne font remonter notre patrie au rang militaire des grandes puissances de l'Europe, et assurent notre indépendance.

Les victoires de la révolution ne sont point effacées, mais elles n'exercent plus sur le souvenir une influence dangereuse; d'autres victoires sont venues se placer entre le trône des Bourbons et celui de l'usurpateur. Un caractère particulier d'ordre et de modération, le caractère de la légitimité, a marqué des succès auxquels ne s'attache aucun sentiment pénible : on sent qu'ils sont faits pour tout conserver, comme les autres pour tout détruire.

Les soldats français, qui se modèlent toujours sur leur capitaine, se sont montrés religieux, disciplinés, intrépides, et ont réfléchi, pour ainsi dire, dans chacun de leurs combats, l'image et les vertus de leur chef illustre. Et quel chef! l'héritier de soixante-huit rois; le prince qui, instruit par l'adversité, doit monter un jour sur le trône, et servir d'exemple à l'enfant du miracle; le prince qui, longtemps opprimé par une révolution dont il allait renverser l'empire, n'a trouvé dans son cœur, au milieu du triomphe, que de la générosité pour les vaincus, de la miséricorde pour les coupables; d'une main plantant le drapeau de la victoire, de l'autre arrêtant les vengeances et sauvant les victimes!

L'Europe attentive a contemplé avec étonnement ce nouveau spectacle d'une armée qui n'a rien coûté au pays qu'elle a délivré, d'une armée dans les rangs de laquelle tous les partis cherchaient un abri, d'une armée qui va se retirer après ses conquêtes, n'emportant rien, ne demandant rien que l'amour du peuple qu'elle a sauvé; d'un prince qui ne laissera après lui qu'une mémoire adorée et des conseils d'indulgence et de sagesse qu'il plaira à la Providence de faire écouter, car elle ne permettra pas que les passions corrompent et défigurent cet immortel ouvrage.

Prince, objet du respect et de l'admiration publique, agréez ce tribut d'hommages qui vous est si justement dû! On peut louer des victoires que la religion bénit et que la morale réclame; des victoires qui consolident la restauration, qui donnent de la stabilité à l'avenir, qui nous assurent des alliés confiants dans notre force et dans nos principes comme nous le sommes dans les leurs, qui terminent la révolution en Europe et commencent un nouvel ordre de choses dans les affaires humaines.

Il y a loin de la France de 1815 à la France de 1823, et six mois ont suffi pour achever une renaissance qu'on n'espérait que des années. Quel cœur français ne serait attendri en voyant le bonheur que la Providence avait réservé à cette famille si éprouvée, à ce roi si sage et si éclairé, à son auguste frère dont le cœur paternel avait tant besoin d'être consolé, à cette orpheline du Temple qui retrouve un mari dans le héros et le libérateur de l'Espagne, à cette illustre veuve, associée si jeune à de si longs malheurs, et qui ne peut se réjouir de la gloire du prince son frère sans songer qu'il aurait pu avoir un rival! Tous les Français, quelles que soient leurs opinions, doivent prendre part à la nouvelle gloire de la France : pour les uns elle est sans tache, car elle orne le trône légitime; pour les autres elle est sans péril, car elle ne détruira point la liberté.

DU SYSTÈME POLITIQUE SUIVI PAR LE MINISTÈRE.

AVERTISSEMENT.

C'est un usage établi, dans le parlement d'Angleterre, de s'enquérir de temps en temps de l'état de la nation. Cet usage sert puissamment les libertés et les intérêts de la patrie. Un combat corps à corps s'engage entre l'opposition et le ministère; et le public, intéressé à ce combat, en est à la fois le spectateur et le juge. Les règlements de nos deux Chambres n'admettent pas cette manière de procéder; il serait à désirer qu'elle fût introduite parmi nous : c'est pour y suppléer qu'on s'est déterminé à composer ce petit écrit, et à le publier au commencement de la présente session.

Avant de le livrer à l'impression, on a cru devoir le communiquer à plusieurs membres de la Chambre des pairs et de la Chambre des députés : ils ont pensé que la publication de cet écrit serait utile, et que, dans tous les cas, elle ne pourrait avoir d'inconvénient que pour l'auteur.

On a voulu faire entendre que les royalistes, *par des obstacles accumulés, arrêtent la marche du gouvernement, l'ébranlent, le compromettent peut-être un moment.*

Les royalistes n'ont pas besoin d'être justifiés. On sait s'ils ont défendu la monarchie : leurs malheurs le disent assez. On fera peut-être, dans le cours de cet écrit, retomber sur la tête de leurs accusateurs une accusation si injuste; on prouvera peut-être que ce ne sont pas les royalistes qui *compromettent* le gouvernement, mais les hommes qui, par un faux système de politique, retardent l'union de tous les Français.

Et puisque l'on s'obstine à défendre ce système; puisqu'un ministre, dernièrement encore, l'a vanté comme un chef-d'œuvre, il faut donc montrer qu'il n'est qu'un chef-d'œuvre d'inconséquences : à la fois violent et faible, fixe pour la haine, changeant par la peur, ce système offense les amours-propres et est antipathique au caractère français. Vous commandez l'union, et vous divisez; vous établissez la liberté en théorie, et l'arbitraire en pratique; vous ne parlez que de la Charte, et vous demandez sans cesse des lois d'exception ; vous vantez l'égalité des droits, et vous vous efforcez de ravir à des classes de citoyens leur droit d'éligibilité ; enfin vous isolez le pouvoir, et vous faites du ministère le gardien des intérêts de l'homme en place, et non le protecteur des intérêts de tous.

Comment le ministère, qui favorise ou qui subit le système, a-t-il traité les hommes et les opinions ?

Dans quel esprit a-t-il rédigé les lois ?

Quel caractère politique la Chambre des députés a-t-elle pris entre ses mains ? et dans ses communications avec cette Chambre, le ministère a-t-il bien compris l'esprit de la Charte ?

Voilà les points qu'il convient d'examiner.

La Chambre des députés de 1815 déplut au ministère, qui s'était placé dans la minorité, et qui crut pendant quelque temps qu'on pouvait marcher de la sorte. Il s'aperçut bientôt que la chose était plus difficile qu'il ne l'avait d'abord pensé. L'ordonnance du 5 septembre répara cette petite erreur.

Alors, nouvelles élections, circulaire du ministre de la police générale pour empêcher que les choix ne tombassent sur des individus trop ardents dans la cause du trône ; surveillances levées, afin que les hommes frappés de mesures de haute police pussent aller voter aux colléges électoraux ; ordres donnés par les différentes directions à tous les employés d'user de leur influence aux élections, s'ils ne veulent perdre sans retour la confiance du gouvernement ; commissaires envoyés dans les départements pour prévenir la nomination de MM. de Bonald, Grosbois, Brenet, Villèle, Castelbajac, Forbin, Sirieys, Lachaise-Murel, Clermont Mont-Saint-Jean, Kergorlay, Corbière, etc. Il faudrait nommer tous les membres de la majorité de la Chambre de 1815, puisque M. le préfet d'Arras disait dans sa fameuse lettre : « Je suis autorisé à le dire, à le répéter, à l'écrire ; le roi verra avec mécontentement siéger dans la nouvelle Chambre ceux des députés qui se sont signalés dans la dernière session par un attachement prononcé à la majorité opposée au gouvernement. »

Ces précautions prises, les élections commencent : dans quelques endroits elles se font aux cris d'*à bas les prêtres! à bas les nobles*[1]! Des colléges électoraux se séparent sans pouvoir terminer leurs opérations; trois départements ne sont point représentés, et d'autres ne complètent que le tiers ou la moitié de leurs élections.

Déclaré d'une manière aussi furibonde et aussi inconstitutionnelle contre les royalistes, le ministère se vit dans la nécessité de les poursuivre à

[1] « Un ministre a dit à la Chambre des députés qu'il n'avait point eu connaissance qu'on eût exprimé, dans les colléges électoraux de 1816, ce vœu: *Nous ne voulons point de nobles*. Avait-il donc oublié mon Rapport en date du 7 octobre ? » (*Mémoire de M. de Curzay.*)

outrance. Il y a longtemps que Tacite a dit : On ne pardonne point l'injure qu'on a faite. Alors se multiplièrent les mesures annoncées dans *la Monarchie selon la Charte*. En conséquence de ces mesures, la condition des royalistes est devenue pire qu'elle ne l'a été depuis qu'on a cessé de les proscrire ; car alors, s'ils n'avaient rien, du moins étaient-ils respectés; s'ils ne pouvaient entrer comme éléments dans le gouvernement usurpateur, du moins on estimait leur caractère, leur constance, leur opinion même ; on se fiait à leur probité ; on comptait sur leur parole. Aujourd'hui quel rôle jouent-ils? ils sont restés nus comme ils l'étaient sous Buonaparte ; mais ils n'ont plus ce qu'ils avaient, la considération pour supporter le présent, l'espérance pour attendre l'avenir. Qu'avant la restauration ils subissent le joug, c'était une conséquence inévitable de leur position ; aujourd'hui la chose est-elle aussi naturelle? Haïs comme des vainqueurs, dépouillés comme des vaincus, ils s'entendent dire : « N'êtes-vous pas contents ? N'avez-vous pas le gouvernement que vous appeliez de tous vos vœux, pour lequel vous avez tout sacrifié ? » D'autres les poursuivent avec l'ancien cri des assassinats, en appelant sur eux la proscription comme nobles, comme méditant l'envahissement des propriétés nationales. Et pourtant les acquéreurs de biens d'émigrés cultivent en paix leurs champs au milieu même de la Vendée : immortel exemple de l'obéissance aux lois, et de la religion du serment chez les royalistes ! Ce sont de tels hommes que l'on condamne à rester sous la tutelle ministérielle, dont on met l'honneur en surveillance, et qui sont inquiétés comme suspects de fidélité : il est vrai, ils peuvent être recherchés pour ce crime.

Non content de les traiter avec tant de sévérité, on les livre encore à la moquerie publique : on essaye de les faire passer pour des imbéciles tombés dans une espèce d'enfance [1]. Si Montesquieu avait vécu jusqu'à nos jours, je doute que le ministère l'eût trouvé capable d'entrer au conseil d'État. Il semble qu'on s'efforce, par tous les moyens possibles, même par ceux de l'amour-propre, d'extirper le royalisme pour arracher les racines du trône : on voudrait qu'il ne restât de la race fidèle que quelques tombeaux épars sur les rives de la Drôme et dans les champs de la Vendée.

Et pourquoi attaque-t-on les royalistes avec tant de courage? Pourquoi? parce qu'ils ne se défendent pas! Leur vertu les perd ; leur honneur fait leur faiblesse : on les frappe sans crainte, sûr que l'on est qu'ils ne repousseront jamais les coups qu'on leur porte au nom du roi.

On s'excuse en disant que les intérêts de la révolution sont puissants, et qu'il faut beaucoup leur accorder. Cela est juste ; mais ces intérêts sont

---

[1] On a répondu, dans *la Monarchie selon la Charte*, à ce ridicule reproche d'incapacité fait aux royalistes. Il y a des gens qui prennent la probité pour de la bêtise.

garantis par la Charte et par les lois. On doit les protéger ; d'accord : s'ensuit-il nécessairement qu'il faille persécuter les royalistes? Dans les tous temps on a méconnu quelques services ; mais il n'appartenait qu'à la nouvelle école ministérielle de faire de l'ingratitude un principe de gouvernement.

« Les royalistes sont en si petit nombre! » dites-vous. Serait-ce une raison pour les proscrire? Les royalistes sont très-nombreux, et les élections en offrent la preuve ; quand ils ne le seraient pas, quel avantage les ministres d'un roi trouvent-ils donc à prouver qu'il n'y a point de royalistes? N'est-il pas de leur devoir d'en augmenter la race? Au contraire, ils ont pris à tâche de multiplier les hommes d'une opinion différente. J'avais dit : Faites des royalistes ; on a mieux aimé faire autre chose. Tel qui, au retour du roi, se serait estimé heureux d'être oublié, a appris qu'il était un personnage, et qu'on parlait de lui donner des garanties. D'abord il n'osait se montrer, il sollicitait humblement les amis du trône de lui faire obtenir son pardon : voilà qu'on lui déclare que c'est à lui de protéger les amis du trône. Tout étonné, il sort de sa retraite, il en croit à peine ses yeux, il est persuadé qu'on se moque de lui ; mais enfin il reconnaît, sans pouvoir le comprendre, que la chose est très-réelle, très-sérieuse ; que c'est à lui qu'appartiennent les récompenses et les honneurs ; que lui seul est un esprit éclairé, un homme habile, un grand citoyen. Il accepte avec dédain ce qu'on lui offre avec empressement : bientôt il devient exigeant, il parle de ses droits : c'est lui qui est l'opprimé, le persécuté ; il réclame, il n'est pas satisfait : il ne le sera que quand il aura renversé la monarchie légitime.

Voilà comme de ce qui n'était rien on a fait quelque chose. On s'est plu à ranimer un feu dont les dernières étincelles commençaient à s'éteindre. Déplorable effet du système adopté : pour embrasser ce système, on fut obligé de soutenir que la France était révolutionnaire ; ensuite, pour n'avoir pas le démenti de ce qu'on avait avancé, on se vit dans la nécessité de créer un parti qu'on supposa être celui de la révolution. Tel est l'enchaînement de nos vanités et de nos malheurs !

On a voulu, dites-vous, tenir la balance égale, ne placer le gouvernement à la tête d'aucun parti.

C'est d'abord une chose singulière que de regarder les royalistes comme un parti sous la royauté. Ensuite il n'est pas vrai qu'on ait tenu la balance égale. Les royalistes sont chassés ; leurs plus petites fautes sont punies avec une rigueur inflexible ; et la rébellion, les outrages aux drapeaux et au nom du roi trouvent des cœurs indulgents, excitent la pitié, la miséricorde. On s'attendrit sur le sort des conspirateurs. « Ce sont les royalistes qui les ont poussés à bout ! » On destitue les autorités qui ont réprimé des rébellions. Ce n'est pas un moyen de plaire aux champions du système, que de découvrir des complots qui en relèvent la faiblesse, et en démontrent le danger.

Sous un rapport seulement, on agit avec impartialité : le ministère veut bien oublier les outrages commis et les services rendus pendant les Cent-Jours. Ce n'est rien d'avoir demandé aux alliés un roi quelconque à l'exclusion du roi légitime ; mais aussi ce n'est rien d'avoir été amené pieds et poings liés à Paris, pour être fusillé en qualité de commissaire du roi. Je me trompe ; ici même il n'y a pas égalité : on est amnistié pour avoir été à Gand... Je supprime l'autre terme de comparaison.

On triomphe néanmoins, parce que tout marche encore paisiblement, que les dernières conséquences de ce système sont encore cachées dans l'avenir. Les petits esprits sont dans l'exaltation et dans la joie ; mais qu'ils attendent. La révolution n'enfantera que la révolution ; pour consolider le gouvernement de droit, il ne faut pas administrer d'après les maximes du gouvernement de fait ; pour n'avoir rien à craindre autour de soi, il ne faut pas que les agents du pouvoir écartent ses véritables amis : faible et imprudente politique ! Les méchants même ne croient point à la durée du bien qu'on leur fait, quand ils voient le mal qu'on fait aux honnêtes gens. Leur conscience leur crie : « Si l'on traite ainsi le bois vert, que fera-t-on du bois sec ? » On espère retrouver les royalistes dans le danger ; on compte sur leur conscience, et on a raison. Mais pourquoi ne pas aussi garder leurs cœurs ? Deux sûretés valent mieux qu'une.

En dispersant les anciens amis du trône, on achevait de remporter sur les royalistes une victoire si utile à la royauté ; en pesant sur le grand ressort révolutionnaire, ce ressort avait produit son effet accoutumé. Des brochures remplies de l'esprit de ces paroles de bénédiction : *Guerre aux châteaux, paix aux chaumières !* avaient heureusement ranimé, pour la paix et le bonheur de la France, la haine contre la noblesse et contre la religion, c'est-à-dire contre deux principes du moins consacrés par la Charte, si on ne veut pas considérer le premier comme un élément naturel de la monarchie, et le second comme le fondement de toute société. Mais voici tout soudain un changement de scène : voici qu'au milieu du triomphe un cri de détresse se fait entendre : on avait fait passer une loi des élections dans les meilleures intentions du monde ; seulement on n'en avait pas prévu les résultats : la frayeur s'empare des esprits : il n'est plus question du système ; on ne pense plus à ce qu'on a fait aux premières élections contre les royalistes : on les appelle au secours. Le 22 septembre on s'écrie : « Royalistes purs, royalistes constitutionnels, royalistes avant ou après la Charte, réunissez-vous : c'est votre cause qui va se juger. » (*Journal des Débats.*) Et il fallait que les royalistes (dans un article précédent déclarés ennemis de la loi des élections) accourussent vite pour empêcher le mal qu'allait faire cette loi ; et l'on supposait des partis, des divisions, des nuances, après avoir répété cent fois que tous les partis étaient éteints ; et l'on proclamait des périls, après avoir soutenu qu'il n'y avait plus de périls, et que, grâce au système de l'administration, nous étions tous heureux et tranquilles. Le 23 septembre on disait : « Choisissez des hommes contre lesquels il ne soit pas possible d'alléguer le 20 mars, quand ils parleront de justice et de liberté. Royalistes, votre opinion est divisée en plusieurs nuances; mais toutes ces nuances se réunissent lorsqu'on les oppose à des noms qui rappellent la république ou l'usurpation des Cent-Jours. Il y a tel choix qui, sans importance immédiate par lui-même, serait un danger, uniquement parce qu'il serait un scandale. » *(Journal des Débats.)* On disait, le 24 septembre : « Ce ne sont pas les rédacteurs de l'Acte additionnel qui peuvent mériter de parler au nom de la Charte dans l'assemblée de la nation. . . . . La Charte, ouvrage du roi, ne sera pas remise entre les mains des hommes qui ont voté à la tribune l'exil de sa dynastie. » *(Journal des Débats.)* Et l'on oubliait que la Chambre actuelle des députés compte dans son sein plusieurs représentants de la Chambre de Buonaparte, lesquels votent avec le ministère; on oubliait que d'autres *représentants* présidaient des colléges électoraux et que le ministère, par conséquent, les avait tacitement désignés au choix de leurs concitoyens; et l'on oubliait qu'il y avait tel département où dans ce moment même on portait en entier la députation des Cent-Jours; et l'on s'attirait la juste réponse d'un candidat qui, se croyant insulté, trouvait étrange que le parti ministériel stigmatisât les hommes du 20 mars, quand on pouvait en remarquer jusque dans les places les plus élevées.

On niera sans doute à présent la terreur que l'on a éprouvée, les confessions naïves qui en furent la suite : « La loi était défectueuse, on s'était trompé, on reviendra sur cette loi ! » On ne parlait que d'union et de concorde; on conjurait les plus obscurs royalistes de voler au secours du ministère; on faisait l'éloge de ces royalistes, « gens, s'écriait-on, pleins d'honneur et de probité. » Victoire obtenue, frayeur oubliée : la veille on avait embrassé les royalistes; on leur tourna le dos le lendemain. « On se sert des traîtres, mais on ne les aime pas, » disait jadis un ministre. C'est ce que semblent dire nos ministres aujourd'hui.

Est-ce donc ainsi, au milieu des lumières du dix-neuvième siècle, dans un royaume parvenu au dernier degré de la civilisation, chez une nation éclairée par sa récente expérience et par ses longs malheurs; est-ce ainsi que l'on traite des hommes raisonnables? Est-ce donc ainsi qu'on se précipite en moins d'un an dans les contraires? A-t-on le droit de désigner comme ne pouvant pas être élus membres de la Chambre des députés des hommes qui remplissent d'ailleurs toutes les conditions de l'éligibilité? Les royalistes ont été dénoncés dans tous les journaux pour les écarter des élections précédentes, une autre classe de citoyens a été flétrie dans ces mêmes journaux pour l'éloigner des dernières élections. Si les gazettes étaient libres, leurs opinions seraient sans conséquence ; mais elles sont esclaves, et ce qu'elles renferment devient la pensée du gouvernement. Au moment où il est le plus important sous un régime constitutionnel de connaître l'opinion publique, on n'a entendu que l'opinion, sans doute excellente, de quelques hommes en place, mais qui pourtant en avaient une toute contraire il y a neuf mois, puisqu'ils envoyaient voter aux élections de 1816 les hommes qu'ils déclaraient indignes d'être élus aux élections de 1817.

Ces déplorables variations nous annoncent-elles un nouveau système politique? Allons-nous voir le retour des royalistes? Autre inconséquence : on n'en veut point. A la seconde restauration on fit des épurations dans un sens, on appela quelques royalistes, puis on les destitua pour remettre en place les premiers *épurés;* et maintenant ces hommes de choix sont traités une seconde fois en ennemis. Quand en finirons-nous? On embrasse un système ; puis on en a peur ; puis on n'a pas la force d'en changer ; on blesse toutes les opinions, on se rend suspect à tous ; et au milieu des haines qu'on a ranimées, n'effaçant point les maux du passé, ne préparant point le bonheur de l'avenir, on reste environné d'une multitude d'ennemis qui, fatigués par leurs souffrances, vous déclarent ou peu sincères, ou incapables de conduire les affaires humaines.

Voilà, considéré dans son esprit général, ce système politique offert à notre admiration et à celle de la postérité. Voyons maintenant quelles lois on a proposées, et si on a mieux compris, sous ce rapport, les intérêts de la monarchie légitimes et les principes de la Charte.

Commençons par la loi des élections.

On évitera de répéter ici ce qu'on a dit contre cette loi : jamais discussion ne fut mieux approfondie dans les deux Chambres [1].

Lorsqu'on songe que l'article principal de cette loi n'a été emporté dans la Chambre des députés que par une majorité de douze voix, et dans la Chambre des pairs que par une majorité de quatorze ; qu'ainsi sept voix dans la Chambre des députés et huit dans la Chambre des pairs passant à la minorité, auraient suffi pour changer toute l'économie de la loi; lorsqu'on songe que, pour obtenir la victoire, il fallut faire venir à la Chambre des pairs ceux de ses membres dont les infirmités demandent habituellement le repos ; que cinq ou six pairs opposés à la loi n'assistèrent pas à la séance, il y a certes de quoi faire hésiter les ministres eux-mêmes dans le jugement qu'on doit porter de cette loi.

Chez nos voisins, un bill fondamental que n'aurait pas accueilli un plus

---

[1] Si on désirait en revoir le tableau, on le trouvera supérieurement exposé dans *l'Histoire de la session de 1816*, par M. Fiévée.

grand nombre de suffrages eût été retiré par le ministère. Les ministres français, plus éclairés sans doute, continuent à s'applaudir de la loi des élections. « *L'ordonnance du* 5 *septembre,* vient de nous dire l'un d'eux, *et la loi des élections lui ont appris* (au peuple) *quels étaient les véritables défenseurs, les véritables amis de la Charte et de la liberté.* » (Discours de M. le ministre de la police générale.) Paroles étranges après la frayeur que l'on a montrée lors des élections, et après les articles de journaux que je viens de citer !

On n'entrera point dans les raisons de la terreur éprouvée relativement à certains candidats; terreur injurieuse pour ceux qui l'inspiraient, et qu'auraient dû cacher ceux qui l'ont ressentie. Admettons un moment, contre notre conviction intime, que ces raisons soient fondées. Quoi ! parce que des hommes, dont les principes effrayaient les ministres, n'auront manqué leur nomination que d'un petit nombre de voix, vous chanterez victoire ! Vous êtes contents de la loi des élections, je vous en félicite ; mais je ne vous félicite pas d'avoir appris à la France et à l'Europe, par des journaux soumis à votre censure, qu'il y a tel département où près de la moitié des électeurs présents ont donné leur voix à des hommes qui, selon l'expression de ces mêmes journaux, ont voté à la tribune l'éternel exil de la dynastie des Bourbons.

La question touchant la loi des élections n'est donc pas, pour le ministère, de savoir si on évitera une fois, deux fois peut-être, par un concours fortuit de circonstances, des députés tels que ceux qu'il a proclamés dangereux d'une manière si inconstitutionnelle, pour ne pas me servir d'un mot plus dur; il s'agit de dire si, dans un temps donné, ces députés n'arriveront pas, malgré l'opposition de l'autorité. Le problème peut se résoudre par une simple opération d'arithmétique : combien faut-il de réélections pour que les candidats dénoncés par les journaux soient en majorité dans la Chambre ? Faites la règle de proportion, et additionnez.

On reproduira sans doute le puissant raisonnement qu'on a coutume de faire : « Puisque les hommes que nous craignons sont si forts, il faut donc les caresser. Donc, au lieu de réviser la loi des élections, il faut nous jeter dans les bras de ceux que nous avons déclarés nos ennemis. »

Mais pourquoi donc alors avez-vous voulu les écarter des élections ? Vous caresserez ceux que vous venez d'outrager? Ils vous mépriseront : l'empire romain paya tribut aux Franks pour acheter momentanément une paix avilissante qui finit par une guerre d'extermination.

Si donc on ne veut d'abord considérer la loi des élections que dans les intérêts des hommes en place qui l'ont proposée, il est évident que ces hommes ont méconnu leur faiblesse; ils ont cru qu'il existait un parti moyen avec lequel ils remporteraient la victoire. Dans cette persuasion, ils ont méprisé et les royalistes qu'ils avaient repoussés des élections de 1815, et les indépendants [1] qu'ils voulaient exclure des élections de 1816. Cependant, quand on administre, on ne devrait pas ignorer les faits ; or, les faits, les voici :

La loi des élections désigne, en général, une classe d'électeurs où les royalistes ne sont peut-être pas aussi nombreux que dans les classes qui payent moins ou plus de cent écus de contribution. Malgré ce désavantage de la loi, il est cependant prouvé, par une moyenne proportionnelle prise dans les départements appelés aux dernières élections, que les opinions se sont montrées dans les rapports suivants : deux cinquièmes de royalistes, deux cinquièmes d'indépendants, un cinquième de ministériels ; de sorte encore que, si tantôt les royalistes dans la crainte des indépendants, tantôt les indépendants dans la crainte des royalistes, n'eussent passé aux ministériels, ceux-ci n'auraient pas eu un seul député ; de sorte encore que si, l'année prochaine, les indépendants et les royalistes votent constamment dans leur ligne, sans se joindre aux ministériels, les élections seront toutes indépendantes et toutes royalistes ; de sorte encore que si les royalistes, fatigués d'une lutte aussi pénible, las d'un dévouement aussi mal apprécié, se retiraient des colléges électoraux [2], les indépendants obtiendraient un triomphe complet.

Dans cette circonstance, que fera le ministère ? Il cassera la Chambre ! Le peut-il aujourd'hui, d'après son opinion même, sans danger pour lui ou pour la légitimité ?

Sans danger pour lui, si les élections sont royalistes et indépendantes.

Sans danger pour la légitimité, si les élections sont purement indépendantes, à en juger par tout ce qu'il a voulu nous faire entendre dans son attaque contre les indépendants.

Ne serait-ce pas une chose funeste si le premier essai qu'on a fait de la loi des élections mettait, sous le présent ministère, un obstacle moral à l'exercice de la prérogative la plus importante de la couronne ?

Que quelques hommes se fussent trompés dans leurs intérêts particuliers, il faudrait bien s'en consoler ; cela prouverait seulement qu'ils ont eu tort de blesser les deux classes les plus nombreuses de la France, en croyant qu'elles n'étaient rien, et qu'ils étaient tout. Mais s'ils s'étaient mépris sur les intérêts de la monarchie, il faudrait déplorer cette erreur. Il est bien à

---

[1] C'est surtout dans un écrit de ce genre qu'il faut être clair, et se faire entendre de tout le monde. On a donc été forcé d'employer les noms sous lesquels les différentes opinions sont classées aujourd'hui. Ce n'est pas toutefois sans un profond regret : les royalistes savent trop combien de souvenirs douloureux s'attachent à ces désignations, qui commencent par n'exprimer que des opinions, et finissent par marquer des victimes.

[2] Dès cette année, un grand nombre d'électeurs royalistes ne se sont point rendus aux élections : ils ont eu tort.

PLATON

craindre qu'une loi des élections, où l'influence légale de la grande propriété, et le patronage des grands dignitaires, ne balancent pas assez l'action populaire, ne sème de nouveau dans nos institutions les germes du républicanisme. Le projet de loi de recrutement vient encore augmenter les craintes des amis de la monarchie.

Ce projet viole ouvertement plusieurs articles de la Charte : sans m'arrêter à ses nombreux inconvénients, le titre de *l'avancement* dépouillerait la couronne de sa plus importante prérogative; le roi cesserait, pour ainsi dire, d'être le maître de l'armée, et une fatale confusion ferait passer le pouvoir exécutif au pouvoir législatif; ce fut la grande faute de l'Assemblée constituante. Ainsi la révolution ne nous aurait rien appris! La même témérité qui nous poussait au milieu des écueils avant la tempête, nous suivrait encore après le naufrage.

Dans les républiques mêmes, l'avancement dans l'armée n'a jamais été réglé par une loi : dans une monarchie, c'est tout au plus matière à une ordonnance. Le roi même n'a pas le droit de se dépouiller de sa puissance exécutive; elle est inhérente à la royauté; elle existe une et entière dans la couronne, pour le salut du peuple, pour la paix comme pour la gloire de la patrie.

On a encore reproduit cette année une triste loi d'exception pour les journaux : la discussion de cette loi a donné lieu à un reproche auquel il faut d'abord répondre.

On reproche donc à la minorité royaliste qui vote aujourd'hui pour la liberté de la presse d'avoir laissé passer, en 1815, lorsqu'elle était majorité, la loi sur la censure des journaux.

Remarquez d'abord que c'est la Chambre des députés de 1814, et non pas celle de 1815, qui avait établi provisoirement la censure : la Chambre de 1815 n'a fait que la proroger relativement aux journaux; mais dans quelle circonstance l'a-t-elle fait? Après les Cent-Jours, au moment où la France venait d'être bouleversée, où l'on était environné de tant de factions, où tant d'intérêts froissés, tant de passions émues menaçaient l'existence de la monarchie, où tant d'hommes comblés des bienfaits du roi s'étaient livrés à la plus inconcevable trahison, où les alliés occupaient Paris, Lyon, Marseille, la France, enfin, jusqu'à la Loire!

Si les deux Chambres, dans des circonstances aussi graves, ont cru devoir accorder une répression temporaire de la presse, sied-il bien au ministère, qui demande encore cette répression, de le leur reprocher aujourd'hui? Et parce qu'elles ont voté alors pour la censure, sont-elles obligées de maintenir cette même censure, lorsque les circonstances ont changé? Quand le parlement d'Angleterre suspend l'*habeas corpus*, s'oblige-t-il à le suspendre d'année en année? Nous refusons la censure aujourd'hui, précisément parce qu'on l'a accordée hier, et parce que, n'étant plus utile au salut de l'État, elle ne sert que les passions d'une autorité qui en abuse.

On insiste. Comment se fait-il que la liberté des journaux (il ne reste plus à présent que cette question à traiter) ; comment se fait-il que cette liberté soit réclamée par ceux qui pensent qu'elle est indispensable dans un gouvernement représentatif, et par ceux qui la tiennent pour dangereuse ? — Cela vient de l'abus que l'on a fait de la censure. Si l'on eût laissé une honnête liberté d'opinions dans les gazettes; si aucun homme n'y eût été calomnié, sans pouvoir au moins s'y défendre ; si l'on n'eût pas fait de la censure une arme de parti ; si tout ouvrage eût pu être annoncé avec louange ou blâme, suivant l'opinion du critique ; si la censure se fût réduite à retrancher ce qu'elle eût voulu d'un article, mais sans y rien ajouter ; si l'on n'eût jamais forcé un rédacteur à recevoir contre son gré ces paragraphes politiques qui sentent encore les bureaux d'où ils sortent ; si, enfin, on eût respecté les propriétés des journalistes soumis à la censure, il n'y a pas de doute que, par cette conduite adroite, on eût diminué les partisans de la liberté de la presse parmi ceux qui n'entendent pas bien la question constitutionnelle ; mais quand la censure ne sert qu'à faire le mal et à s'opposer au bien, quand les plus indignes libelles, quand les plus mauvais journaux circulent sans obstacles, tandis que les ouvrages les plus utiles et les journaux les mieux intentionnés sont de toutes parts entravés, l'homme le moins favorable à la liberté de la presse devient partisan de cette liberté : et puisqu'il se sent perdu par l'esclavage des journaux, comme il craint de l'être par leur liberté, il aime mieux se ranger à une opinion qui lui donne un espoir de salut, que d'embrasser un parti qui, en le privant de tout moyen de défense, ne lui laisse pas même la chance du combat.

Mais ce ne sont là que des raisons tirées des opinions individuelles. En entrant dans le fond des choses, on sentira que des journaux dans la dépendance de la police changent et dénaturent le gouvernement représentatif, au point qu'on ne le reconnaît plus.

Sous le rapport de la politique extérieure, les membres des deux Chambres sont laissés dans une ignorance complète : nous sommes réduits à chercher dans les feuilles publiques étrangères les choses les plus importantes pour notre patrie. Un correspondant de Paris écrit dans le *Courrier anglais* : il y calomnie souvent les hommes; mais il apprend aussi aux Anglais ce que font nos ambassadeurs ; quelles négociations sont commencées, quels traités vont se conclure : nous, nous ne valons pas la peine d'être instruits de ce qui nous touche[1]. Ces nouvelles cependant seraient aussi bien

---

[1] L'année dernière, j'ai révélé à la Chambre des pairs l'existence d'un traité (entre la France et la ville de Hambourg), imprimé dans toute l'Europe, excepté en France. Cette année, le concordat a été imprimé dans tous les journaux de l'Europe, et même

à leur place dans nos gazettes que dans le *Courrier*, et cela serait plus honorable pour la France.

Sous le rapport de la politique intérieure, on a dit ailleurs [1] comment la censure attaque jusqu'aux principes de l'ordre judiciaire, en défendant aux journaux, lorsqu'ils rendent compte d'un procès criminel, de parler de la partie des débats où se trouveraient mêlés quelques agents de la police [2].

Au reste, la police a un si grand intérêt à disposer des journaux pour jouir de l'impôt illégal de 550,000 fr., qu'il est tout naturel qu'elle veuille les retenir dans sa dépendance. Si nous étions en possession de nos libertés, à quoi servirait la police, et de quoi vivrait-elle? Espérons, pour l'avenir, que, sa dépense étant portée au budget, elle sera plus libérale sur la censure des journaux, qu'elle nous donnera le tableau de ses recettes et de ses dépenses, et imprimera la liste exacte de ses pensions!

Il y a imprévoyance dangereuse à ne pas accorder aujourd'hui la liberté des journaux avec une bonne loi de répression. C'est une maxime d'État, qu'un gouvernement ne doit pas refuser ce que la force des choses est au moment de lui ravir : aujourd'hui vous obtiendrez une liberté de la presse, demain on vous forcera peut-être d'en supporter la licence.

Tout le monde veut que les journaux soient libres, puisque ceux même qui s'opposent à l'abolition de la censure cette année nous la promettent dans un an. Si tout se réduit à une question de temps, tout se réduit donc à savoir quelle sera l'époque la plus favorable pour établir la liberté de la presse : or, pense-t-on qu'il sera moins dangereux de l'accorder lorsque les alliés se retireront, et que la loi des élections aura changé un autre cinquième de la Chambre des députés? Ne serait-il pas plus sage de nous habituer à cette liberté tandis que nous savons encore où nous sommes, et que nous marchons dans nos vieux sentiers? Du moins le premier effet serait passé quand tout changera de face en France ; cette explosion ne viendrait pas se joindre à celle que produira nécessairement la délivrance de notre territoire. Si l'on songeait un peu plus aux intérêts de la patrie, et que l'on ne vît pas toujours dans la question des journaux les soucis particuliers du ministère, on ferait attention à ce que je dis ici.

N'apprendrons-nous jamais les affaires, et verrons-nous encore se passer

dans quelques journaux de nos départements, deux ou trois mois avant qu'on en ait permis la publication dans les journaux de Paris!

[1] Voyez *la Monarchie selon la Charte*. — [2] Faudrait-il croire, dans un autre genre de procédure relative aux délits de la presse, ce que j'ai lu dans les *dernières conclusions* attribuées à MM. Comte et Dunoyer? Il résulterait de ces conclusions que les auteurs du *Censeur* auraient été recherchés pour des notes contre les missionnaires et contre des officiers vendéens ; notes qu'on leur avait communiquées, et qu'ils ont pu croire sorties d'une source ministérielle. On attend encore l'explication, qui seule peut faire cesser un pareil scandale.

sous nos yeux les choses dont nous sommes les tristes témoins? En vain une majorité est acquise, si les lois qu'on lui présente sont tellement défectueuses que la raison les repousse, et que la bienveillance la plus décidée ne puisse les admettre sans amendements ; forcée de voter contre son penchant, cette majorité accuse par son vote les auteurs de la loi encore plus que la loi elle-même.

Le concordat passera-t-il? Non pas vraisemblablement sans éprouver une grande opposition ; et cette opposition viendra peut-être du côté où le ministère a cherché son appui. Cela prouverait qu'il n'a pas bien connu les hommes. Des raisons secrètes ou publiques, comme on l'a dit un moment, feront-elles retirer le concordat? L'opinion ne pardonne guère ces tâtonnements ; et la déconsidération marche, pour les hommes d'État, à la suite des essais et des demi-partis.

Enfin, remarquez le sort de la loi sur la liberté de la presse : on en sépare d'abord le dernier article de la manière la plus insolite, pour en faire une loi particulière, sans égard au rang qu'il occupait dans la série des articles, sans égard à l'influence qu'il a pu avoir sur les opinions, sur la manière dont il a pu déterminer des amendements, des suppressions ou des adoptions, lorsqu'il faisait partie de la loi générale. Vite on porte à la Chambre des pairs ce qui n'était dans l'origine ni un projet de loi, ni un article d'un projet de loi, ni un amendement de la Chambre des députés à un projet de loi, mais un amendement de la commission de la Chambre des députés, fait au dernier article d'une loi composée de vingt-sept articles. On ne sait précisément quel sera le terme de l'existence de cet *être* extraordinaire, partie *périssable* d'une loi *immortelle* à laquelle il était attaché : la durée de sa vie dépend de la durée de la prochaine session.

Tandis que la loi générale est discutée lentement dans la Chambre des députés, le malheureux fragment de la loi a à peine le temps de paraître à la Chambre des pairs : il faut qu'il soit voté avant le 31 décembre, afin que l'ancienne loi expirante ait la consolation de voir son héritière avant de mourir : moins heureuse que l'esclave romain, la pensée n'aura pas même dans l'année un jour de fête où, sous la protection de quelque divinité, elle puisse déposer ses chaînes.

A peine les ministres étaient-ils parvenus à faire distraire de la loi générale l'article concernant les journaux, qu'ils expiaient ce succès en perdant la majorité sur un autre article : bientôt ils sont encore battus sur un autre. Ils ont triomphé, il est vrai, en faisant rejeter l'amendement en faveur du jury. Déplorable triomphe pour la France et pour le ministère lui-même ! Quand on livre aux disputes humaines ces questions qui touchent à la fois aux intérêts les plus chers et aux passions les plus vives, il faudrait du moins que le prix de la victoire en compensât le péril. Enfin la loi est adoptée !

Quelques voix seulement la livrent, comme à regret, au ministère, qui ne craindra pas de présenter à l'approbation de la Chambre des pairs, à la sanction du roi, et au respect de la nation, un projet de loi auquel une majorité de dix suffrages donne à peine un commencement d'existence !

L'article sur les journaux sera peut-être admis par la Chambre des pairs ; mais comme il n'a d'effet que jusqu'à la fin de l'année suivante, l'année prochaine les débats recommenceront. Rien de plus imprudent que de remettre chaque année en question les principes de l'ordre social. Que résultera-t-il donc de ces derniers débats ? La profonde affliction que causent à tous les Français des mesures si fausses, des projets si mal conçus, des méprises si fatales sur les choses et sur les hommes.

Il reste à considérer le ministère dans ses rapports avec la constitution, à examiner ce qu'est devenue la Chambre des députés sous son influence, quelle notion il a du gouvernement représentatif, et quel est à cet égard son savoir ou son ignorance : cela fait, on aura parcouru tout son système.

La Chambre des députés présente un aspect aussi singulier qu'il est nouveau. Une main peu sûre l'a laissée se briser en plusieurs parties. Aux deux extrémités se présentent les hommes qu'on voulut exclure des élections en 1815 et en 1816. Ils forment deux minorités : ceux qui composent la première sont les plus nombreux.

Au centre, dans ce qui devrait être la majorité, s'est formé un tiers parti. Ce tiers parti semble composé d'hommes éclairés qui n'ont pu faire le sacrifice de leurs lumières à des ministres qu'ils regrettent de ne pouvoir suivre.

Ici l'on doit sentir, sous le simple rapport du ministère, l'inconvénient d'une représentation diminuée, et combien étaient dans l'erreur ceux qui prétendaient qu'une Chambre réduite à deux cent cinquante-sept membres, serait plus facile à conduire qu'une Chambre composée de quatre cents membres et plus. Dans une assemblée peu nombreuse, dix ou douze hommes qui se groupent et s'isolent deviennent importants et changent la majorité. Le ministère est forcé d'entamer des négociations avec ces petites puissances ; il est à la merci de quelques voix, qu'il ne perdrait pas, peut-être, si l'assemblée, plus nombreuse, lui permettait de les négliger.

La petite minorité, dont le germe existait dans la Chambre dès la session dernière, a pris des forces cette année. Elle vient de paraître avec mesure et talent, et a défendu, comme l'ancienne minorité, les principes conservateurs de la Charte.

Quant à cette ancienne minorité formée de la majorité de la Chambre de 1815, elle est tout juste dans la position où elle se trouvait l'année dernière : elle continuera d'émettre son opinion selon sa conscience. La religion, la légitimité, la Charte avec toutes ses libertés, non pas arbitrairement suspendues par les lois d'exception, mais sagement réglées par des lois permanentes! Voilà ce que veut cette minorité : tous ceux, sans exception d'hommes, qui voudront venir sur ce terrain, sont sûrs de la trouver : c'est là que, sans intrigues, sans ambition, elle tiendra d'une main ferme le drapeau blanc à la tribune, et soutiendra une opinion qu'on cherche à décourager. La lassitude des royalistes serait le plus grand malheur qui pût arriver à la royauté; pour ne pas sentir cette lassitude, il faut avoir une dose peu commune de longanimité.

La politique adoptée, en donnant naissance aux minorités royalistes des deux Chambres, a fait un mal incalculable. Ce sont des minorités contre nature : on ne s'accoutume point à voir dans l'opposition les plus fidèles soutiens du trône. De tous les devoirs que les royalistes aient eus à remplir jusqu'ici, le plus douloureux peut-être est d'être obligé de voter contre des projets qu'on leur présente comme émanés de la volonté du roi.

L'opposition naturelle aujourd'hui serait une opposition démocratique combattue par une forte majorité royaliste [1]. Avec cette opposition, le ministère et l'État marcheraient sans craintes et sans entraves; mais quatre-vingts membres dans la Chambre des députés, soixante au moins dans la Chambre des pairs, presque tous connus par leurs sacrifices et pour leur attachement à la monarchie, plusieurs au service particulier du monarque et nobles compagnons de ses exils, forment des minorités trop extraordinaires pour ne pas annoncer un vice radical dans l'administration.

Vous avez beau dire que ce sont des hommes honnêtes, mais égarés; une erreur peut appartenir à un homme, à quelques hommes; elle n'est pas le partage d'un nombre considérable de sujets loyaux, dévoués, sincères, religieux. Qui peut donc les pousser à une opposition si pénible pour eux : l'ambition ? Mais dans ces nobles vieillards de la Chambre des pairs, fatigués des traverses d'une longue vie, on n'a jamais remarqué que l'ambition de s'attacher aux pas d'un monarque malheureux, de lui aider à soutenir sa couronne, lorsqu'elle pesait sur sa tête royale. Courtisans des temps de son adversité, ils ne veulent point être ses ministres au jour de sa fortune. Ils ont un plus beau titre à garder, un titre que la fidélité leur donne, qu'aucune puissance ne peut leur ravir : ils sont les amis du roi.

On ne voit dans l'ancienne minorité de la Chambre des députés que des citoyens modestes, fidèlement attachés ou noblement revenus au trône. Qui les console dans leurs pénibles travaux ? Ont-ils, comme en Angleterre, des journaux qui les défendent; des fortunes, une existence, qui les dédommagent de la perte de la faveur? Les rencontre-t-on chez les ministres? Intriguent-ils dans les antichambres ? Ils vivent entre eux dans la simplicité

[1] On a le bonheur de se rencontrer ici avec un orateur de la Chambre des députés, M. Benoist, qui a très-bien exprimé et développé cette idée.

de leurs mœurs, sans prétention, sans autre but que celui de faire triompher la monarchie légitime, sacrifiant en silence jusqu'aux intérêts de leur famille enveloppée dans leur disgrâce, et n'opposant aux calomnies que le témoignage de leur conscience. Ils ne tirent aucun parti de leur renommée ; ils la quittent pour ainsi dire avec leur habit, et ne la reprennent qu'à la tribune : ces hommes de bien, si redoutables aux ministres, si estimés dans toute la France, sont à peine aperçus dans Paris.

Une opposition pareille a nécessairement une influence considérable sur l'opinion. Par quelle fatalité a-t-on fait deux choses de la royauté et des royalistes ? Les gens simples ne comprennent rien à cette distinction bizarre; ils ne savent où est la vérité, de quel côté il faut qu'ils se rangent ; ainsi se trouve rompu ce faisceau de volontés sur lequel la France doit s'appuyer, et dont elle doit tirer sa défense et sa force.

On entend une clameur : *Les royalistes voter avec les indépendants! Les royalistes inscrits avec eux pour parler contre la même loi! Quel malheureux esprit de parti!*

Mais qui donc élève cette clameur? Qui donc est si jaloux de l'honneur des royalistes? Serait-ce par hasard leurs ennemis? Ils ont donc une idée bien haute de notre vertu! Depuis deux ans on calomnie les royalistes de la manière la plus honteuse : on essaye d'armer contre eux l'opinion publique; tous les journaux, même les journaux étrangers à la solde française, les déchirent; on voudrait les perdre dans toute l'Europe ; et quand l'histoire fouillera les archives, aujourd'hui fermées à ses recherches, elle y découvrira peut-être des documents qui prouveront à quel point la haine a poursuivi la fidélité. On a tout fait souffrir aux royalistes ; et parce qu'on s'est mis dans une position périlleuse, on trouvera mauvais que les royalistes ne s'empressent pas de tendre la main à leurs imprudents persécuteurs? C'est la patrie, dit-on, qu'il s'agit de sauver ! Et qui est-ce qui a compromis la patrie? N'est-ce pas une politique étroite et passionnée qui a produit les divisions existantes aujourd'hui ? Si on ne change pas de système, le plus grand malheur ne serait-il pas de maintenir au pouvoir ceux qui nous perdent par ce système? Leur retraite, dans ce cas, n'est-elle pas la première condition du salut de la France?

L'ancienne minorité de la Chambre des députés voter avec la nouvelle! Et pourquoi ceux qui se scandalisent de cette coïncidence de votes sont-ils plus scrupuleux pour les royalistes que pour eux-mêmes? Ne votèrent-ils pas pour la loi des élections avec ces mêmes hommes dont la faveur est passée aujourd'hui? On eut besoin des indépendants pour faire un 5 septembre contre les royalistes : voudrait-on aujourd'hui employer les royalistes pour faire un autre 5 septembre contre les indépendants?

Les royalistes défendirent l'année dernière la liberté de la presse : fallait-il qu'ils changeassent d'avis cette année, parce qu'une autre minorité partage leur opinion? Et que deviendraient leurs discours de l'autre session? S'ils pouvaient changer si subitement de doctrine sans raison palpable et motivée, ne seraient-ils pas et ne mériteraient-ils pas d'être la fable de l'Europe et de la France? On disait que les royalistes étaient incapables; et on va trouver mauvais à présent qu'ils ne se précipitent pas sur des hommes qui sont d'accord avec eux dans une discussion capitale!

Grâces à Dieu, la querelle des hommes tire à sa fin entre tout ce qui ne veut pas le despotisme ministériel : les bons esprits sentent la nécessité de se fixer dans des principes qui n'aient pas la mobilité des passions. Tout ministère qui ne sera pas franc dans l'exercice de la constitution, qui n'embrassera pas le gouvernement représentatif avec toutes ses libertés, toutes ses conséquences, tous ses inconvénients comme tous ses avantages, tombera écrasé sous le poids de ce gouvernement. Bonne foi et talent, voilà ce qu'il faut maintenant pour nous conduire; et la bonne foi et le talent ne sont point le partage exclusif d'une classe d'hommes. Les royalistes ne repoussent que la lâcheté et le crime; ils ne sont point ennemis des opinions. Quant à l'auteur de cet écrit, il pense qu'on peut rencontrer des amis sincères de la monarchie constitutionnelle jusque dans les rangs des anciens partisans de la république (lorsqu'ils n'ont pas commis de crimes), parmi ces hommes dont les premières erreurs ont eu un fond de noblesse; il croit encore que les enfants de nos victoires récentes sont désormais disposés à se joindre aux vieux soldats de notre antique gloire : aimer l'honneur, c'est déjà aimer le roi. Mais défions-nous de ces suppôts de la tyrannie, prêts à servir comme à trahir tous les maîtres, qui, toujours attendant l'événement, en ont toujours profité, esclaves que rien ne peut rendre libres, et dont la Charte n'a fait que des affranchis.

Que faut-il conclure de la rencontre des deux minorités dans des principes communs de liberté et de justice? Que cette réunion est la plus sévère critique du système que l'on suit, et l'accusation la plus grave que l'on puisse former contre ce système.

Enfin on s'écrie que c'est par esprit de parti que les royalistes combattent pour la Charte, pour la liberté de la presse; qu'au fond, ils n'aiment pas ces libertés. Cet argument est usé : la persévérance des royalistes dans leurs opinions détruit, à cet égard, toutes les insinuations de la calomnie; mais, pour trancher la question d'une façon péremptoire, qu'il me soit permis de citer un exemple.

Dans un rapport sur l'état de la France, fait au roi dans son conseil, à Gand, je m'exprimais de la sorte :

« Sire, vous vous apprêtiez à couronner les institutions dont vous aviez posé la base, en attendant dans votre sagesse l'accomplissement de vos projets. . . . . Vous aviez déterminé une époque pour le commencement de la pairie héréditaire ; le ministère eût acquis plus d'unité ; les ministres seraient devenus membres des deux Chambres, selon l'esprit même de la Charte ; une loi eût été proposée afin qu'on pût être élu membre de la Chambre des députés avant quarante ans, et que les citoyens eussent une véritable carrière politique [1]. On allait s'occuper d'un code pénal pour les délits de la presse, après l'adoption de laquelle loi la presse eût été entièrement libre, car cette liberté est inséparable de tout gouvernement représentatif [2]. On avait d'ailleurs reconnu l'inutilité, ou plutôt le danger d'une censure qui, n'empêchant pas le délit, rendait les ministres responsables de l'imprudence des journaux. . . . .

. . . .
« Sire, et c'est ici l'occasion d'en faire la protestation solennelle, tous vos ministres, tous les membres de votre conseil sont inviolablement attachés aux principes d'une sage liberté. Ils puisent auprès de vous cet amour des lois, de l'ordre et de la justice, sans lesquels il n'est point de bonheur pour un peuple. Sire, qu'il nous soit permis de vous le dire avec le respect profond et sans bornes que nous portons à votre couronne et à vos vertus, nous sommes prêts à verser pour vous la dernière goutte de notre sang, à vous suivre au bout de la terre, à partager avec vous les tribulations qu'il plaira au Tout-Puissant de vous envoyer, parce que nous croyons devant Dieu que vous maintiendrez la constitution que vous avez donnée à votre peuple ; que le vœu le plus sincère de votre âme royale est la liberté des Français. S'il en avait été autrement, sire, nous serions toujours morts à vos pieds pour la défense de votre personne sacrée, parce que vous êtes notre seigneur et maître, le roi de nos aïeux, notre souverain légitime ; mais, sire, nous n'aurions plus été que vos soldats, nous aurions cessé d'être vos conseillers et vos ministres [3]. »

Que ceux qui accusent les royalistes de n'être pas de bonne foi dans leur attachement à la Charte, de n'avoir pris qu'un masque de circonstance ; que ceux-là disent pourquoi, à Gand, un royaliste qui ignorait quel serait le terme de son exil et l'issue des événements, qui n'était ni pair de France, ni opposé à un ministère dont l'existence même ne pouvait pas être prévue ;

[1] On peut remarquer que l'ordonnance du 13 juillet 1815 était basée sur ces principes. — [2] Voilà, je pense, la liberté de la presse assez franchement demandée, et l'époque de la demande n'est pas suspecte. — [3] Il n'a été permis à aucun journal d'annoncer ces *Mélanges*, apparemment à cause de la préface qui commence le recueil, et *de la Monarchie selon la Charte* qui le finit ; car je ne suppose pas que la brochure *de Buonaparte et des Bourbons*, les *Réflexions politiques* dont Louis XVIII avait daigné approuver l'impression, quelques morceaux écrits à Gand pour les affaires du roi, et mes *Opinions* à la Chambre des pairs, soient mis à l'*index* de la police. Qui sait pourtant ? — (*Note de l'ancienne édition.*)

qu'ils disent pourquoi ce royaliste réclamait si hautement les libertés constitutionnelles. Qu'ils disent si le langage qu'il tenait alors diffère de celui qu'il tient aujourd'hui ; si sa franchise à la tribune a surpassé celle qu'il a montrée dans le conseil. Un homme qui, suivant son prince malheureux, a pu faire à ses pieds, en terre étrangère, une pareille profession de foi, a peut-être quelques droits d'en être cru sur parole, lorsqu'il soutient des principes généreux, et qu'il les allie à d'inaltérables sentiments d'amour et de fidélité pour son roi.

Ce qui, à chaque session, à chaque question nouvelle, semble remettre en doute l'influence du ministère sur les Chambres, c'est qu'il ne s'est pas bien pénétré des doctrines du gouvernement constitutionnel.

Lorsque la restauration est venue nous sauver, par un mouvement naturel on s'est reporté au commencement de nos troubles, et les vingt-cinq années de nos malheurs s'évanouissant comme un mauvais songe, on a repris la monarchie là où on l'avait laissée. Cependant les choses n'étaient plus les mêmes : le roi, dans sa magnanimité, nous avait donné une Charte ; avec cette Charte nos devoirs avaient changé, mais les hommes appelés au pouvoir virent que le rétablissement du trône avait réveillé dans nos cœurs cet amour inné des Français pour les enfants de saint Louis. Ils se hâtèrent de profiter de ce sentiment pour échapper aux entraves de la Charte. Au lieu de rester à leur poste devant le roi, ils passèrent derrière, afin de couvrir la responsabilité du ministre de l'inviolabilité du monarque. Ainsi retranchés, ils se flattèrent de conduire la monarchie nouvelle avec les maximes de l'ancienne monarchie. De là le combat qui s'est engagé entre le ministère et les Chambres : le ministère s'exprimant d'un ton absolu, s'efforçant d'emporter tout de haute lutte au nom sacré du roi ; les Chambres réclamant la liberté de leurs opinions, et voulant renfermer le ministère dans les principes.

Telle est la première cause qui empêcha certaines personnes de bien comprendre l'esprit de la Charte. Il y a une autre raison qui rend aussi quelques hommes étrangers à l'ordre actuel : ils conservent le souvenir des institutions de Buonaparte. On n'a d'un côté pour conduire la monarchie représentative que les traditions de la monarchie absolue, et de l'autre que l'expérience du pouvoir arbitraire. Remarquez la manière dont on interprète les lois, le soin avec lequel on va déterrer celles qui furent inventées par le vandalisme conventionnel ou par la tyrannie impériale ; lisez les discours prononcés dans quelques tribunaux, vous y découvrirez une antipathie secrète pour l'ordre constitutionnel. Ne répète-t-on pas que les Chambres sont moins un contre-poids qu'un conseil pour l'autorité royale ? N'entend-on pas dire qu'on peut gouverner avec des ordonnances ; que les Français ne sont pas faits pour une monarchie représentative ; qu'ils sont las de ces corps politiques auxquels ils attribuent tous leurs malheurs? Tantôt on confond le ministère avec le trône; on soutient qu'attaquer le premier, c'est attaquer le second; tantôt, pour un autre motif, on en fait une puissance séparée; on parle des principes *qui lient le ministère au roi, et le roi au ministère*, créant ainsi en théorie de petits souverains qui sembleraient avoir des principes et un pouvoir indépendants de ceux du monarque. On perpétue des lois d'exception qui perpétuent le ministère de la police générale; tribunal d'inquisition politique, qui, dans un moment de crise, a pu avoir son utilité, mais dont l'existence est définitivement incompatible avec un gouvernement constitutionnel. On a surtout horreur de cette liberté des journaux qui déjouerait tant de petits projets, qui mettrait à nu tant de médiocrités. On introduit dans l'administration ce despotisme sauvage qui déplace les hommes, sans égard à leur position, afin de briser les volontés, et de n'avoir partout que des machines. Buonaparte a disparu, mais il nous a laissé les muets de son sérail pour étouffer la liberté.

Il est au fond de la nature humaine quelque chose qui semble militer en faveur du pouvoir absolu : ce pouvoir se présente comme une idée simple; et sous ce pouvoir il faut moins d'habileté à l'ambition pour parvenir. Quand on n'a pas les vertus nécessaires pour n'obéir qu'aux lois, on a un penchant naturel pour être l'esclave des hommes; mais quiconque voudrait ramener avec la maison de France le despotisme de l'usurpateur, perdrait la légitimité.

Il est tout simple cependant que des hommes jadis en pouvoir sous Buonaparte aient un penchant secret pour son système d'administration. L'admiration qu'ils ont pour ce système est une illusion d'amour-propre. « Tout allait bien, disent-ils en eux-mêmes : nous gouvernions. » Ils s'imaginent qu'ils avaient fait Buonaparte, et ils ne voient pas que c'est Buonaparte qui les avait faits! Instruments de la force, ils obéissaient comme des machines qui taillent le fer, qui font des ouvrages prodigieux par la violence du torrent qui les pousse, ou du feu qui les soulève; ôtez le moteur, il ne reste plus que des pièces inertes et impuissantes.

Les efforts du ministère entre les trois divisions de la Chambre des députés seront-ils couronnés du succès? Nous l'ignorons; mais nous savons que, dans une monarchie représentative, le gouvernement doit avoir une majorité compacte, sûre, imperturbable. Un ministère obligé de négocier entre un tiers parti et deux minorités pour acquérir la majorité; un ministère forcé de s'appuyer de l'une ou de l'autre de ces minorités pour faire passer les lois; un tel ministère n'est maître de rien, et doit tout perdre.

On serait tenté de regarder l'existence du ministère actuel comme un phénomène. Il ne se rattache point à l'opinion royaliste; il ne s'appuie pas sur l'opinion indépendante; une partie des hommes qui le suivaient semble se séparer de lui : à quoi tient-il donc? Nécessairement les opinions diverses des différentes parties de la Chambre des députés offrent la réunion complète des opinions de la France, et le ministère ne se trouve dans aucune de ces opinions. Aurait-il conçu le projet de les combattre toutes et de se maintenir par une portion de chacune? Plus d'une fois à ce jeu funeste on a perdu les États.

En y regardant de plus près, on trouve que le ministère, isolé de la nation, a cependant un parti.

Ceux qui dans l'origine donnèrent naissance au système politique si menaçant aujourd'hui, ce furent une trentaine d'hommes qui s'arrangèrent pour renfermer l'autorité administrative dans leur petit cercle et la conserver à tout prix. Tenant entre leurs mains les places qui séduisent, l'argent qui enchaîne, les journaux qui trompent, ils parvinrent à diriger les ministères, à créer une opinion factice, à faire un moment illusion à l'Europe. Ils nous ont mis à peu près dans la position où nous étions à Saint-Denis, lorsqu'on prétendait qu'il était impossible d'entrer à Paris avec la maison du roi, une garde nationale et un peuple qui n'attendaient Louis le Désiré que pour le bénir. Une poignée de fédérés tenait les barrières fermées ; et, pour vaincre cette grande résistance, il ne s'agissait rien moins que d'ouvrir une négociation et de prendre la cocarde tricolore. Ainsi quelques hommes sans force réelle gardent les avenues de la monarchie, et disent à la foule des honnêtes gens : « Vous ne pouvez pas entrer, personne ne veut de vous ; vous n'êtes pas assez forts ; prenez nos couleurs. »

Ces trente inventeurs du système sont donc des génies extraordinaires? Pas du tout : ce n'est qu'une coterie poussée par une faction[1] : cette coterie a été forcée de prendre son point d'appui dans cette faction. C'est de là qu'elle tire sa puissance, c'est de là que viendra sa perte. Pour se maintenir, elle sera obligée d'exagérer ses propres principes, parce que dans les choses humaines, tout ce qui ne croît plus est prêt à décroître. C'est par cette cause que le ministère, soumis malgré lui à l'action du système, tend continuellement à *s'épurer*, à se dégager des hommes qui ne sont pas assez prononcés dans un certain sens, pour les remplacer par des hommes plus décidés ou plus soumis. Il arrivera qu'à force d'épurations l'esprit du gouvernement se trouvera changé, qu'une opinion aura pris la place d'une autre sans qu'on s'en soit aperçu. Si alors, justement saisi d'épouvante, le ministère veut reculer, il perdra l'appui de la faction ; s'il continue d'avancer, la faction l'engloutira.

Des hommes plus zélés que judicieux ont coutume de citer l'Europe en témoignage de la sagesse du système qu'on se permet de combattre dans cet écrit.

[1] Voyez *la Monarchie selon la Charte*.

Est-il certain que l'Europe favorise un système dont elle a été la victime ? Voit-elle sans inquiétude se rassembler les éléments des tempêtes qui l'ont ébranlée ? Elle n'a rien à redouter des principes qui peuvent consolider en France la monarchie légitime ; elle aurait tout à craindre des doctrines qui rétabliraient parmi nous l'empire de la révolution. Si je traitais ce côté de la question, j'y trouverais de grands avantages, en inspirant aux rois une crainte salutaire; mais je suis arrêté par un sentiment d'honneur : ma cause me semblerait mauvaise si je tirais mes arguments d'une source étrangère. Je respecte l'opinion de l'Europe, mais elle ne sera jamais une autorité pour moi, en ce qui touche les intérêts particuliers de mon pays : je suis trop Français pour oublier un moment ce que je dois à l'indépendance de la France.

J'ai dit quelques vérités ; je n'ai pas cru devoir me tenir dans ce milieu d'où l'on ne peut atteindre à rien, et où aucun intérêt ne vient aboutir. Des raisons et des phrases affaiblies manquent leur effet : c'est avoir l'inconvénient et n'avoir pas le courage de son opinion. Un imprudent système a gâté le bien qu'il était si facile d'opérer. Si par des raisons de parti, des craintes mal fondées de réaction et de vengeance, on a cru devoir verser du côté de la révolution, a-t-on bien songé où l'on serait inévitablement conduit ? A-t-on pensé à ce qui arrivera, lorsque, la France devenue libre par la retraite des troupes étrangères, nous nous trouverons seuls en présence des passions que nous aurons armées? Sommes-nous sûrs de pouvoir rétrograder? Sera-t-il temps de revenir? Déjà le mouvement nous entraîne, déjà ceux qui sont dans ce mouvement ne s'aperçoivent plus de sa rapidité. Ils nous crient que tout est tranquille, parce que le tourbillon qui les emporte roule et se précipite avec eux. Les illusions sont grandes autour de nous. A Paris, des devoirs à remplir, des plaisirs à suivre occupent la journée ; il faut conserver sa place, soigner sa faveur, faire son chemin, garder les bienséances de la société, ne choquer l'opinion de personne. L'atmosphère des cours a quelque chose qui porte à la tête, et change l'aspect des objets. Toutefois ceux qui ont vu Buonaparte dans ses succès, les rois de la terre formant son cortége, huit cent mille soldats (et quels soldats!) soutenant sa couronne, tous les talents travaillant à immortaliser sa mémoire, savent combien il faut se défier du sourire de la fortune. Vingt-cinq ans ont suffi pour enlever la légitimité et l'usurpation du même palais : l'une avec sa vieille monarchie de quatorze siècles, l'autre avec son vaste empire de quatorze ans : *Transivi, et ecce non erat.* Rien n'est stable que la religion et la justice : heureusement le trône de Louis XVI était fondé sur ces bases, et c'est pour cette raison qu'il est aujourd'hui rétabli. Ah! ne permettons pas qu'il soit exposé à de nouvelles secousses ; veillons à la garde de la couronne du meilleur et du plus révéré des monarques ; rétablissons nos autels;

épurons nos mœurs; corrigeons nos lois en fondant nos libertés : ne lassons pas la patience du ciel, de peur d'aller grossir le nombre de ces nations punies pour des fautes qu'elles n'ont pas voulu reconnaître, et des crimes qu'elles n'ont pas assez pleurés.

REMARQUES SUR LES AFFAIRES DU MOMENT [1].

Paris, 3 juillet 1818.

J'avais renoncé à la politique ; des travaux historiques, depuis longtemps entrepris, sollicitaient mon retour à l'étude. Tout n'avait pas été perdu pour ces travaux dans mon rapide passage à travers les affaires humaines : les hommes apprennent à connaître les hommes ; et je portais, dans l'examen des principes qui servirent à l'établissement de notre monarchie, les lumières que j'avais pu acquérir, en voyant de plus près les causes de sa destruction.

C'est au milieu de ces occupations, lorsque je fouillais dans les tombeaux de nos ancêtres, que, déroulant les vieux titres de notre gloire, je cherchais à élever à la France un monument ; c'est dans cet instant même que l'on me peint comme un indigne enfant de cette France ! La plus lâche et la plus noire calomnie arrête ma plume, sur la ligne même où je venais d'exprimer mon amour et mon admiration pour ma patrie. Je recherchais l'origine de la noble race de saint Louis, et voilà que je suis dénoncé comme un ennemi de cette race dont j'ai cependant défendu les droits et partagé l'exil. On m'arrache à mes paisibles recherches ; on vient me provoquer au milieu de la poussière des livres. J'étais déterminé au silence, à la paix, à l'oubli, et l'on ne veut ni de ce silence, ni de cette paix, ni de cet oubli : on me jette le gant, je le relève.

Non-seulement je dois soutenir mon honneur, mais je dois défendre les royalistes [2]. Une trop touchante fraternité de malheur m'unit à ces hommes

---

[1] Ce n'est ni un ouvrage, ni même une brochure que je publie. Quand les journaux cesseront d'être sous une censure qui détruit le gouvernement représentatif par sa base, alors ils seront naturellement chargés de combattre la calomnie : jusque-là tout homme qui jouit de quelque liberté est obligé, en conscience, de s'en servir pour éclairer l'opinion publique : c'est pourquoi je fais paraître cette *réclamation*. (Avis *qui précédait la première édition.*) — [2] C'est surtout dans un écrit de ce genre qu'il faut être clair, et se faire entendre de tout le monde. On a donc été forcé d'employer les noms sous lesquels les différentes opinions sont classées aujourd'hui. Ce n'est pas toutefois sans un profond

pour qu'ils ne me retrouvent pas quand ils ont besoin de moi. Tout conspire aujourd'hui contre eux, et nos journaux, enchaînés par la censure, et les pamphlets libres, mais dirigés par une opinion hostile, et les feuilles étrangères sous l'influence de notre argent ou de nos passions. On craint de plaider la cause de ces victimes de la fidélité ; on parle de leurs services avec les ménagements qu'on prendrait pour parler d'un crime ; leur innocence fait peur, et il semble qu'on n'ose en approcher : ils peuvent du moins compter sur moi. Trop longtemps les calomniateurs anonymes ont joui de l'impunité ; ils ont trop espéré dans leur bassesse : je cesse de reconnaître leur privilége, et ils réclameront en vain l'inviolabilité du mépris.

On n'a peut-être pas encore tout à fait oublié *la Monarchie selon la Charte*. Quel que soit le jugement qu'on ait porté de cet écrit, on conviendra du moins que je me suis peu écarté de la vérité. Qu'on veuille bien jeter les yeux sur les chapitres xxxvi, xxxvii, xxxviii, xxxix, xl, xli, xlii, xliii, xliv, de la iie partie, et l'on verra que j'ai calculé la suite des choses avec une précision effrayante. Les injures, les déclamations, les libelles ne détruisent point les faits : j'ai dit qu'on chasserait les royalistes de toutes les places ; qu'après avoir épuré le civil, on chercherait à épurer l'armée : tout cela est arrivé, et si ponctuellement, que ce n'est pas moi qui semble avoir prévu l'événement, mais les auteurs du *système*, qui paraissent avoir pris à tâche de suivre la route que j'avais tracée.

J'avais dit encore que la doctrine secrète des ennemis de la légitimité est celle-ci : « Une révolution de la nature de la nôtre ne finit que par un changement de dynastie [1]. » J'avais dit que les plus grands ennemis du roi « affecteraient pour lui le plus grand amour ; qu'ils reconnaîtraient en lui ces hautes vertus, ces lumières supérieures que personne ne peut méconnaître ; que le roi, qu'on a tant outragé pendant les Cent-Jours, deviendrait le très-juste objet des hommages de ceux qui l'ont trahi, et qui sont prêts à le trahir encore. » J'ajoutais : « Que ces démonstrations d'admiration et d'amour ne seraient que l'excuse des attaques dirigées contre la famille royale ; qu'on affecterait de craindre l'ambition de ces princes qui, dans tous les temps, se sont montrés les plus soumis des sujets ; qu'on essayerait de leur enlever le respect et la vénération des peuples ; qu'on calomnierait leurs vertus ; que les journaux étrangers seraient chargés de cette partie de l'attaque par des correspondants officieux [2]. » La prédiction s'est-elle accomplie ? Y a-t-il eu un moment, un seul moment où l'on se soit

---

regret : les royalistes savent trop combien de souvenirs douloureux s'attachent à ces désignations, qui commencent par n'exprimer que des opinions et finissent par marquer des victimes. (*Note tirée de l'écrit précédent sur le* Système *suivi par le ministère*.)

[1] *Monarchie selon la Charte*, chap. xxxvi de la iie partie. — [2] *Ibid.*, chap. xxxvii de la iie partie.

écarté du système annoncé, où l'on ait cessé de se servir des mêmes moyens, d'employer les mêmes manœuvres? Lorsqu'une fois on est sur le penchant du précipice, ceux qui ont eu l'imprudence de s'y placer sont entraînés sans ressource.

Il faut, en effet, que nous soyons déjà bien engagés dans la descente, puisque nous en sommes aux conspirations. Depuis longtemps on murmurait, dans un certain parti, la *nécessité* de découvrir une conspiration royaliste. Ne fallait-il pas un contre-poids aux conspirations de Grenoble et de Lyon? N'était-il pas affligeant de trouver que des jacobins s'étaient soulevés tandis que des Vendéens restaient tranquilles? N'était-il pas évident à tous les yeux que des hommes qui se sont fait massacrer pendant vingt-cinq ans pour le trône veulent le renversement de ce trône, comme les hommes qui ont conduit Louis XVI à l'échafaud?

Je vois, dans des journaux endoctrinés par des *correspondants*, que deux, que trois colonels devaient échelonner leurs régiments, de Saint-Cloud à Vincennes, le jour où un crime devait être commis. En conséquence de ces infâmes calomnies, le juge se trouve forcé d'envoyer un mandat de comparution à l'un de ces colonels, afin qu'il vienne déclarer ce qu'il pourrait savoir d'une conspiration contre le roi. Ce brave militaire reçoit le mandat l'anniversaire du jour où son père et son grand-père périrent les premiers pour la monarchie! Qu'un autre colonel ne prétende point en appeler aux cendres de ses deux frères; qu'il ne vienne point montrer sur son visage les blessures qu'il obtint au service de sa patrie, ni sur son corps celles qu'il reçut pour son roi dans les Cent-Jours; qu'il cesse d'étaler l'orgueil d'un nom qui représente l'honneur de la vieille France, et qui reste comme un immortel débris d'un grand naufrage, c'est *un conspirateur contre le roi!!!* il devait... Je n'oserais achever le blasphème dans le pays qui voit encore les ruines des chaumières de la Vendée. Les calomniateurs français ont reculé eux-mêmes devant leur propre calomnie; ils n'ont osé la répandre que sur une terre étrangère.

Il faut que l'on sache qu'il existe une certaine *correspondance privée* dont la source est à Paris. Cette correspondance *privée* est confiée à des hommes qui osent tout, excepté signer leur nom, ce qui prouve au moins qu'ils rougissent de quelque chose. Sous le voile de l'anonyme, calomniateurs sans périls, et par conséquent doublement lâches, ils n'ont pas même le courage de l'assassin, qui peut être tué par celui qu'il veut égorger. Si dans votre patrie on porte des accusations contre vous, du moins on sait qui vous êtes; vous êtes là; vos amis sont là; le public n'est pas longtemps dans l'erreur. Mais qui redressera le tort qu'on vous fait si l'on noircit votre réputation dans un autre pays? Les plus grossiers mensonges ne peuvent-ils pas être adoptés comme des vérités par des hommes qui ne vous connaissent pas? Une opinion étrangère se forme, s'enracine, se propage avant même que vous en soupçonniez l'existence, et vous pouvez ainsi porter toute votre vie la marque de la sale main qui vous a souillé en vous touchant.

Qu'est donc devenu en nous le sentiment de la dignité nationale? Quoi ! ce sont les lecteurs des journaux de l'Allemagne et de l'Angleterre que nous instruisons de nos discordes? Dans quel rang inférieur nous plaçons-nous donc? Nous avouons-nous vaincus, et, comme des esclaves, débattons-nous nos différends devant nos maîtres? Nous voyons ce que nous n'avions pas encore vu dans l'histoire de nos malheurs; nous voyons des Français [1] acheter au poids de l'or une place dans les feuilles publiques étrangères pour y flétrir des Français. Qu'on ne s'y trompe pas : ces outrages faits à des particuliers retombent sur la nation entière. Nous ne pouvons nous attirer que le mépris de nos voisins, en nous déchirant ainsi dans leurs journaux. Si l'on y représente comme des scélérats les plus honnêtes gens de la France, qu'est-ce donc que le reste de la France? Voit-on les étrangers nous imiter, payer leur déshonneur dans nos gazettes? Qu'il serait plus Français, plus généreux, plus patriotique, de dérober nos misères aux regards des autres peuples, de nous parer des réputations et des talents qui nous restent! Nous avons souffert tant de vices, ne pouvons-nous supporter quelques vertus?

Une correspondance *privée* dit donc que nous sommes coupables de haute trahison; que les auteurs de *certain Mémoire*, entre lesquels je suis particulièrement désigné, sont aussi les auteurs de *certaine conspiration*. Je reviendrai sur le Mémoire. Examinons auparavant ce que peut être une conspiration dans une monarchie constitutionnelle.

Plus on étudie le gouvernement représentatif, plus on l'admire. Indépendamment de ses autres avantages, c'est encore de toutes les espèces de gouvernement celui qui est le moins exposé aux dangers d'une conspiration. Dans les républiques, le gouvernement peut périr, quand un des pouvoirs de l'État attaque les autres pouvoirs. A Rome, une partie des sénateurs et du peuple entre dans la conjuration de Catilina contre une autre partie des sénateurs et du peuple : ôtez Cicéron, et le Capitole est en cendres. Dans les monarchies absolues, un coup de poignard peut tout changer : Henri III meurt, et la France est livrée aux fureurs de la Ligue. A Constantinople, la patiente servitude, le soir endormie sous un tyran, le matin réveillée sous un autre, abaisse son front devant la nouvelle idole, ouvrage d'un eunuque ou d'un janissaire. Un homme était encore à minuit dans une maison de détention : il franchit les murs d'un jardin, va cher-

---

[1] Je veux bien encore ne pas les désigner autrement.

cher quelques soldats à Vincennes, revient à Paris, tire un coup de pistolet dans la tête d'un gouverneur : s'il en eût tiré un second, il devenait le maître de celui qui était encore le maître du monde : tant est faible le plus fort despotisme !

A quoi parviendraient des conspirateurs dans notre monarchie constitutionnelle ? Ils n'auraient de chance de brouiller que dans un seul cas : s'il s'agissait de remettre le despotisme de la révolution à la place de la légitimité et de la Charte. Alors appelant tous ceux qui ont servi ce despotisme, séduisant les soldats, alarmant les intérêts, ils parviendraient peut-être à exciter quelques troubles.

Mais si l'on suppose qu'il existe une conspiration dont les membres sont tous des serviteurs dévoués au monarque ; que cette conspiration ait pour but de forcer ce monarque à changer ses ministres, y a-t-il là une ombre de probabilité ? Quand un ministère serait enlevé ; quand un prince opprimé aurait consenti à tout, ne resterait-il pas les deux Chambres ? Croit-on qu'à l'ouverture de la session aucune voix ne se ferait entendre ; qu'une si abominable scène n'attirerait l'attention d'aucun pair, d'aucun député ? Ce serait alors que les deux autres parties du pouvoir législatif, restées libres, s'armeraient bien justement, et qu'une loi forgée comme la foudre tombant sur la tête des conspirateurs, rendrait au roi son inviolabilité ; à la nation, son indépendance.

Les conspirateurs se seraient débarrassés des Chambres ? Je l'ai dit ailleurs, et je le répète ici : La Charte est plus forte que nous ; quiconque voudra la détruire sera détruit par elle. Quelle autorité aurait une poignée d'obscurs conspirateurs pour renverser le produit du temps et l'œuvre de la sagesse du roi ? Retranchez la Charte, et demain vous n'aurez pas un écu dans le trésor.

Sur des renseignements qu'il ne nous est pas donné de connaître, et qu'il ne nous est pas permis d'interpréter, des mandats de dépôt ont été lancés contre quelques personnes. Le magistrat a cru devoir agir par des raisons dont il ne doit compte à personne. Jusque-là tout est dans l'ordre et dans les attributions de la justice. Mais aussitôt l'esprit de parti s'empare de l'affaire ; les *correspondances privées* sont mises en mouvement ; elles répandent au dehors les plus odieuses calomnies. Au dedans, les passions se jettent sur leur proie ; ceux-ci s'attachent par haine à certains noms ; ceux-là se laissent troubler par faiblesse ; les uns adoptent les rumeurs populaires par amour de l'étrange et du nouveau ; les autres les propagent sans y croire, afin de cacher des desseins plus dangereux. La perversité, la cupidité, la bassesse, profitent de ce moment pour gagner leur salaire.

On crie dans les rues, *grande conspiration*, quand il n'y a pas encore d'accusés. Les journaux impriment des articles injurieux [1], et les conseils des détenus ne peuvent obtenir, même par sommation judiciaire, qu'on leur déclare le nom des accusateurs de leurs malheureux clients. Le *secret* vient ajouter l'effroi du silence au scandale du bruit. Dans ce chaos le bon sens se perd, le jugement s'égare : autant de villages, autant d'opinions ; ou plutôt, chose affreuse! tandis qu'on diffère sur les moyens, sur le but et les agents secondaires d'une conspiration qu'on ne connaît pas, la plus criminelle des calomnies demeure invariable ; et c'est l'honneur, la religion et la vertu qu'on ose placer à la tête du crime !

Il n'appartient à qui que ce soit de se placer entre le juge et le justiciable. Je respecte profondément et l'auguste fonction du magistrat, et l'arrêt qu'il pourra prononcer : sans la soumission la plus complète aux lois et aux tribunaux, tout est perdu. Je ne préjuge donc rien des personnes maintenant détenues : mais je dois, avec la loi, les supposer innocentes, puisqu'elles ne sont ni accusées, ni même en état de prévention ; il m'est surtout permis de les plaindre parce qu'elles souffrent, et que je suis homme : il est dur pour le général Canuel, après avoir combattu dans la Vendée pendant les Cent-Jours, et sauvé le roi et la France à Lyon, d'être aujourd'hui plongé dans les cachots : l'intérêt pour lui doit redoubler, puisqu'il est venu se remettre lui-même si noblement entre les mains de ses juges. J'admets donc, je dois donc admettre que les détenus seront pleinement justifiés, qu'ils recouvreront bientôt leur liberté.

Dans cette supposition, que tout bon citoyen doit adopter jusqu'à ce que la justice ait prononcé, il se présente une question.

Des hommes déclarés innocents par la justice peuvent-ils poursuivre leurs dénonciateurs? Quand ils ont souffert une détention plus ou moins longue, n'y a-t-il pour eux aucune indemnité, aucun dédommagement? s'en iront-ils tout simplement déplorer leurs malheurs dans leurs familles, et reprendre le cours de leur vie, comme si rien ne leur était arrivé ? Oui : tel est le vice de notre Code pénal : il suffirait seul pour détruire la Charte. Un homme est soupçonné d'un complot, et en conséquence mis en prison : on peut l'y garder tant que le juge instructeur croira n'avoir pas complété l'instruction secrète. Celui-ci peut appeler tous les témoins qu'il lui plaît d'entendre, et si ces témoins sont aux colonies, il faudra les faire venir. La Charte n'existe plus pour un homme frappé d'un mandat de dépôt : or, comme tout le monde peut se trouver dans ce cas, personne n'étant à l'abri d'une fausse dénonciation, il en résulte qu'avec le Code pénal, s'il arrivait jamais que des juges se laissassent intimider ou corrompre par la puissance, on pourrait toujours, et aussi longtemps qu'on voudrait, dis-

[1] *Voyez* les excellentes *Observations préliminaires pour le baron Canuel*, par M. BERRYER fils, avocat.

poser de la liberté d'un citoyen. Nous n'avons rien à craindre d'un tel malheur aujourd'hui ; mais il n'en est pas moins instant de réformer notre Code pénal; car il faut toujours faire dépendre la sûreté de la société de l'inflexible pouvoir des lois, et non de la volonté des hommes, sujets à changer et à faillir.

Quand je dis que l'homme détenu et déclaré innocent sort de prison comme il y est entré, je me trompe : on peut prononcer qu'il n'y a pas lieu à le poursuivre, que les preuves judiciaires ont manqué; mais les ennemis n'ont-ils pas la ressource des *preuves morales?* N'est-ce pas déjà ce que commencent à dire les *correspondances privées?* L'infortuné échappé au glaive de la loi n'échappe pas au supplice de la calomnie. Avec les prétendues *preuves morales*, tout est gagné : une source inépuisable de calomnie est ouverte aux outrages, aux persécutions, aux destitutions.

Quoi qu'il en soit, je suis encore à comprendre que des mensonges infâmes aient été insérés dans les feuilles étrangères, qu'ils aient été répétés dans quelques-uns de nos ouvrages périodiques, sans qu'on se soit mis en peine de leur donner un démenti formel dans nos journaux censurés. Est-ce par quelques phrases insignifiantes, jetées comme à regret dans nos gazettes, qu'on arrêtera ce débordement d'outrages? Si les ministres étaient compromis, que de braves prendraient leur défense ! que de champions en campagne ! Mais les personnages les plus augustes sont attaqués, et mille voix ne s'élèvent pas pour étouffer celle du mensonge! Quand il faudrait tonner, on reste muet ; quand on devrait instruire les départements, les détromper, les rassurer, on laisse la contagion se répandre. L'opinion est égarée ; qui la redressera, si ce ne sont ceux qui disposent du plus sûr moyen pour la diriger? Le devoir le plus impérieux des hommes en puissance n'est-il pas de défendre la légitimité? « Apprenons à distinguer les vrais des faux royalistes : les premiers sont ceux qui ne séparent jamais le roi de la famille royale, qui les confondent dans un même dévouement et dans un même amour, qui obéissent avec joie au sceptre de l'un, et ne craignent point l'influence de l'autre ; les seconds sont ceux qui, feignant d'idolâtrer le monarque, déclament contre les princes de son sang, cherchent à planter le lis dans un désert, et voudraient arracher les rejetons qui accompagnent sa noble tige. On peut, dans les temps ordinaires, quand tout est tranquille, quand aucune révolution n'a ébranlé l'autorité de la couronne, on peut se former des maximes sur la part que les princes doivent prendre au gouvernement; mais quiconque, après nos malheurs, après tant d'années d'usurpation, ne sent pas la nécessité de multiplier les liens entre les Français et la famille royale, d'attacher les peuples et les intérêts aux descendants de saint Louis; quiconque a l'air de craindre pour le trône les héritiers du trône, plus qu'il ne craint les ennemis de ce trône, est un homme qui marche à la folie ou court à la trahison [1]. »

Il serait bien temps que le scandale finît. Une des grandes choses dont on se servait pour le propager, était un *certain Mémoire* des royalistes dont on ne parlait qu'avec horreur. Ce Mémoire, disait-on, se liait à la conspiration ; il en expliquait *le prétexte et le but*. Dans ce Mémoire, il ne s'agissait rien moins (suivant les bienveillants interprètes) que d'engager les étrangers à rester en France et à supprimer la Charte. De là on partait pour traiter les auteurs de ce Mémoire de mauvais Français, de gens abominables : on les déclarait, dans une *Correspondance privée*, coupables du double crime de trahison envers la France et envers le roi. J'étais particulièrement désigné, et par toutes les lettres de mon nom, pour l'auteur de ce Mémoire.

Avant d'aller plus loin, je demanderai à ceux qui donnent si facilement des brevets de conspirateurs aux meilleurs serviteurs du roi s'ils sont eux-mêmes des hommes si fidèles? N'ont-ils jamais abandonné Buonaparte? N'ont-ils point, pendant les Cent-Jours, manqué à d'autres serments? Où étaient-ils alors? Étaient-ils à Gand, dans la Vendée, sur les bords de la Drôme? Quelles places occupaient-ils? Vous qui osez nous appeler des conspirateurs, héritiers de tous les gouvernements de fait, êtes-vous bien descendus dans le fond de votre conscience? Au mot de *trahison* ne devriez-vous point rougir? Quand vous accusez, ne vous condamnez-vous pas? Vous parlez de Biron! Ah! du moins, il avait servi longtemps son maître avant d'être coupable ; et vous, vous n'avez jamais su que trahir les vôtres!

Accusé d'avoir fait le *Mémoire secret*, j'ordonnai sur-le-champ d'attaquer devant les tribunaux le journal anglais où une *Correspondance privée* avait déposé la calomnie. Il y avait quelque chose de clair, de net, de tranchant dans mon affaire : *je n'ai fait ni rédigé de Mémoire secret d'aucune sorte*.

Il paraît que la fermeté de cette dénégation a poussé à bout mes ennemis, et que pour n'en avoir pas le démenti, pour prouver qu'il existait un Mémoire, ils ont tout à coup produit au grand jour cette *œuvre d'iniquité*.

J'avoue que, lorsqu'on m'apprit la publication d'un Mémoire, il me vint en pensée qu'on aurait fabriqué quelque pièce horrible pour la mettre sur le compte des royalistes. En ce genre les exemples n'ont pas manqué dans le cours de la révolution : les *Mémoires de Cléry* ont été falsifiés de la manière la plus infâme ; tout dernièrement, pendant les Cent-Jours, le manifeste du roi, si éloquemment écrit par M. de Lally-Tollendal, a été interpolé, et mon rapport au roi défiguré.

---

[1] *Monarchie selon la Charte*, chap. xxxvii de la iie partie.

J'ouvre donc en tremblant la *Note secrète*. Quelle fut ma surprise! cette note devait, assurait-on, demander la prolongation du séjour des troupes alliées en France, et le renversement de la Charte. Or, voici comment l'auteur de la note s'exprime sur le premier point. Il se fait cette question ; savoir : Si on peut partager la France ou l'occuper militairement?

« J'avoue, dit-il, que mon sang français se révolte à cette pensée, et que je ne pourrais la discuter politiquement. . . . . La France a deux fois souffert l'invasion, parce que les alliés portaient avec eux, et pour ainsi dire sur leurs drapeaux, de grandes espérances, celles d'un gouvernement qui avait pour lui de grands souvenirs de bonheur et des garanties d'un repos durable. Ces espérances ont été déçues ; et cette fois on ne les verrait plus arriver qu'avec l'horreur qu'inspire l'ennemi qui n'a plus rien à nous offrir en compensation des maux de la guerre. Le prince qui les rappellerait, faute d'avoir su gouverner lui-même, deviendrait odieux à la nation entière ; et le parti qui chercherait son appui dans leurs armes serait aussi ennemi que les étrangers, et serait repoussé avec eux. D'ailleurs, que seraient cent vingt mille hommes qui devraient occuper la France, contre le sentiment profond d'horreur qui s'établirait contre eux dans toutes les classes de la nation? Croirait-on qu'on aurait le temps, les moyens de rassembler encore une fois un million d'hommes pour les jeter sur cette malheureuse France? On ne le pourrait pas dans un an ; et dans vingt jours la France entière serait un camp, une citadelle impénétrable, dont la population entière formerait la garnison. »

Est-ce là un homme qui demande *la prolongation du séjour des troupes alliées en France?*

Mais peut-être demande-t-il le renversement de la Charte. Écoutons-le :

« Quelle violence ne faudrait-il pas pour arracher aujourd'hui à la France les concessions qu'elle a reçues du roi? Elles ont été consacrées par les puissances qui le replaçaient sur le trône, par l'usage qu'on en a fait, par les garanties qu'on y a trouvées ; enfin, *par leur adoption franche et entière de la part de ceux même qui y étaient le moins préparés.*

« On ne pourrait pas rétablir ce qu'on appelle l'ancien régime ; tous les éléments en sont brisés, et la poussière même en est dispersée. On ne retrouverait pas même le fantôme de ces grands corps de l'État, qui, à la fois défenseurs des droits de la couronne et des privilèges des peuples, se balançaient noblement dans le cercle qui était tracé, et garantissaient à la fois les libertés de la nation et l'inviolabilité du trône. Ce serait donc un despotisme nu et hideux qu'il faudrait mettre à la place de ces belles et irréparables institutions des temps anciens ; un despotisme sans force, sans institutions, sans garanties ; un despotisme tel que la France ne l'a jamais connu, et ne saurait jamais le supporter ; un despotisme enfin qu'il faudrait maintenir par la force des armes, et qui attacherait à la légitimité tous les inconvénients et tous les malheurs de l'usurpation. Un pareil gouvernement répugnerait à la France entière, et répugnerait bien plus encore au noble caractère des princes légitimes. . . . .

« Et en faveur de qui prétendrait-on exécuter une pareille subversion? Ce ne serait pas dans les intérêts du pays, qui ne trouverait plus dans le gouvernement légitime aucun gage de stabilité; ce ne serait pas dans les intérêts de l'Europe, qui s'engagerait à soutenir par la force le gouvernement qu'elle aurait imposé par la force; ce ne serait donc que dans l'intérêt de quelques *noms propres*, qui croiraient ainsi se maintenir plus facilement au pouvoir. . . . .

« Il restera donc démontré à tout esprit judicieux que toutes les tentatives que l'on ferait pour détruire en France le gouvernement qu'on y a établi seraient dangereuses; que ces formes constitutionnelles sont les mieux adaptées aux circonstances où la France se trouve placée; qu'elles conviennent à l'esprit des hommes et des temps; qu'elles sont un pacte raisonnable entre les institutions anciennes, qu'on ne saurait rétablir, et les théories de la révolution, qu'il est si essentiel de détruire [1]. »

Quel est le vrai Français, quel est l'homme attaché aux principes de la liberté, qui ne voudrait avoir écrit ces pages? Ici je dois remarquer une chose qui fait grand honneur aux royalistes : c'est que toujours ce que l'on appelle leur *doctrine secrète* est parfaitement conforme à leur *doctrine publique*. La minorité dans les deux Chambres [2] a-t-elle parlé en public autrement que l'auteur du Mémoire en secret? Nos ennemis peuvent-ils en dire autant, et leur doctrine secrète est-elle bien la légitimité et la Charte?

On ne saurait expliquer les vertiges qui s'emparent quelquefois des hommes : chacun se demande comment les ennemis des royalistes ont fait la sottise d'imprimer une *Note* qui justifie complètement ceux qu'ils prétendaient accuser : dans l'impossibilité de trouver la solution de cette maladresse, les uns disent que c'est un tour des royalistes; les autres mettent ce tour sur le compte des indépendants; tandis que tout semble prouver que l'impression de cette *Note* a été l'œuvre irréfléchie de la colère. On aura été emporté par l'idée de rendre publique la *doctrine secrète* des royalistes. Qui sait si, dans la séduction de cette idée, on se sera donné la peine de lire la *Note?* En France, les personnages les plus graves sont bien légers. Ce-

[1] Un écrit périodique a rendu compte de cette note, et en a cité quelques passages. La passion ne se fait-elle pas trop voir dans le jugement du critique? Est-il bien équitable d'avancer que l'auteur de la note demande *la permanence de l'armée d'occupation*, lorsqu'il montre, au contraire, avec tant de chaleur, l'impossibilité d'occuper militairement la France? Est-il bien impartial de dire qu'il agite la question de savoir *si on peut détruire le gouvernement représentatif*, et de ne pas rapporter le beau passage de la note à ce sujet? — [2] *Voyez* les notes, à la fin des *Mélanges politiques*.

pendant, il est certain qu'on était mieux placé pour le succès dans les ténèbres : en parlant mystérieusement d'un Mémoire *honteux*, en annonçant un crime invisible dans lequel se trouvaient enveloppés tous ceux qu'on voulait proscrire, l'attaque était plus formidable, plus difficile à repousser. La publication du Mémoire est vraiment la *Journée des Dupes*.

Pour rendre la chose complète, il a fallu que le ridicule vînt se joindre à ces déplorables mensonges : au titre simple de *Note*, qui était apparemment le titre original, on a cru devoir joindre cette phrase à l'usage de la populace : *Note secrète exposant les prétextes et le but de la dernière conspiration*. On ouvre le livre, et l'on trouve que les *prétextes* et le but de la *conspiration* sont de prouver que les alliés ne peuvent ni partager ni occuper militairement la France, et que le gouvernement représentatif est le seul qui convienne aujourd'hui à notre patrie. Une préface, peut-être écrite par un homme d'esprit qui n'en avait pas ce jour-là, déclare que la *Note* est un acte de *souveraineté*, un *manifeste* et un *plan de conspiration*; et cet *acte de souveraineté* a été exercé par un *souverain* que l'on ne connaît pas, et ce *manifeste* est une *Note secrète*, et ce plan de *conspiration* est pour le *maintien de la légitimité et de la Charte* !

L'auteur de la *Note* examine cinq questions, savoir : Si l'on peut partager la France, ou l'occuper militairement ; si l'on peut changer la dynastie ; si l'on peut renverser la Charte ; si les ministres peuvent revenir aux principes qui sauveraient la monarchie ; enfin, s'il serait désirable que le roi changeât ses ministres. Les éditeurs ont imprimé ces titres de chapitres en caractères ordinaires, excepté le dernier, qui se lit en caractères *italiques*. Occuper la France, changer la dynastie, renverser la Charte, revenir à de meilleurs principes : propositions indifférentes, qu'il est très-loisible d'examiner ; mais agiter la question de savoir s'il serait heureux que le roi changeât ses ministres, *quel crime abominable* ! surtout dans un gouvernement représentatif ! il faut souligner ces mots affreux, pour dévouer à l'exécration de la postérité le conspirateur qui a osé les écrire.

Que les royalistes ne se laissent ni abattre, ni effrayer de tout ce bruit : leur innocence, tôt ou tard, percera le nuage. Je dois surtout les avertir de ce qui pourrait les égarer. J'entends quelquefois dire : Les royalistes sont sans force parce qu'ils sont isolés, dispersés sur la surface de la France ; personne ne les rallie, ne combat pour eux en public. C'est là une grave erreur : les royalistes n'ont point de chef et ne doivent point en avoir.

Dans un gouvernement représentatif, on ne se place point derrière un homme, mais derrière une opinion. Les royalistes sont aujourd'hui dans l'opposition : leur guide alors est la minorité des deux Chambres. C'est là qu'ils doivent mettre leur espoir : tous leurs efforts doivent tendre à augmenter cette minorité : ils doivent se rendre aux élections, se secourir, s'entr'aider; ils doivent avoir leurs choix faits d'avance, et les maintenir invariablement. La maxime connue des ministériels est celle-ci : « Alliance avec les jacobins le plus tard possible; avec les royalistes, jamais. » A cette haineuse et illibérale maxime les royalistes doivent opposer celle-ci : « Alliance avec les honnêtes gens de toutes les opinions. »

Les royalistes sont sur un excellent terrain : il n'est plus possible de nier qu'ils se soient ralliés franchement à la Charte. Toute leur force est là. Tant que dans les deux Chambres ils soutiendront le parti de la liberté, ils auront un immense avantage, car ils ajouteront alors à leur force politique toute la force morale de leur caractère. On les représente comme un parti faible, repoussé par l'opinion, sans capacités, sans esprit, n'ayant pour tout éclat qu'une fidélité surannée. Cela est faux : ils sont plus nombreux que les indépendants, et il ne faut pas qu'ils s'élèvent bien haut pour atteindre à l'esprit ministériel. Enfin, puisque j'ai tant parlé de conspiration, persuadons-nous bien que sous l'empire de la Charte il n'y a de vraies conspirations que celles de l'esprit et des talents. « Ce fut ainsi que M. Pitt conspira contre ses opposants, et qu'il les chassa du ministère. »

Il faut que j'ôte en finissant un espoir et une joie aux ennemis de la légitimité : ils croient qu'en persécutant les royalistes ils les fatigueront, les dégoûteront, et enlèveront ainsi à la maison de Bourbon son plus ferme appui. Pauvres gens! vous avez déjà usé vos échafauds contre notre fidélité, et vous espérez encore nous vaincre! Elle a comparu, cette fidélité, devant vos tribunaux révolutionnaires, et elle se rit des conspirations que vous pourriez inventer. Notre foi, éprouvée par vingt-cinq ans de malheurs, s'est encore accrue par la vertu du sang de nos pères et de nos frères immolés. Souvenez-vous que la balle qui si souvent a cassé la tête des serviteurs de Louis XVI, de Louis XVII et de Louis XVIII, n'est jamais arrivée assez vite pour empêcher le dernier cri de *vive le roi!*

PREMIÈRE LETTRE A UN PAIR DE FRANCE.

Paris, 8 novembre 1824.

Vous voudriez, mon noble ami, que j'examinasse, dans des lettres qui vous seraient adressées, les questions politiques du jour : vous y voyez un moyen d'éclairer le public et de servir le roi, surtout aux approches de la réunion des Chambres. Votre idée me paraît utile, je l'adopte, sans toutefois admettre que mon influence sur l'opinion soit aussi considérable que votre amitié se plaît à le supposer.

Au moment de la mort de Louis XVIII, je n'ai pu, je n'ai dû penser qu'à son successeur ; je me serais à jamais reproché toute parole qui n'eût pas été pour le nouveau règne. Maintenant que je me suis acquitté de devoirs chers à mon cœur, vous me pressez d'en remplir d'autres assez pénibles ; vous croyez que j'aurai un peu plus de force et d'autorité pour développer des vérités importantes, après avoir prouvé, comme je l'ai fait, qu'aucun ressentiment ne conduit ma plume.

Qui plus que moi désire voir cesser les oppositions royalistes ? Le penchant naturel des cœurs vers un monarque qui les enchaîne par tant de qualités a disposé les esprits à l'union. Il n'y a plus qu'un seul combat, c'est celui de l'opinion générale contre le ministère ; mais ce combat qui se reproduit sur tous les points de la France trouble le bonheur public et fait gémir les honnêtes gens. On prétend que la liberté de la presse le prolonge, et l'on entend répéter une objection que je crois important de réfuter. Je vais faire de l'examen de cette objection le sujet de ma première lettre, et j'entre tout de suite en matière.

On dit donc, mon noble ami :

« En affectant de rabaisser les agents du pouvoir et d'élever le monarque jusqu'aux nues, on ne trompe personne. Loin d'agréer l'encens qu'on lui prodigue, la couronne le rejette avec dédain ; on veut détacher le prince de ses meilleurs serviteurs, on veut semer la division entre l'administration et le souverain ; on n'y parviendra pas. »

Il faut espérer qu'on ne s'aperçoit pas de ce qu'il y a d'injurieux pour l'autorité royale dans cette manière d'argumenter.

Quoi ! parce que les ministres seraient tombés dans des erreurs, il faudrait s'interdire toute marque d'admiration pour le roi, de peur que les ministres ne la considérassent comme un reproche indirect à leur personne ; ou bien il faudrait ne pas exposer les erreurs des ministres, dans la crainte que la couronne ne s'en voulût rendre solidaire ? Quelle confusion d'idées !

Ensuite, pour diviser des hommes, il faut qu'il y ait entre eux égalité. Dire que l'on peut faire naître la division entre les ministres et le monarque, c'est supposer que les ministres sont une puissance capable de lutter avec le pouvoir royal ; avancer qu'on flatte le roi dans le dessein de l'engager à renvoyer ses ministres, c'est supposer qu'on ne le loue que conditionnellement, et qu'on cessera de le louer s'il ne fait pas ce qu'on attend de lui ; toutes suppositions indignes, et qui pourraient aller jusqu'à mériter la répression des lois.

Non, mon noble ami, il n'y a point de coexistence entre le roi et les ministres : il est tout, et ils ne sont quelque chose que par lui. Il les brise ou les conserve comme des instruments fragiles dans sa main puissante. Il n'entre point dans leurs étroites vanités ; il n'épouse point leurs petites querelles. Il ne peut pas être plus flatté des hommages qu'on lui offre à part de ses ministres, qu'il ne serait jaloux des éloges qu'on leur donnerait s'ils les méritaient. On ne peut l'unir aux ministres par la raison qu'il n'y a rien de commun, dans l'espèce, entre le maître et les serviteurs : des ministres qui prétendraient qu'on ne les blâme et qu'on ne loue le roi que pour semer des mésintelligences, seraient des téméraires qui n'auraient une idée juste ni de leur néant, ni de la grandeur de la royauté.

Je vois quelque chose de plus dangereux que cette prétendue confusion qu'on voudrait faire, et qu'on ne fera jamais du prince et de ses délégués : ce serait un ministère ou un ministre qui s'attribuerait tout l'honneur de la prospérité de l'État, qui insinuerait que rien ne se fait que par lui, qui se mettrait sans cesse devant le trône, qui substituerait son nom à celui du monarque, qui se proclamerait indispensable, laissant entendre que sans lui il n'y a point de majorité dans les Chambres. Heureusement le péril ne serait pas aujourd'hui de longue durée : sans flatterie comme sans critique, nous avons plus que Louis XIII et moins que Richelieu.

Au raisonnement que je viens de combattre on en ajoute un autre qui n'est pas plus logique :

« Ces attaques multipliées, dit-on, produisent un effet tout opposé à celui qu'on espère ; elles blessent la majesté royale, et il importe à la dignité de la couronne de ne pas céder lorsqu'on prétend lui enlever le ministère, pour ainsi dire l'épée à la main. »

Il n'est pas question ici de la dignité de la couronne. La royauté tient ses attributs du souverain maître : elle n'a ni colère ni humeur ; elle rejette les prières injustes ; elle accueille les vœux légitimes. Dieu renverse les tyrans quand le cri des peuples opprimés est monté jusqu'à lui ; un roi renvoie ses ministres quand la voix publique les a convaincus ou de forfaiture ou d'incapacité.

Ce serait entièrement méconnaître le gouvernement représentatif que d'exiger le silence de l'opinion. Quelle que soit la supériorité du prince, encore faut-il qu'il soit instruit des faits. Où sont les cours souveraines, les ordres privilégiés, les états de province qui lui adresseraient d'humbles représentations? Dans son conseil, il n'entend que la plaidoirie d'une des parties intéressées. Vous n'avez dans la monarchie constitutionnelle, pour suppléer au corps de la monarchie absolue, que la liberté de la presse. La conséquence nécessaire de cette liberté, c'est que chacun dise ce qu'il pense.

Les esprits *impartiaux* répondent qu'ils ne condamnent point une opposition, mais qu'ils la voudraient modérée, toujours dirigée contre les choses, jamais contre les personnes.

Ceci est véritablement puéril. Les génies sont divers ; chacun écrit avec son talent et son caractère : toutes les troupes n'ont pas la même arme. En

Angleterre l'attaque est personnelle, et l'on ne croit pas que tout est dans les choses, quand souvent les choses ne sont mauvaises que par les hommes. La forme sans doute fait valoir le fond ; mais le fond peut être excellent, lors même que la forme est défectueuse.

Ainsi, le raisonnement que j'analyse porte à faux : on oublie toujours les institutions sous lesquelles on vit ; on argumente toujours comme dans l'ancien ordre de choses. Si la presse devait être muette, il s'ensuivrait que les ministres prévaricateurs seraient plus à l'abri dans la monarchie représentative que dans la monarchie absolue, puisqu'ils n'auraient à craindre ni les remontrances *imprimées* d'un parlement, ni les dénonciations des corps privilégiés de l'État.

« Ils seraient renversés par les Chambres, » réplique-t-on.

Inconséquence de l'esprit humain ! on ne veut pas que la couronne s'éclaire de l'opinion librement exprimée par la presse, et l'on est d'avis qu'elle se rende aux instances des Chambres ! On prétend qu'elle doit se soustraire à une influence morale qui n'a d'autre force que celle des faits qu'elle allègue, et on la verrait sans alarmes se soumettre à une espèce de violence physique exercée par des pairs ou des députés ! On ne trouverait aucun danger à mettre en lutte les pouvoirs politiques de l'État.

Allons plus loin : l'opinion extérieure peut, non-seulement dans un cas particulier, être un meilleur guide que les Chambres législatives, mais elle peut encore servir de sauvegarde contre l'autorité égarée de ces Chambres.

En effet, des ministres corrupteurs ne pourraient-ils pas se rendre maîtres des votes de deux Chambres ambitieuses et intéressées ? Si même ces ministres, sans parvenir à séduire les pairs et les députés, n'apportaient à la tribune que des lois insignifiantes ou des lois commandées par une impérieuse nécessité, où serait le point d'attaque ? Dans l'adresse ? Rien n'est plus hasardeux et plus difficile. Dans le budget ? Refuse-t-on, en France, et peut-on refuser un budget ? Alors il est évident qu'il ne resterait aucun moyen d'éclairer la couronne sur les dangers d'un ministère, s'il fallait s'interdire toutes réclamations par la voie de la presse.

Serrons nos adversaires, et leur raisonnement nous mène à ce résultat, savoir : que la couronne serait perpétuellement et nécessairement en lutte avec l'opinion publique, puisque celle-ci demande toujours quelque chose. Or, s'il suffisait que cette opinion parlât, pour qu'aussitôt on crût de la dignité de la couronne de ne pas l'entendre, la division serait éternelle. Quoi de plus absurde !

Mais on insiste, mon noble ami :

« Il importe, s'écrie-t-on, surtout au commencement d'un règne, que la couronne se montre ferme et libre. Une fois qu'on aurait appris le secret de sa faiblesse, tout serait perdu. Si on lui arrachait un ministre aujourd'hui, on lui en enlèverait un autre demain. C'est ainsi que Louis XVI a succombé; on le louait aussi, le roi-martyr, aux dépens de ses ministres! C'est ainsi que les monarchies périssent; c'est ainsi que les souverains, de concession en concession, s'enfoncent dans l'abîme, en obéissant à une prétendue opinion qui varie sans cesse, à une opinion quelquefois pervertie tout entière, et qui n'est souvent que l'expression de la haine et des passions. »

Un mot d'abord sur les louanges qu'on donnait à Louis XVI aux dépens de ses ministres. Qu'est-ce qu'il y a de semblable dans les temps et dans les hommes de 1789 et de 1824? Aux jours de la révolution, était-ce l'opinion royaliste qui parlait, comme elle parle aux jours de la restauration? Sans doute il y a des louanges intéressées, des censures suspectes; mais il faut savoir de quelle bouche elles sortent, et ne pas comparer ceux qui verseraient la dernière goutte de leur sang pour le roi, et ceux qui ont répandu ou contribué à faire répandre le sang du roi.

Nous trouvons des exemples dans deux augustes frères : Louis XVI a cédé à l'opinion révolutionnaire; il a renvoyé des serviteurs fidèles, et il a succombé. Louis XVIII a prêté une oreille indulgente à l'opinion monarchique; il a écarté des hommes qui s'égaraient, et il a été sauvé. Sa puissance en a-t-elle été amoindrie? Voit-on que dans la guerre d'Espagne les soldats n'aient pas obéi à un roi constitutionnel? Les ministres actuels ont trouvé très-bon que l'opinion les appelât; il est tout simple qu'ils trouvent mauvais aujourd'hui que l'opinion les rejette; il est encore tout simple qu'ils érigent leur intérêt en principe; mais cette inconséquence est-elle une raison?

Ceux qui renient l'opinion et ceux qui veulent qu'on la méprise en reconnaissent plus que moi l'ascendant; car dans leur système il y aura coercition pour la couronne, soit que l'opinion, en désignant des ministres, la force à les prendre, soit qu'en les attaquant elle l'oblige à les garder. Et n'est-ce pas d'ailleurs toujours l'opinion qui, sous toutes les formes de gouvernement, et dans toutes les espèces de monarchies, désigne les sujets à choisir? Où un roi les prendrait-il, ses ministres, s'ils ne lui étaient indiqués par une renommée de probité ou de talent? Ne pas admettre cette vérité obligerait à conclure que les hommes ne peuvent arriver aux affaires que par les intrigues de cour, ou la protection des valets, des favoris et des maîtresses.

Maintenant est-il vrai que la couronne, en consultant l'opinion publique, lorsqu'elle est générale et appuyée sur des raisons frappantes, s'engage à l'écouter toutes les fois qu'elle parlera, dans une position qui ne sera pas la même? Le cas extraordinaire où nous nous trouvons peut-il se représenter? Quel est ce cas extraordinaire? C'est, mon noble ami, de voir, non une portion, mais l'universalité de l'opinion se prononcer contre un ministère, et ce ministère conserver sa position.

Un fait unique dans l'histoire des monarchies existe au moment où j'écris : l'acquiescement général et complet au nouveau règne, l'opposition générale et complète à l'administration.

Les royalistes, les constitutionnels, les anciens ministériels sont aux pieds de Charles X, et s'élèvent à la fois contre le ministère : leur opinion compose dans ses trois divisions l'opinion totale de la France.

Le fait que nous signalons est inouï au commencement d'un règne, mais incontestable. Il est certain, très-certain, que le monarque est aussi populaire que le ministère l'est peu. Les causes de la popularité du roi sont multipliées à l'infini.

Louis XVIII avait succédé à la révolution : les partis fatigués pouvaient regarder son règne comme une trêve, non comme une paix : la solution de la question était dans l'avénement de l'héritier de Louis XVIII.

Le fondateur de la monarchie représentative meurt au moment où l'expédition d'Espagne a ruiné toutes les espérances de discorde : dix ans de liberté ont rendu le peuple reconnaissant : six mois de gloire ont donné une armée fidèle au drapeau blanc. Charles X monte au trône, appuyé sur le sceptre de son frère, couronné des lauriers de son fils. La légitimé triomphe de toutes parts ; car, pour quelques anciens opposants à principes antilégitimes, le droit est devenu le fait, et en reconnaissant le nouveau souverain, ils semblent rester fidèles à leurs doctrines.

Charles *le Bon*, qui mériterait mieux ce surnom populaire qu'un grand prince de sa race, se montre digne de sa destinée : il subjugue tous les cœurs : il accueille tous ses sujets, dans quelque opposition qu'ils aient jadis été placés. On trouve avec ravissement un monarque tout l'opposé du portrait qu'en avait tracé la calomnie révolutionnaire : modéré, indulgent, sans cesser d'être juste, il écoute, il observe, il étudie la France ; son oreille n'est fermée à aucune réclamation. Il assemble souvent ses conseils, se livre avec une assiduité religieuse à ses devoirs de roi : on voit qu'il en connaît l'étendue, qu'il sent le poids du sceptre ; et pour se soulager dans ses fonctions sacrées, il associe son glorieux fils à ses travaux.

Le roi et la France paraissent plus grands qu'ils ne l'ont jamais été. A la mort de Louis XVIII, la légitimité a fait trois choses immenses : elle a attaché sans effort le diadème au front du nouveau monarque ; elle a, par la volonté de ce monarque, rétabli les libertés publiques ; enfin elle a rallié au trône une opinion qui en était restée séparée depuis 1814. La France, trouvant sûreté et dignité dans la couronne, a poussé un cri d'amour et de reconnaissance.

Tandis que tout ce qui sortait du principe de la monarchie au début du nouveau règne avait tant de simplicité et de grandeur, que faisait l'administration? Je n'en sais rien, mon noble ami : elle se reposait peut-être dans sa légitimité ; elle pensait que les successeurs des trente-huit ministres de la restauration n'avaient pas plus à faire pour recueillir une couronne que l'héritier de soixante-neuf rois.

Charles X, qui est venu déranger bien des petits arrangements, a rompu, en montant au trône, les toiles d'araignée qu'on avait suspendues au marchepied de ce trône. Par le seul acte de l'abolition de la censure il a déclaré qu'il voulait entendre l'opinion publique, puisqu'il lui rendait la voix. L'opinion est un pouvoir qui échappe aux vivacités de l'impatience comme aux fureurs de la persécution : s'irriter contre elle est folie ; ne pas y croire est péril.

On affirmera que si cette opinion ne se trompe pas à l'égard du roi, elle peut se tromper sur les ministres.

Je conviendrai de très-bonne foi que l'opinion, comme on l'a dit, peut être quelquefois entièrement pervertie ; mais ce n'est jamais que dans les grandes crises intérieures de l'État, ou lorsque les animosités politiques d'un peuple contre un autre peuple ont été réveillées par quelque circonstance majeure. Ainsi, pendant les guerres civiles, Mazarin était détesté ; le ridicule de la Fronde n'empêchait pas le sang de couler. Ainsi l'on a vu en Angleterre un ministère, devenu odieux parce qu'il n'était pas assez antifrançais, se retirer devant lord Chatham, dont le génie était sa haine pour la France. Au commencement des troubles de la révolution, des ministres honnêtes gens, et même quelquefois capables, se sont abîmés devant les violences populaires et les fureurs antimonarchiques ; mais on n'a jamais vu qu'en pleine paix, sans guerre civile, sans mouvements précurseurs des révolutions, l'opinion se soit tout entière égarée sur le compte d'un ministère.

Il est possible qu'aujourd'hui la voix de quelques intérêts particuliers se mêle à celle des intérêts généraux et vienne augmenter le bruit ; mais les causes de l'impopularité du ministère sont aussi faciles à trouver que les causes de la popularité du monarque ; et tous les jours la presse périodique signale et révèle les unes et les autres.

Je sais que, pour convaincre l'opinion générale de prévention contre les ministres, pour démontrer que cette opinion n'est qu'une coalition d'amours-propres froissés et d'ambitions déçues, on cite les prospérités de la France.

Il y a sans doute en France des prospérités ; mais des prospérités qui tiennent à la légitimité, aux vertus, à la présence de nos rois, à l'admirable conduite du prince libérateur, à la bravoure de l'armée, aux institutions de la Charte, à des lois que l'administration actuelle n'a pas faites, et qu'on l'accuse d'avoir voulu corrompre ou détruire.

L'ordre monarchique tempéré produit de lui-même un bien qu'il ne faut pas confondre avec cette félicité qui naît d'une gestion habile. Lorsque, dans un État, la base politique est bonne, comme en France ; que les principales libertés ont résisté aux entreprises de l'arbitraire ministériel ; que cet arbitraire n'a pu descendre encore jusque dans les classes inférieures de la société, une certaine exubérance de richesses natives se fait remarquer : c'est une terre féconde qui étale ses trésors, bien qu'elle puisse être mal cultivée.

Avancer qu'on n'a pas droit de se plaindre parce qu'on jouit, tellement quellement, des lois fondamentales, et qu'après tout le soleil brille et les récoltes sont abondantes, cette manière de conclure serait étrange. En Angleterre, tous les ministères seraient bons : ils ne périraient jamais que par la mort, comme les monarques ; car, dans ce pays, il n'y a rien à faire au fond des choses, et le crédit, l'industrie, l'agriculture, y ont atteint le plus haut point de perfection. Souvent une administration pèche moins par ce qu'elle fait que par ce qu'elle ne fait pas, ou par ce qu'elle veut défaire. Il suffit même, pour qu'elle trébuche, d'être antipathique au génie du peuple qu'elle conduit : si ce peuple vivait de gloire et d'honneur, le régime contraire conviendrait mal à son tempérament ; si une monarchie était toute grandeur, il ne faudrait pas qu'une petite administration s'accrochât au manteau royal pour retenir les pas de cette monarchie. La politesse grecque et la splendeur latine auraient repoussé un instinct obscur et grossier.

Il n'y a donc, je le répète, ni division, ni partage dans les esprits ; et l'opinion qui repousse l'administration est en général celle qui, depuis trente ans, soutient la couronne. Il serait singulier que l'administration eût raison contre cette opinion.

Ajoutez que le sentiment des magistrats, blessés dans leur indépendance, se réunit à l'opinion générale, et que la Chambre des pairs met comme le sceau à l'opposition de la magistrature et de la politique.

Voilà, mon noble ami, toutes les choses qu'il est essentiel d'observer lorsqu'on parle de la couronne et de l'opinion ; lorsqu'on dit que, si la première favorise une fois la dernière, elle sera obligée d'en supporter ensuite les caprices. Les circonstances et les faits, en résumant ce que je viens de déduire, sont faciles à distinguer. Il faut savoir :

1° Si l'opinion tout entière est pervertie par une faction armée dans l'intérieur, par l'approche d'une grande révolution, par des haines nationales de peuple à peuple ;

2° Si cette opinion est l'expression de la majorité ou de la minorité, si elle est générale ou limitée ;

3° Si ce sont des amis ou des ennemis qui parlent, des hommes qui dans tous les temps ont combattu pour le trône, ou des hommes qui cherchent à le renverser.

Que l'on imagine un nouveau ministère choisi ou parmi les royalistes, ou parmi les anciens ministériels, ou parmi les constitutionnels, réunirait-il contre lui les constitutionnels, les anciens ministériels et les royalistes? Sans doute il y aurait toujours une opposition; mais serait-elle toujours générale? Cette opposition pourrait même être virulente : M. Pitt a été poursuivi avec acharnement, quelquefois avec de sanglants outrages; mais M. Pitt n'était-il pas défendu avec la même chaleur qu'il était attaqué; George III s'est-il cru obligé de le sacrifier à une opinion divisée, à la minorité violente de l'opinion, à la majorité même de la Chambre des communes, qui était d'abord en contradiction avec la majorité de l'opinion extérieure? Non ; il l'aurait abandonné au vœu de l'opinion complète et générale.

Pour que la couronne soit éclairée, sans jamais être accablée par l'opinion, elle n'a rien à faire que de rester ce qu'elle est par sa nature, impassible. Le point juste où elle doit se tenir est celui où elle trouve gloire et tranquillité : elle sera placée dans ce parfait équilibre lorsqu'elle aura rencontré des ministres, non sans contradicteurs, ce qui est impossible, mais sans ennemis raisonnables; des ministres, en un mot, qui seront portés par la majorité d'une opinion indépendante.

Enfin, s'il était de la dignité de la couronne d'échapper aux vœux de ses sujets, voyons ce qui pourrait arriver à l'ouverture de la prochaine session.

Nous supposerons que la Chambre élective ait éprouvé l'influence de l'opinion publique; car il n'est possible de raisonner que dans l'analogie des choses. Cette influence pourrait avoir augmenté l'opposition dans cette Chambre : la majorité est perdue depuis longtemps pour les ministres dans la Chambre héréditaire. Les ministres imploreraient-ils la couronne, afin qu'elle sollicitât des voix pour accroître ou former leur majorité?

Si, au contraire, la couronne n'agissait point, elle laisserait donc les ministres succomber? Elle se rendrait donc au désir de la Chambre populaire? Et l'on parle de la dignité de la couronne! et l'on ne voit pas que, dans ce système, sa condescendance serait bien plus marquée que dans celui où elle prendrait d'elle-même l'initiative d'après l'espèce de rendu-compte ou de doléance de l'opinion!

Lorsqu'on soutient qu'en s'élevant contre une administration on veut forcer la couronne à la dissoudre, on prend l'effet pour la cause. On n'a pas l'audace coupable de dire à la couronne : « Renvoyez vos ministres, parce qu'ils ne nous conviennent pas; » on dit : « Les ministres ont fait telles et telles fautes. » On montre le mal qu'on voit ou qu'on croit voir; on n'indique point le remède ; on sait seulement qu'il existe dans la couronne, d'où vient le salut de tous.

On ne peut se dissimuler, mon noble ami, que la lutte engagée entre le ministère et l'opinion ne produise une scission de la nature la plus grave.

Si la haute administration peut résister quelque temps, l'administration inférieure est promptement ébranlée. Chaque ville, chaque bourgade, chaque hameau devient un champ de bataille, où, depuis le préfet jusqu'à l'adjoint au maire, les fonctionnaires publics ont des assauts à soutenir : perdant confiance dans la durée du pouvoir de leurs chefs, bientôt ils ne leur obéissent plus, ou ils accroissent l'opposition en exécutant leurs ordres. A peine toute la majesté de la couronne, tout l'amour qu'on porte au roi, suffisent-ils pour faire le contre-poids du mal produit par une administration que chacun repousse.

Il y aurait un dénoûment fort simple à cette complication politique ; un parti que l'honneur conseille serait pris sans hésiter par de vrais royalistes qui voudraient soulager la couronne, dussent-ils croire qu'ils succombent à une injuste prévention. Lorsqu'une position politique est gâtée de manière qu'on ne puisse plus faire le bien, il ne reste qu'à se décider entre l'estime personnelle et une puissance flétrie.

Cette puissance ministérielle, il faut qu'elle en convienne, s'est porté elle-même de rudes coups. On n'a point oublié, on n'oubliera jamais les circulaires électorales, le système de captation avoué du haut de la tribune, la violence chargée d'achever l'ouvrage de la ruse, l'attaque directe aux tribunaux et aux libertés publiques, la censure venant, comme une espèce de banqueroute, solder l'arriéré des brocanteurs de consciences, et réduisant de force au silence des écrivains qu'on n'avait plus besoin de payer pour les faire parler ou se taire. On n'efface point de pareils souvenirs : le pouvoir tiré de la corruption ne ressemble point à l'or de Vespasien : il retient toujours quelque chose de son origine.

Admettrons-nous qu'une généreuse impulsion ne puisse être donnée à des intérêts ministériels ? Ces intérêts, qui tantôt sont si scrupuleux sur la dignité de la couronne quand il s'agit de se couvrir, qui tantôt font si bon marché de cette dignité quand ils ont besoin qu'elle s'abaisse pour les sauver; ces intérêts, disons-nous, s'obstineraient-ils à vouloir que le prince leur servît toujours d'égide, et condamnât l'opinion publique au silence ?

Le prince pourrait tout ce qu'il voudrait : on obéirait ; personne n'a la prétention de résister ou de donner des leçons à la volonté souveraine : mais quels seraient les meilleurs serviteurs du roi, ou de ceux qui conseilleraient une politique opposée au génie des institutions octroyées, ou de ceux qui, ayant une plus haute idée du trône, penseraient que sa gloire est de vivifier les institutions qui découlent de lui? Dans ce second cas, l'opinion écoutée deviendrait une force nouvelle pour la monarchie; dans le premier cas, l'opinion dédaignée se soumettrait avec une respectueuse résignation. Les hommes qui valent quelque chose, et qui comptent chez les peuples, se tiendraient à l'écart; ils diminueraient l'existence publique de tout ce qu'ils donneraient à leur vie privée. La couronne serait toujours chérie, toujours vénérée ; on serait toujours prêt à lui sacrifier repos, fortune, famille et vie ; on n'en offrirait pas moins pour elle les vœux les plus ardents au ciel ; mais les bénédictions qui sortent d'un cœur attristé ont-elles la même puissance pour la prospérité des États ?

Veut-on que le moment de se mettre d'accord avec l'opinion générale ne puisse jamais arriver pour des ministres ? Veut-on qu'ils se maintiennent au pouvoir en dépit de cette opinion ? Alors se présenterait une question toute nouvelle en politique.

Si, après avoir censuré jusqu'aux arrêts des tribunaux ; si, après avoir bravé ou la majorité ou une minorité parlementaire imposante, des ministres bravaient encore la liberté de la presse, dont la force est doublée par l'évidence des faits qu'elle expose ; si tous les matins, traduits au tribunal du public, ils usaient le reproche, défiaient les vérités comme les Sauvages défient les tourments, et fatiguaient le fouet de l'opinion, que deviendrait un peuple sous de tels hommes ?

Je n'ai point, mon noble ami, de solution à ce problème. En tous temps, en tous lieux, l'opinion publique, armée du bon droit, a remporté la victoire ; comment nous serait-il possible de dire ce qui arriverait, si cette opinion était vaincue par la faculté dont serait doué un ministère de tout souffrir, de tout dévorer ? Des Mithridates politiques qui se seraient habitués à digérer les poisons nous placeraient dans un ordre de choses où l'expérience ordinaire ne peut plus servir de guide.

Que l'on recherche, si l'on peut, sans être épouvanté, ce que deviendrait un peuple dont les institutions seraient entièrement perverties ; ce que deviendrait un gouvernement prétendu représentatif dont l'opinion ne serait plus le principal ressort ; un gouvernement qui n'aurait plus d'affinités avec ses propres éléments, et qui mentirait à toutes ses doctrines. Que serait-ce que deux Chambres législatives, passées au service d'un ministère contempteur de la liberté, qui ne seraient plus que des machines d'oppression, battant monnaie, forgeant des conscrits et imprimant des lois pour des esclaves appelés *constitutionnels* ?

Non, la France ne produira point de ministres capables de porter ainsi la gangrène jusqu'au fond des entrailles de la société ! Toutefois si la Providence, par un conseil impénétrable, permettait jamais à de tels hommes de paraître au milieu de nous, nous leur dirions :

« Épargnez au monde une corruption effroyable ; épargnez-nous la moquerie de tout ce qu'il y a de beau, de saint et de juste. Rendez-nous un service dont nous serons reconnaissants ; détruisez franchement la liberté ; mettez les mœurs publiques en réserve dans le despotisme ; elles s'y conserveront peut-être de la même manière que la dépouille des morts dans certains caveaux funèbres. Du moins quelque innocence pourra se cacher encore dans le sein des familles, du moins nous pourrons conserver la foi de la vertu, nous figurer qu'il existe hors de votre influence des gouvernements sincères, des institutions généreusement observées ; et peut-être nous sera-t-il permis de nous consoler quelquefois, en rêvant, au delà de vous et de votre siècle, des jours d'indépendance et d'honneur pour notre postérité délivrée. »

Écartons ces tristes présages ; il y aurait une sorte d'impiété à s'y livrer. J'aime à le redire, mon noble ami, nous n'avons point à craindre de pareils ministres, et, s'il s'en trouvait, ils ne réussiraient pas ; les traits de l'opinion publique ne seraient pas lancés impunément contre eux : on n'est pas invulnérable parce qu'on est insensible, et la dépravation ne produit pas le même effet que la vertu. Des hommes de cette nature seraient aussi sans influence sur les Chambres. Il y a chez les Français un sentiment d'indépendance et d'honneur que rien ne peut étouffer.

Enfin, dominant et l'opinion et la puissance parlementaire, Charles X ne serait-il pas là pour nous secourir ? n'a-t-il pas déclaré qu'il maintiendrait comme roi ce qu'il a juré comme sujet ? Rien ne peut se détruire que par sa volonté, et sa volonté n'est point soumise aux hommes qu'il daigne admettre en sa présence. Il retirera sa main quand et comment il le voudra. L'opinion publique ne sera point méprisée, car l'opinion publique est sur le trône dans la personne même de notre auguste monarque. S'il était jamais quelques hommes qu'il trouvât à propos d'éloigner de ses conseils, il prononcerait la sentence, et la France appliquerait la peine : l'oubli.

Je termine ici ma première lettre : je me propose de vous entretenir dans les autres de l'indemnité des émigrés et des intérêts des rentiers, de l'indépendance de la magistrature, des lois à faire, du rôle que la France pourrait jouer en Europe, de la position de l'Espagne et de ses colonies, des destinées futures de la Grèce, etc.

En attendant, tout à vous, mon noble ami.

FIN DU TOME PREMIER DES MÉLANGES POLITIQUES.

TABLE DES MATIÈRES

MÉLANGES POLITIQUES.

	Pages
Préface.	1
De Buonaparte et des Bourbons. (30 mars 1814.)	5
Des Bourbons.	24
Des alliés.	30
Compiègne. (Avril 1814.)	35
De l'état de la France au 4 octobre 1814.	38

RÉFLEXIONS POLITIQUES.
Décembre 1814.

Chapitre premier. Cas extraordinaire.	45
Chap. II. Paroles d'un des juges d'Harrison.	46
Chap. III. Que la doctrine du régicide a paru en Europe vers le milieu du seizième siècle. Buchanan. Mariana. Saumaise et Milton.	47
Chap. IV. Parallèle.	48
Chap. V. Illusions des apologistes de la mort de Louis XVI.	51
Chap. VI. Des émigrés en général.	54
Chap. VII. Singulière méprise sur l'émigration.	58
Chap. VIII. Des derniers émigrés.	59
Chap. IX. S'il est vrai qu'on soit plus inquiet aujourd'hui qu'on ne l'était au moment de la restauration.	ib.
Chap. X. Si le roi devait reprendre les anciennes formules dans les actes émanés du trône.	62
Chap. XI. Passage d'une proclamation du roi.	65
Chap. XII. Des alliés et des armées françaises.	66
Chap. XIII. De la Charte. Qu'elle convient aux deux opinions qui partagent la France.	69
Chap. XIV. Objections des constitutionnels contre la Charte. De l'influence ministérielle et de l'opposition.	70
Chap. XV. Suite des objections des constitutionnels. Ordre de la noblesse.	73
Chap. XVI. Objections des royalistes contre la Charte.	76
Chap. XVII. Suite des objections. Que nous avons essayé inutilement de diverses constitutions. Que nous ne sommes pas faits pour des assemblées délibérantes.	81
Chap. XVIII. Suite des objections. Notre position continentale.	82
Chap. XIX. S'il serait possible de rétablir l'ancienne forme de gouvernement.	85
Chap. XX. Que le nouveau gouvernement est dans l'intérêt de tous. Ses avantages pour les hommes d'autrefois.	89
Chap. XXI. Que la classe la plus nombreuse des Français doit être satisfaite de la Charte.	94
Chap. XXII. Que le trône trouve dans la Charte sa sûreté et sa splendeur.	95
Chap. XXIII. Conclusion.	96

	Pages.
Rapport sur l'état de la France, au 12 mai 1815, fait au roi dans son conseil, à Gand.	99
§ Ier. Actes et décrets pour l'intérieur.	100
§ II. Extérieur.	106
§ III. Reproches faits au gouvernement royal.	108
§ IV. Esprit du gouvernement.	116
De la dernière déclaration du congrès.	124
Rapport fait au roi dans son conseil, sur le décret de Napoléon Buonaparte du 9 mai 1815.	129
Ordonnance du roi.	132

DE LA MONARCHIE SELON LA CHARTE.

Préface de la première édition de la Monarchie selon la Charte.	133
Préface de l'édition de 1827.	134

PREMIÈRE PARTIE.

Chapitre premier. Exposé.	135
Chap. II. Suite de l'exposé.	136
Chap. III. Éléments de la monarchie représentative.	ib.
Chap. IV. De la prérogative royale. Principe fondamental.	137
Chap. V. Application du principe.	ib.
Chap. VI. Suite de la prérogative royale. Initiative. Ordonnance du roi.	138
Chap. VII. Objections.	139
Chap. VIII. Contre la proposition secrète de la loi.	140
Chap. IX. Ce qui résulte de l'initiative laissée aux Chambres.	141
Chap. X. Où ce qui précède est fortifié.	142
Chap. XI. Continuation du même sujet.	ib.
Chap. XII. Question.	143
Chap. XIII. De la Chambre des pairs. Priviléges nécessaires.	144
Chap. XIV. Substitutions : qu'elles sont de l'essence de la pairie.	ib.
Chap. XV. De la Chambre des députés. Ses rapports avec les ministres.	145
Chap. XVI. Que la Chambre des députés doit se faire respecter au dehors par les journaux.	147
Chap. XVII. De la liberté de la presse.	ib.
Chap. XVIII. Que la presse entre les mains de la police rompt la balance constitutionnelle.	148
Chap. XIX. Continuation du même sujet.	ib.
Chap. XX. Dangers de la liberté de la presse. Journaux. Lois fiscales.	149
Chap. XXI. Liberté de la presse par rapport aux ministres.	150
Chap. XXII. La Chambre des députés ne doit pas faire le budget.	151
Chap. XXIII. Du ministère sous la monarchie représentative. Ce qu'il produit d'avantageux. Ses changements forcés.	152
Chap. XXIV. Le ministère doit sortir de l'opinion publique et de la majorité des Chambres.	153
Chap. XXV. Formation du ministère : qu'il doit être un. Ce que signifie l'unité ministérielle.	ib.
Chap. XXVI. Que le ministère doit être nombreux.	154
Chap. XXVII. Qualités nécessaires d'un ministre sous la monarchie constitutionnelle.	ib.
Chap. XXVIII. Qui découle du précédent.	155
Chap. XXIX. Quel homme ne peut jamais être ministre sous la monarchie constitutionnelle.	ib.

Chap. XXX. Du ministère de la police. Qu'il est incompatible avec une constitution libre. 156
Chap. XXXI. Qu'un ministre de la police générale dans une Chambre des députés n'est pas à sa place. . . . . *ib.*
Chap. XXXII. Impôts levés par la police. 157
Chap. XXXIII. Autres actes inconstitutionnels de la police. . . . . . . *ib.*
Chap. XXXIV. Que la police générale n'est d'aucune utilité. 158
Chap. XXXV. Que la police générale, inconstitutionnelle et inutile, est de plus très-dangereuse. 159
Chap. XXXVI. Moyen de diminuer le danger de la police générale, si elle est conservée. 160
Chap. XXXVII. Principes que tout ministre constitutionnel doit adopter. . . 161
Chap. XXXVIII. Continuation du même sujet. . . . . *ib.*
Chap. XXXIX. Que le ministère doit conduire ou suivre la majorité. . . . 162
Chap. XL. Que les ministres doivent toujours aller aux Chambres. . . . 163

SECONDE PARTIE.

Chapitre premier. Que depuis la restauration une même erreur a été suivie par les trois ministères. 164
Chap. II. Du premier ministère. Son esprit. . . . . *ib.*
Chap. III. Actes du premier ministère. 166
Chap. IV. Du second ministère. Sa formation. 167
Chap. V. Suite du précédent. . . . . *ib.*
Chap. VI. Premier projet du second ministère. 168
Chap. VII. Suite du premier plan du second ministère. 169
Chap. VIII. Renversement du premier plan du second ministère. 170
Chap. IX. Division du second ministère. 171
Chap. X. Actes du second ministère, et sa chute. 172
Chap. XI. Du troisième ministère. Ses actes. Projets de loi. 173
Chap. XII. Quels hommes ont embrassé les systèmes que l'on va combattre, et s'il importe de les distinguer. . . . . *ib.*
Chap. XIII. Système capital, fondement de tous les autres systèmes suivis par l'administration. 174
Chap. XIV. Qu'avec ce système on explique toute la marche de l'administration. 175
Chap. XV. Erreur de ceux qui soutiennent le système des intérêts révolutionnaires. 176
Chap. XVI. Ce qu'il faut faire en admettant la distinction notée au précédent chapitre. . . . . *ib.*
Chap. XVII. Exemple à l'appui de ce qu'on vient de dire. 177
Chap. XVIII. Continuation du même sujet. 178
Chap. XIX. Que le système des intérêts révolutionnaires, pris à la fois dans le sens physique et moral, mène à cet autre système, savoir : qu'il n'y a point de royalistes en France. 179
Chap. XX. Que les royalistes sont en majorité en France. . . . . *ib.*
Chap. XXI. Ce qui a pu tromper les ministres sur la véritable opinion de la France. 180
Chap. XXII. Objection réfutée. 181
Chap. XXIII. Que s'il n'y a pas de royalistes en France, il faut en faire. . . 182
Chap. XXIV. Système sur la Chambre actuelle des députés. 183
Chap. XXV. Réfutation. 183
Chap. XXVI. Conseils des départements. 185

	Pages.
Chap. XXVII. Que l'opinion même de la minorité de la Chambre des députés n'est point en faveur du système des intérêts révolutionnaires.	187
Chap. XXVIII. Dernier fait qui prouve que les intérêts ne sont pas révolutionnaires en France.	ib.
Chap. XXIX. Qu'on ne fait pas des royalistes avec le système des intérêts révolutionnaires.	188
Chap. XXX. Des épurations en général.	189
Chap. XXXI. Que les épurations partielles sont une injustice.	190
Chap. XXXII. Sur l'incapacité présumée des royalistes, et la prétendue habileté de leurs adversaires.	192
Chap. XXXIII. Danger et fausseté de l'opinion qui n'accorde d'habileté qu'aux hommes de la révolution.	193
Chap. XXXIV. Que le système des intérêts révolutionnaires, amenant indirectement le renversement de la Charte, menace de destruction la monarchie légitime.	194
Chap. XXXV. Qu'il y a conspiration contre la monarchie légitime.	195
Chap. XXXVI. Doctrine secrète cachée derrière le système des intérêts révolutionnaires.	ib.
Chap. XXXVII. But et marche de la conspiration. Elle dirige ses premiers efforts contre la famille royale.	196
Chap. XXXVIII. La conspiration se sert des intérêts révolutionnaires pour mettre ses agents dans toutes les places.	198
Chap. XXXIX. Continuation du même sujet.	199
Chap. XL. La guerre.	200
Chap. XLI. La faction poursuit les royalistes.	ib.
Chap. XLII. Suite du précédent.	201
Chap. XLIII. Ce que l'on se propose en persécutant les royalistes.	203
Chap. XLIV. La faction poursuit la religion.	204
Chap. XLV. Haine du parti contre la Chambre des députés.	206
Chap. XLVI. Politique extérieure du système des intérêts révolutionnaires.	209
Chap. XLVII. Est-il un moyen de rendre le repos à la France?.	212
Chap. XLVIII. Principes généraux dont on s'est écarté.	ib.
Chap. XLIX. Système d'administration pour susbtituer à celui des intérêts révolutionnaires.	213
Chap. L. Développement du système : comment le clergé doit être employé dans la restauration.	214
Chap. LI. Comment la noblesse doit entrer dans les éléments de la restauration.	217
Chap. LII. Continuation du précédent. Qu'il faut attacher les hommes d'autrefois à la monarchie nouvelle. Éloge de cette monarchie. Conclusion.	218
Post-Scriptum.	223
Le Vingt et un Janvier mil huit cent quinze.	229
De l'Excommunication des comédiens.	234
De la Guerre d'Espagne.	240
Du Système politique suivi par le ministère.	244
Remarques sur les affaires du moment.	266
Première Lettre à un pair de France	277

FIN DE LA TABLE DU TOME PREMIER DES MÉLANGES POLITIQUES.

Lagny. — Typographie de Vialat.

EN VENTE CHEZ LES MÊMES ÉDITEURS

Œuvres de Chateaubriand, ancienne édition, 16 vol. grand in-8°, illustrés de 64 gravures sur acier.
Œuvres de Buffon, 10 demi-vol. in-8°, 100 gravures sur acier coloriées à la main, et le portrait de l'auteur.
Histoire de France, 6 beaux vol., 34 gravures.
Histoire de Paris depuis les premiers temps historiques, par J.-A. Dulaure, continuée jusqu'à nos jours par C. Leynadier, 8 vol., 150 gravures dont 50 coloriées à la main.
Histoire maritime de France, par M. Léon Guérin, historien titulaire de la marine, 8 vol. grand in-8°, 50 gravures sur acier ou plans.
Les quatre derniers volumes, qui comprennent les événements maritimes depuis 1789 jusqu'en 1857, se vendent à part.
Les Héros du Christianisme à travers les Ages, magnifique ouvrage illustré de 48 splendides gravures sur acier; 4 parties de 2 vol. chaque.
Histoire de Napoléon III et de la Dynastie napoléonienne, par Paul Lacroix (Bibliophile Jacob), 4 vol., illustrés de 40 gravures inédites sur acier.
La Collection de l'Écho des Feuilletons, 17 vol., 180 gravures sur acier, et 540 gravures sur bois.
Louis XIV et son siècle, par A. Dumas, 60 gravures, 240 vignettes, 2 vol. grand in-8°.
Histoire de Louis XVI et de Marie-Antoinette, par A. Dumas, 3 vol., 40 gravures.
Monte-Cristo, par A. Dumas, 2 vol. grand in-8°, 30 gravures sur acier.
Les Mousquetaires, par A. Dumas, 1 vol. grand in-8°, 33 gravures.
Vingt ans après, par le même, 1 vol., 37 gravures.
Le Vicomte de Bragelonne, par A. Dumas, 2 très-beaux vol. grand in-8°, 60 gravures.
Mémoires d'un Médecin, par A. Dumas, comprenant: *Joseph Balsamo*, *le Collier de la Reine*, *Ange Pitou* et *la Comtesse de Charny*, 6 volumes divisés en 12 tomes, ornés de 200 gravures inédites tirées sur papier teinté chine.

EN COURS DE PUBLICATION

Histoire de la dernière guerre de Russie, par Léon Guérin, 2 vol. grand in-8° jésus divisés en 4 tomes, 12 gravures, 4 cartes et plans, le tout inédit et sur acier.
Œuvres de Chateaubriand, nouvelle et riche édition, 20 vol. grand in-8° jésus, ornées de 100 gravures inédites sur acier.
Géographie universelle de Malte-Brun, revue, rectifiée et complétement mise au niveau de l'état actuel des connaissances géographiques, par M. CORTAMBERT, membre et ancien secrétaire général de la Société de Géographie, 8 forts tomes divisés en 16 vol., illustrés de 80 gravures et types coloriés; plus, de 8 cartes inédites.
Nouvelles Œuvres illustrées de A. Dumas, comprenant: *El Salteador*, *Maître Adam le Calabrais*, *Aventures de John Davys*, *le Page du duc de Savoie*, *les Mohicans de Paris*, *Salvator le Commissionnaire*, *Journal de madame Giovanni*, *les Compagnons de Jehu*, *le Capitaine Richard*, etc., etc., etc.

LAGNY. — Imprimerie de VIALAT.

www.ingramcontent.com/pod-product-compliance
Lightning Source LLC
Chambersburg PA
CBHW060656170426
43199CB00012B/1817